일본어 교육사

(상)

저자 조 문 희

제이앤씨
Publishing Company

　대학에서 일본어를 전공하고 졸업하면서 2급 정교사 자격증을 취득하였다. 그리고 창덕여고에서 일본어 교육을 시작한 것이 1979년이므로 일본어 교육과 같이한 시간이 30년을 넘고 있다. 돌이켜보면 너무나도 일본어 교육을 사랑한 시간들이었다. 4째 줄을 쓰려고 하는 동안에 벌써 눈물이 핑 도는 것을 보아도 무지무지 사랑했나보다. 아마도 짝사랑이었을 것이다.

　학부에서는 야마모토 유조(山本有三)론을 썼으므로 문학이 전공이었다고 할 수 있고, 석사에서는 한일 영웅신화 비교를 했으므로 민속학이 전공이었으며, 교육을 하다 보니 가르치는 것에 대한 부족함을 느껴서 일본어 교육을 전공하여 유학을 하였으며, 귀국 후에는 일본어 교육에 종사하면서 교육관계논문을 주로 발표하였고 그렇게 하여 일본어 교육사를 집필하게 되었다. 이것은 필연적인 것이었다고 나는 생각한다.

　딸이 자주 말하듯이 나는 거의 일 중독자다. 한 가지 일이 끝나면 또 다음 일을 찾고 그 일이 끝나면 또 다른 테마를 찾는다. 그동안 ACTFL공인 일본어와 한국어 OPI 시험관 자격을 취득한 것이나, 대마도 종가문서 해독을 위한 교육을 받은 것들은 일중독의 일환이라고 할 수 있다. 지금도 일본어 교육사 집필이 끝나면 무엇을 할까를 고민하고 있는 것을 봐도 틀림없이 일중독인데, 그럼에도 불구하고 여유롭게 전 세계를 여행하고 있는 친구들을 보면 그렇게 보내는 시간들도 의미가 있겠다는 부러운 마음이 들기도 한다.

나는 서강인이다. 서강대학교는 나에게 많은 것을 주었다. 나에게 다양한 연구를 하게 해 주었으며 눈치 보지 않고 하나님을 사랑할 수도 있었으며 경제적인 안정을 주었다. 또한 착하고 성실한 학생들과의 만남과 훌륭한 도서관과 깨끗한 교실들 그리고 그 교실들을 깨끗하게 해주시는 분들과의 만남도 귀하였다. 아르페관에서 내려다 보이는 서강의 전경과 노고산의 꿩과 수업을 할 수 없을 정도로 시끄러운 농구장의 축제 소리도 나는 사랑하였다.

감사할 사람이 많다. 엄마의 학사일정과 언제나 겹쳐서 입학식 졸업식에 한 번도 참석하지 못했어도 잘 자라준 딸에게 우선 미안한 마음과 감사의 마음을 전하고, 내가 쓴 글은 언제나 읽어 주고 교정을 봐주고 하는 잘생긴 남편에게도 감사한다. 일본어의 아름다움을 가르쳐 주신 고 이봉복 선생님과 그리고 일본어 교육사로 박사학위를 할 수 있게 해 주신 이덕봉 선생님께도 감사드린다. 끝으로 출판을 맡아주신 제이앤씨 출판사의 편집 관계자 여러분께 감사드린다.

이 책을 받으실 분은 딱 한 분 그 분이시다.

2010년 12월
반포의 스위트홈에서 조문희

제1장
서언

본서는 한국에서 이루어진 일본어 교육 전사(全史)이다. 고찰 내용은 교육관계 법제(법령)의 변화에 따른 교육 목적, 교육 내용, 교수·학습방법, 평가, 교과서 등의 제반 사항들을 시기별로 고찰하고자 한다. 즉, 교과교육학 상기 항목들이 어떻게 변모하고 지속되어 왔는지 고찰하고자 한다. 그럼으로써 한국에서 이루어진 일본어 교육의 과거에서 현재까지의 양상을 총체적·통시적으로 살펴보고자 하는 것이 본 저서의 목적이다.

특히, 교과 교육학의 관점에서 일본어 교육을 조명하고자 하였다.

지금까지 '한국에서의 일본어 교육사' 만을 목적으로 하여 집필된 저서는 없다. 따라서 그간에 이루어진 성과들을 종합하고 체계화함으로써 총체적이고도 상세한 내용을 갖추는 데 전력하였다. 다만 시대 구분에 있어서는 일관성이 확보되어야 하고 기준이 명확해야 하므로 본인 나름대로 유용한 기준을 모색하는 데 주력하였으며, 본 연구에서는 '교육관계 법제(법령)의 변화'를 기준으로 하였다.

본 연구는 문헌자료를 중심으로 전개하고자 한다. 문헌 자료가 거의 남아있지 않은 부분도 있을 수 있는데, 자료가 없다고 해서 역사가 없는 것은 아니므로, 필요한 경우에는 문헌자료에만 의존하지 않고, 현대사에서는 문헌연구와 함께 면접법을 병행하였다.

이 저서의 내용 전개는 다음과 같은 순서로 기술하고자 한다.

제2장에서는 한국의 일본어 교육에 대한 시대구분을 시도한다. 지금까지 선행 연구자들이 다양하게 구분한 선례가 있으므로 이를 충분히 검토하는 가운데 아이디어를 창출하려 노력할 것이다. 따라서 일본어 교육의 시대구분에 대한 그간의 연구성과들을 검토하여 그 각각의 특징이 무엇인지 파악해 볼 것이다. 그럼으로써 시대 구분에서 난점이나 고민이 무엇인지 알 게 될 것이고, 조금이라도 진전된 기준을 모색하는 단서를 찾을 수도 있을 것이기 때문이다. 그런 과정을 거친 후, 본인 나름으로 시대 구분의 일정한 기준을 제시하고자 한다.

제3장에서는 전술한 시대구분 결과에 따라 각 시대별 일본어 교육의 양상에 대하여 고찰한다. 경국대전기, 학부령기, 조선교육령기, 교수요목기, 교육과정기 등 다섯 시대에 걸친 일본어 교육의 실상을 제시할 것이다. 각 시대별 검토는 교과 교육학에서 주로 다루는 항목을 중심으로 하겠으며, 가능한 한 1차 사료에 접근하여 자료를 조사하려고 노력할 것이다.

1차 사료는 단행본, 정기간행물, 조선왕조실록, 통신사 문서, 학교사, 학적부, 정부 문서, 각 교육과정 등을 데이터로 활용하고자 한다. 2차 사료는 크게 두 가지로 나뉘는데, 외국어교육 이론에 관한 문헌과 한국의 일본어 교육사에 관한 문헌으로 구분된다. 또한, 외국어 교육이론을 다룬 서적을 참고로 하였으며, 한국의 일본어 교육사 관련 자료로는 단행본 및 정기간행물, 논문 등을 활용하였다. 이들 자료의 서지사항을 일일이 밝히는 것은 지나치게 번거롭기 때문에, 각 시대별 검토를 하는 부분에서 언급하기로 한다.

제4장에서는 제3장까지의 분석 결과를 바탕으로 요약한 후, 일본어 교육사 연표를 첨부하여 정리한다. 마지막의 결어에서는 이상의 내용을 총괄하여 제언하는 것으로 마무리를 하고자 한다.

제2장
일본어 교육사의 시대구분

1. 선행연구

모든 역사 서술 일반이 그렇듯, 일본어 교육사를 체계적으로 기술하기 위해서는 시대구분 작업이 우선적으로 필요하다. 일관된 기준과 원리에 입각하여 시대구분을 해야만 객관적인 역사 서술이 가능하기 때문이다.

역사적 고찰을 위한 시대구분 방법에는 관점에 따라 여러 가지로 존재할 수 있다. 일본어 교육사 및 타교과(한국어·영어·독일어·국사)에 대해 그간의 선행연구에서 어떻게 시대구분을 했는지 일별하면 다음과 같다. 최근의 업적부터 배열하되, 일본어 교육학 분야의 성과부터 소개하고, 이어서 타교과 분야의 경우에 대하여 언급하기로 한다.

한국에서 이루어진 일본어 교육사에 대한 선행 연구업적은 두 가지로 대별된다. 그 하나는 개요식·단편적인 기술이며, 다른 하나는 특정 시대별 기술이다. 전자의 예로는 小倉進平(おぐらしんぺい ; 1920)[1],

---

1) 小倉進平(1920)『国語及朝鮮語のため』ウツボヤ書籍店, 11장 1절 일본의 조선어학, 조선시대부터 일본점령기까지, pp.134~139. 이하 일본인의 성명은 한자로 적고 괄호 안에 일본식 발음을 히라가나로 표기하기로 한다. 단 처음 나타났을 경우에만 히라가나 표시를 하고 두 번째부터는 한자 표

松浦鎭次郞(まつうらしんじろう；1933)[2], 大槻芳広(おおつきよしひろ；1943)[3], 森田芳夫(もりたよしお；1982)[4], 稲葉継雄(いなばつぎお；1986)[5], 김인현(1988)[6], 교육부(1995)[7], 関正昭(せきまさあき；1997)[8], 이덕봉(1998a, 1998b)[9] 등을 들 수 있다.

후자의 예로는 '조선시대'를 다룬 김영황(1996)[10], '개화기'를 다룬 김규창(1967)[11]과 한중선(1994, 1996, 1997, 1998), '일본 점령기'를 다룬 이숙자(1974, 1975, 1977a, 1977b, 1984, 1989)와 한중선(2000a, 2000b), '교육과정기'를 다룬 稲葉繼雄(1976) 등을 들 수 있다.

선행연구들을 개관하면 가장 많이 이루어진 것이 개화기(구한말, 한

기만 하기로 한다.

2) 松浦鎭次郞(1933)『조선총람』조선총독부, 조선인쇄주식회사, p.643. 조선총독부 학무국장이던 松浦鎭次郞는 조선교육의 발달에서 조선시대부터 일본 통치기까지의 일본어 교육에 대하여 언급하였다.

3) 大槻芳広(1943)「併合以前の日語読本をめぐりて」『外地・大陸・南方 日本語教授実践』pp.70~80, 3장 조선편

4) 森田芳夫(1982)「韓国における日本語教育の歴史」『日本語教育』48号, pp.1~13.

5) 稲葉継雄(1986)「韓国における日本語教育史」『日本語教育』60号, pp.136~148.

6) 김인현(1988)「韓国における日本語教育の歴史と現狀 −高校日本語教科書の内容分析・検討を中心に」東京学芸大大学院, 国語教育科 석사학위논문

7) 교육부(1995)『제6차 교육과정 고등학교 외국어과 교육과정 해설(Ⅱ)』총론, p.291. 제2차에서 제5차 교육과정까지의 변천 약술.

8)「일한병합」전,「일한병합」후로 기술하였다. 関正昭(1997)『日本語教育史研究序説』pp.18~25

9) ・이덕봉(1998b)「일본어 교육」『교육학 대백과 사전』서울대학교 교육연구소, pp.2201~2202. (일본어 교육 항목 기술).
・이덕봉(1998a)『일본어 교육의 이론과 방법』시사일본어사. 제2장 일본어 교육의 역사. pp.23~27.

10) 김영황(1996)『조선어학사연구』제6장 봉건시대의 외국어 연구 제4절 왜학 부분(pp.202~210). 봉건시대의 교과서를 중심으로 간략히 언급.

11) 일본 통치기의 언어교육정책 전반

말) 및 일본점령기의 일본어 교육이다. 반면에 연구가 전혀 이루어지지 않고 있는 시기는 해방직후의 일본어 교육 분야이다. 이제 그간의 연구 성과들을 구체적으로 살펴보면 다음과 같다.

이덕봉(1998b)은 서울대학교 교육연구소편『교육학 대백과 사전』[12]에서는 일본어 교육의 역사를 다음과 같이 네 시대로 구분하여 기술하고 있다.

① 갑오경장 이전
② 갑오경장 이후 한·일 합병까지
③ 일제 강점 시대
④ 해방후

이 구분에서는 갑오경장, 한일합방, 해방이라고 하는 정치사를 중심으로 시대구분을 하는 특징을 보이고 있다. 또한, 이덕봉(1994b)은 일본어 교육과정의 변천과정과 구성에 대하여 고찰하면서 해방후의 교육과정을 교수요목기, 제1차 교육과정기~제6차 교육과정기로 구분하고 있어 일본어 교육 전시기에 대하여 언급하고 있다.

이봉희(1994)[13]는 한국 대학의 일본어 교육에 대하여 고찰하면서 한국의 일본어 교육의 역사에 대하여 다음과 같이 요약하고 있다.

① 1기(외교상의 필요에서 일본어 교육이 이루어진 때)

---

12) 서울대학교 교육연구소 편(1998), pp.2201~2202. 이덕봉(1998)『일본어 교육의 이론과 실제』시사일본어사, pp.25~27.
13) 이봉희(1994)「한국대학에 있어서의 일본어 교육」『일본학보』제33집, 한국일본학회, p.7

② 2기(1906년 통감부설치~1945년 8월 15일 일본어가 국어로서 교육
되던 때)

③ 3기(1961년 이후 많은 외국어 중 하나로서의 일본어 교육)

이봉희는 상기와 같이 3시대구분하고 있는데 이것은 실제로 일본어 교
육이 이루어졌던 시대를 중심으로 분류했다는 특징을 보여준다. 그러다
니 보니 공백기인 이른바 교수요목기는 시대 구분에서 제외되어 있다는
것을 알 수 있다. 다만, '많은 외국어 중 하나로서의 일본어 교육'을 3기로
이름 붙이고 있는데, 2기 초기에도 이미, 영어, 일어, 불어, 러시아어, 중
국어, 독일어가 교육되고 있었으므로 '많은 외국어'에 대한 구분이 애매
해 질 수 있다.

稲葉継雄(1986)[14]는 일본어에 대한 명칭이 어떻게 바뀌어 왔는가를
중심으로 하여 시대구분을 시도하였다.

① 「외국어」 교육기(1905년 이전)

② 「일어」 교육기(1906~1910)

③ 「국어」 교육기(1910~1945)

④ 「제2외국어」 교육기(1961~)

---

14) 稲葉継雄(1986) 「韓国における日本語教育史」 『日本語教育』 60号, 日本語
教育学会, pp.136~148. 교과목 호칭에 따른 분류는 이숙자(1985)에서도
이루어졌는데, 이숙자는 1891년 일어학당설립(일어), 1895년 소학교령(외
국어), 1909년 보통학교시행규칙(일본어), 1910년 일한병합부터 제2차대
전종결까지(국어), 현재(일어)로 분류하였다. 이숙자(1985) 『教科書に描
かれた朝鮮と日本 ー朝鮮における初等教科書の推移(1895~1979)』 ほる
ぷ, pp.66

이 구분에서 각 시대별로 일본어에 대한 명칭 혹은 위상에 주목하여 '외국어기, 일어기, 국어기, 제2외국어기'로 분류한 것은 새로운 시도이다. 다만, 1905년 이전을 1891년의 일어학당에서부터 서술하면서 '외국어' 교육기로 분류하고 있는데, 조선시대의 일본어 교육을 '왜학'이라고 하였고, 일본어를 '왜어'라고 하여 존재했던 만큼 이 부분에 대한 언급이 있어야 할 것으로 보인다.

이숙자(1985)는 교과서를 통하여 조선근대교육사를 개관하는 가운데, 전근대기와 근대교육, 해방후 현대교육으로 분류하고, 근대교육을 다시 하위 분류하여, 자주여명기, 보호적형성기, 일본형근대교육형성·추진기로 3분류하였다.

① 전근대기 조선(? ~1894)
② 근대교육 자주여명기(1894~1905)
③ 근대교육 보호적형성기(1905~1910)
④ 일본형근대교육형성·추진기(1910~1945)
⑤ 해방후 현대교육자주건설기(1945~1979현재)

이 논문은 '근대·현대 여부'라는 기준과 함께 '자주성의 정도'라는 기준을 절충하여 구분하고 있다.

森田芳夫(1982)는 비교적 상세히 한국의 일본어 교육에 대한 역사를 기술하면서 다음과 같이 다섯으로 시대구분 하였다.

① 조선시대
② 개화기 전기
③ 개화기 후기(통감부 개설후)

④ 일본통치기

⑤ 제2차 세계대전 종료후

이 구분에서는 국명, 기간, 사건명을 혼합하여 나누는 특징을 보여주고 있다.

조선총독부 학무국장 松浦鎭次郎(1933)는 조선교육의 발달을 기술하면서, 다섯 시대로 구분하였다.

① 구시대(이조 초기~1894년)

② 과도시대(1895~1906년 통감부설치까지)

③ 보호시대(1906~1910년 병합까지),

④ 신설교육여명시대(1910~1919년경까지),

⑤ 신교육진흥시대(1919~현재까지)[15]

소위 강점기에 쓰여진 논문이므로 강점기 전후를 세부적으로 구분하였다.

이상 이덕봉, 이봉희, 稲葉継雄, 이숙자, 森田芳夫, 松浦鎭次郎 6인의 시대구분에 대하여 살펴보았다. 이상을 정리하면, 시대구분의 차이는 소위 개화기의 시대구분의 차이로 나타난다. 즉, 개화기를 갑오개혁 이후부터 일제강점기 전까지로 보는 설(이덕봉)과 통감부 설치시기부터 일제강점기까지를 하나로 보는 설(이봉희), 그리고, 개화기를 둘로 나누어 통감부 설치시기부터 개화기 후기로 보는 설(稲葉継雄, 이숙자, 森田芳夫, 松浦鎭次郎) 등이 있다. 이덕봉을 제외하고는 어떠한 형태로

---

15) 松浦鎭次郎(1933)『조선총람』조선총독부, 조선인쇄주식회사, p.643. 여기에서 '현재'란 1933년경을 말한다.

든 통감부 설치시기부터 일본의 간섭을 반영하고자 하는 시대구분을 하고 있다. 일제강점이전 통감부 설치시기부터 이미 '국어(일본어)'교육이었음을 반영하고 있는 것이다.

본고의 시대구분에서 언급하겠지만, 법제를 중심으로 시대구분을 하게 되면 이덕봉의 시대구분에 접근하게 되는 것을 알 수 있는데, 따라서 본고에서는 이덕봉의 시대구분을 따르게 될 것이다.

홍웅선(1982)[16]은 교과서가 처음 생긴 시점에서부터 1982년에 개편하여 시행되는 새 교육과정(제4차)에 따른 교과서가 발행되기까지의 변천을 체계화하면서, 개화기, 일제침략기, 미군정기와 초창기, 제1차 교육과정기, 제2차 교육과정기, 제3차 교육과정기, 제4차 교육과정기로 시대 구분하였다. 교과서라는 개념을 개화기부터라고 보고 있는 것이다.

이제부터는 타 교과의 시대구분의 양상을 살펴보기로 한다. 영어 교과의 박부강(1974)[17]은 「영어교육사 연구(1883~1945)」를 기술하면서 여섯 시대로 구분하였다.

① 전사(1883년 이전)
② 초창기(1883~1895)
③ 신장기(1895~1911)
④ 위축기(1911~1922)
⑤ 재활기(1922~1938)
⑥ 수난기(1938~1945)

---

16) 한국교육개발원(1982)『한국의 교과서 변천사』, 시간의 원근, 사회발전 및 민족의 성장, 역사서술의 주제. 지배세력의 변화 등을 다양하게 고려하여 구분하였다고 한다. p.28.
17) 박부강(1974)「영어교육사 연구(1883~1945)」서울대학교 교육대학원 석사학위논문

1883년이전을 '전사(前史)'라고 규정하고 있는데 1883년은 동문학이 설립된 해를 중심으로 그 이전을 전사로 보고 있다. 영국인 핼리팩스가 주무교사로 영어교육을 실시한 해이다.

독일어교육사를 쓴 최성오(1997)[18]는 다음과 같이 다섯 시대로 구분하였다.

① 전통사회시대(삼국시대~조선 말기)
② 근대적 학교 시기(대한제국 수립 전후~한일합방 전후)
③ 일제지배 하(한일합방 전후~8·15해방)
④ 건국 직후
⑤ 교육과정 시행기

대한제국으로 국호를 바꾼 것은 1897년이다. 독일어 교육이 시작된 것은 1897년으로 대한제국의 수립 전후로 근대적 학교 교육시기로 잡은 것이다.

언어별로 외국어 교육사를 쓰면서 각각의 언어별로 근대적 학교 교육의 시작시기를 잡는다면 영어는 1883년, 독일어는 1897년, 불어·러시아어는 1896년, 중국어는 1892년이 될 것이다. 그러나, 이것을 교육 전체를 포함하는 법제를 중심으로 시대구분하면 모든 외국어를 같은 시기로 시대구분하는 것이 가능하게 될 것이다.

국어과의 이병호(1986)는 광복후의 국민학교 국어과교육 변천사를 쓰면서, 광복직후를 과도기로 보고 준비기를 거쳐 제1차 교육과정기로 보고 있으며 제3차 교육과정기까지의 국어과교육 변천사를 썼다.

---

18) 최성오(1997)『독일어 교육과정사 연구』서강대학교 교육대학원 석사학위논문

국사과의 김홍수(1992)는 한국역사교육사를 쓰면서, 네시기로 구분하였다.

① 근대이전의 역사교육(고대, 고려시대, 조선시대)
② 근대의 역사교육(성립, 발전, 확대)
③ 일제하의 역사교육(1차 조선교육령시기~4차 조선교육령시기)
④ 현대의 역사교육(군정하, 제1차 교육과정기~제5차 교육과정기)

이 구분에서는 고대, 근대, 현대라고 하는 역사 일반의 시대구분[19]과 함께 '일제하'라는 시대구분 기준을 절충하여 사용하고 있다.

지금까지 일본어과와 타교과에서 제시되었던 선행연구에 대하여 알아보았는데, 전체를 하나로 보기 쉽게 나타내기 위하여 표로 정리하였다. 이를 바탕으로 그 특징 및 문제점을 지적하면 다음과 같다.

---

19) 사적 전개에 따른 시대구분으로 한국사 시대구분에서는 이기백(1990)이 널리 평가를 받고 있다. 이기백(1990)『신수판 한국사신론』일조각, 사회적 지배세력의 변천과정에 기준으로 ⑴원시공동체의 사회 ⑵성읍국가와 연맹왕국 ⑶중앙집권적 귀족국가의 발전 ⑷전제 왕권의 성립 ⑸호족의 시대 ⑹문벌귀족의 사회 ⑺무인정권 ⑻신흥사대부의 등장 ⑼양반사회의 성립 ⑽사림세력의 등장 ⑾광작농민과 도매상인의 성장 ⑿중인층의 대두와 농민의 반란 ⒀개화세력의 성장 ⒁민족국가의 태동과 제국주의의 침략 ⒂민족운동의 발전 ⒃민주주의의 성장 으로 시대구분하고 있다.

<표1> 선행연구의 일본어 교육 시대구분의 양상

이덕봉	갑오경장이전	갑오경장~한일합방	일제강점기	해방후(교수요목기,제1차교육과정기~)	
이봉희	외교상필요기	1906(통감부)~1945(국어)		×	1961~
稻葉繼雄	외국어기(1905년 이전)	일어기	국어기	제2외국어기	
이숙자	전근대기(~1894)	①근대교육자주여명기 ②근대교육보호적형성기	③일본형근대교육형성·추진기	④해방후 현대교육자주건설기(~1979)	
森田芳夫	조선시대	개화기전기, 개화기후기	일본통치기	제2차세계대전종료후	
松浦鎭次郎	구시대	과도시대(1895~1906) 보호시대(1906~1910)	신설교육여명시대(1910~1919) 신교육진흥기(1919~)	×	
홍웅선	×	개화기	일제침략기	미군정기와 초창기	제1교육과정기~
박부강 (영어)	전사(1883이전)	초창기(1883~1895)신장기(1895~1911)	위축기(1911~1922)재활기(1922~1938)수난기(1938~1945)	×	
최성오 (독일어)	전통사회시대(삼국시대~조선말기)	근대적학교시기(대한제국수립1897~한일합방전후)	일제지배하(한일합방전후~해방)	건국직후	교육과정시행기
이병호 (국어)	×			과도기(광복직후)준비기	제1차교육과정기~제3차교육과정기
김홍수 (역사)	고대, 고려시대, 조선시대	근대	일제하	현대(군정하 교육과 교수요목)	제1차교육과정기~제5차교육과정기

선행연구의 시대 구분은, 해방이전은 정치사적 사건이 기준이 되는 일이 많고, 해방이후는 교육과정이 주로 기준이 되고 있다. 단일한 기준으로 시대구분을 하기 어려운 고민이 있다. 따라서 그 뒤를 이은 작업에서는 좀더 통일되고 일관된 새로운 시대구분, 특히 교육 내적인 요인 가운데에서 기준을 마련하여 서술하고 이해하여야 할 과제를 남겨두고 있다고 보인다.

한편, 각 시대의 일본어 교육사를 기술한 시대에 대한 용어를 살펴보면 다양하다. '갑오경장 이전, 구시대', '개화기, 한말[20], 구한말, 통감부, 갑오경장 이후 한일합병까지, 과도시대·보호시대', '일제강점시대, 신

---

20) 조문제(1977)는 한말의 일어학교 교육의 연구에서 한말의 일어학교를 3시대구분하고 있다. p.21

설교육여명시대·신교육진흥시대, 일본통치하, 일본통치기', '해방후, 교수요목기, 1945~, 1961~', '해방후, 교육과정기' 등의 용어를 사용하고 있다. 연구자마다 다양하게 그 시대를 일컫고 있어서 혼란스러운 감이 없지 않다. 연구란 연구자의 관점과 주관이 어느 정도 작용할 수밖에 없어서, 일률적인 통일성을 가질 수는 없겠지만, 가능하면 일관된 기준에 의해서 좀더 객관성을 띤 용어로 시대구분이 이루어질 필요가 있다고 보여진다.

선행연구가 가장 많은 시기는 개화기(구한말, 한말)와 일본강점기의 일본어 교육이다. 반면에 연구가 전혀 이루어지지 않고 있는 시기는 해방후 일본어 교육이 새로 시작되는 시기이다. 그러다 보니 이 시기의 일본어 교육에 대하여 알고자 하면 1차 사료를 찾아내는 작업이 선행되어야 하며, 자료가 발견되지 않을 때에는 면접법에 의존하여야 할 경우도 있을 것이 예상된다.

시대구분의 잣대가 다른 것 이외에도 몇 가지 쟁점이 발견되는데, 그것은 세 가지로 정리된다. 위에서 언급하였듯이 ①언어권 별로 소위 근대교육의 시작 기준년이 다른 점. ②일본어 교육사의 선행연구에서 소위 '국어'기를 통감부 설치 때부터 보는 의견과 일제강점기부터 보는 서로 다른 의견이 존재하는 점. ③ '해방후'의 교육을 시대구분하지 않고 하나로 취급할 것인지, 교수요목기와 교육과정기를 2시대 구분할 것인지 하는 점을 들 수 있다.

2. 본고의 시대구분

본고에서 시도하는 시대구분의 기준은 일본어 교육이 실시되는 제도 내지는 그 제도가 실려 있는 법전에 기준을 두었다. 즉 교육관계 법제에 기준을 두고 일본어 교육의 큰 흐름을 파악해 보려고 한 것이다. 새로운 교육관계 법령이 발표되면 그 법령 안에는 새로운 교육정책이 반영되어 있을 것이며, 그 교육정책에 따른 교육의 목적이 있다고 판단하였기 때문이다.

외국어교육은 국가적 필요와 해당 외국어 사용국가와의 외교관계의 영향을 받는다. 예를 들어 조선의 역관정책은 1873년 왜관이 일본정부에 접수되면서 일본과의 외교는 대마도에서 일본정부로 넘어가게 된다. 따라서 외교에 새로운 변화가 생기게 되고, 일본어 교육은 역관교육에서 소수교양인을 육성하여야 하는 요인이 발생하게 되어 새로운 학제의 필요성으로 작용하게 되는 것이다. 요인 발생→목적 변경→법령 제정 공포→새로운 목표설정→내용설정→방법 적용 교육(교과서 제작 혹은 선택) 실시→평가의 순으로 일본어 교육이 이루어진다고 보는 것이다. 즉, 교육관계 법제를 중심으로 새로운 법제로 바뀌게 되는 요인들을 시대적 배경에서 다루면서 바뀐 법제에 따른 각각의 일본어 교육의 목적·목표, 내용, 방법, 평가, 교과서 등의 항목을 다루고자 한다.

이상과 같은 기본적인 생각을 바탕으로 필자는 다섯 시대로 구분을 시도하였는데 경국대전[1])기, 학부령기, 조선교육령기, 교수요목기, 교육

---

1) 본고의 시대구분에서 쓰이는 '경국대전기'의 '경국대전'은 단일한 책명이 아니라, 경국대전, 수교집록, 전록통고, 통문관지, 속대전, 대전통편, 전율

과정기 등이 그것이다. 각 시대를 구분 짓게 하는 요인들을 표로 정리하면 다음과 같다.

<표2> 일본어 교육사 시대구분 요인

구분	경국대전기	학부령기	조선교육령기	교수요목기	교육과정기
기간	1392(1415)~1895	1895~1911	1911~1945	1945~1955	1955~현재
담당주체	조선왕조	조선 (대한제국)	조선총독부	대한민국 임시정부	대한민국
담당기관	예조	학부	조선총독부	미 군정청	문교부
기본법제	경국대전	학부령	조선교육령	교수요목	교육과정
교육목적	역관(특수)	소수교양인	교육을 받은 조선인	×	교양인 (실용교육)
교과서 유무	○	○	○	×	○

경국대전기는 경국대전을 필두로, 수교집록, 전록통고, 통문관지, 속대전, 대전통편, 전율통보, 대전회통, 육전조례 등의 법령에 따라 일본어 교육이 실시되었던 시기이다. 대부분의 조선의 법령은 모법이라 할 경국대전에서 파생된 것이므로 편의상 '경국대전기'라고 이 시기를 명명할 수 있다고 판단하였다.

학부령기는 학부령으로 법령이 공포되고 발효되어 이에 따라 일본어 교육이 실시된 시기를 일컫는다.

조선교육령기는 조선총독부에서 칙령으로 발표한 '조선교육령'을 기준으로 일본어 교육이 시행된 시기를 말한다.

통보, 대전회통, 육전조례 등 조선시대 전체에 걸쳐서 존재한 모든 법령을 통칭하는 개념임을 밝혀둔다.

교수요목기는 교수요목에 의해서 교육이 시행된 시기인데, 교수요목에 일본어 교수요목이 없는 것이 이시기의 법제가 말해 주는 일본어 교육이다. 즉 이 시기의 법제는 일본어 교육을 포함하고 있지 않다.

교육과정기는 미군정청의 교수요목기에서 완전하게 벗어나, 대한민국이 독립국가로서 자체적인 교육과정을 마련해 이에 따라 모든 교과 교육을 실시한 시기이다. 현재도 이 교육과정기의 연속선상에 놓여 있다.

이상 <표2>에서 보는 바와 같이 교육관계 법령(법제)의 변화를 기준으로 일본어 교육사의 시대구분을 하면, 외국어 전체가 통일된 시대구분을 할 수 있으며, 개화기의 시작기준년이나 소위 '국어' 교육기에 대한 문제점도 해결되며, 해방후 교육에 대한 시대구분의 문제점도 어느 정도 해결이 되어 시대구분이 명쾌해지는 장점이 있다. 교육 외적인 것보다 좀더 교육 내적인 것에 가까운 교육관계 '법령(법제)'이라는 요인을 주요기준으로 삼음으로써 교육사 자체의 독립성을 확보하는 데에도 유리하다고 생각한다.

제3장
각 시대별 일본어 교육

1. 경국대전기의 일본어 교육

1.1. 시대적 배경

조선시대의 외국어 교육은 사대[1] 교린[2]을 국시로 하는 조선의 정치 상황이 만들어 낸 언어 정책으로 선행 연구는 일치를 보이고 있다.[3] 사대는 중국과의 외교를, 교린은 주로 일본과의 외교를 말하는데, 일본어 교육은 이 교린을 위한 역관 양성에 주력하고 있다. 역관은 사역원[4]

---

1) 국교상 중국과의 관계를 사대라고 한다. 중국은 대국이요 우리나라는 소국이므로, 소국이 대국을 섬긴다는 의미인 것이다. 조선왕조는 중국을 종주국으로 섬겨왔고, 매년 정기적으로 연례사절을 교환한 바 있다. 법제처 (1974)『육전조례』 p.21.
2) 교린이란 이웃 나라와의 교제를 말한 것이다. 조선왕조는 중국, 일본, 유구, 만주 등 여러 나라와 국교를 수립하고 있었으나, 그 중 중국은 대국이요 문화, 문물의 선구자라는 견지에서 이를 종주국으로 삼아, 전기 사대조의 규정과 같이 연례적으로 사신을 파견하여 조공을 하여 왔으며, 일본을 위시한 기타 제국에는 일단 유사시에 한하여 통신사의 왕래가 있기는 하였으나, 대체적으로 일본에서는 조공 아닌 선물을 갖추어 연례적으로 왔다. 법제처『전률통보(상)』 p.427.
3) 이관수(1979/1987)『조선조의 어문정책 연구』홍익대학교 출판부, p.166.
4) ≪태조실록(1393) 004 02/09/19(신유) /[원전]1집 50면≫ 사역원(司譯院)

과 지방 왜학의 교육에서 양성되었으며, 사역원은 예조 관할로 왜학과 함께 한학, 몽학, 여진학이 교육되었다. 기록상으로 왜학이 정식으로 설치된 것은 1415년(태종15)[5]으로 이때부터 일본어 역관을 양성하기 시작하였다[6]. 일본어 교육을 하여 역관을 양성한 이유를 실록 기사를 중심으로 살펴보면, 일본사람들이 끊임없이 우리나라에 찾아오는데 통역이 많지 못하여 애로다[7] 라는 제기가 있고, 사역원에 왜학을 두고 일본어 역관 양성을 시작하였다[8]라는 기록이 있다.

경국대전기는 임진왜란이라고 하는 전쟁을 계기로 2개의 시기로 구분된다. 제1기는 일본어 교육이 시작되고 여러 가지 부흥, 권장책을 써서 안정된 교육이 실시되고, 그것이 법제화되어 경국대전에 기록되어 임진왜란 때까지 실시되는 시기이다. 그러나, 임진왜란과 정유재란을 지나면서 일본어 교육은 잠시 휴지기에 들어가는 시기를 포함한다. 왜란으로 단절되었던 왜학 설치 문제가 거론되고[9], 기유약조를 맺어 국

을 설치하고 중국말을 익히게 하였다. 조선왕조실록은 위와 같은 방법으로 제시하되, 실록명(서력) 권수/ 재위년/월/일 / 원전 소재 면수를 나타내며, 서울시스템의 조선왕조실록 CD롬을 이용하였다.

5) ≪세종실록(1430) 049 12/08/29(정유) /[원전]3집 257면≫ 예조에서 아뢰기를, "지난 을미년 수교(受敎)에, '왜학(倭學)을 설치하고 외방 향교(鄕校)의 생도와 양가(良家)의 자제들로 하여금 입속(入屬)하게 하여, ……"

6) ≪태종실록(1414) 028 14/10/26(병신) /[원전]2집 43면 ≫ 사역원(司譯院)에 명하여 일본어(日本語)를 익히게 하였다. 왜객 통사(倭客通事) 윤인보(尹仁甫)가 상언(上言)하기를, "일본인(日本人)의 내조(來朝)는 끊이지 않으나 일본어를 통변하는 자는 적으니, 원컨대, 자제(子弟)들로 하여금 전습(傳習)하게 하소서."하니, 그대로 따랐다.

7) 세종실록 14년 10월 병신

8) 김영황(1999)『조선 언어학사 연구』 p.202에는 세종실록 12년 9월로 되어 있다.

9) ≪선조실록(1601) 134 34/02/28(정유) /[원전]24집 207면≫ "지금 왜학을 설치하는 것은 부당할 듯합니다마는, 수적(讐敵)과 대진하여 교전할 때에 정탐하고 문답하는 일을 통역의 힘에 의존하지 않을 수 없고,

교가 재개되기 전까지의 시기이다.

제2기는 임진왜란 후의 일본과의 국교 단절을 거쳐 1609년 국교재개가 있고, 국서를 동반한 통신사의 왕래가 잦았던 시기로 전쟁을 통하여 많은 사람들이 일본어와 접촉하게 되고, 일본어 교육이 새로운 국면에 접어들게 된다. 일본어 교육 전문의 왜학청10)과 우어청11)이 세워지고 첩해신어가 쓰여지고 대마도가 조선외교를 담당하는 시기이다. 1876년이 되면 대마도 외교의 중심인 왜관이 철폐되면서 1876년 2월에는 조선과 일본정부가 한일 수호 조규를 맺어 조선에서의 외교권은 대마도에서 일본 정부로 넘어 가게 된다. 다만, 경국대전기는 1895년 학부령이 발표되기 전까지로 시대구분하고 전체를 하나로 기술하되 '교재' 항목은 2시대구분하여 기술하려고 한다.

이 시기의 선행연구로는 다음과 같은 것들이 있다.

이홍렬(1967)은 잡과 시취 특히, 연산군 이후의 의학·역학·수학에 대하여 성격을 음미하고, 당시의 사회신분제도가 내포하고 있었던 부정적인 일면에 초점을 맞추어, 잡학이 일견 중요시되고 시취도 정연하게 시행된 듯한 이면에 있었던, 침체하였던 잡학의 조잔상태와 불우하였던 잡직인들의 왜곡된 인간상의 해명에 한정시키고 있다.

원영환(1977)은 조선시대 사역원의 교육제도와 시험제도를 중심으로 대략을 서술하고 있어 분량은 많지 않으나 사역원에 대하여 개략을

남쪽 변방 진보(鎭堡)와 제주(濟州) 등 섬에 표류하는 왜자(倭子)며 고기잡이하는 적의 배들이 자주 변방 관리에게 붙잡히는데 그들의 말을 알아듣는 사람이 없으면 심문하기가 어렵습니다. 그리고 혹시 왜적이 정성을 보이고 화친을 구하는 사신이라도 보내면 허락 여부를 반드시 응답해 주어야 하는데, 만약 시취하지 않으면 결국에는 왜어를 아는 자가 멸종이 되어 후일에 곤란한 일이 있을 것입니다. 법전에 의하여 시취하는 것이 마땅할 듯하므로 감히 아룁니다."하니, 윤허한다고 전교하였다.

10) 왜학청은 1643년에 세워지며, 1673년에 중수된다.
11) 우어청은 1682년에 세워졌다.

알 수 있도록 콤팩트하게 정리되었다.

이관수(1979)는 『조선조의 어문정책 연구』의 Ⅵ장에서 역학정책에 대하여 종합적으로 다루면서, 역학정책은 정치상의 반영이었으며, 조선조 역대 왕조들의 가장 힘을 기울인 정책이었다고 전제하고, 역학정책을 언어사회사적인 측면에서 살펴 사역원의 설치와 직제, 4학의 변천과정, 사역원의 교육제도, 역학이 끼친 영향 등을 다루어 어문정책사의 체계를 세우려고 하였다. 역학이 사회 전반에 끼친 영향으로, 외국 견문에서 얻은 지식과 부의 축적은 근대화의 선구적 역학을 하였으며, 세종의 역학정책은 훈민정음 창제와 깊은 관계가 있고, 한문교육의 강화를 가져왔으며, 성리학의 도입 등은 새 학문인 운학(韻學)의 길잡이가 되었다고 보았다. 숙종·영조 이후에는 역학자의 손에 의하여 많은 사서류가 편찬되어 나오는 등 중요한 언어정책의 하나로 파악하고 국어학사적인 입장에서 새로운 가치 부여가 있어야 할 것이라고 지적하고 있다. 이홍렬이 부정적인 측면에 초점을 맞춘 것과는 달리 이관수는 긍정적인 측면을 다루고 있다.

이건형(1981)은 저서 『조선조 교육정책 연구』의 제3장 역학교육 정책에서 역학교육의 기구, 교육내용, 방법, 장학정책 등을 고찰함으로써 조선시대의 외국어교육의 특징을 밝히고자 하였다. 조선시대의 잡과교육이 일반적으로 경시되기는 하였으나 필요한 영역에 대해서는 슬기로운 창의와 강력한 의지가 발휘되었음을 입증하려고 노력하였으며, 역과교육의 긍정적인 측면을 서술하고 있다.

김양수(1983)는 조선후기의 역관들의 실태를 파악하기 위한 기초작업의 일환으로 숙종시대의 역과방목을 중심으로 역과 합격자를 분석하고, 이 시기의 역과 합격자는 보편적으로 20세 정도의 명문 역관가 출신으로서 부친은 당상관계열이 많고, 본인은 주로 한학을 전공하여 참상관 체아직에 까지 승진할 것을 기대할 수 있는 사람들이 가장 많다는 결론을 이끌어 내고 있다. 4학을 전반적으로 다룬 논문이다.

정광(1978, 1988, 2002)은 여기에 든 두 개의 저서와 1개의 논문 이외에도 역학에 대하여는 다수의 논저를 내고 있다. 정광(1978)은 '유해류 역학서'에 대한 업적으로,『왜어유해』에 대한 선행연구가 잘 정리되어 있으며, 유해류 역학서의 편집경위, 간행연대, 문항 분류와 체재, 발음전사에 대한 상호관계 등을 자세히 알 수 있다. 정광(1988)은 많지 않은 단행본 중의 하나이다.

송기중(1985, 1987)은 조선조 초기에 사용되었던 역학서, 특히『경국대전』예전 제과조에 역과 과시용으로 제시된 48종의 서명에 대한 고찰 중, 왜학서 14종의 서명에 대한 추적의 시도이다. 본고에서는 초기 역학서에 대한 대조 비교 고찰에 인용하였다.

이원식(1991)은 통신사 연구의 길잡이라고 일컬어질 정도로 각 시기의 통신사에 대한 자료를 풍부하게 담고 있는 단행본이다. 내용 중에 일본어 습숙을 위한 교재에 대한 자료를 포함하고 있다.

김영황(1999)은『조선 언어학사 연구』의 제6장 봉건시대의 외국어 연구에서 외국어학습기관 및 4학에 대하여 언급하는 중에 왜학에 대하여 알기 쉽고 간결하게 정리를 하였다.

강신항(1992, 2000)은 조선과 일본의 사절단의 수행역관들에 대한 제도와 업적을 총괄하여 비교 연구하였는데, 왜학서에 대하여는 선행 연구에서 취사선택하고 본인의 의견을 붙여서 개요를 다루고 있다.

1.1.1. 교육기관

조선시대의 일본어 교육은 예조 관할의 사역원에서 이루어졌다. 사역원에서 관리하는 일본어 교육기관에는 사역원 본원과 지방 왜학, 그리고 우어청이 있다. 중앙의 사역원[12]은 1393년(태조2년)에 세워졌으며 사역원의 직제는 1470년(성종2년)『경국대전』에서 이루어졌다. 이 직제는 130여 년간 변동없이 내려오다가 1602년『통문관지』에서 변동[13]이 있었다. 사역원 내에 정식으로 왜학을 설치하여 일본어 교육을 한 것은 1415년(태종15년)[14]부터이고 왜학을 맡아보는 왜학청은 1643년(인조 21년)에 세워져서 1673년(현종 14년)에 중수되었는데 교회청의 남쪽에 있었으며,[15] 사역원의 규모는 동서가 23간, 동북이 24간이나 되었고 또한 사역원내에 34청[16]이 있었다. 사역원의 위치는 서부 적선방(西部 積善坊)에 있었으며 형조(刑曹)와 병조(兵曹)와는 담을 사이에 두고 있었던 것[17]을 알 수 있다. 즉, 형조와 병조가 현재 종로구 세종로 서쪽에 남북으로 나란히 있었던 것으로 보아, 사역원은 현재 종로구 적선동과 도렴(都染)동에 걸쳐서 있었음을 알 수 있다.

사역원의 관원은 일반직제와 전문직제로 나뉜다. 전문직은 교수와 훈도이며 나머지는 일반직 관원이었다.

---

12) 사역원은 고려시대의 통문관을 개편한 기관이다. 고려는 1276년(충렬왕2년)년에 통문관을 설치하여 한어를 학습시켰으며, 이것이 조선의 태조2년(1393년)에 이르러 사역원으로 개편되었다.

13) 통문관지-권1-관제, p.7.

14) ≪세종실록(1430) 049 12/08/29(정유) /[원전]3집 257면≫ 예조에서 아뢰기를, "지난 을미년 수교(受敎)에, '왜학(倭學)을 설치하고 외방 향교(鄕校)의 생도와 양가(良家)의 자제들로 하여금 입속(入屬)하게 하여, ……"

15) 통문관지-권1-관사, pp.12~13.

16) 院有四學曰 漢蒙倭淸 其爲廳凡三十有四, 통문관지-서문, p.1.

17) 院內西部積善坊……與刑曹兵曹隔장 통문관지-권1-관사, p.11.

훈상당상은 정3품 관원으로서 한학6명, 몽학1명, 왜학3명, 청학2명, 모두 12명이었는데 한학과 왜학은 1602년에 처음으로 각기 2명씩 두었다가 한학은 그 후 수차의 변동을 거쳐서 6명으로 증가되었으며 몽학은 1637년에 1명, 청학은 1681년에 2명을 각각 두었다. 이들은 이미 교회(敎誨)를 비롯한 칠사(교회, 정, 교수, 어전, 훈도, 상통사, 연소총민)의 경력을 가진 자로서 외국사신과 대화를 할 수 있는 사람이 선출되었다.[18] 즉, 훈상당상은 학식과 덕망이 있는 통역관인 동시에 외교관이었으며 그들은 사역원의 교육을 총찰하였음을 알 수 있다. 그러나 이들에 대한 대우는 좋지 않아서, 그들은 정직이 아닌 체아직이었으며 왜학의 경우 정9품직인 사용 2자리를 받았는데 그것도 임기가 3개월 내지 6개월 미만인 임시직이었다.[19]

사역원 관원은 어학 능력이 크게 중시되어 어학에 유능한 자를 등용하였으며, 사역원 부설 4학에는 [상사당상 정원 없음, 전함관 273명중 왜학 50, 권지 정원 없음, 강사습독관 30, 한학관 50, 생도 80명중 왜학 15, 예차생도 124명중 왜학 25][20]와 같은 별도의 정원이 배속되었다. 이곳에서는 외국어교육이 행하여 졌으며, 교육을 통하여 양성된 역관들은 상시 사역원에 출사하고 정기 취재(取才)에 응시해야 하며, 그 성적에 따라 상등은 통사, 중등은 압물 · 압마, 하등은 타각부 등의 직책을 가지고 윤번으로 외국사행에 수반하여 통역에 종사하기도 하고, 나라에서 쓸 서적, 약재, 악기 등을 거래하기도 하였다.[21]

---

18) 통문관지-권1-관제, p.7.
19) 통문관지-권1-관제, p.7. (p.263)
20) 통문관지-권1-원적, p.11.
21) · ≪문종실록(1451) 003 00/09/18(기미) /[원전]6집 283면≫
　　……역학인(譯學人)을 3등급으로 나누어서 상등(上等)은 통사(通事)로, 중등(中等)은 압물(押物)과 압마(押馬)로, 하등(下等)은 타각부(打角夫)로 임명해 보낼 것을 벌써 법

1.1.2. 법령집

한 나라가 망하고 새 나라가 설 때 가장 중요한 것은 나라의 기강을 세우는 법령이다. 이 시기의 일본어 교육기관인 사역원의 직제는 『經國大典』의 간행과 더불어 완비되었다. 『經國大典』은 조선의 기본적이고 체계적인 기본 법전으로 사역원 뿐 만 아니라, 조선의 모든 관제는 『경국대전』의 간행과 더불어 완비되었으며, 1894년 갑오개혁에 이르러 거의 모든 제도가 개혁될 때까지, 시대의 흐름에 따라 더러는 수정 보완되었으나 그 기본적인 뼈대는 바뀌지 않았고, 조선왕조 500년의 기본 법전으로서 자리를 지켰으며, 조선은 이 법전에 의해 제도를 마련하고 행정을 펴 나간 법제 국가였다. 『經國大典』은 『朝鮮徑國典』『經濟文鑑』『經濟六典』『續六典』『六典謄錄』 등을 종합하여 항구적인 법전을 마련해야 한다는 의견에 따라 집대성되었다. 『경국대전』이 편찬됨으로써 조선 왕조는 최초로 정비된 법전을 가지고 정치의 기준을 세운 왕조가 되었으며, 고려 시대만 하더라도 중국의 법전을 절충하여 채용하는 데 그쳤으나, 『경국대전』에 규정된 통치체제는 중국 제도의 모방 단계에서 벗어나 비로소 독자의 통치 체제를 체계적으로 구성하였다는 점과 유교적 법치국가로서의 자리를 확고히 할 수 있었다는 점에서 큰 의의를 가진다. 본 장의 제목이 된 '경국대전기의 일본어 교육'은 법제를 중심으로 기술하는 본고의 특성상 붙여진 이름이다. 이 시기의 일본어 교육은 이 경국대전의 법제가 중심이 되었기 때문이다.

조선 시대를 통틀어 일본어 교육에 대하여 언급되어 있는 문헌은

으로 정했는데, 지금 북경(北京)으로 가는 종사관(從事官)은 하등(下等)을 올려서 압물(押物)로 임명하기도 하고, 중등(中等)을 올려서 통사(通事)로 삼는 일도 있으니 법을 제정한 뜻에 어긋남이 있는 것 같습니다. ……

· 속대전-예전-잡령, 통신사 수행 역관 정원 당상역관3, 당하역관 9……
  p.257.

『經國大典』22)(1470) 이외에도 『受敎輯錄』23)(1698), 『典錄通考』24)

---

22) 『경국대전』의 편제는 이전(吏典) 호전(戶典) 예전(禮典) 병전(兵典) 형전(刑典) 공전(工典)의 순서로 되어 있다. 이전(吏典)은 29항목에 걸쳐 통치의 기본이 되는 중앙과 지방의 관제, 관리의 종별, 관리의 임면, 서임의 제한, 사령 등에 관한 규정이며, 호전(戶典)은 30항목에 걸쳐 재정경제와 관련되는 사항으로서 호적제도, 토지제도, 조세제도, 봉급, 통화, 부채, 상업과 잠업, 창고와 환곡, 조운, 어장과 염장 등에 관한 규정이다. 예전(禮典)은 61항목에 걸쳐 문·무과와 잡과의 과거, 조신의 의장(儀章), 외교, 제례, 상장(喪葬)과 묘지, 관인(官印), 각종 공문서 서식, 친족의 범위, 제사 상속, 양자제도 등에 관한 규정이고, 병전(兵典)은 51항목에 걸쳐 군제와 군사 등에 관한 규정이다. 형전(刑典)은 28항목에 걸쳐 대명률에 대한 특별형법으로서 형벌, 재판, 공사노비 등에 관한 규정. 공전(工典)은 14항목에 걸쳐 교통, 도량형, 식산 등에 관한 규정으로 되어 있다. 이 여섯 개의 편제 중 일본어 교육은 주로 예전의 법령에 따르고 있다. 현대에는 기기의 발전에 따라 지금까지 연구된 항목에 대한 많은 보충이 가능하게 되었다. 「왜학」에 대하여 예를 들어 보자면 지금까지는 문헌을 일일이 읽어야 하였으나, 이제는 키워드 검색에 의하여 옛날의 연구에서는 빠져 있는 많은 항목을 찾을 수 있게 되었다. 따라서 문헌을 읽고 논문을 쓰던 시대보다는 좀 더 많은 자료를 빠른 시간에 섭렵할 수 있게 되어 내용의 보충이 가능하게 된 것이다. 본고에서는 선행연구에 더하여 원전의 자료 검색을 통하여 선행연구를 보충하고자 한다. 중복되는 부분도 있을 것이고 새로이 발견되는 자료도 있을 것이 예상된다.

23) 『수교집록』(1698, 숙종)은 이익 등이 왕명으로 지은 책. 중종 때의 법전인 대전후속록 이후 155년 동안의 교령을 모은 법전서이다.[국역 전록통고(1974), 법제자료 제68집, p.169.] 수교란 어떤 현안에 대해 국왕이 직접 발의하거나 신료 개인 혹은 각 관서에서 상소나 계문의 형식으로 발의하면, 이를 고위 신료들이 논의를 거쳐 정리하고, 그 결과를 왕명 곧 敎, 敎旨, 傳敎 로서 해당관서에 내리면 이를 받아 시행하는 관서에서 부를 때 쓰는 용어이다. 수교는 법령을 구성하는 가장 기초적인 요소라 할 수 있다. 수교들은 몇 가지 형태를 띠고 있는데 이를 분류해보면 다음과 같다.

(1) 왕 자신이 직접 규정을 만들어 해당 관서에 지시한 것

(2) 해당 관서에서 발의하여 왕에게 건의한 것을 왕이 받아들여 결정된 것

(3) 다른 관서에서 발의된 것을 해당 관서에서 자신들의 의견을 덧붙여 왕에게 건의하여 정해진 것

(4) 개인이 윤대시에 의견을 개지하거나 단자를 올려 아뢴 것을 왕이 받아

(1706), 『通文館志』25)(1720), 『續大典』26)(1744), 『大典通編』27)

들여 결정한 것[한국역사연구회 중세2분과 법전연구반편(2002) 『각사수교』 청년사, 해제, p.13 서울대학교규장각편(1997) 『각사수교』 영인본]
　여기에서 보듯이 일반적으로 법을 제정할 때 최초 발의는 왕 자신이나 해당 관서 또는 개인이 할 수 있었다. 이에 대해 왕이 윤허하면 법령으로서의 효력을 갖게 되는 것이다.

24) 『전록통고』(1706)[본고에서는 법제자료 제68집, 1974]를 이용하였다. 상게서는 조선왕조의 기본법전인 경국대전이 편찬된 후 그때 그때 이를 보충하기 위하여 제정된 법령을 모아 전속록·후속록이 계속하여 편찬되고, 그로부터 150년을 지난 1698(숙종24)년에 다시 수교집록이 편찬되었으나 이들 법전은 조문상 상호 모순이 나타나고, 따라서 적용상의 혼란을 일으키게 되었으므로 이를 정리 수록함으로써 법률의 고거(考據)에 편의를 제공하기 위하여 편찬되었다. 편제와 내용을 개관하면 이 법전도 다른 법전과 같이 육전으로 분류 편찬되어 있으며, 기본법전인 경국대전의 규정을 위주로 하여 다른 법전의 규정을 이에 따라 정비하여 부기하고, 다시 필요하게 된 규정을 신보(新補)하고 있는 것으로 보아 이 전록통고 역시 경국대전에 대한 보충법전임을 알 수 있고, 따라서 이 전록통고를 통하여 조선왕조 상반기의 법제연혁과 그 발전사를 역력히 이해할 수 있다. 이 법전은 규장각도서로서 서울대학교 도서관에 오직 원본 1부가 보존되어 있다.[국역 전록통고(1974), 법제자료 제68집, 서문 참조]

25) 『통문관지』(1720)는, 사역원의 연혁과 중국·일본 및 기타 제국과의 외교관계사항을 수록한 책이다. 최석정의 명으로 김지남·김경문 부자가 편찬하여 한학관 이선방·변정노, 청학관 남덕창 등이 사재를 내어 주자하였으며, 여러번 증보속간되었다. 이 책을 쓰게된 동기에 대하여는 서문에 잘 나타나 있는데, 우리나라와 접한 인접국등과의 외교적 난제를 타결해 온 법례가 많으나 이를 수록한 문헌이 없어 고증할 길이 없으므로 고사를 수집하여 쓰게 하였다고 되어 있다. 이책의 초간본의 순서는 서에 이어 목록·인용서목이 있고 권별로, 제1권 연혁편, 권장편, 제2·3권 사대편, 제4·5권 교린편, 제6권 인물편, 제7권 고사편등, 제8권 기년편으로 되어 있다.

26) 『속대전』(1744, 영조20년)[조선총독부중추원(소화10년) 『속대전』 조선인쇄주식회사(원문)]은, 실록에는 영조20년에 대강이 완성되었다고 되어 있다. 『경국대전』 후 250여년 동안, 다수의 수교(受敎)와 관행 등으로 불분명해진 대전을 확실히 한다는 큰 포부를 가지고, 수교를 집성한 3록(전후속록과 수교집록)에서 기본 자료를 취하고 거기에 관행을 가감하여 법전화한 것이다.

27) 『대전통편』(1785, 정조9년)[법제처(1963년) 『대전통편』 법제자료 제8집, 서울인쇄]은, 성

(1785), 『典律通補』28)(1787), 『大典會通』29)(1865), 『六典條例』30)

종5년 갑오(1474)년에 제정 송포한 경국대전, 명종13년 무오(1558)년에 제정송포한 속전 및 속집, 숙종13년(1687)년에 간행한 대전후속록 영조21년(1745)에 간행한 속대전 및 속대전후의 수교를 집록하여 제정한 것이다. 원전인 경국대전과 보편인 속대전이 서로 편질이 달라서 보기 불편함으로 이를 종합 통일할 결심으로 경국대전 및 속대전의 간행이후의 국왕수교중에서 영세존수지구가 되고 가위만세 법률적 성질을 가진 조례를 모두 동일편질에 종합 집대성하여 이전 212장, 호전 73장, 예전 101장, 병전 265장, 형전 60장, 공전 12장, 범 723장으로 구성 제정된 호창한 대전이다.

28) 『전률통보』(1787)[법제처(1971)『전률통보』법제자료지 제47집을 사용하였다.]가 편찬되기까지의 당시의 우리나라 법전상황을 살펴보면, 기본법전으로서는 경국대전과 속대전이 이미 완비되어 있었고, 또 이들 대전을 비롯하여 전후속록과 수교집록을 합편한 대전통편이 새로 간행되어 있었다. 그런데 이들 대전에 의하면 각종 형사처결에 있어서 기본법전에 해당 규정이 없는 것은 대명률을 준용하도록 되어 있고, 의례절차에 있어서는 오례의와 상례보편, 속오례 및 통문관지를 인용하도록 되어 있었는 바, 이와 같이 각 서에 산만하게 재록되어 있는 법문으로서는, 상시로 전개되는 제반사항에 대응하기란 실로 지난한 일이었으며, 더욱이 기본법전의 형전 대 대명률과의 관계, 예전 대 오례의 및 상례보편과의 관계에 있어서 명확하고도 구체적인 제요서가 요구되어, 이러한 요구에 따라 나온 것이 바로 전률통보이다. 이는 능은군 구윤명이 자가고열을 위한 일개사안에 불과하였던 것이나, 1785년 정조9년에 대전통편이 편찬된 직후, 왕명에 의하여 다시 검토 수정하여 각 서의 관계조문을 한 곳으로 종합하고, 法義의 전후모순과 중복을 시정하여 본 법전 하나로써, 적용한계와 출처 및 법원을 알기 쉽도록 하였으며, 또 필요한 참고자료로써 명물과 도수를 별편에 수록하여 1787년 정조 11년에 종합적인 보조법전으로 공식화한 것이다. 절률통보 원문은 필사본으로서 현재 우리나라에는 1질(6전6책과 별편1책)만이 서울대학교 도서관에 규장각 도서로 남아있다.[법제처(1971)『전률통보』, 서문]

29) 『대전회통』(1865)[한국법제연구원 연구보고94-10 『대전회통 연구』, 1994를 사용하였다.]은, 대전통편을 증보하여 완성한 기본법전이다. "萬世久遠之謨"라 하여 우리의 선조들은 대전회통을 영구히 변하지 않을 대경대법(大經大法)으로 인식하여 왔다. 1910년 나라는 망하였어도 대전회통, 특히 예전은 구 조선의 관행이라는 이름으로 일제법정에서 재판의 준거가 되어 살아 남았고, 광복이후에는 우리의 관행관습법으로서 많은 부문에서 현행 규법성을 유지하고 있다. 예전은 각종 과거제도나 학교제도, 사대교린의 외교관계 및 복

(1867)등이 있는데, 기본 법전인 경국대전의 편찬 후, 세상이 끊임없이 변화하는 가운데 국민 의식도 나날이 성숙해가고 그에 따른 법체계 또한 시의 적절한 변화와 적용이 수반되며, 시세가 변화됨에 따라 그에 조응하는 새로운 부수 법조항을 만들어낼 필요가 있으며, 이 법전들은 모두 경국대전을 기본으로 하여 변동이 있는 부분들을 경국대전의 내용과 함께 언급하고 있는 것이 특징이다. 이 문헌들에 보이는 일본어 교육에 대한 기록을 살펴봄으로써 조선시대의 일본어 교육 변화의 추이에 대하여 검토하고자 한다.

1.2. 교육 목표

일본인과 접촉할 때 통역으로 필요했던 역관들은 사역원에서 교육되었으며, 고강(考講), 원시(院試), 취재(取才), 역과(譯科)에 의하여 선발되어 관리로 임명되었다. 선발 임명된 역관들은 사역원에 소속되어 있으면서 일본어 관계에 종사하는 전문일꾼으로 통역을 담당하거나, 역과의 사자·번역을 담당하는 일 등을 하였다. 이렇게 볼 때 사역원은 교육기관이면서 역관 관리를 담당하는 기관이기도 하였다. 따라서 이

제, 제례, 기타 예식, 문서 양식 등에 관하여 규정하고 있다. 특히 예전에서 규정하고 있는 과거제도는 조선왕조 500년간의 통치주체였던 양반관료들과 실무자였던 전문기술관료들의 등용을 위한 매우 중요한 제도였으며 그 외에도 친족관계와 의례에 관한 규정은 현재 우리의 생활규범으로서 깊이 뿌리내리고 있다.[대전회통, 상게서, 발간사 참조]

30) 『육전조례』(1867)[법제처 법제자료 65집, 1974를 사용하였다.]는, 대전통편을 증보한 대전회통의 발간으로 기본법전을 일단 완성한 다음, 이에 따르는 행정법규의 체계적 정리의 필요에 의하여, 1867(고종 4)년에 각 관서에서 시행하는 사례와 법규를 종합하여 6전으로 분류 편찬하였다. 이 육전조례 중 예전은, 국가의 모든 의식과 국교상 사절교환의 절차, 교육, 문관 및 잡기관의 고시제도, 예조를 비롯한 예전소속의 관제를 규정하고 있다.

시기의 일본어 교육의 목표를 알아보기 위해서는 일본어 교육의 목적을 알아 볼 필요가 있고, 조선시대의 일본어 교육의 목적이 역관 양성에 있었으므로, 일본어 교육의 목표는 실무에 종사하는 역관의 일본어 능력을 중심으로 살펴보아야 하며, 실무에 종사하는 역관들은 통역과 번역을 담당하였으므로, 일본어 교육의 목표는 통역과 번역이 가능한 일본어 능력으로 설정될 것이다. 이것은 사역원에 대한 여러 기록과도 일치하는데, 아래에 원문을 그대로 인용해 보면,

- 경국대전-권1-이전-정3품아문-발석

  司譯院 掌譯諸方言語
- 통문관지-권1-연혁-관제

  國初置司譯院掌譯諸方言語(出 輿地勝覽)
- 육전조례-예전-사역원

  掌譯諸方言語

법전의 기록에서 모두 언급하고 있는 것은 '掌譯諸方言語'라는 말인데, 즉 사역원은 각 국 언어, 외국어의 통·번역을 관장하는 기관인 것이다.

통·번역이 가능한 역관을 교육하는 것이 사역원의 목적이고, 교육 후 시험을 거쳐 채용되어 실무에 투입되게 된다. 따라서 실무 일본어가 교육의 목표가 된다.

이 시기의 일본어 교육의 목표를 짐작해 볼 수 있는 또 하나의 자료는 교재이다. 교육에 사용되었던 교재를 분석해 보면 교육 목표를 어느 정도는 짐작할 수 있을 것이다. 교재 분석은 '교재'항목에서 자세히 다루고자 한다.

1.3. 내용

1.3.1. 언어 기능

어느 시대나 마찬가지이지만, 일본어 교육은 평가와 깊은 관련이 있다. 시험을 어떤 식으로 보느냐에 따라 지도 내용이나 교수법이 달라지게 된다. 조선시대의 일본어 교육도 마찬가지라고 판단되어 언어의 4기능 즉, 듣기·말하기·읽기·쓰기 교육은 평가 방식을 분석함으로써 내용을 살펴보고자 한다. 특히, 조선시대는 모든 일본어 교육이 역관과 관계가 있으므로 역관이 되기 위한 평가와 지도 내용이 불가분의 관계에 있으리라는 것은 짐작하기 어렵지 않다. 자세한 것은 평가 항목에서 다루겠으나, 결론을 여기에 적어 보면, 읽고 쓰기와 읽고 외우기, 읽고 번역하기가 중심이 되었으며, 교사가 하는 질문을 듣고 대답하기(말하기)가 있었다.

1.3.2. 언어 재료

언어 재료는 일반적으로 어휘, 소재, 문형·문법, 의사소통, 발음, 문자, 문체, 문화 등으로 기술된다. 언어 재료는 보통, 교재의 내용을 분석하는 방법으로 추측이 가능하다. 교과서 항목에서 자세히 고찰하겠지만 왜학 14책을 교재로 사용하던 시기와 『첩해신어』한 권으로 바뀐 시기로 나누어 생각해 볼 수 있다.

왜학 14책의 내용은 문자 연습용, 어구·숙어집, 회화용, 서간문·실용문 연습용, 교훈용 등으로 되어 있어서, 이 들 내용으로 추측해 볼 때,『伊路波』를 통한 문자 연습과, 어구·숙어집 등을 통한 어휘 연습, 서간문·실용문 연습용 교재를 통하여 문형·문법·문체 연습을 하였을 것이며, 회화용서인『노걸대』를 암송하므로써 의사소통이나 발음연습이 이루어졌을 것이다. 소재로는 서간문이나 교훈을 내용으로 하는 이야기 등이 제시되었을 것으로 보인다.

왜학 14책이 회화 중심교과서인『첩해신어』한 권으로 바뀌면서 일본어 교육은 회화 중심으로 바뀌게 된다.

『첩해신어』는 문체가 대화체 그리고 서간문체로 되어 있고 가사가 포함되어 있다. 소재는, 첫째, 부산에서 일본·조선 양국 관리간의 왕래 교섭을 내용으로 하는 것(권1~권4, 권9 전반), 둘째, 조선사절의 일본방문을 내용으로 한 것(권5~권8), 셋째, 일본의 지방명을 외우기 쉬운 문구로 만든 가사(권9 후반), 넷째, 서간문체(권10)[31]로 구분되어 있어, 주로 외교적·사교적인 대화내용과 서간문으로 구성되어 있다.

즉, 첩해신어 한권으로 문자 연습, 어휘 연습, 회화 연습, 외교상 필요한 사항을 소재로 하여 각 종 서식 등을 익혔던 것이다.

1.4. 교수·학습 방법

1.4.1. 학생

1.4.1.1. 사역원 본원의 학생

사역원 본원에서 일본어 교육을 받는 학생수는 경국대전에 의하면 15명으로 규정되어 있고, 통문관지에 1699년 숙종 25년에 예차생도 25명, 속대전에 '加25人'이라는 기록을 제외하면, 경국대전에서 대전회통까지 15명으로 일관한다. 사역원 본원의 생도[32]수가 기록되어 있는 문

---

31) 森田武(1955)「捷解新語の成立について」『國語國文』24-3, 경도대학문학부국어학국문학연구실, 정광(1988), 전게서, p.105 재인용.
32) 성균관, 사학, 향교의 유생과 잡학의 학생을 생도라 하였다. 법제처 대전회통 p.167.

헌과 내용을 아래에 적고, <표3>으로 정리하였다.

<표3> 사역원 본원의 학생수

경국대전	전록통고	통문관지	속대전	대전통편	대전회통	육전조례
15명	15명	15명(본생도) 25명(예차생도)	○ 加25명	속15加 속25加	15명 속25명	총민 15명

위의 표에서 보는 바와 같이, 문헌에 보이는 왜학 생도의 기사는, 사역원 본원의 일본어를 배우는 학생수를 (경)15, (전록)15, (통문)15/예차생도 25, (속)加25, (대통)속 15인加/속 25人加, (대회)15/속 25 加, (육)총민 15명으로 기록하고 있다. 경국대전에서 대전회통 시대에 이르기까지 사역원 본원에서 일본어를 배울 수 있는 정원은 15명으로 일관되고 있음을 알 수 있다. 다만, (통)(속)(대통)(대회)의 기록이 약간의 차이를 보이고 있는 것은, 속대전에 아무런 설명 없이 '加25人'이라는 기사만 있기 때문인 것으로 보인다. 통문관지에, 15명 이외에, '예차생도[33] 25명'이 있는데 이것을 속대전에서 원래 인원에 25명이 더해진 것으로 보고 '加25'로 기록하고 대전통편에서 다시 속대전의 기록의 모호함으로 인하여 경국대전 때부터 내려오는 사역원 학생수 15명과 새로 속대전에서 加해진 25명을 두가지 모두 기록해서 '속15加/속25加로, 대전회통에서는 이 모호한 부분을 바로 잡아서 대전통편의 '15人加'의 '加'를 없애고 15명으로 적고, 속대전의 '加25'를 바로 잡은 것으로 보인다[34]. 따라서 사역원 본원의 학생수는 15명을 기본으로 하고 임진왜란

---

33) 예차생도란 예비생도를 말한다.
34) 강신항(1992)도 속대전의 '加25'를 사역원 학생의 정원을 25명으로 늘린 것으로 보았다. 「한・일 양국 역관에 대한 비교 연구」『인문과학』23, 성균관대학교 인문과학연구소, p.35.

후 통문관지가 기록되는 1700년대에 25명이 더해져서 대전회통기인 1800년대까지 일관하고 있는 것이다.

그런데, 15명에서 많게는 40명이 되는 학생의 정원은 상당히 많은 듯이 보이나 실제로는 이 정원이 언제나 유지되는 것은 아니어서 예정 숫자에 불과하였으며, 오히려 학생의 부족을 호소하는 기사가 자주 보인다. 그 이유로, 이홍렬(1967)은 학생들이 경제적으로 빈궁하고 계급적으로 미천한 지방인[35]이었다는 것을 들고 있다.

1.4.1.1.1. 사역원 입학절차

사역원의 학생이 되기 위해서는 엄격한 심사를 거치게 된다. 1482년경의 절차를 예로 들어 보면, 우선 서류로 신원조사서와 신원보증서[36]를 녹관청에 제출하면 녹관[37] 15명의 엄격한 심사와 비밀투표를 거쳐 입학시험을 칠 수 있는 자격을 얻게 된다. 이때의 비밀투표는 투표원 5분의 4, 즉 12명의 찬성이 있어야만 시험을 칠 수 있으며, 만약, 사사로운 감정이나 친분 관계로 서류에 미비점이 있는데도 찬성투표를 한 것이 발각 나면 녹관은 물론 보증인도 중죄로 벌을 받게 되어 있었다. 이러한 절차를 거쳐 수험 자격을 얻게 되면 시관[38]이나 겸교수 앞에서

---

35) 이홍렬(1967) 「잡과시취에 대한 일고」 『백산학보』 3호, p.367.

36) 신원조사서는 부, 모계 4대조의 신분조사서를 말하며, 신원보증서는 한학교회와 명과 북경을 다녀온 참상관 2명에게 신원보증을 받은 서류를 말한다. 통문관지-권2-입속, p.14.

37) 녹관(祿官)이란, 정식으로 녹봉을 받는 관원을 가리킨다. 녹관은 취재 녹관 5명과 구임(久任)녹관 10명을 합하여 15명이 참여하였다. 취재 녹관은 취재를 담당하는 녹관이고 구임 녹관은 관직에는 출근일수로 따지는 임기가 있어서 관리마다 그 임기가 차면 전임(轉任)하게 되어 있으나 특수한 경험이나 기술을 요하는 직임에는 임기에 구애되지 않고 최장 3년간 계속 근무하는 역관을 말한다. 사역원 학생 시험을 칠 수 있는 자격 투표는 녹관들이 투표 용지에 가부 표시를 하여 통에 넣는 방법이었다.

입학시험을 치고 여기에서 합격하면 예비생도나 본생도가 되었다.

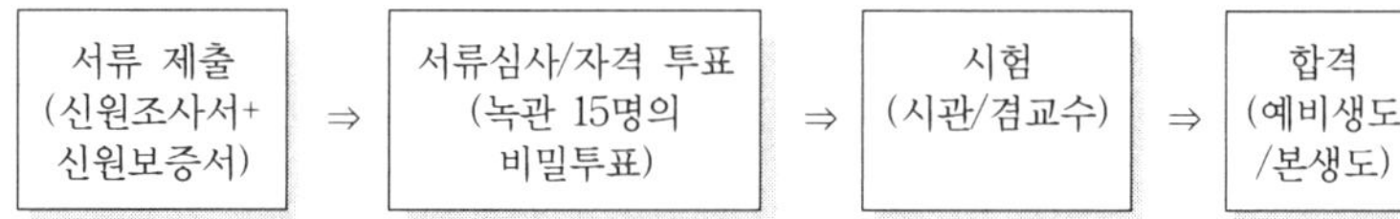

<그림1> 사역원 입학절차

왕조실록의 기사를 보면, 사역원 학생이 될 수 있는 신분은 세 가지 인데, 그것은 양인(良人), 천인(賤人), 그리고 향교의 생도들이었다. 양인은 2품 이상의 양첩자손을 말하고, 천인은 2품 이상의 천첩자손을 말한다. 우선 양인과 천인이 성종 13년(1482년) 이전에는 함께 사역원에서 일본어를 배웠다는 기사를 살펴본다. 왕조실록에 따르면, "외방 향교의 생도와 양가의 자제"[39], "수령으로 하여금 노비가 있는 양가의 자제를 가려 보내어", "연해 제읍의 향교 생도 20인을 가려서 올려"[40],

---

38) 조선시대에 과거시험을 주관하기 위하여 임명된 자를 말한다. 시관의 차정은 초시는 이조, 복시는 예조, 전시·알성시·정시등은 승정원에서 문망이 있는 세 사람의 후보자를 국왕에게 올리면 국왕이 낙점하게 되어 있었다. 시관으로 임명된 자는 대궐에서 밤을 지내고 시험장으로 직행하여 외부와의 연락을 하지 못하게 되어 있었다. p.314.
39) ≪세종실록(1430) 049 12/08/29(정유) /[원전]3집 257면≫
    예조에서 아뢰기를, "지난 을미년 수교(受敎)에, '왜학(倭學)'을 설치하고 외방 향교(鄕校)의 생도와 양가(良家)의 자제들로 하여금 입속(入屬)하게 하여, …"
40) ≪세조실록(1462) 028 08/04/18(계미) /[원전]7집 530면≫
    1. 본학(本學)의 전함 생도(前銜生徒)들은 모두 다 빈궁(貧窮)하여 노비(奴婢)가 없는 자들이므로 서울에 머무르며 학업을 익히기가 어려우니, 청컨대 이제부터는 수령(守令)으로 하여금 노비가 있는 양가(良家)의 자제(子弟)를 가려 보내어 학업을 익히도록 하되, 어기는 자는 수령(守令) 및 관찰사(觀察使)를 논죄(論罪)하소서.
    1. 일찍이 경상도(慶尙道)로 하여금 연해(沿海) 제읍(諸邑)의 향교 생도(鄕

"왜학 생도의 예에 의하여 경기·충청도의 향교 생도 중에 영리한 자와 향리의 3정 1자 중에 문리를 잘 깨칠 만 한 자"[41] 등의 기사와 함께, 1482년에는 "천첩의 자손들도 허속하게 하고 있어서, 그 동료들이 그들과 같이 있는 것을 부끄럽게 여기어 그 소임을 좋아하지 아니하며, 양인과 천인이 서로 섞여 있는 것은 매우 마땅치 않으므로, 지금부터는 천첩의 자손은 제외하고 양첩의 자손만을 허속하게 하는 것이 어떻겠느냐"[42]는 예조가 올린 글이 있는 것으로 보아, 사역원 왜학 학생의 자격은 상기에서 언급하였듯이 양첩·천첩의 자제, 향리 추천 생도들로 요약된다. 즉, 성종 13년(1482년)까지는 양인과 천인이 함께 사역원

校生徒) 20인을 가려서 올려 보내게 하였으나, 모두 학식(學識)이 없는 연장인(年壯人)을 보낸 까닭으로 서울에 온 지 오래지 않아서 연속(連續)하여 몸을 피하여 도망하니, 청컨대 다시 제읍으로 하여금 연소(年少)하고 총민(聰敏)한 자 20인을 가려서 보내게 하소서.

41) ≪성종실록(1476) 073 07/11/18(무오) /[원전]9집 394면≫

  예조에서 사역원(司譯院)의 첩정(牒呈)에 의거하여 아뢰기를, "청컨대 왜학 생도(倭學生徒)의 예(例)에 의하여 경기(京畿)·충청도(忠淸道)의 향교 생도(鄕校生徒) 중에 영리한 자와 향리(鄕吏)의 3정 1자(三丁一子) 중에 문리(文理)를 잘 깨칠 만한 자로서, 경기에서는 3인을, 충청도에서는 4인을 가려 보내어 실습[肄習]하게 하는 것이 어떻겠습니까?" 하니, 그대로 따랐다.

42) ≪성종실록(1482) 139 13/03/11(기묘) /[원전]10집 309면≫

  예조(禮曹)에서 아뢰기를, "'사역원(司譯院)·관상감(觀象監)은 곧 국가의 가장 요긴한 업무(業務)이기에 모름지기 소속된 사람을 흥기시켜 전업(專業)하게 하여야 하는데, 이제 천첩(賤妾)의 자손들도 허속(許屬)하게 하고 있어서, 그 동료들이 그들과 같이 있는 것을 부끄럽게 여기어 그 소임을 좋아하지 아니하니, 이는 국가에서 장려(奬勵)하는 취지에 방해가 되는 듯합니다. 위 항(項)의 삼사(三司)는 정3품(正三品)의 아문(衙門)으로서 동반(東班)의 열(列)에 들어있는 곳인데, 양인(良人)과 천인(賤人)이 서로 섞여 있는 것은 매우 마땅치 않습니다. 지금부터는 천첩(賤妾)의 자손은 제외하고 양첩(良妾)의 자손만을 허속하게 하는 것이 어떻겠습니까' 하였는데, 명하여 여러 재상에게 의논하게 하셨습니다.

에서 일본어를 배웠으나, 성종 13년에 예조에서 올린 양인만으로 제한
해야 한다는 청에 따라 천인의 사역원 입학이 금지되었음을 알 수 있
다.[43] 따라서 1482년 이후에는 2품 이상의 양인만이 사역원에 입학할
수 있었다.

사역원에 입학하는 학생들의 연령에 대하여는 수학능력이 떨어지는
연장인이 많았던 것 같다. 연소 총민한 자의 추천을 적극 권하는 장계
가 자주 보인다.[44]

1.4.1.1.2. 사역원 학생의 일본어 관과 학업태도

세종실록에는 사역원 학생들이 일본어를 어떻게 생각하고 있는지,
또 학업태도는 어떠한지에 대하여 자주 기록하고 있는데, 일본어에 대
하여는 "배우는 것이 일반 한어가 아니라"[45], "어음과 글씨 쓰는 것이
중국 글과 달라서"[46], 라는 기록으로 미루어 보건대, 이미 한자를 많이

---

43) 사역원 제도에 대하여는, 원영환(1977) 「조선시대의 사역원제도」 『현대사
학의 제문제』 일조각에 자세하다.
44) · ≪세조실록(1462) 028 08/04/18(계미) /[원전]7집 530면≫
일찍이 경상도(慶尙道)로 하여금 연해(沿海) 제읍(諸邑)의 향교 생도(鄕校
生徒) 20인을 가려서 올려 보내게 하였으나, 모두 학식(學識)이 없는 연장
인(年壯人)을 보낸 까닭으로 서울에 온 지 오래지 않아서 연속(連續)하여
몸을 피하여 도망하니, 청컨대 다시 제읍으로 하여금 연소(年少)하고 총민
(聰敏)한 자 20인을 가려서 보내게 하소서.
· ≪성종실록(1478) 098 09/11/21(무인) /[원전]9집 666면≫
몽고학·왜학·여진학의 세공 생도(歲貢生徒)는 한학의 예(例)에 의하여
연소(年少)하는 총민(聰敏)한 자 8명을 각도(各道)에서 선발하여 올리게
하고, 만약 마음을 써서 선발하지 아니하면 그 수령을 중죄(重罪)로 논함
이 어떻겠습니까?" 하니, …선발하여 보내게 하였다.
45) ≪태종실록(1418) 035 18/05/03(임자) /[원전]2집 220면≫
'배우는 것이 일반 한어(漢語)가 아니라.'고 하고
46) ≪세종실록(1421) 013 03/08/08(무술) /[원전]2집 446면≫
예조에서 계하기를, "왜학 생도(倭學生徒)들이 비록 그의 학업에는 부지런

알고 있는 사역원 학생들이 일본어가 중국말과 다르다고 생각하였고, 이것으로 인하여, 힘써 권장하지 않으면 폐절될 염려가 있다고 하였다. 또한, 학생들이 "어훈만 익히고 문리를 알지 못하여"[47], "문자를 해독하지 못하고, 다만 언어만 통하고 있어 한갓 통사(通事)를 이어대기가 어려울 뿐 아니라, 왜서(倭書)를 역해(譯解)한다는 것도 장차 끊어지지 않을까"[48]등의 염려와 함께 그 부흥책을 건의하고 있다.

　왕조실록의 기사를 중심으로 보면, 학생들은 일본어를 배우는 것에 그다지 열심이었던 것 같지는 않다. 그 이유로, 일이 힘들고 가난하고 간고해서[49], 일자리가 적어서[50], 능력이 되지 않아서[51], 포폄·승출의

하나, 나갈 직업의 길이 없어서, 모두 배우려고 하지 아니하고, 왜학(倭學)의 어음(語音)과 글씨 쓰는 것도 중국글과 달라서, 만일 힘써 권장하지 아니하면 앞으로 폐절될 염려가 있으니,

47) ≪세종실록(1429) 045 11/09/06(기유) /[원전]3집 196면≫
　"……지금 사역원(司譯院)의 생도(生徒)들은 다만 어훈(語訓)만 익히고 문리(文理)를 알지 못하여…"
48) ≪세종실록(1430) 049 12/08/29(정유) /[원전]3집 257면≫
　본학(本學)은 다른 학의 예와는 달리 거센 파도와 위험한 검극(劒戟)사이를 갔다왔다하는 것이라서, 실상 꺼리는 일이기 때문에 이에 입속을 구하는 자가 적사오며, 생도 30여 명이 다만 한 체아직(遞兒職)에만 전임되기 때문에 생도들이 흔히 연고를 핑계하고 나오지 않사옵니다. 혹 1, 2명이 겨우 붙어 있다 하더라도 문자(文字)를 해독하지 못하고 다만 언어만 통하고 있어, 한갓 통사(通事)를 이어대기가 어려울 뿐 아니라, 왜서(倭書)를 역해(譯解)한다는 것도 장차 끊어지지 않을까 염려되오니……
49) · ≪세종실록(1430) 049 12/08/29(정유) /[원전]3집 257면≫ 거센 파도와 검극사이를 갔다왔다하는 것이라서 꺼리는 일이기 때문에 입속을 구하는 자가 적다.
　· ≪세조실록(1462) 028 08/04/18(계미) /[원전]7집 530면≫ 왜학을 하는 인원의 맡은 바가 매우 간고하므로 꺼리어 절업하기에 이르다.
　· 전함생도들은 모두 다 빈궁하여 노비가 없으므로 서울에 머무르며 학업을 익히기가 어렵다.
　· 심부름할만한 자가 없어 천역을 몸소하니 간고가 심하다.
50) · ≪중종실록(1528) 064 23/12/02(기사) /[원전]17집 86면≫ 생도 30여명

법이 없어서[52], 말이 익히기 어려워서[53] 평소에 부지런히 익히지 않아서[54]등의 내용으로 짐작 가능하다.

조선시대 사역원에서 일본어를 배우는 학생들의 일본어관은 일본어에 대하여는 중국말과는 다르며 익히기 어렵다고 생각했고, 학업태도는 학업에는 부지런하나, 아래에 언급하는 대우 문제나, 진로 문제 등으로 변수가 많았던 것으로 보인다. 이는 왜학이 폐절될 위험이 많아 부흥책이 자주 나오는 것을 봐도 알 수 있다.

1.4.1.1.3. 사역원 학생의 대우

원영환(1977)은, 조선초기의 사역원 학생들은 국가로부터 음식과 의복까지 제공받았고 부형제질 등은 부역을 면제받았으며 친속자가 없는

이 한 체아직에만 전임되기 때문에 연고를 핑계하고 나오지 않는다.
· ≪세조실록(1462) 028 08/04/18(계미) /[원전]7집 530면≫ 시취가 1인에 지나지 않아 벼슬하지 않는 자가 많다.
51) · ≪세종실록(1430) 049 12/08/29(정유) /[원전]3집 257면≫ 혹 1, 2명이 붙어 있다 하더라도 문자를 해독하지 못하고 다만 언어만 통하고 있어, 한갓 통사를 이어대기가 어렵고, 왜서를 역해한다는 것도 끊어질까 염려된다.
· ≪세조실록(1462) 028 08/04/18(계미) /[원전]7집 530면≫ 학식이 없는 연장인을 보낸 까닭으로 서울에 온 지 오래지 않아서 연속하여 몸을 피하여 도망한다.
52) ≪세종실록(1443) 101 25/07/01(갑인) /[원전]4집 489면≫ 본원에는 포폄과 승출의 법이 없는 고로, 관리들이 병을 칭탁하고 사진하지 않는 날이 많다.
53) ≪중종실록(1528) 062 23/08/25(갑자) /[원전]17집 30면≫ 왜말하기가 매우 어려워, 왜말을 할만한 자가 김석주, 신자강 두 사람 뿐이다.
54) · ≪중종실록(1528) 062 23/08/25(갑자) /[원전]17집 30면≫ 왜말하기가 매우 어려워, 왜말을 할만한 자가 김석주, 신자강 두 사람 뿐이다.
· 평소에 권면하고 장려하지 않는다.
· ≪ 중종실록(1528) 064 23/12/02(기사) /[원전]17집 86면≫ 평일에 부지런히 익히지 않는다.

사람은 봉족을 지급 받는 등 사대부에 다음가는 정도로 대우가 좋았기 때문에 사역원에 입학하려는 사람도 많았고 학업에 능통한 사람도 많았으나 경국대전이 만들어진 성종 2년 이후에는 동거족친 중에서 1인만 부역을 면제해 주고 다른 동거 부형자제들은 각자가 부역을 하게 하는 등 그 대우가 좋지 않았기 때문에 사역원에 입학하려는 사람도 적었고, 따라서, 어떤 때는 지방의 수령들이 나이가 많고 학식이 없는 사람을 뽑아 보내서 사역원에서 공부할 능력이 없었기 때문에 사역원에 오자마자 곧 도망가는 예도 많았다고 하였다.[55] 그러나 역대 왕들의 꾸준한 역학정책에 의하여 사역원 교육은 계속되었는데, 이하에서 그 역학 정책에 대하여 살펴봄으로써 사역원 학생, 특히 일본어를 배우는 학생들에 대한 대우가 어떠하였는지를 알아보려고 한다.

역학정책에 대하여는, 이건형(1981)[56]에 자세하다. 역학정책의 대표적인 사례로, 세종은 역학생도들에게 식사를 공궤하기도 하고, 통역관 채용 및 운용의 문을 넓혀 주도록 건의하여 받아들여지기도 하였으며, 세조 때는 시취의 인원을 늘려 시행하도록 하고 있다.

또한, 같은 세조 때에 노비를 더하여 주기도 하고, 성종 9년(1478)에는 예조와 사역원이 여속 조건을 마련한바, 역학생의 가족의 무정타역 또는 봉족을 지급하여 공부와 잡역을 재각하고 사학유생의 잉여미료(剩餘米料)로 역학생도를 공궤(供饋)하며, 각 도로 하여금 역학생도를 연송케 하되 불성실 수령은 중죄로 다스릴 것 등을 진언한 데 대하여 왕은 급보와 반수의 점심 급여, 매식년의 생도 세공을 승낙하였고, 이러한 세공은 후일 한학 15인, 몽학 5인, 왜·여진학 각 6인으로 법제화되었다[57]. 후기의 일이지만 영조 때에는 역관의 생계가 곤란하여 역관

---

55) 원영환(1977) 「조선시대의 사역원제도」 『현대사학의 제문제』 일조각
56) 이건형(1981) 『조선조교육정책연구』 형설출판사, pp.107-142.

을 기피하는 경향을 우려하여 역관의 자손으로서 타기에 종사하는 자를 사역원에 환속시킨 예도 있다.

그러나, 학생들에게 좋은 조건을 제시하는 장려책 만을 쓴 것은 아니었다. 태종 때나 세종 때는 하향하여 1백일을 채우는 자나, 타사에 입속하여 1백일을 채우는 자는 논죄하여 학업에 환속시키거나 군대에 보내거나 하였다. 세조 때도 벼슬을 살지 않거나 다른 관사에 이속하기를 도모하는 자는 과죄하였다.

이상 살펴 본 바에 의하면, 성종 이전까지는 왜학 학생들에게 대우를 높여 주는 회유책과, 학생의 행위를 제한하는 강압책을 동시에 사용하여 왜학 장려에 노력하고 있는 것을 알 수 있다.

그러나, 이에 대하여 이홍렬(1967)은 "역대의 위정자들이 기능직 요원의 양성기관인 잡학의 중요성을 깊이 인식하여 표면상 이를 적극 장려한 듯 한 인상을 주는 이면에는, 중인층에 대한 사회적 불형평 상태가 의연히 지속되고 있었으나, 그들은 양반층의 계급적특권을 옹호하기에 급급한 나머지 잡직인에 대한 영달의 길을 최대한으로 억제하였을 뿐만 아니라, 최소한의 후생대책조차 극히 소홀히 하였다. 이러한 결과는 드디어 잡직인으로 하여금 향학열을 감소시켰음은 물론 마침내는 취업의 의욕까지 상실케 하여 문·무과와는 달리 잡학의 入屬취재의 부진상태를 초래하는 기현상을 가져 왔다. 생도의 謀避不仕者에 대한 방지책으로 연소자의 選上, 科試정원의 증가, 위반자의 치죄 등의 조처를 취하고 있다. ……일견 잡학이 중요시되고 그 시취도 정연하게 시행된 듯한 이면에서 우리는 오히려 침체하였던 잡학의 조잔(凋殘)상태와 불우하였던 잡직인들의 왜곡된 인간상을 발견하게 된다."[58]고 하

___

57) 대전속록, 예전, 장려 "매식년 생도 한학 15인·몽학5인·왜여진학 각6인 세공"

면서 잡직인에 대한 대우의 부정적인 면을 지적하고 있다.

왕조실록에서 '왜학'을 검색하여 내용을 조사하고 결과를 아래 <표 4>로 정리하였다. '인사, 교육, 사법, 외교, 군사, 재정' 등의 검색어가 보이는데, 검색어가 갖는 의미를 해석해 보면, 우선, 경국대전이 완성되는 1470년 이전까지는 왜학에 대하여 정부가 권장책 등을 단행하여 '교육'에 크게 힘을 기울였으며, 이것이 성종 무렵이 되면, 사역원 본원의 교육보다는 지방의 왜학을 장려하여 교육하는 쪽으로 방향이 전환되어, 즉, 사역원 학생 가족의 부역면제 인원을 1명으로 제한한다거나, 제포·부산포 왜학훈도의 30삭 체임건의, 지방 생도 시취 제도 변경 문제 건의 등으로 나타난다. 이러한 성종 때의 정책 전환 이후, 연산군 때부터 훈도가 국내 정보를 왜에 누설하여 '사법'처리되는 것을 시작으로 영조 때까지 정부의 정책이 '외교' 문제 중심으로 전환되고, 정조 때부터는 일본과의 관계에서 오는 '재정' 문제로 정부가 고민하는 것을 알 수 있다.

---

58) 이홍렬(1967)은 「잡과시취에 대한 일고」『백산학보』 제3호 pp.360~367.

<표4> 왜학 검색(42건) 내용 분석 키워드

때	내　용	검 색 어
1418년(태종18년)	생도	교육,인사
1421년(세종3년)	생도	교육,인사
1428년(세종10년)	생도-체아직	인사,교육
1430년(세종12년)2건	취재 교재/부흥책	인사/교육,인사
1432년(세종14년)	취재합격자 무서용 문제	인사
1434년(세종16년)	권장	교육,인사
1441년(세종23년)	왜학 시취	인사,교육
1453년(단종1년)	승진 천전	인사,교육
1462년(세조8년)2건	권장/녹관 포폄	교육,인사/인사,어문학
1466년(세조12년)	관제 다시 정함, 훈도2	인사
1469년(예종1년)	제포, 부산포→웅천, 동래(왜학 훈도)	교육
1473년(성종4년)	제포, 부산포 왜학훈도 30삭 체임건의	인사
1476년(성종7년)	향리 생도 천거(몽학)	교육
1478년(성종9년)	권장	교육,어문학
1481년(성종12년)	지방 생도 시취 제도 변경 문제 건의	인사,외교,어문학
1493년(성종24년)	권장(취재 방법등)	어문학,교육
1498년(연산4년)	훈도가 왜와 내통 누설 문제	사법
1528년(중종23년)	종사 교대 문제	인사
1530년(중종25년)2건	유구국 사람 추문/유구사람 대우	외교/외교
1544년(중종39년)	통사 문제	인사,외교
1546년(명종1년)	일본사신 서계 가져옴(절영도)	외교
1553년(명종8년)	왜 역관이 기밀누설 추문하도록	외교
1592년(선조25년)	왜학역관 김덕회가 기밀을 초탐하는 문제	외교,군사
1593년(선조26년)	왜학통사 함정호 일본 비위를 맞춤	인사,군사,외교
1601년(선조34년)	왜학 시취 건의	인사,외교,어문학
1629년(인조7년)	산실된 왜인접대등록을 강우성에게 물어봄	외교
1702년(숙종28년)	왜관수리, 역관들의 속임수	인사,사법,외교
1719년(숙종45년)	도해역관이 서계를 받아 집에 감춤	인사,사법
1732년(영조8년)	삼사 갑을 은으로 바꾸는 왜인 청에 대하여	외교,무역,사법
1758년(영조34년)	공신치제 문제(이덕형, 조헌)	외교,군사,인사
1791년(정조15년)	강계 인삼 폐단 문제	재정
1792년(정조16년)	강계 인삼 수량 문제	재정,외교
1796년(정조20년)2건	첩해신어문석/말, 인삼 공납 문제	교육/재정
1817년(순조17년)	왜학 무삼가 곡물로 급대, 재정문제	재정

* 신분, 인사는 인사로(1462년)　　　　* ' / '표는 2건

조선시대 전체를 통하여 왜학의 키워드로 '인사'가 있으나, 시대별로 전혀 다른 내용임을 알게 되는데, 성종조까지는 교육을 장려하기 위하여 역관의 인원을 늘린다던가 지방으로 전환하는 등의 '인사'인데 반하여, 연산 때부터는 훈도가 일본과 내통하였다던가, 불법적인 종사 교대 문제, 역관들의 속임수나 도해역관이 서계를 받아 집에 감추는 등, 법에 저촉되는 행위로 인한 '사법'처리 '인사'가 주를 이루고 있으며, 이 시기는 왜학 키워드도 '인사'와 '군사'가 주종을 이루고 있다.

즉, 성종 이전까지는 일본어 교육에 대하여 정부가 노력하였고, 그만큼 일본어를 배우는 학생들에 대한 대우도 좋았다. 그러나, 성종의 정책 전환 이후의 일본어 교육은 지방으로 무게 중심이 분산되는 것으로 보인다. 이것은 성종의 정책 전환 때문이라기보다는 국내외의 사정이 지방의 왜학을 장려하게 될 수밖에 없었다고 보아야 할 것이다. 1443년 일본의 도항선수를 제한하는 계해약조나, 1510년의 삼포왜란, 1592년 임진왜란 등의 사건으로 증명이 될 것이다. 사역원 학생의 일본어 능력보다는 일본인들과의 잦은 접촉을 하고 있는 지방의 왜학생들의 일본어 능력이 더 뛰어 났을 것이 예상되고 이것은 지방 훈도의 30삭 체임 건의나, 지방 학생들의 시취문제 거론 등으로 나타나게 된다. 30삭 체임 건의란 임시직인 강사직이 아니라 정직인 전임으로 바꾼다는 의미이며, 지방 학생들의 시취문제란 지방에서 일본어를 배우는 학생의 과거 시험 응시 방법의 문제를 의미한다. 지방 학생에 대한 대우가 달라지고 있는 것이다.

1.4.1.2. 우어청의 학생

우어청에 대한 기록은 많지 않아서 왕조실록 1건, 통문관지와 육전조례에 약간의 기사가 보인다. 이 3가지 기록을 참고로 하여 우어청에 대하여 정리하면, 우어청은 사역원에 딸린 부속기관으로 우어별체아청의 약어였다. 왜, 한, 몽, 청 4학에 관한 것을 교수하던 곳으로, 1682년 민정중[59]에 의하여 설립되었으며, 3개월(혹은 6개월) 교체직 직원[60]이 근무하였다.

우어청에서 일본어를 배우는 학생의 정원은 4학 총계 100명중 왜학이 20명이었다가 1741년경부터 30명으로 증원되었다. 그 외 연소 총민한 연소자 중 장래성이 있는 약간 명을 뽑아 사절이 일본 또는 중국에 갈 때 수행하게 하여 정확한 외국어를 학습하게 한 일이 있다.

---

59) 통문관지에는 민광(閔廣)으로, 영조실록에는 민정중으로 되어 있다.
  ・통문관지-권1-등제, p.10. 「康熙壬戌 老峯 閔相國廣 選四學 年少有才者 設」
  ・《영조실록(1730) 028 06/11/25(경인) /[원전]42집 236면》 한학 우어청(漢學偶語廳)은 바로 고(故) 상신(相臣) 민정중(閔鼎重)이 창설한 것이므로, 한인(漢人)인 정선갑(鄭先甲)・문가상(文可相)을 훈장(訓長)으로 삼아 생도(生徒)를 가르치게 했던 까닭으로, 그때에는 아주 성과가 있었는데, 지금의 통역(通譯)하는 무리 중에서 한어를 잘하는 자들도 또한 지류(支流)입니다. 지금은 우어청의 그 이름만 있고 그 실효는 없습니다. 대저 권장하는 길은 반드시 상전(賞典)이 있어야 격려 권장할 수가 있는데, 녹과(祿窠)도 없고 따라서 체아직(遞兒職)도 우어청에 미치는 일이 없습니다. 대개 설학(舌學)은 10인이 청(廳)을 이루면 녹과(祿窠)는 하나뿐이지만, 청학(淸學)에 있어서는 열 사람이 청을 이루면 녹과가 셋이나 됩니다. 또 의주(義州)의 군관(軍官)이 맡았던 한 자리도 얼마전에 의주부(義州府)에 되돌려 주라는 명이 있었습니다마는, 이것은 되돌려 줄 것이 아니었습니다. 지금 만일 청학의 한 자리와 의주(義州)의 한 자리를 우어청에서 떼어 내어 매월마다 획(畫)을 계산하여 획이 많은 자를 연경에 보내면 조정에서는 따로 녹과를 내어 체아직에게 주는 폐단이 없이 스스로 용동(聳動)・격권(激勸)의 길이 있게 될 것입니다. 또 훈장(訓長)의 녹과는 한 자리뿐이요, 훈장도 한 사람뿐이므로, 가르치는 것도 그다지 근실(勤實)하지 못했습니다. 지금은 이추(李樞)와 김시유(金是瑜) 두 사람이 바야흐로 별록(別祿)을 먹고 있으니, 이 두 사람을 훈장에 가정(加定)하여 격려 권장하여 교훈(敎訓)하는 터전으로 삼아야 할 것입니다."
60) 체아직 관원

1.4.1.3. 지방 왜학의 학생

지방의 일본어 교육은 왜학이라는 이름으로 국경의 요충지나 주요한 포구에서 실시되었다. 따라서 각 시대의 국제정세의 변화에 따라 신설과 폐지가 빈번히 이루어졌다. 교육을 담당하는 요원도 향통사를 제외하고는 중앙의 사역원에서 파견 근무케 하는 제도였다. 다음은 지방의 왜학 생도에 대한 기록들을 모두 모아 보았는데, 이것을 정리하면 아래 <표5>와 같다.

- 경국대전(1470)-권3-예전-생도-제포, 부산포-왜학, p.209.

  각 10 염포 6
- 통문관지(1720)-권1-연혁-원적-외방역학생, p.11.

  제포 부산포 왜학생도 10인, 염포 왜학생 6인 이상(출 경국대전)

  제주 왜학생 15인, 강희신해 시치 거제 왜학생 5人 강희정해 김시

  찬때 시치
- 대전통편(1785)-예전-생도-제포, 부산포, pp.276~277.

  각 10인이다.

  대전통편-예전-생도-염포

  6인이다.

  (중)제포와 염포는 지금은 폐지한다.

  (중)제주 왜학 15인이다. 거제 왜학 5인이다. p.277.
- 대전회통(1865)-권3-예전-생도-제포, 부산포, p.169.

  왜학 생도가 각 10명이다.

  대전회통-권3-예전-생도-염포

  왜학생도가 6명이다.

  (중)제포, 염포의 생도는 이번에 폐지한다.

(증)제주 왜학생도 15명이다. 거제 왜학생도 5명이다.

- 육전조례(1867)-권5-예전-각도역학, p.375.

  전라 좌수영 왜학을 둔다. 우수영 왜학을 둔다.

  제주 왜학을 둔다. 부산 왜학훈도와 별차를 둔다.

<표5> 경국대전기 지방의 왜학생수

각도 \ 법전	경국대전 (1470)	통문관지 (1720)	대전통편 (1785)	대전회통 (1865)	육전조례 (1867)
부산포	10명	10명	10명	10명	
제포	10명	10명	(10명)	(10명)	
염포	6명	6명	(6명)	(6명)	
제주		15명	15명	15명	
거제		5명	5명	5명	
전라 좌수영					○
전라 우수영					○

경국대전에 부산포 10명, 제포 10명, 염포 6명이라는 학생수가 보이는데, 부산포, 제포, 염포는 소위 삼포라고 하여, 세종의 대마도 정벌(1419년) 이후, 삼포를 개항하게 되는데, 부산포와 제포는 1424년(세종 6년)에 개항하였고, 염포는 1426년(세종 8년)에 개항하였다. 그러나, 개항과 함께 바로 일본어 교육이 시작된 것은 아닌 것으로 보인다. 1430년(세종 12년)에 경상감사가 왜학의 진흥책에 대하여 아뢴 글에, "이제 왜어(倭語) 공부를 시키는 문제로 김해(金海)·양산(梁山)·동

래(東萊) 등 지방과 내이(乃而)·부산(富山) 등 포(浦)에 조사하여 본즉, 모두 이르기를, '만일 각기 제 고을에 모아서 가르친다면 여러 사람의 통사(通事)가 당번(當番)을 보아야 할 것이며, 또 왜인을 데리고 서울에 올라가게 될 때에는 가르칠 사람이 없게 될 것이니, 마땅히 왜인이 와서 머무는 여러 포(浦)에다 모아놓고 거기에서 당번을 보는 통사가 가르치게 하고, 각 포(浦)에 있는 진무(鎭撫) 가운데서 글자를 아는 사람을 뽑아서 감고(監考)로 정하여 가지고 그들의 공부하는 성적을 감독한다면, 곧 가르치기에 편리할 것이며, 만일 한량(閑良)의 자제들을 배우게 하려 한다면 반드시 그들의 부형으로 봉족(奉足)을 삼으려 할 터이니, 만일 그들의 소원을 들어 준다면, 곧 그의 부형은 모두가 수군(水軍)이나 육군(陸軍)의 장정이기 때문에 일일이 보충시키기가 어려울 것이라.' 하오니, 바라옵건대, 왜인들이 들어와서 머무르는 각 포에 있는 선군(船軍) 가운데서 나이가 적고 재치 있는 사람을 뽑아서, 내이포(乃而浦)·부산포(富山浦)에 각각 10명, 염포(鹽浦)에 6명을 선발하여 그 당번을 기다려서 배우게 하고, 간혹 스스로 희망하는 자가 있다면 각기 그들이 사는 근처에다 모두 모아 가지고 가르치게 하옵소서. 하니, 명령을 내리어 예조에 회부하여 정부와 여러 조와 함께 의논하게 하라 하니, 모두 좋다고 하므로 이에 따르게 하였다."61)는 것으로 보아 삼포 왜학은 1430년 이후로 보이며, 지방에서 일본어를 배우는 학생은 윗 글에서 알 수 있듯이 "왜인들이 들어와서 머무르는 각 포에 있는 선군(船軍) 가운데서 나이가 적고 재치 있는 사람"을 뽑아서 가르쳤다. 1510년에는 삼포에 왜란이 일어나게 되어, 조선은 1512년에 임신약조를 맺어 일본인의 거주를 제포로 한정하였으며, 임진왜란(1592년),

---

61) ≪세종실록(1430) 050 12/10/11(무인) /[원전]3집 265면≫

정유재란(1597년)으로 일시적인 일본과의 국교 단절을 갖게 되었다.

임진왜란이 일어난 다음 해인 1593년 선조 26년 8월부터 일본군이 철수하기 시작하였고, 10월에 "도성의 백성들이 오래 왜적에게 함몰되어 있었으므로 왜어(倭語)에 물들었을 수도 있을 것이다. 각별히 방(榜)을 내걸어 엄하게 금지하되 혹시라도 왜어를 하는 자가 있으면 각기 동리 안에서 엄하게 규제하여 원수인 오랑캐들의 말이 항간에 섞이지 않게 하라."[62]는 일본어 사용 금지 전교가 내려졌다.

그러나, 1601년(선조 34년)에는 "지금 왜학을 설치하는 것은 부당할 듯합니다마는, 수적(讎敵)과 대진하여 교전할 때에 정탐하고 문답하는 일을 통역의 힘에 의존하지 않을 수 없고, 남쪽 변방 진보(鎭堡)와 제주(濟州) 등 섬에 표류하는 왜자(倭子)며 고기잡이하는 적의 배들이 자주 변방 관리에게 붙잡히는데 그들의 말을 알아듣는 사람이 없으면 심문하기가 어렵습니다. 그리고 혹시 왜적이 정성을 보이고 화친을 구하는 사신이라도 보내면 허락 여부를 반드시 응답해 주어야 하는데, 만약 시취하지 않으면 결국에는 왜어를 아는 자가 멸종이 되어 후일에 곤란한 일이 있을 것입니다. 법전에 의하여 시취하는 것이 마땅할 듯하므로 감히 아룁니다."라는 예조의 왜학 시취 건의가 있었고, 윤허한다고 전교하였다.[63]

1607년에는 일본과의 관계 개선을 위하여 통신사를 보내게 되며, 1609년 6월에 기유 약조로 국교재개가 이루어진다. 대전통편에 삼포 중 제포, 염포를 폐지한 것은 이러한 역사적인 사건들이 배경이 되고 있으며, 지방의 일본어 교육은 위에서도 언급하였듯이 국제정세의 변화에 따라 신설과 폐지가 이루어지고 있는 것이다.

---

62) ≪선조실록(1593) 043 26/10/02(임오) /[원전]22집 105면≫
63) ≪선조실록(1601) 134 34/02/28(정유) /[원전]24집 207면≫

이상을 정리하면, 지방에서 일본어를 배울 수 있는 곳과 학생수는 부산포는 계속 10명, 제포와 염포는 도중에 폐지되며 학생수는 각각 10명, 염포 6명이고, 제주(1671년 시치)와 거제(1707년 시치)는 신설된 이래 각각 15명, 5명이며, 학생수는 알 수 없으나, 전라 좌·우수영에도 왜학이 설치되었었다는 것을 육전조례의 기록을 통하여 알 수 있다.

1.4.2. 교사

1.4.2.1. 사역원 본원의 교사

사역원에서 외국어 교육을 담당한 교원은 교수와 훈도였다. 교수는 종6품으로 임기는 30개월이었는데 1752년 이후는 45개월로 바뀌었으며 임기가 끝나면 도제조(都提調)의 추천에 의해서 동반직으로 전직이 되었다. 교수가 될 수 있는 자격은, 첨정 이상으로서 교회를 지낸 경험이 있는 사람을 임명하였는데, 첨정은 종4품직이며 정, 상통사 등 소위 칠사(七事)의 경력을 두루 거친 자가 교회가 될 수 있었다.[64] 다시 말하면 종6품의 교수를 정3품, 종4품의 직책을 지낸 사람을 임명하였다는 것이니, 교수를 그만큼 우대했다는 것을 알 수 있다. 교수는 공해(公廨)를 관장하고 원시(院試)를 주관하였을 뿐 만 아니라 학관들의 사표가 되었다.[65]

사역원에서 일본어 교육을 담당한 교원은 훈도였다. 훈도의 직급은 정9품이었고, 임기는 30삭(朔)이었으며 임명 방법은 훈상청의 훈상당

---

64) 통문관지-권1-연혁-관제, p.7. 칠사(七事)란, 敎誨, 正, 敎授, 御前, 訓導, 上通事, 年少聰敏을 말한다.
65) 통문관지-권1-연혁-관제, p.7.
　　敎授四員 從六品 二員 取才 僉正以上 經敎誨者擇差 掌公廨 師表學官 兼 管料理廳仕 滿三十朔遞 改 萬曆乙巳減其一員 崇德癸未復置○二員 文臣兼掌四等院試

상이 왜학 참상관 중에서 추천하면 본학에서 권점하여 임명하였다. 사역원의 모든 관원이 녹관체아직이나 군직체아직을 받았던데 비하여, 훈도는 정직이었으며 구임이었다. 30삭이란 30개월을 말하는데, 관직에는 출근일수로 따지는 임기가 있어서 관리마다 그 임기가 차면 전임되게 되어 있었다. 그러나, 특수한 경험이나 기술을 요하는 직책에는 임기에 구애되지 않고 장기간 계속 근무하게 하였는데 이에 해당하는 관원을 6삭을 받는 임시직인 체아직과 구분하여 구임이라 하였다. 훈도가 정직이며 구임인데 대하여 원영환(1977)은 "사역원은 사무를 맡아보는 관청이 아니라 외국어를 교육하던 교육기관으로 사대교린에 필요한 인재를 양성하는데 그 주된 목적이 있었던 것이다."[66]고 하였다.

훈도에 대한 기록은, 경국대전에서 대전회통에 이르기까지 2명으로 일관한다. 아래 기록, ①②③④가 그것인데, 이는 정광(1988)의 '사역원 녹관직의 시대별 변천(경관직)' 표에서 일본어에 관계되는 부분만 발췌하여 그린 <표6>과 일치하여, 왜학훈도는 2명으로 계속되고 있는 것을 알 수 있다.

①『경국대전』

권1-이전-경관직-정3품아문-사역원-정9품 왜학훈도 2인, p.52.

(漢學訓導四員 蒙學·倭學·女眞學訓導各二員)

②『통문관지』

권1-연혁-관제-훈도십원 왜학훈도 2원, p.7.

(訓導十員 正九品掌敎訓生徒漢學四員內一員…… 蒙倭淸學各二員)

③『대전회통』

---

66) 원영환(1977) 「조선시대의 사역원 제도」 『현대사학의 제문제』 일조각, p.14.

권1-23-경관직-정삼품아문-사역원, pp.123~124.

(몽고(蒙古)·왜학훈도(倭學訓導) 각2인 정9품)

④『육전조례』

예전-사역원-훈도, p.369.

(訓導十員 正九品. 漢學四員, 淸學·蒙學·倭學 各二員)

훈도10원 정9품. 한학4원, 청학·몽학·왜학 각2원으로 한다.

<표6> 왜학훈도의 시대별 변천(경관직)

	1485 경국대전	1603 선조36	1604 선조37	1605 선조38	1609 광해군1	1613 광해군5	1636 인조14	1640 인조18	1641 인조19	1643이후 인조21이후
왜학훈도 (정9품)	2	2	2	2	2	2	2	2	2	2

이상의 검토에서 나타난 바와 같이, 교수와 훈도는 사역원의 다른 직책과는 달리 우대되었으며, 교수와 왜학훈도의 직급, 임기, 임명 방법, 업무에 대하여 지금까지 언급한 내용을 <표7>로 정리하여 결론으로 제시하였다.

<표7> 교수와 왜학훈도의 직급, 임기, 임명방법, 업무

	교 수	왜 학 훈 도
직급	종6품	정9품
임기	30개월/45개월	30개월
임명방법	첨정이상으로서 교회를 지낸 경험이 있는 자를 임명	훈상청에서 참상관의 추천으로 본학에서 권점하여 임명
업무	공해(公廨)를 관장하고 院試를 주관	일본어 교육

그러면, 교사에 대한 조정의 일반적인 견해는 어떠하였을까? 여기에

서는 주로 조선초기의 교관의 실태에 대하여 연구한 신해순(1977)[67]을 요약 정리한다.

신해순(1977)은, 조선시대의 교사상으로,

① 경서 등의 유학서적에 밝게 통달해야 하고
② 유교적 윤리관에 입각한 덕행을 닦아서 갖추고 있어야 하며
③ 年老할 것

을 들고, 세종실록 권45, 세종11년 9월 계유조를 들어 학교의 흥폐는 사도의 명암에 달려 있으며, 스승을 올바른 사람을 얻으면 인재가 배출되나 그렇지 못하면 국가에서 배전의 노력을 기울여도 인재의 배출을 기대할 수 없다.[68]고 하였고, 단종실록 권1, 단종 즉위년 6월 임오조를

---

67) 신해순(1977) 「조선초기 교관의 실태」 『현대사학의 제문제』 일조각 p.4.
68) ≪세종실록(1429) 045 11/09/30(계유) /[원전]3집 199면≫

1. 학교(學校)의 흥폐(興廢)는 사도(師道)의 명암(明暗)에 달려 있습니다. 스승으로서의 적격(適格)한 사람을 얻으면 인재(人材)가 배출될 수 있고, 적격한 사람이 아니면 비록 교관(敎官)의 수(數)는 예전보다 배(倍)가 되더라도 그 효과는 볼 수 없습니다. 이제 우리 전하께서는 선비[儒]를 높이고 도(道)를 중히 여기시어 군현(郡縣)에까지 다 교관(敎官)을 두었으니 교양(敎養)하는 도(道)가 지극합니다. 그러나 생원(生員)으로서 사표(師表)를 삼아도 오히려 또한 마땅하지 못한 것이데, 또 나이가 많은 유학(幼學)으로서 교도(敎導)를 임명하니, 그들의 좌절(挫折)되고 퇴폐된 기개(氣槪)는 사표(師表)가 되기에 부족하오며, 그들의 학술(學術)도 가르치기에 부족합니다. 해(亥)와 시(豕), 노(魯)와 어(魚)의 글자를 구별할 줄 모르니 어찌 감히 그가 남을 환히 알도록 가르치기를 바랄 수 있겠습니까. 그러하면서 도리어 생도(生徒)에게 말하기를, '너는 어리석어 오래 머물러 가르칠 수 없다.'고 하고, 오래 머물러 세월(歲月)을 지연시키고 있다가 경질(更迭)되기만 바라고 있으니, 그에게 <교훈을> 맡긴 의미가 어디에 있습니까. 인재(人材)가 나오기는 어렵습니다. 유학(幼學)으로서 장년(壯年)이며 학문을 게을리하는 자는 반드시 말하기를, '내가 비록 배우지는 않았으나 만약 교도(敎導)만 되면 거의 부역(賦役)은 면할 수 있을 것이다.' 하고, 자포자기하고 있으니 <이런 자를 교관으로 임용한다면> 한갓 교양의 방법에 있어 잘못일 뿐 아니라 또한 배우지 않고

예로, 인재를 길러내는 것은 사표에게 달려 있다[69]고 하는 것이 조선 초기의 교사에 대한 일반적인 견해라고 언급하고, 또한, 세종조 이후 교사가 교육에 열의를 보이지 않고 교육에 소홀하게 된 요인으로, 세종조 이후 교사가 한직으로 여겨지고 나아가서는 사회적으로 천시되었다고 하는 점, 가르치는 일 이외에 타무도 겸하여야 했던 점들을 들었다.

함부로 진출(進出)할 수 있는 계제(階梯)가 되는 것으로서, 이것은 학자(學者)의 대환(大患)이며 문교(文敎)가 진작(振作)되지 못하는 소이(所以)가 됩니다. ≪서경(書經)≫에, '관리를 임명함에는 오직 현재(賢才)를 가리고, 작위(爵位)는 악덕(惡德)한 자에게는 가지 않아야 한다.'고 하였습니다. 비옵건대, 이제부터는 유학(幼學)에게 교도(敎導)의 직임을 제수하지 말아 함부로 외람되게 진출하는 것을 막고, 문교(文敎)를 진작(振作)하게 하소서.

69) ≪단종실록(1453) 001 00/06/21(임오) /[원전]6집 513면≫

1. 인재를 작성하는 것은 사표(師表)에 있으니, 그 선택을 중히 하지 않을 수 없습니다. 관각(館閣)의 당상·낭청 및 삼관(三館)의 문신으로 하여금 천망(薦望)하게 하여 서용에 빙거하소서.

1. 삼가 ≪속예전(續禮典)≫ 학교조(學校條)를 상고하면 해당 절목에, '교관이 만일 가르치기를 게을리하지 않아서 이루어진 효과가 현저한 자는 속히 체대(遞代)하지 말고 끝내는 탁용을 가하라.' 하였으니, 이것이 참으로 아름다운 법인데, 근래에는 교관 된 자가 혹은 빨리 체대되어 이루어진 효과가 있을래야 있을 수 없고, 혹 그 직책에 오래 있어 이루어진 효과가 있어도 끝내 탁용하는 것이 없으니, 빌건대 이제부터는 한결같이 이루어진 법에 의하여 거듭 밝히고 또 경서에 밝고 행실을 닦아서 명망이 있어 제생이 마음으로 복종하는 자는, 비록 치사(致仕)할 나이가 지났더라도 쇠모(衰耗)하여 직사를 폐할 지경에 이르지 않았거든 체임시키지 마소서.

4.2.2. 우어청의 교사

우어청에서 제일 처음으로 일본어를 가르친 것은 박재흥(朴再興)과 안신휘(安愼徽)로, 5년간 매일 열심히 어학을 강습하여 성적이 크게 볼 만하였다는 기록이 있다.[70] 그 후 두 사람이 차례로 죽고, 일시 쇠퇴하게 되었으나, 건륭 6년에 이르러 다시 회복되었다.

우어청 훈도에 대하여, 정광(1988)은 육전조례의 기록을 인용하고, 훈상당상에 왜학 3명이 있어서, 우어청 왜학의 고강을 관장하였다고 하였다. 여기에는 약간 미심쩍은 부분이 있다. 우선 정광(1988)의 글을 그대로 인용한다.

> 「육전조례」 권6 예전 사역원조를 보면 '訓導十員(正九品)漢學四 淸學·蒙學·倭學 各二'라 하여 왜학훈도 2원은 「속대전」의 것과 변화가 없으며 '訓上堂上十二員(漢學六員 掌四學譯講及公事通塞 淸學二員 蒙學一員 倭學三員 各掌本學偶語考講)'이라 하여 훈상당상(정삼품 이상 당상역관)에 왜학 3원이어서 우어청 왜학의 고강을 관장하였음을 알 수 있다. 또 '倭學敎誨十員 聰敏十五員 偶語廳倭學三十員'이라하여 「통문관지」의 등제 왜학교회 총민의 액수와 동일하다.[71]

상기 인용문중 왜학이 3원이어서 우어청 왜학의 고강을 관장하였다는 부분은 '倭學三員 各掌本學偶語考講'을 번역한 말로써, 육전조례 원문의 '偶語考講'중 偶語가 偶語廳을 말하는 것인지는 의심이 간다. '偶

---

70) 『통문관지』 p.10. 「倭學訓上朴再興安愼徽爲倭語訓長……日講習五年之間大有成效」
71) 정광(1988)『사역원 왜학 연구』 태학사, p.45.

語'라는 말은 會話라는 말로도 번역되고 있어, '掌本學偶語考講'이란 본학(사역원)의 우어와 고강을 담당한다라고 번역할 수도 있는 것이다. 실제로 육전조례를 번역한 법제처의『육전조례』에도 '왜학에 3원으로 하고, 각각 본학의 우어=대화와 고강을 담당한다.'[72]라고 되어 있다. 정광은 또한 같은 책, 같은 쪽에서 육전조례의 출판연도를 1865년으로 적고 있는데, 1865년은 대전회통이 완성된 해로써, 육전조례는 대전회통이 완성된 다음, 이에 따르는 행정법규의 체계적 정리의 필요성으로 각 관서에서 시행하는 사례와 법규를 종합하여 6典으로 분류 편찬한 것이어서, 대전회통 완성후 2년 후에 편찬되었다. 이 두 가지, 즉 육전조례의 편찬과 육전조례의 내용을 인용한 우어청 기사는 재고를 요하는 부분이라 할 것이다.

1.4.2.3. 지방 왜학의 교사

지방에서 일본어를 가르치는 교원에 대한 기록으로는, 경국대전에 의하면 전문직제로서 정9품의 왜학훈도가 부산포와 제포에 각각 1명씩 모두 2명 두게 되어 있었는데, 위에서도 언급하였듯이, 부산포와 제포는 1424년에 개항하였는데, 이 두 곳의 왜학훈도 설치 이후, 파견지와 인원에는 얼마간의 이동이 있어 일정하지 않다. 1469년 예종실록 권7 예종1년 8월 3일 갑인조에

---

72) 법제처(1974)『육전조례(예전·공전)』법제자료 제65집, p.370.
　　『육전조례』-예전-사역원-훈상당상
　　(訓上堂上 十二員 ○漢學 六員 掌四學譯講及公事通塞 淸學二員 蒙學一員 倭學三員 各本學 偶語 考講) 훈상당상 12원 한학에 6원으로 하고 4학의 역강 및 공사의 통·색을 담당하며, 청학에 2원, 몽학에 1원, 왜학에 3원으로 하고, 각각 본학의 우어와 고강을 담당한다.

예조(禮曹)에서 아뢰기를,

"일찍이 제포(薺浦)와 부산포(富山浦)에 왜학 훈도(倭學訓導)를 설치하였으니, 청컨대 웅천(熊川)·동래(東萊)의 두 고을에 나누어 설치하여 학사(學舍)를 세우고, 훈도(訓導) 및 복종(僕從)·마료(馬料)는 여러 고을의 향교(鄉校)의 예(例)에 따르도록 하소서." 하니, 그대로 따랐다.[73]

는 것으로 보아, 웅천, 동래에도 왜학 설치 및 훈도 파견이 이루어졌을 것이다. 또한, 경국대전 이후의 기록으로『통문관지』,『대전통편』,『육전조례』에 훈도에 대한 기사가 있어, 아래에 적고 <표8>로 정리하였다.

① 『경국대전』
  권1-이전-외관직-경상도-종9품 왜학훈도2인 부산포·제포, p.86.
  (倭學訓導二員 釜山浦·薺浦)
② 『경국대전』
  권4-병전-외아전-거진-군관-제주진 왜통사1인, p.333.
  (濟州鎭은 倭通事 一人을 定해진 軍官의 數內에서 뽑아 보낸다)
③ 『통문관지』
  권1-연혁-외임, p.8~9.
  1876년 동래의 왜학교회로 승자되어 왜학겸군관이 5인으로 늘었고, 부산의 왜학훈도도 검찰관으로 승자되어 왜학당상이 차송되었음을 알 수 있다.
④ 『대전통편』

---

73) ≪예종실록(1469) 007 01/08/03(갑인) /[원전]8집 408면≫

⑤ 『육전조례』

　권5-예전-각도역학, p.375.

　전라 좌수영 왜학을 둔다. 우수영 왜학을 둔다.

　제주 왜학을 둔다. 부산 왜학훈도와 별차를 둔다.

<표8> 왜학훈도와 왜학별차[74]

	경국대전	통문관지	대전통편	육전조례
부산포	1명	1명	1명	훈도, 별차
제포	1명	1명 (1510년 정덕경오혁파)		
염포				
제주		1명	1명	○
통영		1명 (1684년 순치술자 설치/1706년 강희병술 거제로 이전/강희정유 옥포로 이전)	1명	○
전라좌수영		1명	1명	○
전라우수영		1명	1명	○
충청수영		1명 (1671년 강희경술권감)		
통제영				○

　위의 <표8>에서 보는 바와 같이, 부산포에는 훈도가 상시 거주하였고, 제포는 1424년에 왜학이 설치되어 1510년에 혁파되었고, 제주·전라좌수영·전라우수영은 통문관지 이후 계속 거주하였으며, 통영은 통문관지 이후 장소를 거제, 옥포로 바뀌었고, 충청수영은 통문관지 이후

---

74) 통문관지-권1-연혁-관제-외임 에 영의정 이원익의 계청으로 1623년에 왜학훈도 1원을 부산에 두어 왜어를 학습하게 하였는데 이를 왜학별차라 불렀다고 있는 것으로 보아 일본어 학습 강화를 위하여 부산에 파견한 훈도 1인을 왜학별차라고 한 것 같다.

설치되었다가, 1671년에 권감되었고, 통제영에 대한 기록은 육전조례에만 보인다.

그러나, 이들 훈도가 모두 일본어 교육을 담당할 목적으로 파견된 것은 아니었다. 통문관지에 보면 훈도는 세 가지 일을 주로 하였다. 그것은, 왜인 접대관 역할, 일본어 교육담당, 표류해 온 일본 선박에 대한 문정이었다. 상기 표에 보이는 파견 훈도 중, 통문관지를 중심으로 살펴보면, 실제로 일본어 교육을 담당한 것은 부산에 파견된 왜학훈도였다. 왜인 접대관 역할을 위하여 파견된 것은 제포와 부산포의 훈도이고, 표류 일본 선박에 대한 문정을 위하여 파견된 훈도는 통영, 제주, 전라좌수영, 전라우수영, 충청수영의 훈도였다. 부산포의 훈도는 접대관과 일본어 교육을 동시에 담당한 것을 알 수 있다.[75]

이들 외임 훈도에 대한 대우는 1473년 성종실록 권31 성종4년 6월 24일 계미조에

예조(禮曹)에서 아뢰기를,

"몽고(蒙古)·왜(倭)·여진(女眞)의 삼학 훈도(三學訓導)를 한학 훈도(漢學訓導)의 예(例)에 의거하여 30삭(朔)에 서로 체직(遞職)하게 하고, 또 황해도 황주(黃州), 평안도 평양(平壤)·의주(義州)의 역학 훈도(譯學訓導) 및 경상도 제포(薺浦)·부산포(釜山浦)의 왜학 훈도(倭學訓導)를 자주 체임(遞任)하여 교훈(敎訓)에 공효(功效)가 없으니, 청컨대 또한 제읍 훈도(諸邑訓導)의 예에 의거하여 30삭(朔)에 서로 체임하게 하소서."하니, 그대로 따랐다.[76]

---

75) 통문관지-권1-연혁-외임, pp.8~9.
76) ≪성종실록(1473) 031 04/06/24(계미) /[원전]9집 33면≫

는 것으로 보아 1473년 이전에는 왜학 훈도는 임기가 다른 삼학의 훈도와는 달리 30개월이 아니었던 것을 알 수 있고, 왜학 훈도를 자주 바꾸는 것이 교훈에 효과가 없다는 예조의 상소에 따라 30개월로 되었다는 것을 위의 성종실록 기사로 알 수 있는 것이다.

1.4.3. 교수법

조선시대의 일본어 교육방법과 학습방법에 대하여 알 수 있는 기록은 두가지로 집약되는 것 같다. 하나는 왕조실록의 기사와, 다른 하나는 시험내용을 검토하는 방법이다. 시험내용을 검토한다는 것은 시험에 어떤 내용이 나오고 어떤 방법으로 시험을 보는지에 대하여 분석해 보면 어떻게 가르치고 어떻게 공부하는지를 알 수 있기 때문이다. 이것은 현대에 수능에 대한 검토를 하면 학교에서 무엇을 어떻게 가르치는지, 그리고 학생들은 무엇을 어떻게 공부하는지를 알 수 있는 것과 같은 것이다.

이건형(1981)은 조선시대의 교육정책을 연구하면서, 왕조실록에 기록되어 있는 기사를 조사하여 조선시대 사역원의 학습방법에 대하여 언급하고 있다. 이하 이건형의 논문을 중심으로 왜학에 관계되는 부분만을 발췌하면서 왕조실록의 부정확하게 인용한 부분들을 수정하고 일부 빠진 기사를 첨가하여 다섯 가지로 정리하고자 한다.[77]

1.4.3.1 서도법

서도법이란 독서방법으로서, 도서권장과 그 실적을 평가하는 방법이

---

[77] 이건형(1981) 『조선조교육정책연구』 형설출판사, pp.107-142.

다. 매일 또는 매월의 독서 목표량을 정하여 필독케 하며 때로는 독서한 내용을 임의 추출, 월례 고강(考講)하여 그 평점과 독서분량을 개인별로 치부, 독서의 정한을 어긴 자나 독서 태만한 자는 처벌하고 실적이 우수한 자는 근평이나 승진에 반영하는 제도이다.[78] 이러한 서도법은 일반 유생이나 기술관의 교육에도 널리 쓰여졌던 시책이며, 역학교육에서는 주로 승문원의 관원, 이문습독관 및 한이학관, 사역원의 한학습독관 등에게 적용되었으나 사역원의 역학생에게도 널리 통용된 것으로 생각된다. 오늘날의 어학교육에서도 교재의 읽기가 중시되고 있음을 생각한다면 역학교육에서 특히 '정한필독'을 엄책하는 이 서도법은 중요한 의미를 갖는다 하겠다.

1.4.3.2 철저한 회화훈련

사역원의 설치 목적이 원래 외국문헌의 해독에 있는 것이 아니라 능숙한 회화능력 훈련에 있었던 만큼 조선의 외국어 교육에 있어서 회화

---

78) · ≪세종실록(1444) 103 26/01/03(계축) /[원전]4집 534면≫
　　"……본원의 관원으로서 하루를 독서하지 않은 자는 차지(次知)를 가두고, 2일이 되는 자는 계문(啓聞)하여 논죄(論罪)하기로 벌써 법을 세웠사오나, 요사이 고과(考課)가 소우(疎虞)한 탓으로 과업에 게으르고 부지런하지 않사오니, 청하옵건대, 이제부터는 본원 관원에게, '어느 달 어느 날에 무슨 책을 읽기 시작하여 어느 달 어느 날에 읽기를 마쳤다.'고 명백하게 치부하였다가, 고강(考講)을 받을 때마다 먼저 사일(仕日)의 많고 적음을 가지고 빙고(憑考)하여 시행하되, 만일 사일은 많아도 독서한 것이 적은 자는 수교(受敎)에 따라 논죄(論罪)하도록 하고, ……"
　　· ≪세종실록(1439) 085 21/04/26(계묘) /[원전]4집 208면≫
　　승문원 제조가 아뢰기를, "매월 읽는 것이 무슨 책 몇째 권(卷) 몇째 장(張)인 것을 갖추 기록해서 아뢰도록 하고, 연말에 가서 1년 동안 읽은 것을 통계하여 벼슬을 올리고 낮추게 함이 어떠하겠습니까……생도의 읽은 글이 많고 적음과, 통하고 불통하는 분수(分數)를 참고하여 시행하게 하소서." 하니, 예조에 내렸다.

의 훈련은 무엇보다도 중시되었다. 회화 훈련 방법은 4가지로 요약된다.

첫째는 모국어 사용을 금지하고 해당 외국어를 사용하게 하였다. 독서 강독을 할 때 해당 외국어를 사용하여야 하며,[79] 사역원 내에서나, 학사 내에서 교육 또는 생활할 때에, 해당 외국어만을 사용하게 하는 것이다. 세종 24년(1442)에 사역원에서 올린 글에 "지금 여러 통역하는 자를 보면, 중국말을 10년이나 되도록 오래 익혔어도 사신으로 중국에 두어 달 다녀온 사람만큼도 익숙하지 못하니, 이것은 다름 아니라 중국에 가게 되면 듣는 것이나 말하는 것이 다 중국말뿐이므로 귀에 젖고 눈에 배어지는 때문입니다. 우리나라에 있을 때는 본원에 들어와서 마지못해 한어[漢音]를 익힐 뿐더러 보통 때는 늘 우리말을 쓰고 있으니, 하루 동안에 한어는 국어의 십분의 일도 못 쓰는 것입니다."라고 하며, 사역원내에서 해당외국어 사용을 일층 강화하여 상하 동료간의 대화는

---

79) ≪세종실록(1444) 103 26/01/03(계축) /[원전]4집 534면≫
"훈도관(訓導官)과 학관(學官)은 날마다 본원 녹관(祿官)으로 더불어 함께 앉아서 응당 읽어야 할 글을 모두 한음(漢音)으로 강독(講讀)하게 하되, 본원의 관원으로서 하루를 독서하지 않은 자는 차지(次知)를 가두고, 2일이 되는 자는 계문(啓聞)하여 논죄(論罪)하기로 벌써 법을 세웠사오나, 요사이 고과(考課)가 소우(疏虞)한 탓으로 과업에 게으르고 부지런하지 않사오니, 청하옵건대, 이제부터는 본원 관원에게, '어느 달 어느 날에 무슨 책을 읽기 시작하여 어느 달 어느 날에 읽기를 마쳤다.'고 명백하게 치부하였다가, 고강(考講)을 받을 때마다 먼저 사일(仕日)의 많고 적음을 가지고 빙고(憑考)하여 시행하되, 만일 사일은 많아도 독서한 것이 적은 자는 수교(受敎)에 따라 논죄(論罪)하도록 하고,……"
≪세종실록(1434) 064 16/05/08(갑신) /[원전]3집 564면≫
"훈도관(訓導官)으로 하여금 일용의 한화(閑話)를 가르치게 하되, 모두 중국말로 하게 함이 옳겠사오며, 예조로 하여금 5일마다 한 번씩 생도[書徒]를 고과(考課)하게 하고, 제조를 더 임명하여 날마다 본원(本院)에 근무시켜 고찰을 엄히 하고, 그 부지런함과 게으름의 등급을 매겨 월말에 아뢰게 하면, 비록 배우지 않으려고 할지라도 반드시 태만하고 방사함에 이르지 않을 것입니다."

물론 공사 회의에서 음식 기거의 일상용어에까지 한어를 전용케 함과 동시에 위반자는 그 정도에 따라 차지(次知)를 구속하며, 중범자는 형조에서 논죄하되 녹관은 태직한 후 1년간 채용 금지, 전함 권지는 일년간 취재 불허, 생도는 정도에 따라 체벌을 실시하였다.[80]

둘째는 평가시 회화시험을 보았다. 즉, 취재시 회화시험이나 작문 시험을 고시과목으로 법제화하고 두 사람씩 짝을 지워 외국어를 문답하게 하여 일정 성적 이상자에게 체아직 취재를 허락하고, 취재점수가 같을 때는 회화성적을 우선한다는 것이다.[81] 시험에 대하여는 평가항목

---

80) ≪세종실록(1442) 095 24/02/14(을사) /[원전]4집 399면≫
"……본원(本院) 안에 와 있을 때는 우리말을 일체 금지하고, 위로는 사장(師長)과 요관(僚官)들이 서로 응대(應對)하는 것으로부터 아래로는 권지(權知)나 생도(生徒)를 부르거나 대답하는 것까지도 오로지 중국말만 쓰기로 하며, 크기로는 공사의논(公事議論)으로부터 적기로는 음식 먹는 것이나 기거(起居)하는 것까지도 한가지로 중국말만 쓰게 하되, 항상 출사하는 제조(提調)를 시켜 근태(勤怠)를 고찰하게 하여 문적(文籍)에 기록하고, 우리 국어를 쓰는 자로서 초범(初犯)은 부과(付過) 처분하고, 재범(再犯)은 차지(次知) 1명을 가두고, 삼범은 차지 2명을 가두고, 사범은 3명을 가두고, 오범 이상은 형조에 공문으로 이첩(移牒)하여 논죄(論罪)하게 하는데, 녹관(祿官)이면 파직한 후 1년 이내에는 서용(敍用)하지 아니하며, 전함 권지(前銜權知)는 1년 이내에는 취재(取才)에 응하지 못하게 하며, 생도는 그 범한 돗수에 따라 그때마다 매를 때리도록 하소서. 그 밖에 몽고어(蒙古語)·왜어(倭語)·여진어(女眞語)의 학도(學徒)들도 이 예에 의하여 시행하도록 하시옵소서." 하니, 예조에 내려서 의논하게 하였다. 예조에서 아뢰기를, "제조(提調)의 계청(啓請)에 따름이 좋겠습니다." 하므로, 그대로 따랐다.
81) 各司受敎의 예조수교, 속대전, 예전, 취재조
≪성종실록(1493) 282 24/09/01(임진) /[원전]12집 396면≫
왜학(倭學)과 여진학(女眞學)을 취재함에 있어서는 다만 글자만 쓰게 하므로 과거를 보는 자는 한갓 글자 획만 익히며, 제조는 다만 글자 획에만 의해서 참고하고 말의 음(音)은 전혀 강문하지 아니하니, 그 합격자는 말 한 마디도 알지 못하고 국록을 받게 되므로 조정을 기만함이 심합니다. 금후로는 삼학(三學)도 또한 그 말로 번역하게 하고, ≪노걸대≫·≪박통

에서 자세히 설명한다.

셋째는 조선후기에 회화훈련 전문기관을 사역원의 부속기관으로 설치하였는데, 그것이 바로 우어청이다. 전술한 대로 우어청은 숙종 8년(1682) 상신 민정중이 4학 생도중 연소하고 재능이 있는 자 100명(한학50, 몽학10, 왜학20, 청학20)을 뽑아 창설한 회화전습기관으로서 한동안 큰 성과를 올렸다.[82]

넷째는 발음을 중요하게 여겼다. 비록 외국어를 배운 연수의 차이가 많다 할지라도 발음이 정통한 사람을 우선시 하도록 하였으며[83], 모어 화자로 하여금 사역원에서 가르치게 하였다.

1.4.3.3. 엄격한 출석 체크

외국어 교육에서는 특히 출석이 중시되었다. 조선시대에는 어느 기관이나 급사제를 중시하였지만, 독학이 어렵고 계속 수련이 아니고서는 정열을 기할 수 없는 어학교육에서는 출결에 대한 엄격한 감독은 지극히 당연한 일이었다. 이러한 출석일수는 엄정하게 기록, 성균관 유생의 원점법에 준하여 봉시를 허락하거나 취재, 서용, 봉경 등에 반영하였으며, 무단 결석자나 탁고(託故) 불사자는 정도에 따라 가동을 구속하거나 취재, 서용의 불허, 충군 등의 중벌에 처한 바, 벌칙이 엄중하

사≫로 취재할 때에는 강문(講問)에다 글자 쓰는 것을 겸해서 한다면 두 가지를 온전하게 해서 폐단이 없을 것입니다.

82) 통문관지-권1-연혁-등제, p.10. ≪영조실록(1730) 028/06/11/25(경인) / [원전]42집 236면≫

83) ≪태조실록 006/03/11/19(을묘) /[원전]1집 71면≫
매년 도목정때 각 <관직의>망에 3인을 기록하되, 한어에 정통한 자를 수망으로 하고, 비록 이 업을 배운 연수의 차이가 많다 할지라도 발음이 정통한 사람 위에 기록하지 말 것이며, 만일 3인이 다 정통하면 그 연수의 다소를 보아서 많은 자를 수망으로 할 것.

기로는 타 잡과 교육에서 그 예를 찾기 힘들었다.[84]

1.4.3.4. 공동학습과 분담지도

학습형태는 상호 질의와 수범(垂範) 격려에 유리하도록 교관, 학생, 관원이 한자리에 모여 강독하는 공동학습과 함께 개별수업[85]의 정숙을 기하기 위하여 분담지도자법[86]이 적용되었다.

---

84) 경국대전-예전-장려 「한학습독관……봉경시 고기생미행……」
≪성종실록(1475) 053 06/03/01(경술) /[원전]9집206면≫(*이건형(1981)에는 9년으로 되어있음) 예조(禮曹)에서 한학 습독관(漢學習讀官) 유종형(柳宗炯) 등의 상언(上言)에 의하여 아뢰기를, "생원(生員)이나 진사(進士)로서 습독관(習讀官)이 된 자는 습독관이 된 날로부터 성균관(成均館)에 있었던 원점(圓點)을 계산하여 응시(應試)하도록 한 것은 이미 전교(傳敎)를 받은 적이 있으나, 지금 ≪대전속록(大典續錄)≫에는 의학 습독관(醫學習讀官)만 기재(記載)되었고, 한학 습독관은 기록이 되어 있지 않습니다. 전에 받은 전교(傳敎)에 의하여 ≪대전속록≫에 아울러 첨가하여 넣게 하기를 청합니다."하니, 그대로 따랐다.
≪세조실록(1456) 004 02/06/27(을축) /[원전]7집 140면≫ (*이건형(1981)에는 7월로 되어있음) 예조(禮曹)에서 사역원(司譯院)의 첩정(牒呈)에 의거하여 아뢰기를, "제학(提學)이 전함(前衘)을 가진 사람들이 항상 본원(本院)에 출사(出仕)하여 공무를 익히고 제조(提調)가 날마다 공좌부(公座簿)를 점고하여 까닭없이 출사하지 않는 자는 각각 그이름 밑에 동그라미[員]를 쳐서 근만(勤慢)을 고찰하지만, 다시 징계하는 법이 없는 까닭에, 게으른 무리들이 이 때문에 출사하지 않고 전연 공무를 폐하게 되니, 실로 미편한 일입니다. 금후로는 한달 동안에 <동그라미가> 3일에 찬 자는 가동(家僮)을 가두고, 15일에 찬 자는 취재(取才)에 나가지 못하게 하며, 1년 동안에 30일에 찬 자는 비록 취재(取才)에 합격하여 예에 의하여 응당 직책을 받게 되었더라도 제수(除授)를 허락하지 마소서."하니, 그대로 따랐다.
≪세종실록(1434) 063/16/02/25(계유) /[원전]3집 544면≫ 「한몽왜3학……욕피군역구속후……」
85) ≪태조실록 006/03/11/19(을묘) /[원전]1집 71면≫
생도의 정수는 한어와 몽고어를 나누어서 공부하게 하고 그 성적을 고사하여 상과 벌을 주게 하되, 상벌은 교수들에게도 미치게 할 것

1.4.3.5. 엄정한 평가와 누가기록 활용

엄정한 평가와 평소의 수업을 누가기록[87]하였다가 평가에 반영하였다.

이상과 같은 방법들은 사역원 4학의 공통된 교수·학습방법으로써, 왜학도 이에 준하게 하는 엄중한 조치를 취하였던 것을 알 수 있다.[88]

---

86) ≪세종실록(1439) 085 21/04/26(계묘) /[원전]4집 208면≫
　이제부터는 매월 읽는 것이 무슨 책 몇째 권(卷) 몇째 장(張)인 것을 갖추 기록해서 아뢰도록 하고, 연말에 가서 1년 동안 읽은 것을 통계하여 벼슬을 올리고 낮추게 함이 어떠하겠습니까. 이문(吏文) 생도들을 훈도관(訓導官)에 나누어서 학습하게 하지 않기 때문에, 전혀 마음을 써서 가르치지 아니하옵니다. 청하건대, 지금부터 생도들을 모두 나누어서 학습하게 하고, 훈도관에게 오로지 맡겨서 가르치되, 매양 포폄(褒貶)할 때를 당하여 가르치는 생도의 읽은 글이 많고 적음과, 통하고 불통하는 분수(分數)를 참고하여 시행하게 하소서.”하니, 예조에 내렸다.
　≪성종실록(1482) 142 13/06/06(계묘) /[원전]10집 340면≫
　1. 각각 그 어학(語學)의 훈도(訓導)에게 분속(分屬)시켜 학업(學業)을 받게 할 것입니다.”…… “……이제 왜(倭)나 여진에 분속시켜 다른 종류의 사람에게 사사(師事)하라고 한다면, 더욱 즐겁게 여기지 아니하여……”
87) ≪세종실록(1434) 063 16/02/25(계유) /[원전]3집 544면≫
　매일 그 경서를 강의하고 한어를 역해(譯解)한 것을 명백하게 문부에 이록해 두었다가, 세초(歲抄)를 당하여 그 분수(分數)를 고찰하여, 그 우두머리 된 자 2명을 동·서반을 막론하고 별례로 승진 전보시켜 그의 진익(進益)을 권장하면, 효력을 볼 것입니다.
88) ≪세종실록(1442) 095 24/02/14(을사) /[원전]4집 399면≫

1.5. 평가

조선시대의 일본어 교육은 사역원에서 "왜학"이라는 이름으로 이루어졌다. 사역원은 예조 소속으로 일본어 역관이 되기 위해 일본어를 배우러 모여든 사람들에게 일본어를 교육시키는 일어 학교였으며, 동시에 역관 자격증을 얻기 위하여 역과 시험을 준비하는 고시학원이기도 하였고, 실직에서 임무를 끝낸 역관들의 일본어 연수기관이기도 하였다. 그만큼 사역원 왜학은 일본어 역관과 관계가 깊으며, 일본어 교육과 역관 관리를 담당한 기관이었던 것이다. 어느 시기, 어느 기관을 막론하고 교육을 시키면 그 결과를 평가하게 된다. 사역원의 왜학도 마찬가지여서 한사람의 역관이 되기 위해서는 몇가지 평가를 거치게 되었다. 예를 들어, 일본어를 배운 후 매달 정기적으로 보는 시험, 역관 자격증을 얻기 위하여 응시하는 과거 시험(역과), 과거에 합격하여 역관 자격증을 얻은 후 실직을 얻기 위하여 보는 예비시험 원시(院試)와 본시험 취재(取才)에 응시하여야만 일본어를 직업으로 하는 직장에서 일할 수 있게 되는 것이다.

본 장에서는 기록에 보이는 조선의 일본어 교육 평가에 대하여 평가 방법, 평가의 종류, 평가 내용, 평가 출제서 등을 현대적인 일본어 교육의 관점에서 해석하고, 조선시대의 일본어 교육에 대한 평가의 성격을 4기능 중심으로 규정하고자 한다.

1.5.1. 평가 방법

조선시대의 제 법전에는 시대별로 일본어 교육에 대한 평가의 기사를 담고 있으며, 내용이 다를 뿐 기록의 형식은 같은 것을 다음 예를 통하여 알 수 있다.

예1)경국대전의 기록이다.

　경국대전-권3-예전-제과-역과초시-왜학 p.178.

[사자]이로파·소식·서격·노걸대·동자교·잡어·본초·의

　　론·통신·구양물어·정훈왕래·응영기·잡필·부사

　　를 베껴 쓰게 한다.

[역어]경국대전을 번역하게 한다.(임문으로 한다.)

　　경국대전-권3-예전-제과-역과복시-왜학 p.180.

[강서]

[사자][역어]초시와 같다.

예2)속대전의 기록이다.

　속대전-권3-예전-제과-역과-역과초시 p.214.

[写字]倭学, 捷解新語(新增)　○其余諸書, 並今廃.

[訳語]同大典.

　　속대전-권3-예전-제과-역과-역과복시 p.215.

[講書]同初試.

[写字·訳語]並同初試

예3)대전회통의 기록이다.

　대전회통 권3-12-제과-역과초시-왜학　pp.142～144.

[사자](원)이로파·소식서격·노걸대·동자교·잡어·본초·의

　　론·통신·구양물어·정훈왕래·응영기·잡필·부사로

　　한다.

> (속)첩해신어 (신증, 그 나머지 여러 책은 이번에 폐지한
> 다.)
> [역어]경국대전을 번역하도록 한다.(임문으로 한다.)
> 대전회통 권3-12-제과-역과복시-왜학   p.144.
> [강서]초시와 같다.(오경·소미통감·송원절요를 강하기를 원하
> 는 자는 들어 주되 임문으로 한다.)
> [사자][역어]초시와 같다.

위의 예를 보면 공통된 기록 방법으로 「사자」「역어」「강서」 등의 용어가 보인다. 이것이 바로 시험 방법으로서, 조선시대에는 4가지 시험방법이 있었다. 그것은 사자, 역어, 강서, 2인 대화(회화) 등이다. 이하 상기 4가지 시험방법에 대하여 검토한다.

1.5.1.1. 사자(寫字)

사자는 한자의 뜻으로 알 수 있듯이 베껴 쓰는 시험방법이다. 시험 문제에 '어느 부분부터 어디까지 사자하시오'라고 되어 있으면, 첩해신어 10권을 상5권, 하5권으로 나누어 상5권의 어느 한군데를 뽑아서 베껴쓰기 하라는 것이다. 실제로 1747년 시행된 역과 초시의 시험문제에 '원간본 첩해신어 제5권 26엽b 2행부터 동27엽a 1행까지 5행 사자'가 시험에 나오고 있다. 사자(寫字)로 보는 시험은 주로 일본어로 된 교과서의 어느 부분을 그대로 베껴쓰는 시험이었다.

사자(寫字)를 말하기, 듣기, 읽기, 쓰기의 4기능을 중심으로 성격을 생각해 보면 읽고 쓰는 평가가 될 것이다. 조선시대의 시험 방법 중 가장 쉬워 보이는 시험 방법이나, 아래의 시험 내용 항목에서 설명하지만, 쉽다고 해서 모두가 만점을 받은 것은 아니었다.

1.5.1.2. 역어(譯語)

역어는 어떤 책의 내용을 보고 한국어를 일본어로 번역하는 시험이다. 정확히 말하면 한문으로 된 법전의 일부분을 일본어로 번역하는 것이다. 조선시대를 통틀어 역어 시험은『경국대전』과『대전회통』을 번역하였다. 경국대전에 "「역어」 경국대전을 번역하게 한다.(임문으로 한다)"라는 기사처럼 역어시험은 주로「임문」으로 실시하였다. 임문이란 다른 말로「임강」이라고도 하는데,「강서」 중의 한 방법으로 시험관 앞에 책을 펴놓고 보고 읽거나, 묻는 말에 답하거나, 번역하는 것이다. 다시 말하면 책을 앞에 펴놓고 보면서 하는 시험으로 요즈음으로 말하면 open book(test)을 말한다. 당시의 실제 시험문제를 예로 들어 보면, 다음과 같은 문제가 출제되있을 때,

<표9> 역어 시험지예

[역어]다음을 임문하여 역어하시오.

   (다음을 경국대전을 보고 일본어로 번역하시오.)

   自膈等者 止下馬相揖 (膈等者에서부터 下馬相揖까지) **通**

                ：
                ：

경국대전의 "自膈等者 止下馬相揖"[89]부분을 찾아 [　]부분을 일본어로 번역하는 것이다. 아래에 예를 들었다.

(경국대전)

[京·外官相見]京外官相見 [隔等者(如五品於三品之類) 就前再拜 上官

不答(差等則答拜) 揖禮則隔等者就前揖 上官不答(差等則答揖) 道愚則

---

89) 경국대전-권3-예전-경·외관상견, p.265.

下官下馬　上官放鞭過行(差等則下馬相揖)　同等者馬上相揖　堂上官則
雖隔等幷下馬相揖]

(일본어 번역)
隔等のものは(例えば、五品のものが三品のものに逢ったときなど)
前に進んで再拜する。上官は答拜しない(差等の場合は答拜する)。……

「역어」와 「사자」 시험을 비교할 때, 두 시험은 읽기 쓰기를 평가하는 기능은 같으나, 단순히 일본어를 보고 베끼는 「사자」와, 한문을 일본어로 번역하는 「역어」는 난이도 면에서 「역어」 쪽이 고 난이도의 시험이었다는 것을 알 수 있다. 그러나, 1800년대 중반까지 경국대전 한 권으로 역어를 해 왔으므로 어느 정도 노하우가 쌓여 있었을 것이고, 조선시대의 학습방법이 서당식 무조건 외우기를 반복하는 방법이고 보면 현대와 같이 문법, 어휘, 한자, 문형 등의 평가보다는 외운 것을 쓰는 작업이 중요하였는지도 모른다.

1.5.1.3. 강서(講書)

강서는 test시 교과서를 보면서 문제를 해결하는지, 보지 않고 문제를 해결하는지에 대한 차이이다. 강서에는 두 가지 방법이 있어서, 「배강(背講)」과 「임강(臨講)」으로 나뉜다. 배강은 시험관 앞에 책을 펴놓고 돌아앉아서 외우거나 질문에 답하는 시험방법으로 배송이라고도 하며, 임강은 시험관 앞에 책을 펴놓고 보고 읽거나 그 대의를 묻고 답하는 시험방법으로 임문이라고도 한다. 원시(院試)의 회화시험이 주로 배강이나 임강이었다. 회화시험이 배강이나 임강인 것은 언뜻 생각하기에는 이해하기 어려우나, 훈도가 구두로 문제를 내고 학생은 외운 내용을 일본어로 번역하여 구두로 표현하는 방법이었다. 회화 배강, 회화 임강, 「사자」 배강, 「사자」 임강 등은 책을 보지 않고 말하기, 책을 보고 말하기, 책을 보지 않고 쓰기, 책을 보고 쓰기가 되는 것이다.

1.5.1.4. 회화(會話)

조선시대의 회화 시험은 2인 대화인데, 학생들끼리의 대화가 아니라 훈도가 질문하고 학생이 대답하는 식의 회화였다. 역관들이 실직에 나가기 위하여 응시하는 취재시험에 앞서 미리 보아 두어야하는 사역원의 원시(院試)에 회화시험이 있었다. 책을 보지 않고 대답하는 것이 원칙이었으나 50세 이상은 책을 보고 말하는 것을 허용하였다.

조선시대의 일본어 교육의 목적이 역관 양성이어서, 회화 시험이 큰 비중을 차지할 것 같으나 현대에도 말하기 교육이 중심이 되면서 평가에서는 실제적인 어려움이 있어 회화평가가 어려운 것처럼 조선시대에도 주로 읽고 쓰는 평가가 많았다. 지금까지 검토한 시험방법을 <표10>으로 정리하였다.

<표10> 경국대전기의 평가 방법

명 칭		방 법	4 기 능
사자(寫字)		베껴 쓰기	읽고 쓰기
역어(譯語)		번역하기	읽고 쓰기
강서(講書)	배강(背講)	돌아 앉아 외우기	듣고 말하기, 듣고 쓰기
	임강(臨講)	보고 읽기(말하기)	읽고 말하기, 읽고 쓰기
회화(会話)		2인 대화	듣고 말하기

1.5.2. 평가 종류, 내용 및 출제서

사역원에서 일본어 교육을 받는 사람들은 3종류가 있었다. 사역원에 입학하여 처음 일본어를 초급부터 배우기 시작하여 역관 자격시험을 준비중인 사람, 역관 자격을 얻은 후 발령을 받기 위하여 대기중인 사람, 발령을 받아 임무를 끝내고 다시 사역원에 와서 연수를 받으면서 다음 발령 때가지 대기중인 사람이 그것이다. 이들이 현역 역관으로 일을 하기 위해서는 몇 가지 시험을 거치게 된다. 도표로 그려보면 아래와 같이 최소한 4번의 시험을 거치게 된다. 대부분 사역원 주관의 시험이고 라이센스 시험인 역과는 국가고시이므로 예조에서 주관하게 되는데, 이하 시험내용, 시험 출제서, 시험 관리 등에 대하여 검토한다.

<그림2>역관이 되기 위하여 거치는 시험 순서

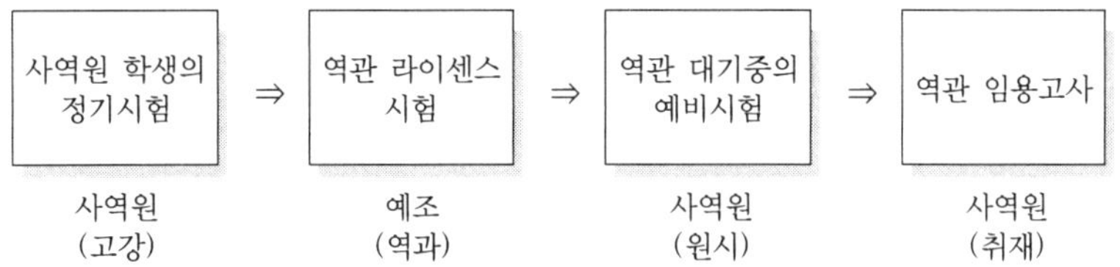

기록에 보이는 조선의 역관 관계 시험에는 4가지 제도가 있었다. 고강(考講), 역과(譯科), 원시(院試), 취재(取才)가 그것인데, 이하 상기 4가지 제도를 선행연구인, 이홍열(1967), 원영환(1977), 이관수(1979/1987), 정광(1988)등을 참고하면서 그 성격을 4기능 중심으로 규정하고자 한다.

1.5.2.1. 고강(考講)

통문관지에 따르면 사역원 본생도들은 매달 26일에, 그리고 예차생도들은 사맹삭(四孟朔) 16일에 시험을 보았으며, 왜학교회와 연소총민, 그리고 왜학 우어청은 6일에 시험을 보았다. 사맹삭이란 사맹월이라고도 하며, 봄·여름·가을·겨울의 각 첫 달, 곧 음력1월·4월·7월·10월을 말하는데, 즉, 예비생도들은 3개월에 한 번인 1월 16일, 4월 16일, 7월 16일, 10월 16일에 시험을 보았다. 이것을 고강(考講)이라 하며, 고강에는 시험 보는 대상에 따라 서도고강과 2·6고강으로 나뉘어 진다. 서도고강은 한학을 대상으로 한 시험이며, 2·6고강은 사역원 4학 전체를 대상으로 하는 시험이다. 따라서 왜학은 2·6고강에 의하여 시험을 보았고, 2·6고강이란 2일·12일·22일·6일·16일·26일에 시험을 본다하여 붙여진 이름이다. 그러나 상기 모든 날짜에 시험을 보는 것이 아니라, 응시자의 신분에 따라 시험 날짜가 각각 달랐으며 시험과목도 달라서 왜학은 끝에 6이 붙는 날짜에 시험을 보았다. 이것을 표로 정리하면 아래와 같다.

<표11> 고강 시험일(통문관지에 따름)

대상	시험일	시험내용
사역원 본생도	매달 26일	독서한 부분
사역원 예비생도	1월 16일, 4월 16일, 7월 16일, 10월 16일	독서한 부분
왜학교회 연소총민	매달 6일	文語 1도
왜학우어청	매달 6일	·첩해신어 10권중 매번 반권씩 배강 ·매번 50행을 정수로 임강 서사 ·문어

시험 내용을 살펴보면, 사역원 본생도와 예비생도는 각기 읽은 책에서 픽업하여 「고강」하였고, 왜학우어청은 첩해신어 10권중 반권을 「배강」하였으며, 서(書)·사(史) 매 50행을 「임강」하고 이에 문어 1도를 덧붙여 3책을 「고강」하였으나, 1783년에 이르러 서·사 50행이 매 100행으로 늘어나고 문어(文語)가 장어(長語)로 바뀌었다. 왜학교회와 연소총민은 문어(文語) 1도를 시험보았다.

2·6고강은 강서 중심의 시험으로 배강과 임강을 하였다. 즉, 읽기가 중심이 되는 시험이었다. 2·6고강의 목적은 장학을 위한 시험인데, 그 성적은 4학우어청에서 점수를 집계하여 기록하고[90], 10인을 선발하여 입격(入格)이라 명한 후 이들을 합좌시켜 재시험하였다. 이들 가운데 1등은 부산출사 및 연소총민으로 보궐(補闕)되었다. 그 뿐 만 아니라, 5번 통과자는 시상하나, 3번 계속 불통한 자와 계속 시험에 응하지 않는 자는 모두 강등하였는데 만일 공적인 일이나 병으로 시험을 보지 못하였을 때에는 후에 다시 볼 수 있도록 하였다. 왜학생도도 마찬가지로 연차능통자는 상을 주었으며, 이유 없이 시험을 보지 않는 자는 매를 때리고 2회를 불통하거나 시험을 보지 않는 자는 퇴원시켰다. 사역원 생도들에게는 평소 시험이었던 만큼 그 결과에 대한 영향도 막중하였다.[91] 시험은 모두 훈상당상이 감독하였다.

1.5.2.2. 역과(譯科)

국가관원의 임용에는 일정과목의 고시에 의하고, 이 고시과목에 의하여 인재를 거용한다는 뜻으로 국가에서 치루는 고시를 통칭 과거라고 하며 그 각과의 과거를 제과라고 한다. 과거는 문과·무과·잡과로

---

90) 통문관지-권2-2·6고강, pp.18~19.
91) 정광(1988) 『사역원 왜학 연구』 태학사, pp.163~164.

대별되고 문과 및 잡과는 문관시험으로서 예전에, 무과는 병전에 규정
되어 있다. 잡과는 과거라는 용어를 사용하지 않고 다만 그 자격을 시
험하여 관직에 취용한다는 뜻에서 시취(試取)[92]라고 하였는데, 일본어
가 포함되어 있는 역과는 잡과에 속하며, 일본어 관계 시험 중에서 유
일하게 예조가 주관하는 자격시험이다. 즉, 역과는 역관의 자격을 얻는
자격고시이고, 초시를 거쳐 복시로서 최종합격자를 내었다. 이러한 과
거나 시취는 인재 등용의 관건이므로 그 공정한 관리는 인사 및 교육행
정의 중요 과제가 아닐 수 없고 따라서 과거 부정을 방지하기 위한 노
력과 조치가 여러 가지로 강구되었다. 과거제도의 문란은 조선 중기 이
후 점차 심화된 바 잡과도 그 예외는 아니었으니, 이건형(1881)[93]에 들
은 몇몇 사례를 보면, 숙종시 잡과 과시에 정실이 있는 자를 과죄한다
든가[94], 속대전에 중외과장의 부정행위자를 엄단하는 조규를 마련한다
든가[95], 정조시 잡과의 중요성을 강조하고 고시의 공정과 엄격한 등제
로서 과시의 난잡을 방지할 것을 하교한 것[96]등이다.

---

92) 절률통보-예전-제과, pp.440-441.
93) 이건형(1981)『조선조교육정책연구』형설출판사, pp.107-142 .
94) 수교집록-권3-예전-과거(강희갑자승전)「雜科試講時 龍亭子依律科罪」
95) 속대전-예전-제과「中外大小科場 借述, 代述, 帶率隨從者, 不錄名 攔入者
    符同易書者首倡作亂罷場者 朝官生進則 邊遠充軍 勿揀赦前 幼學以下則 限
    己身降定水軍 冒入代寫者 良人則水軍充定公私職則絶島爲奴(중외대소과장
    차술, 대술, 대율수종자, 불록명 란입자 부동역서자수창작난파장자 조관생
    진즉 변원충군 물련사전 유학이하즉 한기신강정수군 모입대사자 양인즉
    수군충정공사직즉절도위노)」pp.193～194.
96) 증보문헌비고-권191-선거고8-과제8-잡과「正祖元年 三月敎日 名以科試
    則 其爲重大正科雜科堂有問焉……固不可以雜科 而忽之也 嚴筋各該司 公
    以考試嚴其等第俾勿如前亂雜」(정조원년 삼월교일 명이과시즉 기위중대
    정과잡과당유문언……고불가이잡과 이홀지야 엄근각해사 공이고시엄기
    등제비물여전란잡)」

1.5.2.2.1. 인원수

조선시대의 모든 법전에는 역과에 대한 언급이 있고, 역과 초시는 사역원 학생뿐만 아니라 누구나 시험에 응시할 수 있었다. 경국대전 이래의 법전에 기록되어 있는 역과 왜학의 초시와 복시에 대한 기록을 뽑아 보고, 그것을 <표12>로 정리하였다.

경국대전-권3-예전-제과-역과초시 p.178.
왜학 4인, 사역원이 녹명하여 시취한다.
경국대전-권3-예전-제과-역과복시 p.180.
왜학 2인, 본조가 사역원 제조와 함께 녹명하여 시취한다.

전록통고-예전-제과-역과초시
[譯科初試]漢學二十三人 蒙學 倭學 女眞學 各四人 司譯院 錄名試取
한학에 23인, 몽학·왜학·여진학에 각 4인을 정원으로 하고 사역원에서 녹명하여 시취한다.
전록통고-예전-제과-역과복시 p.16.
[譯科覆試]漢學十三人 蒙學 倭學 女眞學 各二人 本曹 同本院提調 錄名試取
한학에 13인, 몽학·왜학·여진학에 각 2인을 정원으로 하고, 본조에서 본원 제조와 함께 녹명을 하여 시취한다.

통문관지제2권-권장-과거 p.76.
한학 23인과 몽학, 왜학, 청학 각각 4인씩을 시취하는데,
통문관지제2권-권장-과거-속록 p.78.
대증광시 초시에서 4학에 각각 4인씩을 더 뽑는다.(속대전에 나와

있다)

통문관지제2권-권장-과거-복시 p.78.

한학 13인과 몽학, 왜학, 청학 각각 2인을 시취하는데 경국대전에 나와 있다. ○대증광시에서는 4학에 각각 2인씩을 더 뽑는데

속대전-권3-예전-제과-역과-역과초시 p.214.

[額數]式年·(見大典)增廣同. 大增廣則漢學·蒙學·倭學各加四人.

속대전-권3-예전-제과-역과-역과복시 pp.215~216.

[額數]式年·(見大典), 增廣同. 大增廣則漢學·蒙學·倭學·淸學各加二人.

대전통편-예전-제과 p.250.

○역과초시 (原)액수 한학 23인 몽학·왜학과 여진학 각 4인을 사역원에서 녹명시취하되 (속)식년시·증광시·대증광시이면 한학·몽학·왜학에 각 4인을 가한다.

○역과복시 (원)액수 한학 13인 몽학·왜학·여진학 각 2인을 예조에서 사역원의 제조와 같이 녹명하고 시취한다. (속)식년시와 증광시는 같고 대증광시에는 한학·몽학·왜학·청학에 각 2인을 가한다.

전률통보-예전-제과-역과(외국어과) p.464.

譯科 經○初試 司譯院提調二或一 兼敎授無故則參 同四學官各二 試取 漢學二十三人 淸學 倭學各四人 大增各加四人 經讀 p.464.

(경)○초시에는 사역원의 제조2원 혹은 1원이 (겸교수도 사고 없으면 참석시켜야 한다)4학의 관원 각2인과 함께 시취하되, 한학에 23인, 청학·몽학·왜학에 각각4인을 선발하고, 대증광시인 경우에는

각각4인씩 증가한다(경·속)

○覆試 司譯提調一 同四學官各二 試取 本曹堂郎各一 兩司各一叅 漢學十三人 淸蒙倭學各二人 大增各加二人○初覆試 本業諸書 及 四書背講 或臨文 及 寫字譯語 經讀○寫字譯語給分 同講書 ○覆試 願講經史者 聽臨文

○복시에는 사역원의 제조1원이 4학의 관원 각2인과 함께 시취하되, 본조의 당상관·낭관 각1원과 사헌부·사간원의 관원 각1원을 참석시켜야 하고, 한학에 13인, 청학·몽학·왜학에 각각2인씩 선발하며, 대증관시인 경우에는 각각2인씩 증가한다.

대전회통 권3-12-제과-역과초시   p.140.

[역과초시]原[액수]한학에서 23인, 몽학·왜학·여진학에서 각 4인으로 하며 사역원에서 녹명하여 시험보여 뽑는다. 續 식년·증광도 이와 같으며 대증광(大增廣)이면 한학·몽학·왜학에 각 4인을 더한다.

대전회통 권3-12-제과-역과복시   p.144.

[역과복시]原[액수]한학 13인, 몽학·왜학·여진학에서 각 2인으로 하되 예조에서 사역원 제조와 함께 녹명하여 시취한다. 續 식년·증광도 이와 같으며 대증광(大增廣)이면 한학·몽학·왜학·청학에 각 2인을 더한다.

육전조례-예전-사역원-과시 p.376.

○式年增廣初試 提調 與本院官二員 試取 漢學(二十三人) 淸學 蒙學 倭學 (各四人○大增廣各)加 四人) 覆試 禮曹堂上 郎廳(一員)同提調 (一員) 本院官(二員)試取 漢學(十三人) 淸學 蒙學 倭學 (各二人 ○大

增廣 各加二人)

○식년·증광의 초시는, 제조가 본원관 2원으로 더불어 한학(23인), 청학·몽학·왜학(각 4인, ○대증광인 경우에는 각각 4인을 가한다)을 시취하고, 복시는 예조 당상관과 낭관(1원)이 제조(1원), 본원관(2원)과 같이 한학(13인), 청학·몽학·왜학(각 2인, ○대증광인 경우에는 각각 2인을 가한다)을 시취하며

<표12> 역과 선발 인원

법전이름	식년(자 묘 오 유)·증광		대증광	
	초시	복시	초시	복시
경국대전(1470년)	4명/사역원녹명	2명/본조,사역원제조		
전록통고(1706년)	4명/ 〃	2명/ 〃		
통문관지(1720년)	4명/도제조,제조, 참시관 겸교수훈상당상	2명/예조당상본원제조1원, 참시관예조낭관1원, 본원한학참상관2원, 감시관 2원(사헌부, 사간원)	4명	2명
속대전(1744년)	4명/사역원 제조2원(혹1원, 겸교수도 무고면참여), 4학관 각2원	2명/사역원 제조1원(2망), 4학관 각2원 ○본조당상관·낭관각1원, 양사관 각1원 진참	4명	2명
대전통편(1785년)	4명/ 〃	2명/ 〃	4명	2명
절률통보(1787년)	4명/사역원제조2원 혹은 1원이 (겸교수도 사고 없으면 참석시켜야 한다)4학의 관원 각2인과 함께 시취	2명/사역원의 제조1원이 4학의 관원 각2인과 함께 시취하되, 본조의 당상관·낭관 각1원과 사헌부·사간원의 관원 각1원을 참석	4명	2명
대전회통(1865년)	4명/사역원에서 녹명	2명/예조에서 사역원 제조와 함께 녹명	4명	2명
육전조례(1867년)	4명/각기 관서의 제조·당상관 2원이 녹명	2명/각기 관서의 제조·당상관 및 각기 관서의 관원을 추천하여 낙점을 받고, 본조의 3당상관 및 낭관1원, 양사의 관원 각 1원이 시험	4명	2명

조선시대의 모든 기록은 경국대전 이래, 역과 왜학의 합격자는 초시 4인, 복시 2인을 선발하도록 되어 있다. 그리고 대증광시에는 초시 4인, 복시 2인을 추가로 선발하였다. 대증광시에 대한 기록은 통문관지 이하의 기록에 보이는데, 통문관지의 "속대전에 나와 있다"[97]라는 기록을 검토할 필요가 있다. 통문관지 초판이 1720년이고 속대전 출판이 1744년이므로 속대전이 통문관지 보다 뒤에 출판된 책인데 통문관지에 속대전에 나와 있다고 한 부분이다. 통문관지는 초판 출판연도에 대하여 여러 가지 설이 있고, 또한 초판 출판이후에 여러 번 증보 속간이 있었다. 본고에서 인용한 통문관지는 12권 6책으로 1888년 판본이다. 증보 속간본에는 (속)으로 덧붙여진 항목이 있는데 대증광에 대한 기록이 바로 (속)으로 보완되고 있다. 따라서 역과에 대증광이 실시된 것은 경국대전과 속대전 사이로 보이며, 이것은 김양수(1983)의 논문을 통하여 어느 정도 추측이 가능하다. 김양수는 숙종년간[98]에 실시되었던 역과 복시의 합격자를 분석하였는데, 46년 동안 식년시 16회의 시험을 통하여 291명을, 증광시 12회를 통하여 233명을 배출하고 있다. 도합 28회 514명의 합격자 중, 왜학을 중심으로 살펴보면, 법정 인원인 2명보다 2배인 4명의 합격자를 내고 있는 증광시가 2회 보인다. 1678년 증광시와 1713년 증광시가 그것인데, 바로 이 두해가 대증광시에 해당하는 해였다. 증광시는 국가에 축하할 사안이 있을 때 실시하는 시취이며 경축 사안이 몇가지로 겹쳤다거나 즉위 40년[99]일 때 대증광

---

97) 통문관지-권2-권장-과거-속록 p.78.
98) 숙종 1년(1675)~숙종 46년(1720)
99) ≪영조실록(1728) 019 04/09/24(신미) /[원전]42집 84면≫
　　선조(宣祖) 때에 이르러 상신(相臣) 유영경(柳永慶)이 재위 40년의 경사는 처음 즉위 때와 다름없다 하여 설행하기를 건의하고 액수를 40인으로 늘려 대증광(大增廣)이라 불렀는데, 혼조(昏朝)에 이르러서는 또 합부묘(合

시[100]를 실시하고 있다. 김양수는 속대전의 대증광시 기록에 대하여 "관례의 법제화"[101]로 보고 있다.

籩廟)·존숭·책례(冊禮) 등의 여러 경사를 합하여 대증광을 설행하였고, 인조(仁祖) 이후에는 잘못된 것을 이어받아 그대로 고전(故典)이 되었으며, 숙종(肅宗) 말년에 단경(單慶)으로 증광을 설행한 것도 예전에 없던 일이었습니다.

100) 육전조례-예전-계제사-과거 p.14.
○增廣試 國有大慶 或合累慶則特設 文武科 及 生進雜科 一如式年之制 合慶最大者爲大增廣稍加額數
○증광시에 국가에 큰 경사가 있거나, 혹은 여러 경사를 합하여 특별히 문·무과, 생원·진사과 및 잡과시험을 실시하되, 일체 식년대과의 제도와 같이하고, 여러 경사를 합하여 그 규모가 가장 큰 경우에는 이를 대증광이라 하여 그 합격인원을 약간 증가한다.
101) 김양수(1983)「조선후기 역관에 대한 일연구」『동방학지』39집, 연세대 동방학연구소, p.37.

<표13> 숙종년간 역과 복시 등위별 역어별 각 회 합격자[102]

각회	등위	1등	2등	3등	한학	몽학	청학	왜학	계
1675년	식년	3명/1명	5명	11명/1명	13명	2명	2명	2명	19명
	증광	3	5	11/2	13	2	2	2	19
1678	증광	3	7	25/4	23	4	4	4	35
	식년	1	3	12/2	11	1	2	2	16
1681	식년	3	5	10/2	12	2	2	2	18
1682	증광	3	5	7/2	10	1	2	2	15
1683	증광	1	5	13/2	13	2	2	2	19
1684	식년	3	5	10/2	13	1	2	2	18
1687	식년	3	5	11/2	13	2	2	2	19
1689	증광	3	5/1	8/1	10	2	2	2	16
1690	식년	3	5/1	10/1	13	2	1	2	18
	증광	3	5	11/2	13	2	2	2	19
1693	식년	3	5	10/2	12	2	2	2	18
1696	식년	3	5	10/2	13	2	2	2	19
1699	식년	3	5/2	11	5	2	-	2	9
	증광	3	5/2	11	13	2	2	2	19
1702	식년	3	5	11/2	13	2	2	2	19
1705	식년	3	5	9/2	12	2	1	2	17
	증광	1	3	7/2	5	2	2	2	11
1708	식년	3	5	11/2	13	2	2	2	19
1710	증광	3	5/2	8	10	2	2	2	16
1711	식년	3	5	10/2	12	2	2	2	18
1713	증광	3	7/1	17/3	15	4	4	4	27
1714	증광	3/1	5	10/1	12	2	2	2	18
	식년	3/1	5/1	11	13	2	2	2	19
1717	식년	3	5	9/2	11	2	2	2	17
1719	증광	3	5/1	11/1	12	2	2	2	18
1720	식년	3	5	11/2	13	2	2	2	19
합계		78/3	140/11	306/44	341	57	56	60	514

* 단, ' / '표 뒤의 숫자는 왜학수

---

102) 김양수(1983) 「조선후기 역관에 대한 일연구」 『동방학지』 39집, 연세대학교 동방학연구소, pp.36~37. (표2)를 중심으로 필자가 재구성하였다.

위의 <표13>에서 또 한 가지 알 수 있는 것은 역과복시의 왜학은 한학·몽학·청학에 비하여 별 변동 없이 법정 정원 2명을 합격시키고 있으며, 대증광인 해에는 2배인 4명을 합격시켰고 이러한 관례가 법제화가 되어 속대전에 기록되었다고 볼 수 있을 것이다.『대전회통 연구』(1994) 해설에 "실제상으로 역관의 합격자 정원은 대체로 19세기 중엽 이전까지는 지켜졌으며 합격 인원이 정원수에 미달되는 경우도 적지 않았으나(식년시 정원 19명, 대증광시 정원 27명), 철종 9년(1858)의 식년시에서 28명, 고종 11년(1874)의 증광시에서 39명을 뽑은 이래 그 후에는 계속해서 정원을 초과하여 뽑았다. 이는 19세기 후기 외국인과의 접촉이 자주 있게 되자 그만큼 역관의 수요가 증대되었기 때문이라 할 수 있다. 즉 문호개방 시기인 고종 13년(1876)의 식년시에서 22명, 고종 16년(1879) 식년시에서 36명, 고종 17년(1880) 증광시에서 42명, 고종 19년(1882)의 증광시에서 40명, 그 해의 식년시에서 33명, 고종 22년(1885)의 식년시에서 36명을 뽑았고 그 해의 증광시에서는 무려 62명을 뽑았다. 또한 고종 25년(1898)의 식년시에서는 45명, 고종 28년(1891)의 식년시에서 35명, 그 해의 증광시에서 51명을 뽑았다."[103]고 하여 잦은 외국인과의 접촉으로 인하여 통역관의 수요가 증대되어 정원을 초과하는 합격자를 내었다고 하였다.

1차(초시)와 2차 시험(복시)을 거쳐 2명 또는 4명을 뽑는 역과 왜학의 경쟁률은 어느 정도였을까? 초시에 응시할 수 있는 자격은 국가의 모든 자격시험이 그렇듯이 누구나 응시할 수 있었으나, 최소한 일본어를 알고 있어야 하므로 그 대상이 되는 것은 왜학 생도, 왜학 녹관, 왜학 위직이었다. 1720년의 통문관지의 기사를 중심으로 경쟁률을 유추

---

103) 한국법제연구원(1994)『대전회통 연구』p.495.

해 보면, 사역원에서 일본어를 공부하는 생도는 본생도만 15명, 왜학 녹관 1명, 왜학 위직 3명을 잡으면 최소한의 수험생이 되고, 또 지방생도도 있으므로 +알파가 되어 2명 뽑는 자리에 최소한 20명 이상이 응시하게 되므로 최소한 10:1이상의 경쟁률이 된다.

1.5.2.2.2. 시험내용과 출제서

다음은 왜학 역과에 사용된 책에 대한 기록들이다. 경국대전, 전록통고, 통문관지, 속대전, 대전통편, 전률통보, 대전회통, 육전조례에 왜학 역과의 시험의 대상이 된 기록을 그대로 인용하고, 그 내용을 도표화하였다.

경국대전-권3-예전-제과-역과초시-왜학 p.178.
[사자]이로파 · 소식 · 서격 · 노걸대 · 동자교 · 잡어 · 본초 · 의론 · 통신 · 구양물어 · 정훈왕래 · 응영기 · 잡필 · 부사를 베껴 쓰게 한다.
[역어]경국대전을 번역하게 한다.(임문으로 한다.)
　　　경국대전-권3-예전-제과-역과복시-왜학 p.180.
[강서]
[사자][역어]초시와 같다.

전록통고-예전-제과-역과초시 p.15.
倭學寫字 伊路波, 消息, 書格, 老乞大, 童子教, 雜語, 本草, 議論, 通信, 鳩養物語, 庭訓往來, 應永記, 雜筆, 富士 翻經國大典(臨文)
왜학의 사자종목에는, 이로파, 소식, 서격, 노걸대, 동자교, 잡어, 본초, 의논, 통신, 구양물어, 정훈왕래, 응영기, 잡필, 부사로 한다. 경국대전(임문한다)을 번역한다.
전록통고-예전-제과-역과복시 p.16.
講書同初試(臨文) …… 寫字譯語 同初試
강서종목은 초시와 같이하되(임문으로), … 사자와 번역은 초시와
같이 한다.

통문관지-권2-권장-과거 p.76.
○왜학 8책은 첩해신어, 번역 경국대전등이었다. 첩해신어 10권 중
에서 7곳을 추첨하여 글자를 베껴 쓰게 하고, 경국대전의 번역은 한
학과 똑같이 한다.
○처음에는 이로파, 소식서격, 노걸대, 동자교, 잡어, 본초의론, 통신,
구양물어, 정훈왕래, 응영기, 잡필부사 등 모두 14책을 썼는데, 언어
가 소루한 것이 많아서 당시에 사용하기에 적합하지 아니하였다. 때
문에 강희 무오년(1678)에 오로지 이 책들만을 사용하였고, 앞의 책
들을 모조리 없애버렸다(계사등록에 나와 있다.)
통문관지-권2-권장-과거-복시 p.78.
 칙을 강하고 글자를 베껴 쓰고, 말을 번역하는 것은 초시와 같다.
오경, 소미통감, 송원절요를 강하기를 원하는 자는 임강하기를 허락
한다.

속대전-권3-예전-제과-역과-역과초시 p.214.
寫字　倭學, 捷解新語(新增)　○其餘諸書, 並今廢.
譯語　同大典.
속대전-권3-예전-제과-역과-역과복시 p.215.
[講書]同初試.

[寫字・譯語]並同初試

대전통편-예전-제과-역과초시 p.250.
○왜학 사자 (원) 이로파소식・서격・노걸대・동자교 잡어본초・
의론통신・구양물어・정훈왕래・응영기・잡필・부사 (속)첩해신
어(신증하고 기여제서는 지금은 폐지한다)
○역어 (원)한학・몽학・왜학・여진학은 모두 경국대전을 번역한
다.(임문이다)○(속)사간원의 제조 2원 혹은 1원과 겸교수가 사고가
없으면 동참하고 4학의 관원 각 2원과 같이 사역원에서 차정하여 시
취한다.
대전통편-예전-제과-역과복시 p.250.
○강서(講書) 초시와 같다.(오경・소미통감・송원절요를 원강 하는
자에게는 그대로 청허하되 임문으로 한다)
○사자역어 초시와 같다.(속)사역원의 제조 1원과 4학의 관원 각 2
원이 같이 시취한다.○예조의 당상관・낭관 각 1원과 양사의 관원
각 1원이 진참한다.

전률통보-예전-제과-역과(외국어과) p.464.
○初覆試 本業諸書 及 四書背講 或臨文 及 寫字譯語 經讀○寫字譯語
給分 同講書 ○覆試 願講經史者 聽臨文
○초시와 복시의 시험과목은 본과소속의 모든 서책 및 4서를 배강
혹은 임문강독 및 번역문 필기등으로 한다 (경・독).
○번역문 필기에 주는 점수는 강서에 대한 점수와 같이한다.
○복시에 경서와 사기의 강독을 원하는 자에게는 임문강독하도록
한다.

대전회통 권3-12-제과-역과초시-왜학　pp.142~144.

[사자](원)이로파·소식서격·노걸대·동자교·잡어·본초·의론
　　　·통신·구양물어·정훈왕래·응영기·잡필·부사로　한
　　　다. (속)첩해신어 (신증, 그 나머지 여러 책은 이번에 폐지
　　　한다.)

[역어]경국대전을 번역하도록 한다.(임문으로 한다.)

대전회통 권3-12-제과-역과복시-왜학　p.144.

[강서]초시와 같다.(오경·소휘통감·송원절요를 강하기를 원하는
　　　자는 들어 주되 임문으로 한다.)

[사자][역어]초시와 같다.

육전조례-예전-사역원-과시 p.376.

講書 …… 倭學捷解新語 寫字 飜 大典會通 臨文 初會試 並同

강서에 …… 왜학은 첩해신어(글자를 쓰기로 한다), 번역 대전회통
(임문)으로 하며, 초·회시 모두 같이 한다.

<표14> 역과 왜학에 사용된 책과 시험내용

법전 이름	역과 왜학	
	초시	복시
경국대전 (1470년)	○[사자]이로파·소식·서격·노걸대·동자교·잡어·본초·의론·통신·구양물어·정훈왕래·응영기·잡필·부사를 베껴 쓰게 한다. ○[역어]경국대전 번역(임문)	○초시와 같다
전록통고 (1706년)	○사사 이로파, 소식, 서격, 노걸대, 동자교, 잡어, 본초, 의논, 통신, 구양물어, 정훈왕래, 응영기, 잡필, 부사로 한다. ○경국대전(임문한다)을 번역한다.	○강서 초시와 같이하되(임문으로), ○사자 역어 초시와 같다
통문관지 (1720년)	○왜학 8책은 첩해신어로 ○번역 경국대전. (첩해신어 10권 중에서 7곳을 추첨하여 글자를 베껴 쓰게 함)	○초시와 같이 하되 ○오경, 소미통감, 송원절요를 강하기를 원하는 자는 임강.
속대전 (1744년)	○사자 첩해신어(신증) 其餘諸書, 並今廢. ○역어 同大典.	○[강서]同初試. ○[사자·역어]並同初試
대전통편 (1785년)	○사자(속)첩해신어(신증하고 기여제서는 지금은 폐지한다) ○역어 경국대전 번역(임문)	○강서(講書) 초시와 같다.(오경·소미통감·송원절요를 원강 하는 자에게는 그대로 청허하되 임문으로 한다) ○사자역어 초시와 같다.
절률통보 (1787년)	○초시와 복시의 시험과목은 본과소속의 모든 서책 및 4서를 배강 혹은 임문강독 및 번역문 필기등으로 한다 (경·독). ○번역문 필기에 주는 점수는 강서에 대한 점수와 같이한다.	○복시에 경서와 사기의 강독을 원하는 자에게는 임문강독하도록 한다. ○초시와 같다.
대전회통 (1865년)	○[사자](속)첩해신어 (신증, 그 나머지 여러 책은 이번에 폐지한다.) ○[역어]경국대전을 번역하도록 한다.(임문)	○[강서]초시와 같다.(오경·소휘통감·송원절요를 강하기를 원하는 자는 들어 주되 임문으로 한다.) ○[사자][역어]초시와 같다.
육전조례 (1867년)	○첩해신어(글자를 쓰기로 한다) ○대전회통 번역(임문)	○[강서]초시와 같다.(오경·소휘통감·송원절요를 강하기를 원하는 자는 들어 주되 임문으로 한다.) ○[사자][역어]초시와 같다.

상기 <표14>에서 보는 바와 같이 역과 왜학의 시험 방법은 사자와 역어였다. 표 전체를 통하여 변화가 2가지 보이는데, ①사자 출제서의 변화 ②역어 출제서의 변화이다.

첫째, 사자 출제서의 변화는 경국대전이나 전록통고 때는 이로파, 소식, 서격, 노걸대, 동자교, 잡어, 본초, 의논, 통신, 구양물어, 정훈왕래, 응영기, 잡필, 부사를 대상으로 사자 하였고, 경국대전을 역어 하였으나 통문관지 이후에는 첩해신어 한권으로 바뀌었다. 출제서가 바뀐 이유에 대하여 통문관지에 계사등록을 인용하여 "처음에는 이로파, 소식, 서격, 노걸대, 동자교, 잡어, 본초, 의론, 통신, 구양물어, 정훈왕래, 응영기, 잡필, 부사 등 모두 14책을 썼는데, 언어가 소루한 것이 많아서 당시에 사용하기에 적합하지 아니하였다. 때문에 강희 무오년(1678)에 오로지 이 책들만을 사용하였고, 앞의 책들을 모조리 없애버렸다." 고 적고 있다. 1678년은 숙종 4년으로 대증광시가 있던 해이고, 숙종 2년과 3년에는 과거 시험에 많은 잡음이 있어 시험이 무효화되고 다시 시험을 본다거나 많은 사람들이 유배되는 일이 자주 있었다.[104] 19명 정원의 합격자를 9명만 합격시킨 일도 있었다.[105] 첩해신어는 1676년에 완성되었으나 저자인 강우성은 1613년~1615년에 이미 부산포 왜학훈도로 있으면서 첩해신어의 핸드 아웃을 만들어 사용하였을 것이라고 보는 이도 있고[106], 숙종기는 과거 시험을 다른 왕들보다 많이 실시한 시기이기도 하였으므로 과거에 대한 문제점 검토에서 오는 당연한 변화였다고 생각된다.

통문관지에는 "왜학 8책 첩해신어 번 경국대전 (첩해신어 10권 중 7곳을 추첨하여 글자를 베껴 쓰게 함)"이라는 말이 나오는데 여기서

---

104) ≪숙종실록(1677) 006 03/10/22(병인) /[원전]38집 371면≫
105) ≪영조실록(1728) 019 04/09/24(신미) /[원전]42집 84면≫
　　과거의 설행이 더욱 잦아져서 인재를 뽑는 길이 점점 넓어지고부터는 요행을 바라는 것이 끝이 없고 분수에 벗어나는 것을 바라서 간사한 폐단이 일어나는 것이 기묘년(1699)의 적과(賊科)에서 극진하였습니다. 그러므로 고 상신 남구만(南九萬)이 의논드려 과거를 자주 설행하지 말고 또 액수를 줄이기를 청하니, 숙종께서 따르시어 수년 동안 과장(科場)을 설치하지 않고 혹 임헌(臨軒)하는 과시(科試)가 있더라도 사람을 뽑은 것은 서넛에 지나지 않았습니다.
106) 첩해신어에 대한 자세한 설명은 '교재'항목에서 한다.

왜학 8책이란, 한학의 출제서인 한학 8책[107]에 준하여 사용한 것으로 첩해신어에서 7처를 추첨하여 「사자」 하게 하고 경국대전을 번역하므로 왜학 8책이 되는 것이다.[108]

두 번째, 「역어」 출제서의 변화는 육전조례에서 보인다. 경국대전에서 대전회통에 이르기까지 경국대전을 「역어」하게 되어 있었으나, 육전조례에서는 대전회통을 「역어」하게 하였다. 육전조례는 대전회통이 간행되고 2년 후에 간행되었다. 대전회통을 발간하여 기본법전을 일단 완성한 다음, 이에 따르는 행정법규의 체계적 정리의 필요성에 의하여, 1867년(고종 4)에 각 관서에서 시행하는 사례와 법규를 종합하여 6전으로 분류 편찬한 것이 육전조례이다. 이 육전조례 중 예전은, 국가의 모든 의식과 국교상 사절교환의 절차, 교육, 문관 및 잡기관의 고시제도, 예조를 비롯한 예전소속의 관제를 규정하고 있는데, 경국대전(1470년)과 대전회통(1865년) 사이에는 이미 기본법에 많은 변화가 있었으므로 경국대전을 일본어로 번역하기보다는 현행법인 대전회통을 번역하는 것이 현실적이었을 것이라고 본다.

1.5.2.2.3. 시험 문제 예

역과 왜학의 시험 문제는 어떤 식으로 출제되었을까? 여기서는 정광(1988)이 연구 발표한 현경제의 역과 시권(시험지) 2종을 예로 들고자 한다.

1종은 왜학 초시의 시권으로 보이는 시험지이고, 다른 하나는 1747

---

107) 한학 8책이란 사서(논어, 맹자, 중용, 대학)와 노걸대, 박통사, 직해소학, 경국대전

108) 그러나 실제로 7문제를 출제한 예는 보이지 않으며, 아래 시험지 예문에서 보는 바와 같이 6문제 출제가 많았다.

년 시행된 영조 정묘 식년 역과복시의 시험지이다.

시험문제는 원간본 첩해신어 제5권 26엽b 2행부터 동 27엽a 1행까지 5행 사자였고 아래에 옮겨 적고[109] 문제지를 만들어 보았다.

<표15> '역과초시' 전공필수 첩해신어 사자(현경제 시권도)

(연번호)八 千
첩해신어제오권이십육엽 ： … ： 三 下(평점)
ねんころに○○○○○
そなたしゆのこたいかかねて
おくしたやうすちや
なせにかたつらはかりおも
わしらるか
수험생의 신분 성명

정광의 사진설명에는, 가로 61×세로61㎝의 두꺼운 저지에 쓰여졌으며 비봉은 우측 하단에 거자의 신분과 성명을 기입하고 잘라서 말아 올려 근봉한 흔적이 남아 있는데 신분은 지워졌으나 성명만은 남아 있다. 비봉 바로 좌측에 '팔천'이란 연번호가 보이고 중앙 우측 하단에 '삼

---

109) 경도대학국문학회편(1972)『삼본대조 첩해신어 본문편』1973년 아세아 문화사 영인본 pp.201～202.

하'란 평점의 결과가 보인다. 寫字는 소위 원간본 첩해신어 제5권 26엽 b 2행부터 동 27엽a 1행까지 5행[110]을 사자하였다[111]고 하였다.

　다음은 현경제의 역과 복시 시험지이다. 「사자」와 「역어」 중 「사자」 는 첩해신어에서 모두 6문제가 출제되었고 역어는 경국대전에서 출제 되었다. 시험문제지를 현대식으로 바꾸어 보면 다음과 같이 될 것이 다.[112]

---

110) 『첩해신어』 제5권 26엽b 2행부터 동 27엽a 1행까지 5행의 내용은 다음 과 같다.

ねんころにﾕてみまるせう

녕고로니못시떼 미마루쇼우(극진히 엿즛와 보오리)

そなたしゆのこたいかかねておくしたやうすちや

소나다 슈 노고다잉가가녀데오구시따요우슌쟈

(자닉네 듸답이 불셔 겁ᄒᄂ 양이로듸)

なせにかたつら はかりおもわしらるか

나셰니가다주라 바가리오모와시라루까

(엇디 흔편만 싱각ᄒ시ᄂ고)

111) 정광(1988)『사역원 왜학 연구』 태학사, p.178.

112) 상단에 '율'이란 연번호와 관인이 찍혀 있다. 이 관인은 중단과 하단에도 찍혀 있어 시권(시험지)을 바꾸거나 중간을 잘라내고 다른 것을 붙일 수 없도록 하였다.

<표16> 현경제의 역과 복시 가상 시험지예

율

1747년 제2차 정기 일어통역관 자격 시험문제지

1. 다음을 베껴 쓰시오.(사자 문제)

  (1)二　첩해신어 제9 (11b 4~5행) 略

  かやうなるわらいた　ねおﾆさすは　　　　가요우나루와라이다녀오몬산숨바

                                         (이러탓 흔 우음 바탕을 니르디 아니면)

  (2)三　첩해신어 제9 (7b 2~3행) 通

  これもさけのゆゑにおくれたに　　　　　고례모사계노유예니오구례따니

                                         (이도 술의 타ᄉ로 뻐덧습더니)

  (3)五　첩해신어 제7 (14b 5~15a 1행)略

  そのとき御れいﾆあけまるせうたうり　소노도기오레이몬시양계마루쇼우도우리

                                         (그저긔 御禮슬올 줄을)

  (4)六　첩해신어 제4 (3a 3~6행) 略

  御ふんへつあつて　　　　　　　　　　오홈베쭈알데 (분별 두서)

  きひよきやうに　　　　　　　　　　　기비요기요우니 (氣味됴케)

  御さいかくさしられ　　　　　　　　　오사이가구사시라례 (직간 ᄒᆞᆸ소)

  (5)十五　첩해신어 제6 (12a 2~3행) 略

  なくわちなときころ　　　　　　　　　낭과지난도깅고로　(아므돌 아므ᄢᅵ)

  (6)二十三 첩해신어 제10 (4b 5~6행) 通

  御せんくわんしゆゑ　　　　　　　　　오 셤 관 슈 예 (御僉官衆에)

2. 다음을 임문하여 일본어로 번역하시오.(역어 문제)

  膈等者에서부터 下馬相揖까지(自膈等者 止下馬相揖) 通

「사자」는 첩해신어 권제9(문제번호 2, 3)에서 2문제, 권제7(5), 권제4(6), 권제6(15), 권제10(22)등 모두 6문제가 출제되었다. 「역어」는 경국대전에서,

[京・外官相見]京外官相見　隔等者(如五品於三品之類)　就前再拜　上官不答(差等則答拜)　揖禮則隔等者就前揖　上官不答(差等則答揖)　道

愚則下官下馬　上官放鞭過行(差等則下馬相揖)　同等者馬上相揖　堂上
官則雖隔等幷下馬相揖

[경・외관상견]격등인 자는 (5품이 3품에 대하여서와 같은 등속이
다.) 앞에 나아가 재배하고 상관은 답배하지 아니한다.(차등이면 답
배한다.) 읍례인 경우에는 격등인 자가 앞에 나아가 읍하고 상관은
답읍하지 아니한다.(차등이면 답읍한다.) 길에서 만나면 하관은 말에
서 내리고 상관은 채찍을 놓고 지나간다. (차등이면 말에서 내려 서
로 읍한다.) 관등이 같은 자는 말 위에서 서로 읍한다. 당상관은 비록
격등이라도 모두 말에서 내려 서로 읍한다.113)

　　상기 인용 부분을 번역하는 것이었다. 채점은 '通(상)・略(중)・粗
(하)'로 표시하였는데 조(粗)는 점수가 없었다. 현경제는 이 시험에서
통(通)이 3개, 약(略)이 4개로 14점 만점에 10점을 받아서 백분율 71%
의 성적으로 3등 7인으로 합격하였다.114) 보고 베껴쓰기 시험에서 만
점을 받지 못하고 6문제 중, 약・통・약・약・약・통을 받은 것으로
보아 채점이 엄하였다는 것을 알 수 있다.

　　역과 시험을 실시할 때는 3종류의 시험관이 참여하였다. 시험을 관
리하는 시관과, 시험에 참여하여 시험을 실시하고 채점하는 참시관, 시
험을 감독하는 감시관이 있었다. 아래에 시험에 관계하는 사람에 대한
기록을 추출하여 적고 <표17>로 정리해 보았다.

　　경국대전-권3-제과-역과초시 p.178.

---

113) 경국대전-권3-예전-경・외관상견, p.265.
114) 정광(1988)은 한학이 7점을 받아 1등 1인으로 장원급제한 예와 비교하면
　　서 한학과는 차별이 있었다고 하였다.『사역원 왜학 연구』태학사, p.191.

사역원이 녹명하여 시취한다.

경국대전-권3-제과-역과초시 p.180.

본조가 사역원 제조와 함께 녹명하여 시취한다.

전록통고-예전-제과-역과초시 p.15.

司譯院 錄名試取　사역원에서 녹명을 하여 시취한다.

전록통고-예전-제과-역과복시 p.16.

本曹 同本院提調 錄名試取　본조에서 본원 제조와 함께 녹명을 하여
시취한다.

통문관지-권2-권장-과거-초시 p.14(78).

試官都提調, 提調, 參試官　兼敎授訓上堂上

통문관지-권2-권장-과거-복시 p.15(78).

試官禮曹堂上本院提調1員　參試官禮曹郎官1員　本院漢學參上官2員
(三學訓導各二員亦以參試官擬送受點而實察該學訓導之任) 監試官　2
員(司憲府, 司諫院)

시관은 예조의 당상관과 본원의 제조 1원이다. 참시관은 예조의 낭
관 1원과 본원의 한학 참상관 2원이다.(제조와 참상관은 모두 본원
에서 후보자를 의망해 두었다가, 개장하기 하루 전에 예조에 보내면,
대궐에 들어가서 계달하고 낙점을 받는다. 3학의 훈도 각각 2원을
또한 참시관의 후보자로서 추천하여 보내면 낙점을 받는데, 해당 학
훈도의 직임을 실제로 맡는다.) 감시관은 2원 사헌부와 사간원이다.

속대전-권3-예전-제과-역과-역과초시 p.214.

司譯院提調　二員(或一員　兼敎授無故則亦參)同四學官各二員(該院差

定)試取

사역원 제조 2인(혹 1인 겸교수도 무고면 역시 참석) 사역원4학관 각2인(사역원차정) 시취

속대전-권3-예전-제과-역과-역과복시 pp.215~216.

司譯院提調　一員(二望)同四學官各二員試取　○本曹堂上官　郎官各一員　兩司各一員進參

사역원제조 1인(2인 요망) 사역원 4학관 각 2인 시취 ○예조 당상관・낭관 각1인, 양사 각1인 진참

대전통편-예전-제과-역과초시　p.250.

사역원에서 녹명시취 한다. (속)사간원의 제조 2원 혹은 1원과 겸교수가 사고가 없으면 동참하고 4학의 관원 각 2원과 같이 사역원에서 차정하여 시취한다.

대전통편-예전-제과-역과복시

예조에서 사역원의 제조와 같이 녹명하고 시취한다. (속)사역원의 제조 1원과 4학의 관원 각 2원이 같이 시취한다.○예조의 당상관・낭관 각 1원과 양사의 관원 각 1원이 진참한다.

전률통보-예전-제과-역과(외국어과) p.464.

譯科　經○初試　司譯院提調二或一　兼敎授無故則參　同四學官各二　試取

(경)초시에는 사역원의 제조2원 혹은 1원이 (겸교수도 사고 없으면 참석시켜야 한다) 4학의 관원 각2인과 함께 시취

○覆試　司譯提調一　同四學官各二　試取　本曹堂郎各一　兩司各一衆

　복시에는 사역원의 제조1원이 4학의 관원 각2인과 함께 시취하되,

본조의 당상관·낭관 각1원과 사헌부·사간원의 관원 각1원을 참석
시켜야 한다.

대전회통 권3-12-제과-역과초시 p.140.
(속)사역원 제조는 2인이나 혹은 1인으로 하되 겸교수가 무고하면
또한 동참하고 4학관 각 2인과 함께 사역원에서 선정하여 시취한다.
대전회통 권3-12-제과-역과복시 p.144.
(속)사역원 제조 1인(두사람의 후보자를 추천한다.)은 사학관 각 2인
과 함께 시취한다. ○예조 당상관·낭관 각 1인, 양사의 관 각 1인이
참여한다.

육전조례-예전-사역원-과시 p.376.
○式年增廣初試 提調 與本院官二員 試取.
  覆試 禮曹堂上 郎廳(一員)同提調(一員) 本院官(二員)試取
○식년·증광의 초시는, 제조가 본원관 2원으로 더불어 시취하고,
  복시는 예조 당상관과 낭관(1원)이 제조(1원), 본원관(2원)과 같이
  시취한다.

<표17> 역과 시험 관리자

법전이름	식년(자 묘 오 유)·증광	
	초시	복시
경국대전 (1470년)	사역원 녹명시취	본조가 사역원제조와 함께 녹명시취
전록통고 (1706년)	〃	〃
통문관지 (1720년)	시관 도제조 제조, 참시관 겸교수 훈상당상	시관 예조당상, 본원제조1원, 참시관예조낭관1원, 본원한학참상관2원, 각학 훈도 2원, 감시관 2원(사헌부, 사간원)
속대전 (1744년)	사역원 제조2원(혹1원, 겸교수도 무고면 참여),4학관 각2원	사역원 제조1원(2망), 4학관 각2원 ○본조당상관·낭관각1원, 양사관 각1원 진참
대전통편 (1785년)	〃	〃
절률통보 (1787년)	〃	〃
대전회통 (1865년)	〃	〃
육전조례 (1867년)	제조가 본원관 2원으로 더불어 시취	예조 당상관과 낭관(1원)이 제조(1원), 본원관(2원)과 같이 시취한다.

그러나 위 표에서 보듯이 모든 시기에 3종류의 시험관이 모두 있는 것은 아니었다. 시험관은 4번의 변화가 보이는데, 1기는 경국대전에서 통문관지 사이로 녹명 시취 기관만 있고 시험관의 자세한 기록이 없는 시기, 2기는 통문관지에서 속대전기로 시관과 참시관의 기록이 있으나 시험관리 분담이 불분명한 시기, 3기는 속대전에서 대전회통기로 시험관의 시험관리 분담이 정착된 시기, 4기는 육전조례 이후로 시험관이 간소화된 시기이다. 통문관지기의 시행착오를 거쳐 속대전에서 시험관리 분담이 정착되었다고 보는 것이 옳을 것이다. 초시는 도제조+제조/

겸교수+훈상당상 → 사역원 제조2(혹은 1)+겸교수/4학관 각2 → 제조/본원관2명으로 변화되어 가는 것은 시험에 관여하는 시험관들이 점점 간소화, 전문화되어 가고 있음을 알 수 있다. 복시도 마찬가지여서, 예조 당상1+사역원 제조1/예조 낭관1+사역원 한학 참상관2+4학관 각2+양사간 → 사역원 제조1+4학관 각2+예조당상+낭관+양사간/예조 당상관+낭관+제조1/사역원 관리2로 변화해 감을 알 수 있다. 제조와 참상관은 모두 본원에서 후보자를 추천(의망)해 두었다가, 개장하기 하루 전에 예조에 보내면, 대궐에 들어가서 보이고(계달하고) 낙점을 받는다. 또한, 3학의 훈도 각각 2원을 참시관의 후보자로서 추천하여 보내면 낙점을 받아서 해당 학 훈도의 직임을 실제로 맡게 하였다. 감시관은 2원 사헌부와 사간원이다.” 라는 기록으로 역과 시험의 복시에는 시험관, 참시관, 감시관이 참여하여 시험을 감독하고 시험이 끝나면 채점하고, 채점이 끝나면 합격자에겐 예조에서 교지를 받들어 백패를 하사하고 음식과 술을 대접받으며, 다음 날 대궐에 나아가서 사은한다. 1등에게는 종7품의 품계를 제수하고 본아문에서 서용한다. 2등에게는 종8품의 품계를 제수하고, 3등에게는 종9품의 품계를 제수하였다.

1.5.2.3. 원시(院試)

대학입학을 위해서는 수능시험을 보아야 하는 것처럼 다음 항목에서 언급하는 취재(取才)에 응시하기 위해서는 원시를 보아야 한다. 즉, 취재가 본시험이라면 본시의 자격을 얻는 원시는 예비시험인 것이다. 고강이나 역과처럼 사역원 생도가 대상이 아니라 사역원에서 연수하고 있는 역관들이 대상이 된다.

원영환(1977)과 이관수(1979, 1987), 정광(1988)은 통문관지와 수교집록의 기사를 중심으로 원시를 정리하였는데, 원시에 대하여는 기록이 별로 없어서 내용이 거의 대동소이하다. 상기 2개의 문헌과 3개의 논문을 중심으로 원시를 정리하였다.

우선 통문관지의 원시에 대한 기록을 그대로 적어보면,

통문관지-권2-권장-원시 p.79.

매 겨울철, 여름철의 중월과 계월마다 갑자년 봄철, 여름철의 취재에 부시하려고 원하는 사람은 그 전해인 계해년 11월, 12월의 원시와 그 도목에 미리 참여한다. 가을철, 겨울철에도 이와 같다. 겸교수 1원 겸교수가 모두 유고하면 품고하고, 무고하면 제조 앞에 개좌하여 시취한다. 훈상 당상 2원이 안동하여 시강한다. 봄철, 가을철에 4학의 관원들은 모두 글과 말을 두 차례 시험보고 경사백가(經史百家)와 고금 시부 중에서 한 구절의 말을 제시하여 이것을 번역하게 하는데, 3학에서는 훈도가 말로 전달한다. 여름철, 겨울철에는 본업의 1책 매철 취재를 당하여 강(講)할 두 책 중에서 자원에 따라 강하는 것을 허락하는데, 매년 50군데를 임문하며, 3학은 매철에 부과하는 책 안에서 1곳을 추첨하여 시험본다. 제어(題語) 1책 (교회가 40제를 강하고 나머지가 20제를 강하는데, 매년 50제를 임문하고, 3학은 글과 말로써 대신한다)을 시험본다. 매철 1푼 반 이상의 점수를 얻은 자에게 여러 취재에 부시하는 것을 허락하는데, 취재할 적에 푼수가 똑같은 자는 원시의 푼수를 우선으로 삼아서 서용한다.(수교집록에 나와 있다)

윗 글에서, 일본어를 중심으로 내용을 살펴보면, 봄·여름에 실시되는 취재시험에 응시하려면 전년도 11월, 12월의 원시를 보아야 한다. 4번의 시험중, 봄·가을과 여름·겨울의 시험 내용이 서로 달랐는데, 봄, 여름시험은 경사백가와 고금시부 중에서 한구절을 제시하여 훈도

가 말로 전하여 시험 보았고, 여름, 겨울시험은 취재시 부여되는 전공1
책에서 1곳, 문어 1도 하였다. 봄·여름·가을·겨울, 4번의 시험 중
봄·가을의 시험 방법이 같고 여름·겨울의 시험 방법이 같았다고 하
는 것은 결국 한 개인으로 보면 1년에 2번의 시험에 응시하게 되는 것
이고, 봄·여름 연속으로 시험을 볼 경우, 1차 시험, 2차 시험의 성격을
갖게 된다. 즉, 1차 시험에서는 문어 2도로, 경(經)·사(史)·백가(百
家)·고금시부(古今詩賦)에서 훈도가 한 구를 말하면, 학생은 그 것을
일본어로 번역하는 형식이고, 그것을 2도(度)하였다는 것이다. 1553년
(명종8)의 수교집록을 중심으로 시험과목을 살펴보면, 봄과 가을에는
문어 2도로써 2문제를 번역하고 있다. 1차 시험의 대상 문제가 일반교
양문제이었던 것에 반하여, 2차 시험에서는 전공 1책과 문어 1도를 시
험하였는데, 이것은 즉, 전공 한 문제와 일반교양 한 문제를 푸는 것이
다. 예를 들어, 1720년(숙종46)의 녹취재에서 봄, 여름에는 첩해신어 상
5권, 가을 겨울에는 첩해신어 하5권이 부여되었는데, 이 때 어떤 역관
이 봄·여름의 녹취재에 응시하려고 한다면, 그 전 해에 사역원에서
베푸는 첩해신어 하5권에서 임의 추출한 회화시험과 교양 한 문제에
대한 원시 준비를 하여야 하는 것이다. 다만, 50세 이상인자는 임강을
허락한다고 되어 있어서 50세 이상은 보고 말하는 시험으로 대체 가능
하였던 것이다.

시험의 평가는 '푼'으로 표시하고, 매철 1푼 반 이상의 성적을 얻은
자는 여러 가지 취재 시험이 있을 때마다 응시가 가능하였으며, 성적이
동점일 경우에는 원시 성적이 우수한 자를 우선 합격시켰다. 따라서 원
시는 무록관[115]에서 녹관이 되기 위한 필수 시험이었으며, 시험 범위
도 각 종 취재시험의 시험범위와 동일했던 것을 보아도 원시의 중요성

을 알 수 있다.

이상을 정리하면, 원시는 계간으로 행해지는 회화시험이다. 격계간으로 시험형식이 같기 때문에 결국 2번 응시하게 되어 1차·2차시험의 의미를 갖고 있었다. 1차는 일반교양 2문제를 보고, 2차는 전공 1문제교양 1문제를 보는데 배강이 중심이 되나 50세가 넘은 관원은 임강이 허락되었다. 일반적으로 회화시험이라고 하면 두 사람 이상이 대화하는 것을 말하나, 원시의 회화는 시험의 주된 방법이 배강이나 임강인 것을 보면 훈도가 구두로 문제를 내고 학생은 외운 내용을 일본어로 번역하여 구두로 표현하는 방법이었다는 것을 알 수 있다. 원시에 대한 기록이 1553년의 수교집록에서부터 보이고 통문관지에 기록된 것과, 원시가 회화 중심 시험이었던 것으로 보아 16세기 중엽이후로 회화의 중요성이 부각된 것으로 보인다.

1.5.2.4. 취재(取才)

취재는 능력 있는 사람을 취한다는 뜻으로 행정실무나 전문지식 또는 기능 등의 분야에서 시험을 통하여 관리를 뽑는 것을 말한다. 사역원에서 일본어 교육을 통하여 양성되고 역과 시험에 의하여 역관자격을 얻은 자들은 어떻게 서용되고 진급을 하였을까?

사역원은 본업출신자의 서용을 원칙으로 하되 사역원출신이 아니라도 기술이 능통한 자는 병차하여 취재 서용토록 하였다.[116] 역과 복시

---

115) 관제상, 직함만 있고 녹봉이 없는 관직의 관원
116) ≪세종실록(1443) 100 25/05/08(임술) /[원전]4집 476면≫
　　　이조에　전지하기를, "서운관(書雲觀)·전의감(典醫監)·사역원(司譯院)은 본업(本業)으로 출신(出身)한 자로 차임(差任)하고, 본업으로 출신하지 않은 자는 차임하지 말라. 비록 본업으로서 출신한 자는 아니라 하더라도 만약 그 업(業)에 능통한 자가 있으면 아울러 차임하라.……하였다.

출신의 초임품계는 1등 종7품, 2등 종8품, 3등 종9품을 수여한 것은 이미 위에서 언급하였거니와, 품계를 받은 자는 모두 사역원의 권지로 임명되며117) 그 후의 승진과 영달은 취재에 의하여 결정되었다. 이처럼 취재는 유능한 역관의 교육과 발탁을 좌우하는 긴요한 고시제도였다.

취재에 대한 기사는 <표18>과 같이 경국대전118), 통문관지119), 속대전120), 대전통편121), 대전회통122)에 보인다. 기사의 내용을 살펴보

117) 경국대전-권1-이전-제과 「譯科一等은 從七品을 주고, 二等은 從八品… 품계를 준자는 모두 본아문 權智에 임명한다.」 p.117.

118) 경국대전-권3-예전-취재 p.244.
제학은 4계절 첫 달에 본조가 당해 관사의 제조와 함께 취재한다. 제조가 없는 곳은 당해 조의 당상관과 함께 취재한다. (…이상은 임문으로 한다. 經史는 자원에 따르며 시험은 한 도목 안에 두 번 실시하지 아니한다. 자원한 경사시험의 분수는 본학에서만 쓴다.> 임문하는 책의 질이 적은 것은 두 책으로서 한학 한 책에 준하게 한다. 왜학·여진학도 같다.) 왜학은 응영기·본초·이로파·소식·의론·통신·구양물어·부사·노걸대·동자교·서격·정훈왕래·잡어·잡필을 <이상은 사자로 한다.>…)

119) 통문관지-권2-권장-녹취재
○每當都目之期 二次院試畢後 取其三分以上 有六朔仕者……本曹堂上有故則 該司提調同本曹郞官 提調有故則 本曹堂上同該司郞官試取 該司堂郞俱有故則 本曹堂郞獨輯錄…, p.16.
매양 도목(都目-인사평정기간)할 시기를 당하여 2차례의 원시를 끝마친 뒤에 그 3푼 이상의 점수를 얻고 6삭사를 취하여……본조의 당상관이 유고하면 해당 관사의 제조가 본조의 낭관을 안동하여 시취하며, 제조가 유고하면 본조의 당상관이 해당 관사의 낭관을 안동하여 시취하는데, 해당 관사의 당상관과 낭관이 모두 유고하면, 본조의 당상관과 낭관이 홀로 시취한다……, p.80.

120) 속대전-권3-예전-취재 p.238.
諸學取才時, 本曹堂上官有故則該院提調同本曹郞官取才, 該院提調有故則本曹堂上官同該院郞官取才, 無郞官處提調有故則本曹堂上官·郞官取才
제학 취재시, 본조의 당상관 유고 즉 사역원 제조 와 본조 낭관이 취재한다. 사역원 제조 유고 즉 본조 당상관과 사역원 낭관 취재, 낭관이 없는 곳의 제조가 유고시 본조 당상관·낭관이 취재한다.
[왜학]捷解新語.(寫字). 文語. (飜答. 以上新增). 大典所載諸書今並廢.

면, 통문관지, 속대전, 대전통편, 대전회통의 내용은 시험시기, 시험관, 시험과목, 시험방법, 출제서에 있어서 일치를 보이고 있으며, 경국대전의 내용과는 약간의 변화가 있음을 알 수 있다.

첩해신어 사자. 문어 번답(이상 신증). 경국대전 소재 제서는 이번에 폐지한다.

121) 대전통편-예전-취재 p.303.

(원)○임문에 쓰는 소책은 2책을 쓰되, 1책은 한학으로 한다.

○왜학에 있어서는 응영기본초·이로파소식·의론통신·구양물어·부사·노걸대·동자교서·각도훈·왕래잡어·잡필 이상을 사자로 한다.

(속)왜학에 있어서는 첩해신어는 사자시키고 문어번답 이상을 신증하고 원전에 소재한 제서는 지금은 모두 폐지한다.

122) 대전회통-권3-예전-취재(取才)

(原)諸學四孟月本曹同提調取才無提調處則同該曹堂上官取才(○經史則自願 一都目內勿再試自願講書分數只於本學用之……○臨文秩小冊則2冊准漢學1冊 倭學女眞學同○倭學應永記本草伊路波消息議論通信鳩養物語富士老乞大童子敎書格度訓往來雜語雜筆已上寫字) p.176.

(續)諸學取才時本曹堂上官有故則該院提調同本曹郎官取才無郎官處提調有故則本曹堂上官同該院郎官取才無郎官處提調有故則本曹堂上官郎官取才(倭學捷解新語寫字文語飜答以上新增原典所載諸書今並廢)pp.179~180.

(원)여러 전문·기술 학생에 대하여 4계절 첫 달에 예조에서는 전문·기술 관청의 제조와 함께 취재 시험을 보였는데 제조가 없는 곳은 당해 조의 당상관과 함께 취재 시험을 보였다. (○펴놓고 강론하는 책의 부피가 적은 것은 두 책을 한학 한책에 준하게 한다. 왜학·여진학도 이와 같다. ○왜학은 응영기·본초·이로파·소식·의론·통신·구양물어·부사·노걸대·동자교·서격·도훈왕래·잡어·잡필 등을 글씨로 써내게 한다. pp.217~218.

(속)전문기술직의 제학생을 취재시험 보일 때에는 예조의 당상관이 유고하면 해당 기술 관청의 제조가 예조의 낭관과 함께 시험 보이며, 해당 기술 관청의 제조가 유고면 예조의 당상관이 해당 기술 관청의 낭관과 함께 취재시험을 보이고, 낭관이 없는 곳에서는 제조가 유고하면 예조의 당상관과 낭관이 시험을 보인다. (왜학에서는 첩해신어는 글씨를 쓰도록 하고 문어를 번역하고 대답하도록 한다. 이상은 새로 추가한 것이며 경국대전에 등재되어 있는 여러 책에 관한 것은 이번에 모두 폐지한다.)pp.225~226.

<표18> 기록에 보이는 취재 기사 내용 요약

	시험시기	시험관	시험방법	시험과목
경국대전	1, 4, 7, 10월	예조 제조+사역원 제조 예조 당상관+사역원 제조	임문(원강) 사자	경사 왜학 14책
통문관지	〃	(제조+예조 당상관) 예조 당상관 유고=예조 낭관+사역원 제조 사역원 제조 유고=예조 당상관+사역원 낭관 사역원 제조·낭관 유고=예조 당상관+낭관	임문(원강) 사자 번답	경사 첩해신어 문어 1도
속대전	×	(제조+예조 당상관) 예조 당상관 유고=예조 낭관+사역원 제조 사역원 제조 유고=예조 당상관+사역원 낭관 사역원 제조·낭관 유고=예조 당상관+낭관	임문(원강) 사자 번답	견 대전 첩해신어 문어 1도
대전통편	×	×	임문(원강) 사자 번답	2책(1책한어) 첩해신어 문어 1도
대전회통	1, 4, 7, 10월	제조+사역원 제조 예조 낭관+사역원 제조 예조 당상관+사역원 낭관 예조 당상관+예조 낭관	임문(원강) 사자 번답	2책 첩해신어 문어 1도

경국대전 예전의 취재 기사에는, 시험시기가 4계절 첫 달, 즉, 1월 4월 7월 10월이 되며, 시험관은 예조의 제조가 사역원의 제조와 함께 하며, 제조가 없는 곳은 예조의 당상관이 함께 한다. 시험과목 및 시험 방법은 선택과목인 경사 임문과 전공과목인 14책 사자 시험이 있었다. 14책이란 아래 기사에서 보이듯이 왜학 14책으로 응영기·본초·이로 파·소식·의론·통신·구양물어·부사·노걸대·동자교·서격· 정훈왕래·잡어·잡필을 말한다.[123]

---

123) 경국대전-권3-예전-취재 p.244.
　　제학은 4계절 첫 달에 본조가 당해 관사의 제조와 함께 취재한다. 제조가 없는 곳은 당해 조의 당상관과 함께 취재한다. (…이상은 임문으로 한다. 經史는 자원에 따르며 시험은 한 도목 안에 두 번 실시하지 아니한다. 자원한 경사시험의 분수는 본학에서만 쓴다.> 임문하는 책의 질이 적은

위에서, 경국대전을 제외한 통문관지[124], 속대전, 대전통편, 대전회
통의 기사는 일치를 보인다고 하였거니와, 시험시기는 경국대전과 마
찬가지로 1월, 4월, 7월, 10월이며, 시험관은 제조1인과 예조 당상관이
되나, 만약 예조 당상관 유고시는 예조 낭관과 사역원 제조가, 사역원
제조 유고시는 예조 당상관과 사역원 낭관이, 사역원 제조·낭관 유고
시는 예조 당상관과 예조 낭관이 시관하였다.[125] 경국대전에서는 제조

것은 두 책으로서 한학 한 책에 준하게 한다. 왜학·여진학도 같다.) 왜학
은 응영기·본초·이로파·소식·의론·통신·구양물어·부사·노걸
대·동자교·서격·정훈왕래·잡어·잡필을 <이상은 사자로 한다.>……)
124) 통문관지의 취재기사는 한 항목이 아니라 녹취재, 위직취재, 부경취재로
나뉘어 기록되어 있다. 여기서는 녹취재를 말하며, 통문관지의 자세한 내
용은 아래 녹취재, 위직취재 항목에서 다룬다.
125) ·통문관지-권2-권장-녹취재 p.80.
본조의 당상관이 유고하면 해당 관사의 제조가 본조의 낭관을 안동하여
시취하며, 제조가 유고하면 본조의 당상관이 해당 관사의 낭관을 안동하
여 시취하는데, 해당 관사의 당상관과 낭관이 모두 유고하면, 본조의 당
상관과 낭관이 홀로 시취한다
·속대전-권3-예전-취재 p.238.
諸學取才時, 本曹堂上官有故則該院提調同本曹郎官取才, 該院提調有故則
本曹堂上官同該院郎官取才, 無郎官處提調有故則本曹堂上官·郎官取才
제학 취재시, 본조의 당상관 유고 즉 사역원 제조 와 본조 낭관이 취재한
다. 사역원 제조 유고 즉 본조 당상관과 사역원 낭관 취재, 낭관이 없는
곳의 제조가 유고시 본조 당상관·낭관이 취재한다.
·대전회통-권3-예전-취재(取才)-사역원 p.217(225~226).
(原)諸學四孟月本曹同提調取才無提調處則同該曹堂上官取才p.176.
(續)諸學取才時本曹堂上官有故則該院提調同本曹郎官取才無郎官處提調
有故則本曹堂上官同該院郎官取才無郎官處提調有故則本曹堂上官郎官取
才pp.179~180.
(원)여러 전문·기술 학생에 대하여 4계절 첫 달에 예조에서는 전문·기
술 관청의 제조와 함께 취재 시험을 보였는데 제조가 없는 곳은 당해 조
의 당상관과 함께 취재 시험을 보였다. pp.217~218.
(속)전문기술직의 제학생을 취재시험 보일 때에는 예조의 당상관이 유고
하면 해당 기술 관청의 제조가 예조의 낭관과 함께 시험 보이며, 해당

와 당상관이 관리하던 것을 낭관으로까지 확대하고 있다. 통문관지에 "강희 갑신년(1704)에 상서 지재 민진후가 판예조로서 건의하여…… 정탈(定奪)하였다."126) 고 되어 있는 것으로 보아 1704년에 시관의 범위를 넓힌 것을 알 수 있다. 시험과목은 경국대전과목보다 한과목이 늘었다. 경국대전에서는 경사(經史) 임문, 왜학 14책 사자(寫字)이었던 것이 통문관지 이하에서는 경사 임문, 첩해신어 사자, 문어 1도 배강이 되었다. 변화된 것이 두가지 보이는데, 문어 1도 배강이 늘었고 전공과목 대상 책인 왜학 14책이 첩해신어 1책으로 바뀌었다는 것이다. 변동의 주된 이유는 '언어가 변천하여 역학서가 시용에 적합하지 못한 데'에 기인한다. 사역원의 직제가 17세기에서 18세기 중엽까지 변동을 보이고 있는데 이는 역학서의 변동이 주로 경국대전에서 속대전에 이르는 사이에 걸쳐서 이루어지고 있는 것과 상응한다. 원영환(1977)은 이러한 변동에 대하여 임진왜란으로 인하여 사역원의 교재가 없어졌고 또한 시대의 변천에 따라서 절실히 필요한 교재로 교체하였기 때문이라고 하였다.127)

취재의 시험방법 및 대상서책은 속대전을 전후로 변화를 보인다는 것을 위에서 언급했거니와, 경국대전에서 속대전 전까지는 ①경사(經史) 임문과 ②왜학 14책의 「사자」 두가지 시험이었다. 2가지 시험과목 중 경사 임문은 원하는 사람만 보았으므로 실제로는 왜학 14책의 사자(寫字)가 중심이 되는 시험이었다. 왜학 14책의 「사자」란 즉, 일본어 시험 대상 책으로 정해진 14권의 어떤 부분을 그대로 베끼는 시험이다.

기술 관청의 제조가 유고면 예조의 당상관이 해당 기술 관청의 낭관과 함께 취재시험을 보이고, 낭관이 없는 곳에서는 제조가 유고하면 예조의 당상관과 낭관이 시험을 보인다. pp.225~226.
126) 통문관지-권2-권장-녹취재 p.80.
127) 원영환(1977) 「조선시대의 사역원제도」 『현대사학의 제문제』 일조각

이러한 비교적 단순한 시험은, 속대전을 기점으로 1과목이 더 추가되어 3가지 시험이 되었다. 즉, ①경사(經史) 임문과 ②첩해신어 사자, ③문어 번답이 되었다. 단, 문어 번답시험문제는 경국대전에서는 시경이나 서경의 한 구를 말하면 그것을 일본어로 번역하는 것이었다. 이것이 속대전에 이르면 후대에 편찬된 첩해신어문석에 보이는 眞假字의 초서체로 쓰인 문장의 번답이거나, 문석본 초고의 번답, 또는 초기의 왜학서 중 어느 것의 번답으로 보았다.[128)

이상 기록을 중심으로 취재에 대하여 살펴보았거니와 경국대전과 속대전 사이에서 취재시험에 변화가 있었다는 것을 알 수 있는데, 특히 시험관이 약간의 융통성이 있도록 배려하였으며, 가장 달라진 것은 일본어 전공 대상 서책이다. 경국대전에 일본어 관계 서책이 14책이었으나 통문관지에서는 이것을 모두 폐지하고 첩해신어 1권으로 정하였다는 것이다.

통문관지에는 취재의 대상에 따라 녹취재, 위직취재, 부경취재로 분류해서 제시하고 있다. 이중 부경취재는 북경에 다녀올 수 있는 자격을 얻기 위한 시험으로 한학에 관계되는 취재여서, 여기서는 녹취재와 위직취재 만을 다룬다. 녹취재나 위직취재는 모두 사역원 관원을 선발하기 위한 시험이었다. 사역원의 관원 중, 교수와 훈도는 정직으로 구임이고 나머지 모든 관원이 체아직이었다는 것은 이미 기술한바 있다. 체아직은 말하자면 6개월(6삭) 계약직인데, 관직에는 출근일수로 따지는 임기가 있어서 관리마다 그 임기가 차면 전임되게 되어 있었으나, 특수한 경험이나 전문지식, 기술을 요하는 직책은 취재를 통하여 계속 근무할 수 있게 하였다. 사역원의 체아직은 녹관체아직과 위직체아직 두 종

---

128) 정광(2002)『역학서 연구』J&C, p.348.

류가 있었는데, 녹관체아직은 교수와 훈도를 제외한 체아직이고, 위직체아직은 사역원에 주워진 군직체아직이었다. 따라서, 녹관체아직 관원을 선발하기 위한 시험이 녹취재이고, 군직체아직 관원을 선발하기 위한 시험이 위직취재이다.

1.5.2.4.1. 녹취재

녹취재에 대한 기록은 통문관지[129]와 육전조례[130]에 보이며, 특히 통문관지에 자세하다. 우선 녹취재에 응시할 수 있는 자격에 대하여 살펴보면, 원시에서 2차례 시험을 보고 그 취득 성적이 3푼 이상이고 6삭사인 자라고 규정되어 있다. 6삭사란 녹관으로 있다가 그만둔 후, 6개월(1도목 기간) 동안 월급 없이 종사하는 자를 말하는데, 이것은 대개 모두에게 균일하게 응시의 기회를 주고자 하여 매철 계속해서 응시하는 것을 허락하지 않았던 것이다. 그러나 예외도 있어서 원시 성적이 없더라도, 사역원의 장무관은 특별히 그 노고에 보답하기 위하여 훈상청에서 수본으로 응시를 허락하였으며, 원시가 있을 때 출사로 인하여 시험을 볼 수 없었다거나, 부모의 3년상을 끝마치고 출사하는 자가 원시에 제때에 미치지 못하여 푼수가 없더라도 응시를 허락하였다. 그러

---

129) 통문관지-권2-권장-녹취재-p.80.
　　○每當都目之期 二次院試畢後 取其三分以上 有六朔仕者
　　매양 도목(都目-인사평정기간)할 시기를 당하여 2차례의 원시를 끝마친 뒤에 그 3푼 이상의 점수를 얻고 6삭사를 취하여
130) 육전조례-권-예전-사역원-과시-녹취재, pp.376~377.
　　祿取才 每年6月臘月 都政前 提調1員 與參議官講試 取其優等 正以下 11窠 隨品付錄 6朔遞兒
　　○녹취재는 매년 6월·12월에 실시하는 도정전에 제조1원이 참시관으로 더불어 강시를 하여, 그 우등을 취하여 정 이하 11과에, 그 품계에 따라 부록하고, 6개월이 되면 체아에 부한다.

나 반대로 원시 성적이 있는 자라고 하더라도 하위에 머물거나, 외방의 직임에서 교체되어 온지 얼마 안 되는 자, 승진한 날짜와 입속한 날짜가 짧은 자는 응시를 허락하지 않았다.[131]

취재의 시험과목은 통문관지의 기록[132]을 중심으로 그린 아래 <표

---

131) 통문관지-권2-권장-녹취재, pp.16~17.
　한학은 7인을 시취하고 몽학, 왜학은 각각 1인을 시취하며, 청학은 2인을 시취하는데, 먼저 대획에 따르고 다음으로 원시의 획수에 따르고 (3학은 다만 해당 학에서만 비교한다) 다음으로 찌(柱)와 오래 근무한 것을 따르는데 (전일에 녹관에 붙인 일수의 멀고 가까운 것을 따진다. 수교집록에 나와 있다), 경사를 우선으로 삼고, (대전속록에 나와 있다) 관품에 따라서 (구례에는 다만 강한 획수를 중히 여겨 참상관을 거치지 않고도 바로 장관에 제수되기도 하였고, 일찍이 관직을 거치지 않고도 바로 장관에 제수되기도 하였고, 일찍이 관직을 거치지 않고도 첨정에 바로 제수되기도 하였다. 상국 노봉 민정중이 말하기를, "관방은 과거의 급제와는 다르므로, 이력이 없는 자를 함부로 높은 관직에 제수할 수 없다" 하였다. 이에 강희 을축년(1685)부터 6품 이상의 관직을 거친자는 승진시켜 정에 제수하였고, 이미 참하관의 관직을 거친자는 승진시켜 정에 제수하였고, 이미 참하관의 관직을 거친 자는 승진시켜 첨정에 제수하였으며, 관직을 거치지 아니한 자라도 강한 획수가 우수하면 주부에 제수하는 것을 허락하였고, 출신이 아닌 자라도 강한 획수가 우수하면 직장에 제수는 것을 허락하였다. 그러나 판관1자리는 청학의 체아직이었기 때문에 출신과 출신이 아닌 것을 논하지 않고 다시 제수하는 경우에는 승진하는 것을 허락하였으며, 또 다른 학관의 푼수와 더불어 비교하지 아니하였다. 원규등록에 나와 있다)조정하여 서용한다. (양도목에 취재할 때에 차석을 차지한 자는 외임에 임명한다. 경국대전에 나와 있다) 천장(薦狀)에 하비(下批)하면, 사은(謝恩)하고 공사(公事)를 행한다.

132) 통문관지-권2-권장-녹취재 p.16.
　倭學才三冊　春夏等捷解新語上五卷(抽一處寫字, 抽一處背講)文語一度(秋冬等倣此)秋冬等捷解新語下五卷　文語一度
　○왜학을 취재하는 3책은 봄철, 여름철에는 첩해신어 上 제5권이다 (1곳을 추첨하여 글자를 베껴 쓰게 하고, 1곳을 추첨하여 배강하게 한다) 글과 말로써 1차례 시험 보인다. (가을철, 겨울철도 이와 같다) 가을철, 겨울철에는 첩해신어 하(下) 제5권과 문어를 1차례 시험 보인다.

19>에서 보는 바와 같이 왜학 3책 문어 1도로 부과되었다.

<표19> 왜학의 녹취재 과목과 방법(통문관지에 따름)

왜학	시기	일본어 필수과목	4학 공통 교양과목(원시)
왜학 3책	춘하	첩해신어 상5권(추1처)/사자/읽고 쓰기	서전, 통감/임강/보고 읽기
		첩해신어 상5권(추1처)/배강/돌아 앉아 외우기	
		문어1도/번답/일본어로 번역하기	
	추동	첩해신어 하5권(추1처)/사자/읽고 쓰기	시전, 통감/임강/보고 읽기
		첩해신어 하5권(추1처)/배강/돌아 앉아 외우기	
		문어1도/번답/돌아 앉아 외우기	

왜학 3책이란 봄·여름에는 첩해신어 상5권·서전·통감이고, 가을·겨울에는 첩해신어 하5권·시전·통감이 되었다. 그러나 왜학 3책이 모두 필수과목이 아니라, 첩해신어 만 필수 과목이고 나머지 2책은 원강(願講)이어서 원하는 사람 만 시험 보았다. 첩해신어에서는 두 곳을 추첨하여 한 곳은 베껴쓰기를 하였고 한 곳은 돌아앉아 외우기를 하였다. 문어 1도란 원시에서 설명하였듯이 경(經)·사(史)의 내용이 대상이 되며, 시험관이 한 구를 말하면 학생은 그 것을 일본어로 번역하는 형식의 시험이었다. 그러나 속대전 이후에는 경사(經史)의 번역이 아니라, 정광(2002)은 『첩해신어문석』의 초서의 해서화로 보았다는 것은 위에서 이미 언급한 바 있다. 녹취재의 시험문제를 통문관지 기록을 중심으로 현대식으로 문제를 만들어 보면 다음과 같이 될 것이다.

<표20> 녹취재 시험문제예

1700년 제O차 일어통역관 승진 시험문제지(안)

1. 다음 주워진 부분을 보고 읽으시오.(단, 원하는 사람만)
   봄·여름   서전, 통감에서 문제 추출
   가을·겨울   시전, 통감에서 문제 추출

2-1. 주워진 부분을 읽고 쓰시오.
   봄·여름   첩해신어 상5권에서 문제 추출
   가을·겨울   첩해신어 하5권에서 문제 추출

2-2. 주워진 부분을 돌아앉아 외우시오.
   봄·여름   첩해신어 상5권에서 문제 추출
   가을·겨울   첩해신어 하5권에서 문제 추출

3. 다음을 일본어로 고치시오.
   속대전 전   경사(經史)·백가(百家)·고금시부(古今詩賦)의 한구절을
                     말하면 번역
   속대전 이후   첩해신어문석의 초서의 해서화

시험관은 2명으로 제조 1인과 예조의 당상관이 되나 당상관이 없을 때에는 낭관 1인이 대신하는 등 몇가지 변수가 있었다. 1704년부터는 예조판서 민진후의 건의로 약간의 수정이 있었다는 것은 이미 언급하였다. 왜학은 1명을 시취하게 되어 있었고, 평가 기준은 대획, 원시의 획수, 찌와 근무 일수 순으로 순위를 정하였다.[133]

---

133) 육전조례에는 "우등을 취하여 정 이하 11과에 품계에 따라 부록하고 6개월이 되면 체아에 부한다(取其優等 正以下 11窠 隨品付錄 6朔遞兒)"고 하였다. 육전조례-권-예전-사역원-과시-녹취재, pp.376~377.

역과의 경쟁률이 10:1이상이었다고 위에서 언급하였다. 그러면 취재의 경쟁률은 어느 정도일까? 녹취재를 예로 생각해 보면, 응시자격이 원시 성적 3푼 이상으로 되어 있어 원시의 응시 자격을 생각하여야 하며, 원시는 역관이 대상인 시험이므로 역관 자격을 얻는 역과로 거슬러 올라가야 한다. 결국, 일본어 교육이 시작되는 사역원 생도부터 계산해 보면, 취재 1자리를 위해, 사역원 왜학생도 15명, 역과 합격으로 임시 임명된 권지 2명, 현직 역관 4명을 생각할 때 21명이 되어 최소한 20:1 이상이 된다. 이것은 최소한의 경쟁률이고 해가 지남에 따라 역과 합격자가 증가하고 취재에 합격하였다고 하더라도 6개월 임시직을 받았기 때문에 6개월마다 다시 다른 사람들과 같이 동일한 출발선상에서 임용고시를 치러야 했으므로 경쟁은 더욱 더 치열했을 것이 예상된다.

1.5.2.4.2. 위직취재

위직취재는 위직체아직 즉 군직체아직 관원을 뽑는 시험이다. 시험 방법은 도제조·제조·겸교수·훈상당상이 합좌해서 매년 4회씩 3, 6, 9, 12월에 시험을 보였는데 시험과목은 문어 1도로 비교적 간단한 시험이어서 부담이 적었다.[134]

이상 경국대전기의 일본어 교육에 대한 평가에 대하여 고찰하였는

---

134) 통문관지-권2-권장-위직취재, p.17.
（每四季朔都提調提調兼敎授訓上堂上合坐本院試……）倭學敎誨年少聰敏……（堂下官）文語一度　各先從大畫　次從院試畫及久勤出受敎輯錄　調付於該窠薦狀下批
왜학의 교회는 각각 글과 말로써 1차례 시험 보여 각기 먼저 대획에 따르고, 다음에 원시의 획수와 오래 근무한 것을 따라서 조절하여 해당 자리에 붙이는데(수교집록에 나와 있다.), 천장하여 하비한다. p.85.

데 결과를 간단히 정리하면 다음과 같다.

- 평가 방법에는 사자, 역어, 강서, 회화가 있는데, 사자는 베껴쓰기로서 읽고 쓰기가 중심이 되는 평가였으며, 역어는 모어(한문)를 일본어로 번역하는 방법으로 역시 읽고 쓰기 평가이고, 강서는 텍스트를 보는 유무에 따라 배강과 임강이 있는데 배강은 보지 않고 하는 평가이고 임강은 텍스트를 보면서 쓰고, 읽고, 말하는 평가이다. 회화는 2인 대화가 중심이 되나 시험자 2사람이 대화하는 것이 아니라 교사가 질문하고 답하는 형식의 듣고 말하기 평가였다.

- 평가의 종류와 내용을 보면, 종류에는 고강, 역과, 원시, 취재가 있는데, 고강(考講)은 사역원 학생의 정기시험으로 문어 1도가 중심이 되었으며 배강과 임강으로 평가하였으므로 읽기와 쓰기가 중심이었고, 역과(譯科)는 자격증시험으로 초시, 복시가 있어서 초시는 왜학 14책 사자, 경국대전 역어 임문이며, 복시는 초시와 같았다. 즉, 읽고 쓰기가 중심이 되는 평가였다. 원시(院試)는 1차 문어 2도, 2차 전공 추2처, 문어 1도의 시험으로 질문에 답하는 말하기가 중심이 되는 평가였다. 취재(取才)는 원시 합격자가 대상이 되며, 초기에는 경사 임문과 왜학 14책 사자였으나, 왜학 14책 대신 왜학 3책 추 1처 사자, 추 1처 임문, 문어 1도 번역으로 바뀌었다. 주로 읽고 외우고 쓰는 평가였다.

- 역과의 경쟁률은 10:1이상이며, 취재는 그보다 훨씬 높았다.

- 출제서는 초기에는 왜학 14책과 경국대전, 그리고 경(經)·사(史)서적이 대상이 되었으나, 1678년경에 왜학 14책이 『첩해신어』 한권으로 바뀌었으며, 1800년대 후반기에는 경국대전을 번역하는 대신 대전회통 번역으로 바뀌었다.

본고는, 조선시대 일본어 교육의 교육내용, 교수법, 교사, 교육과정, 교재, 평가 중의 한 부분인 평가만을 다루고 있어서 앞부분에 설명이 있는 것도 상당부분 있으므로 이해의 어려움이 있을 것임을 미리 부기해 둔다. 조선시대 일본어 교육의 평가를 현대적 의미로 해석하여 4기능 중심으로 살펴본 것을 의의로 보고 싶다.

1.6. 교과서

조선시대에 사용되었던 교재는 2시기로 나누어 기술하려고 한다. 본고 시대구분의 기본이 되는 법전의 기록이 바뀌는 시기를 중심으로 보면, 제1기는 세종실록과 경국대전의 교재에 대한 기록을 중심으로 하였고, 특히, 과거 14책의 기록을 중시하였으며, 사역원에 왜학이 설치된 1415년부터 계사등록에 새로운 기록이 나오는 이전까지로 보았다.

제2기는 계사등록의 기록인 왜학 14책이 실용적 가치가 적어 첩해신어 한권으로 바꾼다는 기록을 시작으로 통문관지, 속대전 이하의 법전에 정착 기록되고, 『첩해신어문석』이 추가되는 시기로, 임진왜란·정유재란으로 인하여 일본과의 국교가 잠시 단절되었다가 재개되는 1607년을 거쳐, 일본인과의 만남이 가장 많았던 시기이고, 따라서 일본인 접촉에 의한 회화교육의 필요성은 교육관의 변화로 이어져 그에 따른 교재의 변화를 가져오게 된다. 왜학청이 세워지고 첩해신어가 간행되며, 회화 전문 교육기관인 우어청이 세워진다. 또한, 첩해신어의 개수, 중간 등이 빈번히 이루어진 시기이다.

다만, 2시대 구분을 하는데 있어서 2가지 문제점을 지적하지 않을 수 없는데, 하나는 통문관지의 기록은 1678년 왜학 14책을 첩해신어로 바뀌었다고 되어 있으나 1706년에 간행된 국전『전록통고』에는 여전히 왜학 14책이 과거시험 출제서로 등재되어 있는 문제점을 지적하지 않을 수 없다.『첩해신어』가 국전에 왜학과시 출제서로 처음 등장하는 것은 속대전(1744)이다. 따라서 통문관지의 첩해신어 출제서 변경설대로 라면 국전에 등재됨이 없이 과시서를 사역원에서 임의로 바꿀 수 있다는 얘기가 되므로 재고의 여지가 있다.[135] 다른 하나는, 정조실록의 기사에,『첩해신어』는 그 방언을 언문으로 주석하였기 때문에 이것을 배우는 사람들이 뜻을 알기가 어려워 역관 김건서가 왜인들과 여러 번 문난(問難)하여 12편을 만들어『첩해신어문석』이라 이름하였으니 이것을 반포 시행하게 해 줄 것을 사역원에서 임금께 아뢰어 윤허 받았다는 기사[136]가 있는데 관점에 따라서는『첩해신어문석』이 반포 시행된 시기를 3기로 잡을 수도 있으나, 본 고에서는 2기에 포함시켰다. 그것은 첩해신어가 없어지고 첩해신어문석이 시행된 것이 아니라 첩해신어와 함께 첩해신어문석이 추가된 것이기 때문이다. 다른 이유는 교육과정기를 예로 들어 보더라도 제2차 교육과정이 처음 발표된 것은 1963년으로 기본 교육과정 안에, 에스파니어, 일본어 등을 추가 할 때마다, 새로운 교육과정으로 보지 않고, 2차 교육과정의 1차 개정령, 2차 개정령 등으로 본 시대구분의 전례에 따르려고 하기 때문이다. 1기부터 2기까지 만들어진 교재를 표로 정리하면 아래와 같다.[137]

---

135) 정광(1988)도 이에 대하여 지적하였다. p.103.
136) ≪정조실록(1796) 044 20/02/04(경진) /[원전]46집 628면≫
   사역원이 아뢰기를, "왜학(倭學) ≪첩해신어(捷解新語)≫는 다만 그 방언(方言)을 언문으로 주석하였기 때문에 이것을 배우는 사람들이 뜻을 알기가 어렵습니다. 역관 김건서(金健瑞)가 왜인들과 여러번 문난(問難)하여 12편을 만들어 ≪첩해신어문석(捷解新語文釋)≫이라 이름하였으니, 이것을 반포하여 시행하소서."하니, 윤허하였다.
137) 정광은 역학서를 전기, 중기, 후기 3기로 구분하였다.
   1. 건국초기부터 경국대전까지의 초창기의 역학서(해당국의 훈몽교과서

<표21> 경국대전기 교재 일람

	1기	2기
구분 (국전)	1430년(세종 12)~1678년(숙종 4) (세종실록, 경국대전)	1678년(숙종 4)/1744년~1895년 (계사등록, 통문관지, 속대전, 정조실록)
교재명 출판년 저자	『소식(消息)』 『서격(書格)』 『이로파(伊路波)』 『본초(本草)』 『동자교(童子敎)』 『노걸대(老乞大)』 『의론(議論)』 『통신(通信)』 『정훈왕래(庭訓往來)』 『구양물어(鳩養物語)』 『잡어(雜語)』 『응영기(應永記)』 『잡필(雜筆)』 『부사(富士)』	『첩해신어』 원간본 　　1676년 (강우성, 안진휘, 정상국) 『첩해신어』 1차개수본 　　1748년 (최학령 등) 『첩해신어』 2차 개수본 　　? (최학령) 『첩해신어』 중간본 　　1781년 (이담) 『倭語類解』 　　1682~1748 (?) 『첩해신어 문석』 12편 　　1796년 (김건서)
사용년	1430년~1678년	1678년~1895년

1.6.1. 제1차 경국대전기

이 시기에 어떤 교재로 일본어 학습을 하였는지는 남아 있는 기록이 없어 자세히는 알 수 없으나, 다만, 과거 시험의 출제서에 대한 기록이 있어 그것으로 교재에 대한 대강의 윤곽을 짐작할 뿐이다. 현재에도 수능시험의 대상 범위가 정해지면 그것을 중심으로 일본어를 공부하듯이 조선시대에도 같은 가능성이 있기 때문이다. 교재에 관한 첫 번째 기록은 세종실록이다. 상정소에서 올린 문건에

를 수입하여 사용한 시기)
2. 경국대전 이후부터 속대전까지의 정착기의 역학서(양란을 거치면서 일본인 접촉에 의한 실용회화 중심의 교과서 편찬 사용. 첩해신어)
3. 속대전 이후부터 구한말까지 개정 증보기의 역학서(중기에 편찬된 것을 신석, 개수, 증보, 중간하여 사용함. 첩해신어문석, 첩해신어 개수(2차), 왜어유해)

≪세종실록(1430) 047 12/03/18(무오)≫[원전]3집 225면

　　상정소(詳定所)에서 여러 학(學)의 취재(取才)에 있어 경서(經書)와 여러 기예(技藝)의 수목(數目)에 대하여 아뢰기를, "왜학(倭學)은 ≪소식서격(消息書格)≫·≪이로파본초(伊路波本草)≫·≪동자교노걸대(童子教老乞大)≫·≪의론통신(議論通信)≫·≪정훈왕래(庭訓往來)≫·≪구양물어(鳩養勿語)≫·≪잡어서자(雜語書字)≫ 이며, …… 입니다." 하니, 그대로 따랐다.

고 있어 조선 초기 일본어 학습서로『소식(消息)』『서격(書格)』『이로파(伊路波)』『본초(本草)』『동자교(童子教)』『노걸대(老乞大)』『의론(議論)』『통신(通信)』『정훈왕래(庭訓往來)』『구양물어(鳩養物語)』『잡어(雜語)』 등 11종이 있었음을 알 수 있고, 경국대전에는 여기에

　　경국대전-권3-예전-제과-역과초시-왜학 p.178.

　　[사자]이로파·소식·서격·노걸대·동자교·잡어·본초·의론·통신·구양물어·정훈왕래·응영기·잡필·부사를　베껴쓰게 한다.

『응영기(應永記)』『잡필(雜筆)』『부사(富士)』3종을 넣어 14종을 역과시험 출제서로 규정하고 있다.

　　위에서 든 14종의 일본어 학습서 중『이로파(伊路波)』하나만이 전해지고 있고 나머지는 전하는 것이 없어 그 내용을 알 길이 없다.

　　왜학서의 연구는 小倉進平(1920, 1964), 石川謙(1953, 1959), 송기중(1987), 정광(1988, 2002), 강신항(2000)에 자세하다. 지금까지의 연구결과를 종합하여 역과 왜학 시험 출제서 14권에 대하여 간단히 설명한다.

정광(2002)은 14종 왜학서의 서명에 주목하고 서명이 당시의 일본 「데라코야(寺子屋)」에서 사용하던 훈몽교과서와 동일한 서명을 갖고 있으며, 따라서, 초기에는 일본에서 편찬된 것을 그대로 사용하였다고 지적하였다.[138] 다음은 일본의 「寺子屋」의 학습시간표이다.

<표22> 寺子屋에서 玉木吉得『身自鏡』학습시간표[139]

연차	과목	학습서
제1년차 1564 (13세)	습자	いろは(初5일간), 假名文 眞名字
	독서	洗心經、觀音經
		庭訓往來, 式條, 童子敎, 實語敎, 往來物
제2년차 1565 (14세)	습자	草・行의 二體
	독서	論語, 朗詠, 四書五經, 六韜三略, 其他
제3년차 1566 (15세)	습자	眞體中一體(約干)
	독서	古今集、萬葉集、伊勢物語, 源氏物語의 일부, 八代集, 九代集
	기타	和歌, 連歌의 習作

위의 시간표에서 보는 바와 같이 いろは, 정훈왕래, 동자교, 왕래물 등의 이름이 조선의 일본어 교육에서 사용한 교과서들과 같은 이름들이 눈에 띄는데 이것으로 일본의 훈몽교과서를 조선의 일본어 교육에 사용하였을 것으로 추측하고 있는 것이다.

「寺子屋」는 가마쿠라(鎌倉)시대에 들어와 번성하기 시작한 실용 본

---

138) 정광(1988)『사역원 왜학 연구』태학사, p.19. 정광(2002)『역학서 연구』 J&C, p.341.
139) 학습시간은 습자가 제1년차에 종일, 독서는 무朝에 불경, 저녁에 정훈왕래 등을 읽고 제2년차에는 독서를 종일하였다(石川謙1960), 정광(2002), 상게서, p.343.

위의 학습 태도에서 자연발생적으로 생겨난 것이며 이와 같은 교육관의 진정에 따라 만들어진 교재가 '往來物'이라는 이름의 훈몽교과서라고 할 수 있다. 이 古往來類의 교과서는 헤이안(平安) 후기부터 시작되었는데 石川謙(1949), 石川松太郎에 의하면 11세기 후반 平安시대의 藤原가 편찬한 것으로 알려진 明衡往來를 시작으로 鎌倉, 吉野, 室町, 安治, 桃山의 5대에 걸쳐 초등교과서로 애용되어 왔다. 근세에 이르러는 매우 넓은 의미의 往來類 교과서가 여러 분야에서 간행되어 '往來'라는 이름은 교재라는 의미로 바뀌어 갔다. 근세의 이와 같은 '往來'와 구별하기 위하여 平安후기로부터 安治·桃山시대까지의 往來를 古往來라고 부른다. 이 고왕래의 편찬자와 학습자는 일반 가정이나 사원·寺子屋 등과 같은 사학의 교사이며 학생으로서, 관학과는 무관하였다. 따라서 이 古往來의 훈몽교과서는 정치체제의 변화와 관계없이 江戶말기까지 거의 800년에 걸쳐 초등교과서의 왕좌를 지켜왔다. 往來類 훈몽서를 통하여 학습했던 사람들의 신분을 보면 平安시대에는 중류사회, 즉 하급귀족의 자제가 대부분이었으나, 鎌倉시대나 吉野시대에 이르면 귀족자제와 상류무가 자제가 사원에서 기숙하면서 함께 배우는 풍습이 있었다. 그러나 室町시대에서 安治·桃山시대에 이르면 사원에서 숙박하면서 배우는 풍습은 점차 없어지고 중류 이상의 무사자제가 자신의 집이나 선생의 집에서 공부하는 풍습이 생겼다. 따라서 이때의 교육은 사원에서의 교육보다 하루에 학습하는 시간도 짧아지고 학습에 바치는 연한도 짧아져서 이 시기에 편찬된 往來類 교과서는 귀족적인 교양교재가 삭제되고 거의 무사의 일상생활과 관계있는 지식만을 편찬하거나 단어 본위로 편집한 단편의 往來類가 많아졌다. 편찬자도 鎌倉·吉野시대에는 이름이 있는 승려의 저작이 많았지만 室町·安治·桃山시대에 이르면 무명의 승려나 시정 서가의 저작이 많아졌다. 경국대전에 보이는 초기의 왜학서들은 室町시대에 편찬된 往來類와 같거나 유사한 서명을 보이고 있다. 따라서 이때 일본에서 사용된 往來類 교과서에 대한 보다 세밀한 연구가 필요하다. 일본의 往來物이 훈몽교과서로서 발달하여 온 과정에 대하여는 平泉燈(1926)와 高橋俊乘(1923, 1943)의 연구가 있고, 白石正邦(1918)[140], 岡村金太郎(1922, 1923, 1926)[141]의 往來物 분류와 목록작성이 보인다. 특히 石川謙(1949,

---

140) 白石正邦(1918)『增訂改版 教育大辞書』同文館에서 크게 6분류하였다.
　　手簡属…尺素往來・釈氏往來・明衡往來・庭訓往來・消息往來等
　　歴史属…木曾勇略往來・南朝忠臣往來・盛衰記源平往來・古状揃等
　　地理属…老樂やまと往來・年中往來・松島往來・江戸往來・洛陽往來・都路往來等
　　訓育属…実語教・六諭衍義大意絵抄・世話字往來・謹身往來・養育往來・近道子宝等
　　熟語属…本朝千字文・世話千字文・童子字尽安見・地方往來等
　　実業属…柱立往來・大工番匠往來・重宝衣服往來・百姓往來・豊作往來等
141) 岡村金太郎(1922)「往來物分類目錄」啓明会에서 9分類를 하였다. 목차를 중심으로 정리하면 다음과 같다.
　　http://www.bekkoame.ne.jp/ha/a_r/A12.htm
　　熟語類…字尽シ、千字文類、三字経類、物名等ヲ文章ニ綴レルモノ、詩歌等
　　消息類…明衡、尺素、庭訓ノ類、用文章、消息詞
　　訓育類…訓育、神儒仏、法令
　　歴史類…有名ナル史的事項ノ敍述、古文書
　　地理類…地理、物産、年中行事
　　実業類…商業、農業、工業、雑
　　合書類…童子往來、諸重宝記類
　　理学類…(説明なし。塵劫記・身体往來・窮理往來・暦日往來等)
　　雑書類…(説明なし。節用集・大雑書・夢占い・三世相小鑑等)
　　岡村金太郎(1923)「往來物に就きて」(1922년 11월 講演錄), 男子用12분류/女子用5분류
　　岡村金太郎(1926)「往來物研究」에서도 같은 분류를 하고 있다.
　　字　類…いろは・難波津・残香山・国尽・苗字尽等

1960)의 연구가 정밀하게 이루어졌으며 이 연구 결과가 石川謙·石川松太郎의 『일본교과서대계』[142]에서 잘 정리되었다.

消息類…明衡消息·初学文章·風月往來·花鳥往來·用文章·消息詞·消息往來等
訓育類…実語教·童子教·明語教児抄·六諭衍義大意·初登山手習教訓書等
歴史類…直江状·薩摩状·小田原状·富士野往來·古状揃·国姓爺往來等
法令類…御成敗式目·武家新式目·法令習字本·五人組前書·御高札等
地理類…十三往來·駿河状·江戸往來·松竹往來·洛陽往來·竜田詣·山寺状等
物産類…江戸往來·洛陽名物往來·古今銘物往來等
実業類…商売往來·諸職往來·田舎往來·農業往來·百姓往來·番匠住來等
合書類…童子往來·合書往來·寺子調法記等
年中行事類…四季往來·五節句往來·年中時候往來·年中衣裳文章等
宗教類…神統倭文章·宗門往來·日本神国往來
理学類…塵劫記·女九九の声·九九往來·身体往來等
以上は男子用教科書。女子用教科書として以下を紹介。
字　　類…女中名頭·女官名·女苗字尽等
消息類…女庭訓往來等
訓育類…女今川·烏丸帖·女諸礼集·女四書·女実語教·女童子教·女大学等
地理類…都往來·女江戸方角等
実業類…女商売往來

142) 石川　謙(1968~1977)『日本教科書大系·往來編』講談社에서 10分類를 하고 있다.
古往來(消息文例集 / 語句集 / 庭訓往來型 / 教材内容重視型)
教訓科(実語教型 / 一般教訓型 / 児童躾方型 / 知育型 / 四民教訓型)
社会科(社会型 / 年中行事型 / 趣味型 / 公民型)
語彙科(字尽型 / 名寄型)
消息科(消息文例型 / 初学文章型 / 武家用文章型 / 短文型 / 庶民用文章型 / 消息往來型)
地理科(国尽型 / 地誌型 / 都路型 / 参詣型 / 特殊型)
歴史科(古状型 / 伝記型 / 史詩型)

송기중(1985)도 초기 문헌에 등장하는 여러 서명들은 해당 언어를 사용하였던 나라의 역사에서 확인할 수 있다고 하였다.[143] 즉, 몽학서는 원조의 역사에서, 여진학서는 금조의 역사에서, 왜학서는 일본의 역사에서 확인할 수 있는 것들이 있다. 이 사실로 미루어 조선조 초기에 사용된 역학서 중의 일부는 그 나라에서 수입되어 왔다고 추측할 수 있으며, 외국으로부터 수입되었음직한 책들의 서명 중에는 아동용이었음을 시사하는 것들이 다수 있고, 이것은 조선조 역학 관계자들이 의도적으로 아동용 책들을 선택하였다고 해석할 수 있을 듯하다고 하였다. 즉, 역학의 설치 목적은 통역관의 양성에 있었기 때문에, 역학서의 내용은 당연히 일상회화가 중심이 되어야 했을 것이며, 어린이용 책들이 고차적인 지식이 담겨진 책들보다 그 목적에 더 부합하다는 사실을 조선조 역학 관계자들이 간파하고 있었음을 나타낸다고 할 수 있을 듯하다. 오늘날도 외국어 습득의 초기단계에 아동용 책들이 흔히 이용되는 것과 같은 이유라고 하겠다.

이상의 일본 훈몽교과서의 변천을 개관하면, 세종실록과 경국대전의 왜학서들은 위와 같은 寺子屋의 훈몽교과서가 대부분이었고 다만 노걸대의 한어 또는 몽고어를 일본어로 번역하여 회화용 교과서로 이용한 것으로 보인다. 초기의 왜학서 중 유일하게 현전하는 『伊路波』는 이미 神原甚造(1925)에 의해서 세상에 알려진 뒤 濱田敦(1952)과 河野六郎 (1950)에 의해서 면밀하게 고찰되었다.

아래에, 1기의 교과서들을 연구한 선행 논문들, 小倉進平(1920, 1964),

　　産業科(農業型 / 工業型 / 商業型 / 諸職型 / 家庭実技型)
　　理数科(理学型 / 算数型)
　　女子用(教訓型 / 消息型 / 社会型 / 知育型)
143) 송기중(1985) 「『경국대전』에 보이는 역학서 서명에 대하여(1)」 『국어학』 14, 국어학회, p.116.

石川謙(1953, 1959), 송기중(1987), 정광(1988, 2002), 강신항(1992, 2000)을 중심으로 지금까지 연구된 1기 14책에 대하여 간단히 정리하고자 한다. 기술의 순서는 경국대전 역과 왜학 출제서 제시 순서에 따랐다.

1.6.1.1. 伊路波

사역원에서 간행한 일본어 교과서이다. 오늘날 전하는 유일본은 1492년(성종 23) 8월에 간행된 동활자본으로 일본의 香川大學 附屬圖書館 神原文庫에 소장되어 있다. 1권 1책 22장으로 되어 있고, 22장은 다시 앞부분 4장과 뒷부분 18장이 따로 구성되어 있다. 처음 4장에는 서문이나 발문이 없이 일본문자 47자 밑에 하나하나 한글로 발음표기를 하였고, 나머지 18장은 일본어로 쓴 서간문들인데 내용은 일본에서 오는 사절의 환대, 일본의 風流韻事, 농업과 상업에 관한 상황청취 등을 기술한 것으로서 한글로 발음표기를 달지 않았다. 책 끝에 "弘治五年秋八月 日"이란 기록이 있는데 이것은 1492년(성종 23년)에 해당한다.[144] 정광은 "弘法大師 空海에 의해서 자형이 통일된 표준형을 택하여 가나학습을 위한 동몽교과서로 편찬된 것을 수입하여 사역원 역학서로 사용하다가 1492년에 사역원에서 훈민정음으로 대역하여 간행한 것으로 보인다. 원간본 첩해신어의 왜언대자는 기본적으로 이 伊路波의 히라가나와 자형이 같다."고 추측하고 있으며, 후반부 응용편이 새로운 페이지로 시작되는 것으로 보아, 가나문자 학습서를 사역원 자체에서 한학서의 예에 따라 훈민정음으로 그 발음을 전사하였고, '書格'등과 같은 가나문자 학습서와 합철하여 『伊路波』란 이름으로 간행하였을 것으로 추측하고 있다. 15세기에 간행된 역학서 중 유일하게 남아 있어,

---

144) 송기중(1987) 「"경국대전"에 보이는 역학서 서명에 대하여(2)」『국어학』 16, 국어학회, p.154.

한국어와 일본어의 음운사 비교연구에 귀중한 자료이다. 1925년에 일본인 소장자가 학계에 처음으로 보고하였고, 1959년 일본 香川大學에서 영인본을 발간하여 세상에 알려졌고 1965년 京都大學國文學會에서 다시 영인하였다.

『伊路波』의 구성은 <표23>과 같다. 필자는 『伊路波』가 일본어 교육을 시작하는 시기의 교과서이고, 유일하게 남아있는 교재이므로 일본어 교육에 대한 분석을 위하여 아래에 전문을 번각하였다.

<표23> 1492년판 『伊路波』 구성

<table>
<tr><td colspan="2">1492년 조선판 『伊路波』 구성</td></tr>
<tr><td colspan="2">(前部4엽)</td></tr>
<tr><td>(1)伊呂波 ひらがな 47자 (四體字母各四十七字)</td><td>い, ろ, は, に, ほ, へ, と, …</td></tr>
<tr><td>(2)まな 47자 (まな　四十七字)</td><td>以, 呂, 波, 仁, 保, 反, ち, …</td></tr>
<tr><td>(3)まな 47자 (まな　四十七字)</td><td>伊, 路, 葉, 丹, 本, 邊, 登, …</td></tr>
<tr><td>(4)かたかな 47자 (かたかな　四十七字)</td><td>イ, ロ, ハ, ニ, ホ, ヘ, ト, …</td></tr>
<tr><td>(5)異體字33字類 (右各字母外同音三十三字類)</td><td>路, 葉, 者, 耳, 爾, 二, …</td></tr>
<tr><td>(6)특수자형 13字類 (別作13字類)</td><td>御, 內, 申, 候, そ, 程, …</td></tr>
<tr><td colspan="2">　　右四體字母各四十七字合一百八十八字皆有音而無
　　意如諺文數外音同體異字母四十六字或一二聲或三
　　四五聲字則
　　言語助辭字</td></tr>
<tr><td colspan="2">(後部18엽)</td></tr>
<tr><td colspan="2">(7)伊路波 合用言語格
　　このほどひさしく申うけたまわらず候こと、こころもとなく候。
　　　　：
　　　　：
　　伊路波 終已上二十二張
　　弘治五年秋八月　　日</td></tr>
</table>

전문은 7개로 구성되어 있는데, 앞 4엽은 ひらがな 47자+16자[145], まな 2종 94자, カタカナ 47자 등 도합 4종 188자와 이체자 33자 및 특수자형 13자 도합 46자로 되어 있다. 다음은 前部 4葉의 전문이다.

(前部 4葉)
①伊呂波　　四體字母四十七字　ひらがな 47자

い, ろ, は, に, ほ, へ, と

ち, り, ぬ, る, を, わ, か

よ, た, れ, そ, つ, ね, な

ら, む, う, ゐ, の, 於, く

や, ま, け, ふ, こ, 江, て

あ, さ, き, ゆ, め, み, し

ゑ, ひ, も, せ, す, 京, 上

一, 二, 三, 四, 五, 六, 七

八, 九, 十, 百, 千, 万, 億

②まな 47자 (まな　四十七字)

以, 呂, 波, 仁, 保, 反, ち

知, 利, 奴, 留, 遠, 和, 加

与, 太, 禮, 曾, 川, 祢, 奈

良, 武, 宇, 爲, 及, お, く

や, 末, 計, 不, ○, へ, 天

安, 左, 幾, 由, 女, 美, 之

---

145) ひらがな 47자 외에 다음 16자가 포함되어 있다. 京, 上, 一, 二, 三, 四, 五, 六, 七, 八, 九, 十, 百, 千, 万, 億

惠, 比, 毛, 世, 寸

③まな 47자 (まな　四十七字)

伊, 路, 葉, 丹, 本, 邊, 登

千, 里, 怒, 類, 越, 王, 可

代, 多, 連, 楚, 徒, 年, 奈

羅, 無, 有, 井, 濃, 尾, 具

屋, 滿, 氣, 婦, 古, 衣, 帝

阿, 佐, 喜, 遊, 免, 見, 志

衛, 飛, 裳, 勢, 須

④かたかな 47자 (かたかな　四十七字)

イ, ロ, ハ, ニ, ホ, ヘ, ト

チ, リ, ヌ, ル, オ, ワ, カ

ヨ, タ, レ, ソ, ツ, 子, ナ

ラ, ム, ウ, キ, ノ, ヲ, ク

ヤ, マ, ケ, フ, コ, エ, テ

ア, サ, キ, ユ, メ, ミ, シ

エ, ヒ, モ, セ, ス

⑤異體字33字類 (右各字母外同音三十三字類)

路, 葉, 者, 耳, 爾, 二

爾, 浦, 保, 本, 保, ト

と, 地, 流, 賀, 可

堂, 田, 多, 津, ネ

那, 野, 農, 能, 万

遣, 布, 機, 飛

蒙, 瀨

⑥특수자형 13字類 (別作13字類)

御, 內, 申, 候, そ, 程

賜り, ハ丶, 目出, 兼て

抑, 候うべく候う, 丶

右四體字母各四十七字合一百八十八字　皆有音而無意如諺文　数外音

同體異字母四十六字　或一二聲或三四五聲字則言語助辭字

이상의 4체 자모는 각 47자 합계 188자이다. 모두 음만 있고 뜻이 없는 것이 언문과 같다. 그밖에 음은 같으나 자체가 다른 자모가 46자 있다. 이들은 1·2음절 혹은 3·4·5음절을 나타내는 글자로, 곧 일본어의 조사이다.

후부 18엽은 초서체로 된 편지 형태의 글이 6편 정도[146] 있다. 편지의 내용은 일본 귀족들의 안부와 소식을 전하는 글로 보인다.

(後部 18葉)

⑦伊路波 合用言 語格[147]

---

146) 송기중(1987)의 8편 설과 정광(1988)의 2편 설이 있다. 송기중(1987) p.155. 정광(1988) p.99.에서 확인된다. 필자는 이것에 대하여 약간의 이견이 있는데 자세한 것은 伊路波 合用言 語格의 釋文에서 설명한다.

147) 合用言語格에 대하여 竹岡正夫(1959)는 「合はせに用ふる言語を格」으로, 송기중(1987)은 「伊路波를 합하여 쓴 언어격 즉, 글의 본보기」로 보았다. 竹岡正夫(1959) 「伊路波合用言語格釋文」 『伊路波』, p.51. 송기용(1987) 「『경국대전』에 보이는 역학서 서명에 대하여 2」 『국어학』 16, 국어학회,

(釋文)[148]

このほとひさしく申うけたまわらす候こと、こころもとなく候。

なにことなく候とも、つねにこなたゑ御いり候て、御さうたんある

へく候。

いかさま、よりあい申候て、しよこくのめてたき御こととも申候へ

く候。

またきやうと御しよの御つかい御わたり候よし、うけたまわり候。

これまたなによりめてたく候。

御つかい御つき候はは、さためてたうとなんはんのくすりなんとあ

るへく候。

そのときつかい候へきもののちうもんあるへく候。

みやこより、けんしまたうちわたしつかい御わたり候よし、このい

ちりやうにちうけたまわりおよひ候。

これこそまことにまことにわれわれねかうところのさいわいにて候

ゑ。

御つかい御つき候はは、よりあい申候て、きやういなかのものがた

り申うけたまわり候へく候。

まためつらしきようもつ候はは、なにともしてこれにととめ候へく

候。

かねてわ、またきやうとのあすひのこと、いかやうの御こと、たう

せいはやり候や、うけたまわり候て、まなひゑぬまても、うかかい

---

p.155.

148) 伊路波 合用言 語格의 釋文은 竹岡正夫(1959)와 大友信一(1972)에 의하
여 주석 영인되었고 총색인과 함께 간행된 것이 있으나 본고에서는 필자
가 釋文하였고, 우리말 해석을 붙였다. 그 결과 일반적으로 8통의 편지로
내용이 구성되어 있다고 하는 정설에 약간의 문제가 있음을 알게 되었다.
편지의 내용상 6통 정도로 확인된다. 竹岡正夫(1959)와 大友信一(1972)

候てみへく候。

御いおのこさすうけたまわり候。

おうせのことく、われわれもくわしくわそんち申さす候ゑとも、れんかまりすまう、あけくにわ、さかもり、またれうりはうちやうわもとよりのことにて候。

つうきりひしやくみつさしあんはいしや、そののちひさしく申つうせす候、こと、しよそんのほかに候。いつかよりあい申候て、しよしのものかたり申へく候。

したかつていつもかやうのこと申候、はちいりそんし候ゑとも、これのわかとのはらたち、あまりにあまりにむのうきわまりなく候。

くけむけのたちふるまい、おうかたならい申たく候。

しかるへきこしつのひとあまたとうたう候はは、しかるへく候。

かゑすかゑす、御うちのものにて候ほとに、みのしよそんおのこさす申いれ候こと、おそれいり候。

けうけうつしんて申。

おうせのことく、なにことなく候とも、れんれん御いんしんにあつかり候はは、かしこまりいり候。

かねてわ、またとのはらたちの御かくもんしようけのことわ、おうせかうむり候。

これにもさらにきりやうのひと候わす候ゑとも、さりなから、むまのうゑのゆみまり、あるいわ、さんそくかいそくのともから、あるいわ、ようちかうたうのともから、あはれいり候するしふんわ、ひやうほうはやわさいくさこのみのはやりもの、にさんひやくにん御よう候はは、しんし候へく候。

かやうのことわ、むしのわさにて候あいた、めつらしからす候。

またくけの御あすひわ、つきのまゑのしいか、はなのもとのくわん

けん、あきのよのなかものかたり、おなしくれんくふうせいわ、か

たのことくこころゑたるうちのものせうせう候ゑは、そなたゑもし

んし候へく候。

またこなたゑも御いて候て、御なくさみ候へく候。

はるのはしめの御よろこひ、いつよりもめてたく申こめ、ことふり

候ぬ。

さてわ、としのうちひとおまいらせ、それの御ことうけたまわり候

へく候ところに、さしあうことおおく候て、おもいなからにて候。

また、このはるわ、ことさらてんきものとかに、やまやまのはなも

おもしろく候ゑは、ひとおおくわしかるへからす候、御うちのひと

はかりめしくし候て、御ゆさんもあるへく候。

いつころとうけたまわり候て、御むかゑに御むまおまいらせ候へく

候。

またたうれんわ、いつよりも、たはたけのうさくのたくい、めてた

かるへきよし、ひとひと申候ゑは、せけんもふねうに候へく候。

いそきいそきこなたゑ御いり候へく候。

よりあい申候て、しよりやうの御くしこと、申あわせ候へく候。

あなかしく。

これより申へく候ところに、御つかいまことにまことによろこひい

り候。

おうせのことく、たうねんわ、ひものとかに、やまやまのはなもさ
かりに候ゑは、よりあい申候て、とうしんになかめ申候へく候。

またうけたまわり候ことく、せいしやうのはうやう、これもおきふ
みなんと候あいた、くわしくひきみ候ゑは、めてたかるへきとしに
あいあたり候よし、めんめん申候。

御しよりやうないにおいて、とみんひやくしやう、あいふれ候て、
いゑつくりおけつこうし、あすひことお御なくさみ候へく候。

またふるきさたにんよりあい候て、申あわせ候て、ひやくしやうも
そんなきやうに、くはうさまもとくふんおめされ候するやうに、御
さたなんと候てこそ、しかるへく候ゑ。

うけたまわり候ことく、よりあい申候て、めんになにことも申あわ
せ候へく候。

御しよりやうないに、あきないふねおおくまいり候よし、うけたま
わり候。

これまた、ことさらめてたく候。

あきないふねなく候てわ、しよはうのめつらしきもの、みるへきこ
とあるましく候。

われわれかしよりやうわ、やまこおりにて候ほとに、ここくのたく
いなく候て、たたししとりならてわ候わす候ほとにこれわいつもの
ことにて候。

めおおとろかすことなく候ほとに、もうきわまりなく候。

いかさま、よりあい申候て、かやうのこと申たんし候へく候。

またまち申へく候。

伊路波 終巳上二十二張

弘治五年秋八月　　　日149)

---

149) 최근 오랫동안 초대하지 못한 것이 마음에 걸립니다.
　별다른 일이 없더라도 늘 이쪽으로 와 이런 저런 이야기를 나누어야 하지 않을까요?
　필히, 모여 얼굴을 맞대고, 여러 고장의 흐뭇한 이야기들을 나누어야 할 것입니다.
　또 교토(京都) 황궁의 사신이 온다고 하는 말을, 전해 들었습니다.
　이 또한 무엇보다 경하스러운 일입니다.
　사신이 도착한다면, 필시 중국 등 외국에서 들어 온 약 같은 것이 있을 것입니다.
　그 때 필요한 물건들에 대한 주문을 해야 하겠지요.
　서울에 확인차 보낸 사람들로부터 모두 하나같이 사신이 온다는 내용의 말을 요 하루 이틀 동안 듣고 있습니다.
　이야말로 우리들이 바라는 바로 정말이지 잘된 일입니다.
　사신이 도착한다면 모두들 모여 서울과 시골 등 곳곳의 이야기들을 당연히 들어야겠습니다.
　또 진귀한 물건들이 있다면 필히 넘겨받도록 하여야겠지요.
　아울러 또 교토의 놀이들은 어떠한지, 요즈음 유행하는 것을 듣고, 그것들을 익힐 수는 없더라도 물어서 듣기라도 해야 할 것입니다.
　그 뜻을 빠짐없이 경청하고자 합니다.

　말씀처럼 저희들도 자세히는 모릅니다만, 렌가, 공차기, 씨름에다가 주연 그리고 요리와 관련된 것들은 말할 것도 없습니다.
　다도의 예법 등은 본의 아니게 그 후 오랫동안 이야기를 들은 바 없습니다. 언제 모여서 여러 가지 것들에 대해 이야기를 나누었으면 합니다.
　따라서 늘 이러한 것만 말씀드리는 것이 창피스럽기 그지없습니다만 저희 쪽의 젊은이들은 너무나도 모자라는 것이 많습니다.
　문무 귀족들의 행동거지 대부분을 배우고 싶습니다.
　적절한 전통의식을 따르는 사람들이 많이 같은 길을 따른다면 당연히 그렇게 될 것입니다.
　무사 신분인 자로서 거듭 자신의 생각하는 바를 모두 말씀드리는 것이 황송하옵니다.
　조심스럽게 삼가 말씀 올립니다.

말씀처럼 이렇다 할 일도 없이 계속 서신을 받게 되니 죄송할 따름입니다.

아울러 또 고귀한 분들의 학문에 방해가 되는 일은 말씀을 받잡겠습니다.

특별나게 능력 있는 사람은 없습니다만, 산적과 해적떼 그리고 밤강도가 날뛰는 시국에, 혹 볼일이 있으시면 마상 활쏘기와 공차기, 병법과 무술 등 싸움에서 한 몫 하는 자 2~3백명 보내겠습니다.

이러한 것들은 무사의 기본으로서 특별히 희귀한 것도 아닙니다.

또 휘하에는 문관귀족들의 놀이로 달을 보며 짓는 시가, 벚꽃 아래에서의 악기연주, 가을밤의 긴 이야기, 마찬가지로 렌쿠 등의 풍류도 격식에 맞추어 터득한 자들이 좀 있으므로, 그쪽으로 보내도록 하겠습니다.

또 이쪽으로도 오셔서 기분전환 하셨으면 합니다.

봄이 시작되는 기쁨이 그 어느 때보다도 경하스러움을 전하며 예스러워 짐을 느낍니다.

그렇다면 해를 넘기지 말고 사람을 보내 말씀하신 것들을 삼가 듣고자 하는 바이나, 부딪히는 일들이 많아 생각에만 그치고 있습니다.

또 올 봄은 특히 날씨도 화창한 게 산에 핀 꽃들도 운치가 있으니, 대부분의 사람들은 그렇게 못하겠지만, 귀인들은 하인들을 데리고 들놀이에도 나설 것입니다.

언제쯤이라고 말씀해 주시면, 맞이하러 말을 보내겠습니다.

또 올해는 그 어느 때보다도 경작지의 농작물들이 잘 되었다고 사람들이 말하므로, 세상도 풍요로워 질 겁니다.

어서 속히 이쪽으로 발걸음을 옮기셨으면 합니다.

만나서 영지에 관한 공적인 일도 상담을 드렸으면 합니다.

황송하기 그지없습니다.

이런 내용을 말씀드리자, 사신은 무척 기뻐하였습니다.

말씀대로 올해는 날씨도 좋고 산의 꽃들도 한창이므로, 서로 만나 한마음으로 그것들을 바라보았으면 합니다.

또 들은 바처럼 청상의 매사냥, 이것도 전언이 담긴 글 등이 있는 사이로 자세히 당겨서 보면, 경하스런 해에 해당한다고 모든 사람들이 입을 모아 말합니다.

영지 안에서 백성들이 서로 어울리고, 집을 짓고 잘 지내며 그리고 놀이로써 즐거움을 삼고 있습니다.

또 장원의 경험 많은 관리인들이 서로 모여 이야기를 나누어, 농부들도 손해가 없고 위의 분들도 이익을 얻으시도록 하는 지시 등이 있기에 그러할

“伊路波 合用言 語格”의 釋文에서 보듯이 문장을 끝맺는 말이 모두 「候」로 끝나는 것을 알 수 있는데, 서간에 많이 사용되는 문어체 문장의 일종으로 「ございます・ます」 대신에 「候」를 쓴다하여 소로분(候文)이라고 한다. 江戶시대에는 공용문에도 사용하였다. 따라서 왜학 역관들은 다른 사역원 역관들과는 달리 독특한 일본어의 서계(候文)를 별도로 익혀야 했다.

당시 일본과의 공무역은 예조의 허가 아래 이루어졌는데 조정과 동래 부사가 발급하는 공문서는 한문을 이해하지 못하는 왜인들을 위하여 왜학 역관들이 번역한 일본어 서계로 전달되었으며 왜인들이 제출하는 각종 문서와 청원서도 그들이 사용하는 候文의 형식으로 작성되었다. 그러므로 왜학 역관들은 일본어의 候文의 문체를 이해하여야 했으며 이를 위하여 일본어 회화와는 별도의 학습이 필요했다.

『伊路波』의 전반 기초편의 まな와 異體字 및 특수자형은 候文을 읽는데 있어서 자주 나오는 기본이 되는 글자이고, 후부 응용편의 서간문 候文은 바로 초서형 候文을 연습하는 내용으로 되어 있다. 候文은 첫째

것입니다
　들은 바와 같이, 모여서 얼굴을 맞대고 모든 것을 이야기하여야 할 것입니다.

　갖고 계신 영지 내에 장삿배들이 많이 들어온다는 이야기를 들었습니다. 이것 또한 각별히 좋은 일입니다.
　장삿배가 없다면 여러 나라의 진귀한 물건이나 볼만한 것들 또한 없을 것입니다.
　우리들이 갖고 있는 땅은 산이 많은 곳이기에 오곡의 종류가 별로 없고, 다만 멧돼지나 사슴, 새 등이 그 부족함을 보충할 정도이니, 늘 형편이 이렇습니다.
　깜짝 놀랄만한 일도 없을 정도로, 무지하기가 이루 말할 수 없습니다.
　아무쪼록 만나서 이러한 것들에 관해 이야기를 나누었으면 합니다.
　한결같은 마음으로 기다리고 있습니다.

초서로 되어 있다는 점과, 둘째 候文에서만 사용되는 특수한 말들이 있다는 점에서 어려움을 수반하고 있다. 한자의 해서만 알아가지고는 초서로 된 候文을 독해할 수 없으며, 또한, 候文만이 가지고 있는 표현들 및 문체를 이해하여야만 하였기 때문에 사역원의 다른 역학에 비하여 별도의 어려움이 있었다.

위에서 보듯이 "伊路波 合用言 語格"은, 내용 및 문체는 候文이나 다만, 한자가 섞여 있지 않고 모두 ひらがな로 되어 있어 정광은 "단순한 가나문자 연습 숙달을 위한 교재"150)였다고 보았다.

1.6.1.2. 소식(消息)

일본에서는 초등교육 교과서의 제목으로 '소식'이라는 말을 많이 썼다. 鎌倉시대 이래로 계속 간행된『消息詞』151),『消息手本』,『消息往來』등이 현존하고 있는데, 이들은 서간문에 대한 '용어집'이거나 '용례집'이다. 용어집이란 서간문에 쓰이는 용어나 숙어, 또는 서두와 끝에 쓰는 표현 등을 모아 놓은 책이다. 송기중(1987), 강신항(2000)은 경국대전의 "소식"을 이들 '소식왕래물'의 하나로 보았고, 정광(1988)은 "소식왕래"에서 '왕래'가 생략된 것으로 보았다.『소식왕래』는 저자는 알 수 없고 현재 일본에는 1486년 6월에 서사된 것이 전해지고 있는데 이에 의하면 이 책은 전 5조 9통의 왕복 소식문이 실려 있고 권말에 '異名盡'으로 '四季異名'을 비롯하여 '月, 鏡, 墨, 刀, 扇, 紙, 錢, 橘, 瓜, 舟'의 이명이 기재되었으며 和歌 3수가 실려 있다.152)이 1486년의 사본에 의하면

---

150) 정광(2002)『역학서 연구』J&C, p.398.
151) 鎌倉중기에 菅原爲長(?~1246) 편찬이라는 일종의 어구집, 현재 1587년 尊朝親王의 필본이 전해짐. 송기중(1987) p.87.
152) 石川謙・石川松太郎(1967-74) pp.551-560. 송기용(1987) p.88.

『소식왕래』는 15세기 초에 매우 인기 있는 훈몽서로서 널리 애용되었음을 알 수 있다.

경국대전의 "소식"이 15세기 일본의 초등훈몽서로 많이 쓰이던 '소식물'이던 『소식왕래』이던 서간문의 형식을 익히는 읽기 교재였을 것이라고 보고 있다.

1.6.1.3. 서격(書格)

현존하지 않는다. 다만 '글씨체(송기중)'설과 '伊路波 合用言 語格(정광)'설이 있으나 어느 것도 확실하지는 않다. 글씨체 설은 書格이라는 두 한자로 추측한 것이고 또한 일본어에서 자주 쓰이는 「詩格」「語格」 등을 참고로 하였다. 伊路波 合用言 語格설은 '語格'에서 추측한 것으로 보여진다. 두가지 의견 모두 서간문에서 자주 쓰이는 글씨체나 형식을 익히는 교재로 보고 있는 것에는 일치하는 것 같다. 역과 왜학의 과거 시험에서 일본어를 베껴쓰기가 있는 것을 생각해 보면 寫書에 대한 연습교재가 될 수 있을 것이다.

1.6.1.4. 노걸대(老乞大)

노걸대란 몽고인이 중국인을 호칭할 때 쓰인 것이라고 한다. 선행 연구 모두가 한학서인 노걸대가 일본어로 번역되어 교재로 쓰인 듯하다는 것이 지배적이다. 즉, 노걸대란 "왜어노걸대"를 말한다는 것이다. 노걸대는 고려시대에 편찬된 중국어 회화교과서로써 여행객이 여행을 하면서 필요한 각종 대화를 싣고 있는데, 이 "한학노걸대"가 "몽어노걸대", "왜어노걸대"로 번역되어 사용하였을 것이라는 것이다. 추측의 근거로서 松下見林(1688)의 『異稱日本傳』[153]에 다음과 같은 글이 있는데,

---

153) 『異稱日本傳』 1688년에 성립되었다. 松下見林(まつした けんりん)의 저술로, 3권으로 되어 있으며, 상권 3책, 중권 8책, 하권 4책으로 상권은 중국 한 대부터 원대까지의 서적 61종, 중권은 중국 명대 서적 50종, 하권은 조선 서적 15종이 초록되어 있다. 松下見林이 약 30년이라는 세월을 걸려 썼으며 126종에 이르는 중국, 조선의 서적에서 일본관계 기사를 발췌하고, 자신의 의문점이나 비판을 첨가하여 성립시킨 서적이다. 현재 1693년에 간행된 北畠文庫구장본·時習館구장본이 九州대학 문학부도서관실에 소장되어 있다. 형태는 15책으로 세로27.3×18.3cm의 책자이다. 九州대학 문학부도서관실의 사이트에서 참조하였다.

今按伊路波消息以下 多皆國俗兎園之冊 老乞大胡語訛混 惜哉不令高
麗人知國史諸書矣(卷下之四)노걸대에 호어 즉, 몽고어가 많이 와혼
되어 있어 애석하다

위 인용문에서 말하는 노걸대가 한학노걸대에 몽고어가 섞였다는
것인지, 왜학노걸대에 몽고어가 섞였다는 것인지는 의문의 여지가 있
다. 다만, 노걸대는 내용이 실제임무를 수행하는데 필요한 회화를 담고
있지 않아서 왜학역관에게는 부적합하고, 비실용적이었기 때문에 일찍
이 없어진 것이 아닌가 한다.

1.6.1.5. 동자교(童子教)

선행연구는 14·15세기이래 일본에서 교훈류 초학교과서로 널리 쓰
였던 책 가운데 하나로 보고 있다. 동자교가 어느 때 누구에 의해서
만들어진 것인가는 아직 미상이지만 동자교에 대한 일본의 선행연구에
의해 대체적인 윤곽을 알 수 있다. 저자는 홍법대사라는 설과 안연화상
이라는 설이 있다. 그 내용은 유교와 불교의 가르침을 5언 174구로 읊
고, 그 오른쪽에 일본 글자로 음을 기록했다. 동자교는 실어교를 부연
하려는 의도로 저작된 것이라고 한다. 즉 실어교와 같이 부모에 효도하
고 사군을 공경하는 것을 강조하고 있지만 실어교와는 달리 중국인의
예를 들어 구체적으로 효와 경·충 등을 말하고 있고 특히 사제의 관
계에 대해서 자세히 말하고 있다. 또 근학역행한 중국선인의 일화 등도
기록하고 그 외에 일상생활에서 출소진퇴에 관한 예법을 자세하게 가
르치고 있다. 역시 승려의 작으로 보이는데, 끝에 불도를 이루는 것이
얼마나 좋은가에 대하여 말하고 있고, 유동을 유인하기 위하여 인과의
도리를 기울여야 하는 이유에 대하여 자세하게 썼다. 이런 이유로 동자

교란 이름을 붙인 것으로 보이며 스스로 내전 외전을 많이 인용한다고 말한다. 동자교중 가장 오래된 것은 1377년 古寫本(石井積翠軒文庫藏:一軸)이 있고 그 후 여러 가지 이본이 전하고 있다. 삼포 왜인들에 의하여 세종조에 조선에 반입되어 사역원의 왜학서로 사용된 것으로 보고 있다. 교훈을 위한 읽기 교재였을 것이다.

1.6.1.6. 잡어(雜魚)

국서총목록에 전하는『잡어집』이라는 책과 관련이 있을 것이라고 보는 설[154]과, 왕래물의 어휘집으로 보는 설[155]이 있다.

1.6.1.7. 본초(本草)

俳諧집이라고 보는 설과 약용식물에 관한 책이라는 두 설이 있다.

1.6.1.8. 의론(議論)

국서총목록에『의론』,『의론문답』[156] 두 개의 서명이 보이나 전하지 않는다.

1.6.1.9. 통신(通信)

국서총목록에『통신고』라는 서명이 보이는데 이것이 아닌가 한다. 소식왕래물의 일종으로 보고 있으나 현존하지 않는다.

---

154) 송기중(1987), 전게서, p.157.
155) 정광(1988), 전게서, p.89.
156)『국서총목록』Ⅱ.578, 송기중(1987), 전게서, p.158. 재인용

1.6.1.10. 구양물어(鳩養物語)

정광은 무로마찌(室町)시대에 유행했던 동물의 우화를 소재로 한 훈몽서일 것이라고 추측[157]하였고, 송기중은 일본 전래 이야기인『はとの飼い物語』로 추측[158]하고 있으나, 국서총목록에도 기록이 보이지 않아 어려움이 있다.『はとの飼い物語』는 수도인 혹은 점술인의 모습을 가진 자가 집집마다 돌아다니며 熊野新宮나 本宮에 관한 이야기를 하고 다니면서 비둘기 사료 값이라고 칭하며 돈을 받아 착복하였다는 일본 전래 이야기에서 유래한 의미이다.

1.6.1.11. 정훈왕래(庭訓往來)

'정훈'은 '가정의 교훈'이라는 뜻이며 '왕래'는 서간문체라는 뜻이다.『정훈왕래』는 일본에서는 鎌倉시대(1185-1392)부터 明治시대(1866-1912)까지 가장 널리 쓰인 훈몽용 초등교과서의 하나였다. 편찬자와 편찬연대는 확실하지 않으나 14세기 말부터 15세기 초에 간행된 것으로 추정하고 있을 뿐이다. 현재 30여종의 필사본과 200여종의 목판본『정훈왕래』가 현존하며, 1599년 조선인 정대복이 필사한『정훈왕래』도 전해지고 있다고 한다. 내용은 중류층인 무사계급에 속하는 사람들이 알아두어야 할 사항을 25통의 서간문 형식으로 구성한 책이다. 25통의 서간문이라 함은 1년 12개월에 각 2통씩 24통과 1달에는 3통인 달이 있어 25통이 되었다. 1개월에 2통은 같은 주제에 대하여 편지를 보내고 그 것에 답을 보내는 형식으로 되어 있다. 예를 들어 1월에는 신년인사와 연회, 4월은 봉건영지의 번영, 8월은 사법제도, 소송관계, 12월은 지방 행정 제도 등이다. 읽기용 서간문 교재로 분류된다.

---

157) 정광(1988), 전게서, p.98.
158) 송기중(1987), 전게서, p.158.

1.6.1.12. 응영기(應永記)

정광은『大內義弘退治記』로 보았고, 송기중은 고서목록에 보이는 몇 가지『응영기』들 중 하나로 보았다.『大內義弘退治記』는 일본의 '응영의 난'을 소재로 한 훈몽교과서이다. '응영'이란 1392년부터 1428년까지 後小松, 稱光 두 천황 때의 연호이다. 1399년에 大內義弘이 일으킨 반란을 '응영의 난'이라 하며, 이 반란은 장군 足利義持에 의하여 토벌되었으며, 室町막부는 이러한 반란이 다시 일어나지 않도록 하기 위하여 이 반란과 토벌을 소재로 한 훈몽교과서를 만들었다.『群書類從』(1900年刊) 권제374 합전부 제6에 소수된 것으로 東睿山 보문원본을 塙保己一이 검교하여 현재 활자로 인쇄한 것을 참고로 하고 있다. 이 책은 고왕래 훈몽서의 비서간 독본류에 속하는 것이며 역사교재의 성격이 강하며, 大內義弘이 태조 때에 조선과 관련을 맺고 있었으므로[159] 이를 즉시 수입하여 왜학교재로 쓴 것으로 보았다. 송기중은 응영의 난 때에 전장에서 보낸 서신들을 모아놓은 책으로 보고 있다. 정광의 '응영의 난의 반란과 토벌을 소재로 한 비서간 독본류의 역사교재'와 송기중의 '응영의 난 때 전장에서 보낸 서신'이 비서간, 서간으로 서로 다른 책으로 보이나, 서술이 불분명하여 확인하기 어렵다. 재고가 필요한 부분이다.

---

159) 大內義弘은 응영 6년(1399) 6월 자신이 백제의 시조 온조 고씨의 후예임을 자처하고 선조의 연고가 있는 곳에 300결의 토지를 하사하라고 조선조에 요구하였다. 大內義弘은 일찍이 周防·長門·石見의 三國守護로 있으면서 고려와 통교한 일이 있으며, 今川了俊의 뒤를 이어 구주탐제에 오른 후에는 더욱 적극적으로 조선과 통교하여 왔다. 태조 4년(1395) 12월에는 공물을 보내오고 다음해 3월에는 왜구를 금하고 피로인을 환송하였음을 조선에 보고 하는 등 조선과 관계가 깊었으므로 조선에서는 그의 요구에 대하여 사전(賜田)을 할 것인가, 관작을 내릴 것인가로 의론이 분분하였으나 1399년 그가 응영의 난을 일으켜 실패하고 12월에 자살하여 모든 것이 중지 되었다. 정광(1988)『사역원 왜학 연구』태학사, pp.93~94.

1.6.1.13. 잡필(雜筆)

강신항(2000)[160]의 정리에 의하면 일본에 전해 내려오는 『잡필왕래』를 줄여 부른 것으로서 일본 가마쿠라(鎌倉)시대에 편찬된 훈몽서이다. 중류층 무사들의 일상생활에 관계되는 단어, 어구, 문장들을 일정한 원칙 없이 모아, 한자로 기술하고 오른편에 일본 글자로 음을 달았다. 다른 소식류와는 다른 체재를 갖추고 있다. 이『잡필왕래』는 무로마찌(室町)시대 중기, 즉 15세기 후반에 들어와 널리 보급된 것으로 보아 적어도 세종12년(1430)까지는 사역원에서 교재로 선택되지 않다가 그 후에 왜학서로 채택되어 경국대전에 추가된 것으로 보인다.

1.6.1.14. 부사(富士)

일본 전래의 『富士野往來』의 약칭으로 보인다. 일본에 9종의 『富士野往來』가 현존하고 있고, 그 중 가장 오래된 것이 鎌倉 초기에 집필된 것으로 추측하고 있다. 石川謙은 이 책의 성격을 '이야기에 중심을 둔 왕래물'로 규정하였다.[161] 내용은 富士野에 사냥을 가서 보낸 5통의 서신이다. 富士野의 卷狩를 무대로 하여 사냥의 절정에 아버지의 원수를 갚는 두 형제의 이야기로 되어 있는데, 이 내용을 소재로 하여 왕복서간의 형식을 빌어 만든 역사와 실용어휘를 배우는 교과서로 편찬된 것이다. 무가 독자의 제 문체를 사용한 실용문으로 되어 있어 公事에 필요한 제 문체를 교육하기 위한 훈몽서였다.

---

160) 강신항(2000)『한국의 역학』서울대학교 출판부, p.131.
161)『일본교과서대계』ⅩⅥ pp.102~104. 往來物을 4개로 분류하였다.
    1. 소식문례집   『消息往來』
    2. 어구집   『雜筆往來』
    3. 12월왕래형과 어휘형왕래형 복합체   『庭訓往來』
    4. 교재내용에 초점을 둔 문체의 왕래   『富士野往來』

이상 14권의 경국대전 소재 왜학 출제서에 대하여 지금까지의 선행 연구를 중심으로 고찰하였는데 3인의 선행 연구를 비교 정리한 것이 아래 <표24>이다.

<표24> 제1차 경국대전기 교과서 비교

서 명	송기중(1987)	정광(1988)	강신항(2000)
1. 伊路波	문자습득서	假名遣類	寫字과거시험용
2. 消息	일본에서 사용되었던 소식물중의 어떤 것(서간용어집, 서간문례집)	消息文例集類	서간문 용례집 or 서간문례집
3. 書格	글씨체를 의미	消息文例集類?	글씨체의 뜻(송기중)
4. 通信	소식왕래물의 일종?	消息文例集類?	고서목록에 '통신고'라는 책이름 보임
5. 雜魚	×	熟語·語句集類?	현존하지 않는 책의 하나
6. 雜筆	훈몽서. 중류층 무사들의 일상생활의 단어, 어구, 문장등을 모아놓음	熟語·語句集類	훈몽서. 중류층 무사들의 일상생활에 관계되는 단어, 어구, 문장들을 일정한 원칙없이 모음
7. 本草	俳諧집?	熟語·語句集類	俳諧. 정광, 윤세영(1998) 인용 약용에 관한 서적
8. 庭訓往來	서간문(일본 초등교과서, 가장널리쓰임)	消息·語句複合體類	중류층인 무사계급에 속하는 사람들이 알아 두어야 할 사항을 25통의 서간문 형식으로 구성한 책)
9. 富士	서신	非書簡讀本類 (역사독본)	富士野往來를 말한 듯하고 서간문체가 아닌 여러 가지 공문서의 서식에 보이는 실용문장을 교육하기 위한 것(정광)
10. 應永記	서신문(전장)	非書簡讀本類 (역사독본)	정광 인용 응영의난을 소재로한 훈몽교과서
11. 童子敎	불교와 유교의 윤리덕목 (일본의 초학교과서로 널리 쓰임)	敎訓類	초학교과서. 유교와 불교의 가르침
12. 議論	?	×	현존하지 않음. 고서목록에 의론과 의론문답이 보임
13. 鳩養物語	일본전래 이야기?	×	'비둘기 기르는 이야기'라는 뜻인데 현존하지 않음
14. 老乞大	여행에 필요한 각종 대화	기타	한학서인 노걸대가 일본어로 번역되어 교재로 쓰인듯

강신항은, 송기중이나 정광의 고찰의 양쪽에서 하나를 선택하여 자신의 의견을 덧붙여서 기술하는 형식을 취하고 있다. 우선, 송기중과 정광, 강신항이 일치를 보이고 있는 서명은 ‘伊呂波’, ‘雜筆’, ‘老乞大’, ‘消息’, ‘通信’, ‘庭訓往來’, ‘童子敎’, ‘議論’이다. ‘伊呂波’→문자 연습용서, ‘雜筆’→어구·숙어용 , ‘老乞大’→회화용, ‘消息’·‘通信’·‘庭訓往來’→서간·실용문장연습용, ‘童子敎’→교훈용, ‘議論’→불명으로 일치를 보이고 있는 것이다.

나머지 ‘書格’, ‘鳩養物語’, ‘富士’, ‘應永記’, ‘雜魚’, ‘本草’는 다른 의견을 보인다. ‘書格’에 대하여 송기중은 문자 연습용서책으로 보았고, 정광은 서간연습용으로 보았다. ‘鳩養物語’는 송기중이 교훈용으로 보았고, 정광은 불명으로 취급하고 있다. ‘富士’·‘應永記’는 송기중은 교훈용으로 정광은 서간 실용서로 보았다. ‘雜魚’는 송기중은 불명으로, 정광은 어구 숙어용으로, ‘本草’는 송기중은 俳諧집으로 보고, 정광은 어구 숙어용으로 보았다.

지금까지 14종의 과거시험 서책에 대하여 고찰하였는데 선행연구에 따라 일치하는 부분과 다른 부분이 있음에도 불구하고 서책의 종류는 다음과 같이 분류할 수 있을 것이다. 14종의 서명은 문자 연습용, 어구·숙어용, 회화용, 서간 연습·실용문장 교육용, 교훈용, 기타의 하나에 속한다는 것이다.

따라서, 사역원의 왜학에서는 역과 시험의 사자(寫字)과목 시험을 준비하면서 상기 서책을 베껴쓰는 연습을 하고, 한편으로는 각 서책의 내용을 중심으로 어구나 숙어를 외우고, 편지 쓰는 법을 배우고, 이야기를 통하여 교훈을 얻었으며, 내용 이해보다는 문장자체의 암송에 주력하는 회화 연습했을 것으로 보인다. 4기능을 중심으로 보면 읽기 쓰기 말하기가 중심이 되는 교육이었다.

1.6.2. 제2차 경국대전기

서두에서 언급하였듯이 제2기는 1678년(숙종4) 계사등록에 왜학 14책이 실용적 가치가 적어『첩해신어』한 권으로 바꾼다는 기록을 시작으로 통문관지, 속대전 이하의 법전에 정착 기록되는 시기로, 임진왜란·정유재란으로 인하여 일본과의 국교가 잠시 단절되었다가 재개되는 1607년을 거치게 된다. 전쟁은 일본인과의 만남이 가장 많았던 시기이기도 하여 일본인 접촉에 의한 회화교육의 필요성은 교육관의 변화로 이어져 그에 따른 교재의 변화를 가져오게 된다. 사역원의 일본어 교육도 구태의연한 일본의 왕래물이나 교훈용 훈몽교과서에 의존할 것이 아니라 보다 실용적인 회화 중심의 학습서가 필요하게 되어 보다 실용적인 회화 중심의 교과서를 사역원에서 스스로 편찬하여 사용하기 시작하였다. 특히 전란 중 포로가 되어 일본에 억류되었다가 돌아온 임진왜란의 포로 중에는 상당기간 일본에 체재하면서 일본어에 능숙해진 사람들이 많았고 그들에 의해서 보다 생생한 일본어 교육이 이루어질 수 있었음도 역시 쉽게 짐작할 수 있을 것이다. 1643년에는 왜학청이 세워지고 『첩해신어』가 간행되며, 회화 전문 교육기관인 우어청이 1682년에 세워져 일본어 교육은 명실공히 회화 중심 교육기로 접어들게 된다. 또한, 첩해신어의 개수, 중간 등이 빈번히 이루어진 시기이다.

선행연구를 읽어보면, 첩해신어에 대해서는 많은 용어들이 있다. 예를 들어 초간본, 원간본, 개수본, 중간본, 중간개수본, 무오본, 무진본, 경진본, 복각본, 복간본, 목판본, 활자본, 문석본 등이 그것이다. 200년 이상 경쟁대상 없이 홀로 사용된 책이다 보니 그만큼 발행에 발행을 거급하였을 것이고, 또 내용 및 활자의 수정 등을 반복하였을 것이니 첩해신어의 판본에 대한 많은 이름들이 있었을 것이 예상된다. 이하,

위의 첩해신어에 대한 다양한 이름들의 의미를 확실히 하고자 한다.

첩해신어에 대한 선행연구는 小倉進平(1920, 1940, 1964)를 시작으로, 森田武(1955, 1957), 大友信一(1953, 1957?), 龜井孝(1958), 中村榮孝(1961), 濱田敦(1963), 安田章(1965), 李元植(1984), 정광(1988) 등의 연구가 있다.

1.6.2.1. 원간본 첩해신어(原刊本 捷解新語)

1.6.2.1.1. 원간본의 성립과 저자 강우성

첩해신어에 대한 본격적인 연구는 小倉進平(1920, 1940, 1964)였는데, 그에 의하면 첩해신어는 강우성에 의해 1618년경에 초고 일부가 만들어져서 50여년간 원고로 전해 오다가 1676년에 교서관에서 활자로 간행하였다고 보았다. 또한 상기 활자본을 저본으로 한 목판본이 제주도에서 간행되었으며, 1747년에 최항령들에 의하여 개수된 것과, 1781년에 중간된 것이 있고, 1796년 김건서의 첩해신어문석과 함께 적어도 4종류의 첩해신어가 있다고 주장하였다. 小倉進平의 1618년 초고론에 대하여 森田武(1955)는 내용을 (a)(b)(c)로 나누어 고찰하고 그중 (b)부분이 가장 나중에 만들어져 1625년~1636년 사이에 이루어져 (a)(c)에 삽입된 것으로 보았다. 大友信一(1957)도 내용을 중심으로 고찰하여 (b)부분은 1636년 이후에, (a)부분도 1636년~1676년 사이에 강우성 아니면 다른 편자에 의하여 지금의 원간본과 같은 체재로 편성된 것으로 보았다. 中村榮孝(1961)는 상기 3인의 연구성과를 정리하고 내용을 세분화하여 검토하고 봉진(封進)이라는 용어가 사용되기 시작한 시기에 주목하여 첩해신어의 대부분이 1636년 이후에 성립되었다고 보았다. 이원식(1991)은 '信使不受金'과 '투금(投金)'을 관련지어 고찰하고 中村榮孝설에 동의하였다.[162] 정광(1988)은 초고의 1636년 이후 설에 대하여 추정의 근거가 대부분 보편적 사실에 입각한 것이어서 결정적으로 어느 시기 이전과 이후로 나눌 수 있는 근거는 불과 몇 가지에 지나지 않는다고 의문을 제기하고, 초고에 대한 결론으로 강우성이 부산포의 왜학훈도로 있을 때(1613~1615) 관왜를 상대하면서 주작하던 이야기를 회화체로 만들어 부산포의 왜학생도에게 일본어 학습의 교재로 사용된 것이 그 남상이 되었고 이 원본은 만력무오(1618)[163]에 완성되었으며 그후 세 차례의 통신사행을 수행하면서 사행이 일본을 여행할 때 일어난 일과 일본에서 견문한 일을 역시 회화체로 엮어 상술한 남본과 합편하여 첩해신어의 초고를 완성하였다고 결론지었다.[164]

이상은 첩해신어 초고본의 성립시기에 대한 선행연구인데 <표25>로 정리하면 다음과 같다.

<표25> 초고본 성립시기에 대한 선행연구

선행연구	내　용	키워드
小倉進平	1618년 초고 일부 완성	
森田武	시간적 차이를 두고 만들어짐. 일부 1618년, 가장 늦게 만들어진 것이 1625년~1636년 사이	내용 분할 고찰
大友信一	1636년~1676년 사이에 강우성 아니면 다른 편자에 의하여 지금의 원간본과 같은 체재로 편성	소장로
中村榮孝	대부분 1636년 이후에 성립	대군, 봉진
이원식	〃	투금
정광	1618년에 남본 완성후 3차의 일본사행후 경험을 집필하여 남본과 합본하여 초고 완성.즉, 1618년~1636년	사역원의 출판관행

162) 이원식(1991)『조선통신사』민음사, pp.299~314.
163) 만력(萬曆)은 중국 명나라 신종(神宗) 때의 연호이다. 신종은 1573년부터 1620년까지 재위하였다. 조선은 간지 앞에 중국연호를 사용하였다.
164) 정광(1988)『사역원 왜학연구』태학사, pp.103~113.

즉, 선행연구는 3가지로 정리된다.

ⓐ1618년 완성설(小倉進平)

ⓑ1618년 ~ 1636년 사이 완성설(森田武, 정광)

ⓒ1636년 이후 완성설(大友信一, 中村榮孝, 이원식)

본고에서는 모든 선행연구를 정리 고찰 후 결론을 내린 정광의 결론에 따른다.

첩해신어의 저자는 강우성이다. 아래에 강우성의 약력에 대한 연표를 간단히 작성하였는데, 강우성은 1581년 진주에서 출생하였으며, 1592년 임진난 때 납치되어 10년간 일본에 억류되었고, 억류 중 1600년에는 세키가하라 전투[165]의 진중에도 있었으며 조선에 쇄환된 후, 1609년(광해군 원년)에 역과에 급제하고 동래 부산포에서 왜학훈도로서 관왜의 접대와 왜학생의 교육에 종사하였다.[166]

---

165) 1600년 美濃의 세키가하라에서 일어난 전투로, 豊臣秀吉 사후(1598년) 천하의 실권이 오대로(五大老)의 하나인 德川家康에게로 돌아가자, 德川家康을 제거하기 위하여 오봉행(五奉行)의 하나인 石田三成등이 거병(서군)하였으나 德川家康군(동군)이 승리하여 패권을 확립한 전투이다. 5봉행이란 豊臣秀吉때의 직제로 前田玄以, 石田三成, 增田長盛, 淺野長政, 長束正家 5명에게 중요한 직무를 분담시켰다. 5대로란 德川家康, 前田利家, 毛利輝元, 宇喜多秀家, 小早川隆景(사후 上杉景勝)를 말하며 5봉행의 위에 위치해서 중요 정무를 합의했으며, 세키가하라 전투 후에 붕괴되었다. 동경당출판(1988)『일본사사전』, p.135. 왕문사(1968)『일본사사전』p.126. p.129. p.185. 이 전쟁에서 강우성은 德川家康군에 있었다. 고전국역총서 『국역 해행총재 Ⅲ』 p.217. "미시에 발행하여 세키가하라를 지나니, 이 곳은 德川家康이 輝元과 싸워 승리한 곳인데, 강우성이 일찍이 사로잡혔을 때에 가강의 군중에서 서로 전쟁하는 것을 목격하였다 한다."

166) ≪인조실록(1629) 020 07/05/13(정유) /[원전]34집 328면≫의 기사에 의하면 강우성은 광해군5년(1613)부터 7년까지 부산포 왜학훈도로 있었음을 알 수 있다.

<표26> 강우성 약력

```
<강우성 약력>
1581년        진주에서 출생
1592년        일본에 납치, 억류됨
1600년        關が原전투에 참여함
1604년        피로인 쇄환시 귀국
1609년        역과 급제
1613년        부산포에서 왜학훈도, 관왜 접대~15
1617년        제1차 도일
1618년        『첩해신어』 초고 일부 집필
1624년        제2차 도일
1636년        제3차 도일
1636년        『첩해신어』 초고완성
1676년        『첩해신어』 원간본 인쇄 간행
1678년        『첩해신어』 역과 왜학 서책으로 지정
몰 년          ?
```

강우성은 조선통신사를 수행하여 3번 일본에 갔었는데, 제1차 도일은 1617년 통신사, 제2차 도일은 1624년 정사 정욱을 수행한 통신사, 제3차 도일은 1636년 통신사를 수행하였다.[167] 그는 이와 같은 왜학역관의 경험을 토대로 관왜의 접대와 통신사행의 수행에서 필요한 일본어의 대화를 모아 『첩해신어』라는 일본어 교과서를 편찬하였던 것이다.

책의 이름을 『첩해신어』라고 한 것은 새로운 시대적 요구에 부합될 수 있는 '속성일본어' 교과서를 뜻하는 것이었다.[168] 특히, 임진왜란 이후 일본과의 국교가 회복되어, 통신사라는 대규모(400~500명) 사절단

---

167) 1차 때의 기록은 이석문의 부상록, 오윤겸의 동사록에서, 2차 기록은 부사 강홍중의 동사록, 3차 기록은 정사 임광의 병자일본일기에서 찾아 볼 수 있다.

168) 강신항(1992) 「한・일 양국 역관에 대한 비교 연구」 『인문과학』 23, 성균관대학교 인문과학연구소, p.45.

이 일본을 몇 개월씩 왕래하게 됨에 따라서, 이에 순응할 새 교재가 필요하였던 것이다.

편찬된『첩해신어』초고는 필사되어 부산포의 왜학역생들의 일본어 교재로 사용되었고 外任이 풀려 그가 내직인 사역원의 훈상당상으로 승차하여 사역원의 일본어 교육을 관장할 때 사역원에서도 이 교재를 사용한 것으로 보인다. 이렇게 비공식적으로 사용되던 첩해신어는 1670년에 당시 영의정으로서 사역원 도제조를 겸임하던 양파 정태화의 계청에 의하여 교서관에서 간행하게 되었는데 왜학당상 안신휘가 정서하여 1676년(숙종 2년)에 활자로 인행하였다. 이 예각 인행의 활자본 첩해신어는 오늘날 서울 대학교 규장각에 10권 10책 완질본 2절이 귀중본으로 소장되어 있으며 이를 원간본 또는 병진본, 병진활자본 등으로 불러 왔다. 또한, 이 활자를 그해의 간지를 붙여 병진 왜언자, 그 인본을 병진 왜언자본이라고 하며, 교서관에서 주조하였기 때문에 교서관왜언자, 그 인본을 교서관왜언자본이라고 일컫기도 한다.[169] 사역원 역서가 활자본으로 교서관에서 인행된다는 사실은 역과의 출제서로 인정됨을 말한다. 1678년에 초기의 14종 왜학서를 모두 없애고 오직 첩해신어 만을 역과 왜학의 출제서로 사용하기 시작하였음을 알 수 있다. 이것은 1676년에 교서관에서 이 책이 인행된 2년 후의 일이다. 초기 14종 시절의 초보적인 가나 학습으로부터 서간문의 작성, 각종 서식, 그리고 실용회화까지 첩해신어를 통하여 학습할 수 있도록 하였다.

1.6.2.1.2. 병진활자본의 복각본

통문관지에는 1676년에 간행된 활자본의 복각본이 간행된 기록이

---

169) 강신항(2000)『한국의 역학』서울대학교 출판부, p.118.

있다. 기록에 따르면, 1700년에 병진활자본의 복각본(목판본)이 간행되었는데 왜학겸군관 박세영이 제주에서 刊板하였다.[170] 이 원간본의 복각본은 원간본을 수정하여 입재하였으므로 단순한 복각본 만은 아니며, 이 복각본이 사역원 왜학에서 실제 일본어 학습서로 사용되었고, 현재는 고려대학교 도서관의 만송문고에 1책이, 이겸노(李謙魯)씨 산기문고에 2책이 소장되어 있다. 이들은 본래 같은 질로서 제1책이 고려대학에 제2, 3책이 산기문고에 산실된 것으로 보고 있다.[171] 경진년에 복각되었으므로 경진목판본(庚辰木版本)이라고 하며, 병진본(丙辰本)을 목판본으로 복각하였으므로 병진목판본(丙辰木板本)이라고도 한다. 초간의 整版本(流布本) 하나가 대마도 종가문고에 소장되어 있다.

1.6.2.1.3. 원간본 첩해신어의 내용

원간본 첩해신어는 10권 1책으로 목차는 아래와 같다.

(목차)

卷一 與代官初相接 送使船問情 難字解

卷二 茶禮講定 茶禮問答 饌品器皿論難 封進物看品

卷三 下船宴問答 始行中盃禮 送使 催答書

卷四 銅鐵看品停當 銅鐵看品 公木入給停當 公木入給

卷五 信使探候船 信使到馬

卷六 信使與島主語 離馬島向江戶 島主請下陸歇

---

170) 통문관지-권8-什物, p.115.
安同樞愼徽書康熙丙辰陽坡鄭相國啓令藝閣鑄字印行庚辰濟州兼軍官朴世英刊板于濟州
171) 安田章(1986)는 정광(1988)『사역원 왜학 연구』태학사, pp.114~115에서 재인용.

卷七　築前主禮候信使　信使接江戶使　入江戶見關白

卷八　信使不受金　信使還到大坂城　島主請信使餞宴

卷九　與代官相約振舞　和語謙讚　日本各道州郡

卷十　初相接狀　入舘後先通狀　講定　茶禮狀　茶禮後賀狀　茶禮後禮物狀

　　　封進宴論定狀　封進宴停當後通報狀　宴享日封進物件爲先看品事狀

　　　封進宴後賀狀　日本船出來案內狀　着船賀狀

　　　銅鑞勿許出給商人事狀　請公木米入給狀　請廻次振舞狀　振舞後賀狀

　　　難字解

森田(1955)[172]는 원간본 첩해신어를 대화체로 쓰여진 것과 대화체가 아닌 것으로 내용을 구분하였다.

(1)대화체로 쓰여진 것

　(a)부산에서 일본·조선 양국 관리간의 왕래 교섭을 내용으로 하는 것 권1∼권4, 권9 전반

　(b)조선사절의 일본방문을 내용으로 한 것 권5∼권8

(2)대화체가 아닌 것

　(c)일본의 지방명을 외우기 쉬운 문구로 만든 가사 권9 후반

　(d)서간문체 권10

강신항(2000)은 권1부터 권9까지는 대화체로 되어 있고, 권10은 서

---

172) 森田武(1955)「捷解新語の成立について」『國語國文』24-3, 경도대학문학부국어학국문학연구실, 정광(1988), 전게서, p.105에서 재인용.

간체인데, 권1, 2, 3, 4와 권9 전반은 부산에서 행해졌던 조선·일본 양국 관리 사이의 내왕 교섭을, 권5, 6, 7, 8은 조선사절단의 일본 방문내용을 주객 대화체로 기록하였으며, 형식은 매행 중앙에 일본 平假名 문자로 본문을 쓰고 그 옆에 한글로 음주를 달고 어구가 끊긴 곳에 우리말 번역문을 달았다.

한미경(1995)은 첩해신어의 내용을 다음과 같이 분석했다. 권1부터 권4까지는 무역 교섭 때의 대화를, 권5는 당시 조선국에서 파견한 통신사를 대마도에서 맞아들일 준비 때의 대화를, 권5부터 권8까지는 江戶까지 왕복할 때의 대화를 각각 기록한 것이며, 권9는 두 나라 관리들끼리의 개인적인 대화를 기록한 것으로서 외교적·사교적인 대화내용이며, 권10은 서간문이라고 하였다.

1.6.2.1.4. 첩해신어의 성격

책의 이름을 『첩해신어』라고 한 것은 강신항(2000)에 따르면 새로운 시대적 요구에 부합될 수 있는 속성일본어 교과서라고 하였다.[173] 즉, '새 말을 빨리 깨우친다'는 뜻이며, '신어'란 임진왜란 이후 일본인들로부터 직접 배운 새로운 일본어를 말하는 것이다. 특히 임진왜란 이후 일본과의 국교가 회복되어 통신사라는 대규모(400~500명) 사절단이 일본을 몇 개월씩 왕래하게 됨에 따라서, 이에 순응할 새 교재가 필요하였던 것이다. 왜학 역관들에게 읽기, 쓰기, 말하기 세 방향으로 일본어를 가르치고, 겸하여 접대와 교역 등에 필요한 사항을 교습시키기 위한 교과서이다.

첩해신어는 일본어 역관들이 임무를 수행하기 위해서 예상되는 상

---

173) 강신항(2000) 『한국의 역학』 서울대학교 출판부, p.117.

황에서 일어나는 대화를 모아놓은 회화집이며 이를 학습하기 위하여는 먼저 일본문자 즉 히라가나에 대한 지식이 요구된다. 원간본에 가나 습득을 위한 伊路波가 부재되어 있지 않은 것을 보면 원간본 시절에는 『伊路波』를 같이 사용하였을 것이다.

1.6.2.2. 제1차 개수본 첩해신어(1次 改修本 捷解新語)

정광(2002)[174]은 속대전 이후부터 구한말까지의 역학서에 대하여 개정 증보기로 보았다. 이 시기는 주로 편찬된 첩해신어를 신석, 개수, 증보, 중간하거나 유해와 같은 어휘집을 간행하여 사용하였다. 따라서 사역원의 외국어 교육은 문장의 강독과 더불어 어휘의 학습이 중심이 되었으나, 일본어의 정서법과 발음전사는 크게 변화된 것이 없다. 다만, 일본어 학습 초기의 문자 학습을 위하여 伊路波를 사용하던 것을 대폭 수정하여 첩해신어의 말미에 부재함으로써 첩해신어 만으로 일본어 교육이 이루어지도록 하고 있다.

첩해신어는 원간본이 간행된지 100년 이상 지나다 보니, 어음에 차이가 생기고 대화에 모순이 생기면서 조정에서는 이를 수정하도록 명하게 되었다. 1차 개수는 1747년(영조2)에 조정에서 홍계희를 정사로 하는 통신사를 보내면서 통신사행에 수행한 최수인과 최학령에게 개수를 맡겨 이들이 사행을 호행(護行)하는 왜인(倭人)들에게 질문하여 고친 것을 귀국하여 조정에 고하고 교서관에서 주자로 간행하였다.

이 개수본은 다음해의 역과초시에 시용하되 먼저 3권을 사용하여 보는 것이 어떨지를 물었는데 영조의 허락이 있었으며 그 후 실제로 이 개수본은 영조 24년(1748)에 교서관에서 활자로 인행된다. 이것이 소

---

174) 정광(2002), 전게서, p.334.

위 첩해신어 1차 개수본이요 종래 무진본(戊辰本)으로 불리던 것인데 프랑스 파리 동양어 학교(현재 파리 제3대학에 병설됨)에 소장된 것이 安田章(1987)에 의해서 처음으로 소개되고 경도대학 문학부 국어국문 학연구실에서 영인하여 해제와 일본어 색인을 붙여 간행하였다.[175]

1.6.2.3. 제2차 개수본 첩해신어(2次改修本 捷解新語)

2차 개수본 첩해신어에 대해서는 현재 두 가지 견해가 있다.

(a)최학령의 1차 개수본 이외에 최학령이 사력으로 간행한 다른 개수
   본이 존재했었다는 견해(정광)
(b)1781년에 간행된 중간본 첩해신어를 2차 개수본으로 보는 견해(小
   倉)

(a)는 최학령 단독으로 이루어졌는데, 제1차 개수에서 미처 개정하지 못한 원간본의 왜언대자(倭諺大字)를 최학령이 동래의 왜학훈도로 있을 때에 통사 왜인들을 통하여 大坂와 江戸의 가나문자를 서로 참고하고 고증하여 점획과 편방이 정서법에 맞지 않는 것을 모두 고쳐서 전편의 개수를 완성하여 私力으로 활자 인행하였으며, ぬ자가 교정된 것은 제2차 改修本에서 왜언대자를 고쳐 새로운 활자본을 간행할 때 비로소 이루어졌다고 하였다.[176]

(b)는 비교적 첩해신어 연구 초기의 견해로 1차 개수본인 무진본이 발견되기 이전의 견해이다.

본고에서는 정광의 견해에 따른다. 1763년의 계미통신사 때 정사였

---

175) 정광(1988), 전게서, p.117.
176) 정광(2002) 『역학서 연구』 J&C, p.408.

던 조엄의 『해사일기(海槎日記)』에 다음과 같은 기록이 있다.

兩國言語之相通. 全賴譯舌. 而隨行十人. 達通彼語者甚鮮. 誠可駭然.
此無他. 倭學生涯. 比益蕭條. 朝家勸懲. 近亦疎虞故耳. 首譯輩. 以爲倭
語物名冊子. 譯院亦有之. 而以其次次飜謄之. 故訛誤既多. 且彼人方言.
或有變改者. 舊冊難以盡憑. 趁此日對倭人時. 厘正其訛誤. 成出完書而
習之. 則方言物名. 庶可洞知. 如是則與彼人酬酌之際. 必無所礙云. 故
三使相議. 許其厘正, 以玄啓根劉道弘. 定爲校正官. 使首譯而董飭之.
未知可能作成書否也.[177]

양국의 말이 서로 통하는 것은 전혀 역관에게 의지하는데, 수행하는
역관 10인에 저들의 말에 달통한 자는 매우 드무니 참으로 놀랍다.
이는 다름이 아니라 왜학의 생애가 요즘 와서 더욱 소조하고, 조정의
권징도 근래에 허술하기 때문이다. 수역의 무리들이, "왜어의 물명을
적은 책은 역원에도 있으나, 그것을 차례차례 번역해 베끼기 때문에
오류가 많고, 또 저들의 방언이 혹 고쳐진 것도 있어 옛날 책을 다
신빙할 수 없으니, 요즘 왜인을 대할 때 그 오류를 바로잡아 완전한
책을 만들어 내어 익히면 방언과 물명을 환히 알 수 있습니다. 이렇
게 하면 저들과 수작할 무렵에 반드시 장애가 없을 것입니다." 한다.
그래서 세 사신이 상의하고 바로잡게 허락해 주어 현계근·유도홍을
교정관으로 정하고 수역으로 하여금 감독하게 하였는데, 완전한 책
을 만들어 낼지 모르겠다.[178]

---

177) 조엄(1764) 「해사일기」 『해행총재 Ⅶ(1967)』 민족문화추진회, 계미년 12
월 16일(무술), p.17.
178) 조엄(1764) 「해사일기」 『해행총재 Ⅶ(1967)』 민족문화추진회, 계미년 12
월 16일(무술), p.117.

윗 글에서 '세 사신이 상의하고'에서 세 사신은 정사 조엄, 부사 이인배, 종사관 김상익이었으며 '수역으로 하여금 감독하게 하였는데'의 수역은 최학령·이명윤·현태익이었고, '현계근·유도홍'은 압물통사였다. 즉, 정사인 조엄이 압물통사인 현계근·유도홍에게 자료를 수집하게 하고 당상역관인 최학령 등에게 감독을 시켰다는 내용이다.

1748년 무진 통신사 때에도 정사 홍계희 일행의 역관들, 특히 압물통사였던 최학령과 최수인이 주도하여 두 나라의 어음을 교정하고, 정사였던 홍계희의 서문을 넣어 교서관에서 제1차 개수본을 간행한 것을 생각해 보면, 위 해사일기의 기록으로 보아 일본에서 자료 수집한 내용으로 제2차 개수본이 나왔을 가능성이 높다. 또한, 1781년에 간행된 10권 12책의 중간본 첩해신어는 본문 판심(板心)에는 '개수', 서문 판심에는 '중간'이라고 써 있는 것으로 보아, 최학령이 이룩한 제2차 개수본 첩해신어에 이담의 중간서를 붙여서 그대로 각판한 것으로 보인다.[179]

1.6.2.4. 중간본 첩해신어(重刊本 捷解新語)

이담(李湛)의 서문과 간기가 있고 본문 판심(板心)에는 '개수', 서문 판심에는 '중간'이라고 써 있으며, 1781년에 간행된 첩해신어를 중간본 첩해신어라 한다. 현재 각처에 중간본이 소장되어 있는데, 규장각, 국립중앙도서관, 서울대 중앙도서관, 일본의 동양문고본, 고려대학교 책판 등이 있다.

서문에는 편찬경위와 개수경위, 그리고 중간본을 내기까지의 경과를 밝히고 있고, 6개 조항으로 된 범례에서는 초간본과 중간본 사이의 약 100년간의 간격이 있어 언어적 변천의 불가피함과 편찬형식의 변동에

---

179) 安田章(1960)도 판심의 '개수''중간'을 언급하였다.???????

대하여 지적하고 있다. 초간본과 비교할 때 중간본의 변화는 몇가지로 지적할 수 있는데, ①우선, 발음과 어휘를 바로잡았으며, ②분량이 많다는 이유로 권10을 상, 중, 하로 나누었고, ③초간본이 매행 2열 배치임에 반해 중간본은 매행 3열 배치로 하였으며, ④일본어 문자 도입시 いろは도입과 함께 50음도 도입 방법을 부록에 부재(附載)하였다는 것이다.

①발음과 어휘의 교정

발음은 [d]와 [n]의 혼동, [r]과 [n]의 혼동, [s]와 [ts]·[t]의 혼동, 조사의 오류 등을 바로 잡았다. 또한 용어에 있어서도 조선어 기원의 외래어가 줄어들고, 조선식 한자말이 일본식 한자말로 바뀌었다.

②권10을 상, 중, 하로 나눔

초간본에서는 제목 없이 하나로 되어 있던 권10을, 중간본에서는 아래와 같이 제목을 붙이면서 상, 중, 하로 나누었다.

卷十 上　初相接狀 入舘後先通狀 講定 茶禮狀 茶禮後賀狀 茶禮後禮物
　　　　狀
　　　中　封進宴論定狀 封進宴停當後通報狀 宴享日封進物件爲先看
　　　　品事狀 封進宴後賀狀 日本船出來案內狀 着船賀狀
　　　下　銅鑞勿許出給商人事狀 請公木米入給狀 請廻次振舞狀 振舞
　　　　後賀狀 難字解

③행의 배치가 바뀜

다음과 같이 한 행의 배치가 초간본 2열에서 중간본 3열로 바뀌었다.

또한 초간본에서는 문장이 끝나는 부분에 우리말 해석이 들어가 있어 자연적으로 문장이 끝나는 것과 시작되는 것을 알 수 있었으나, 중간본에서는 우리말 해석을 한 행의 왼쪽에 적고 있어 문장이 끝나는 부분과 시작되는 부분의 구분이 불분명한 것을 보충하여 문장이 새로 시작되는 곳에 초간본에는 없는 ○표시를 넣고 있다.

<그림3>『첩해신어』 행배치 대조(초간본 · 개수본 · 중간본)

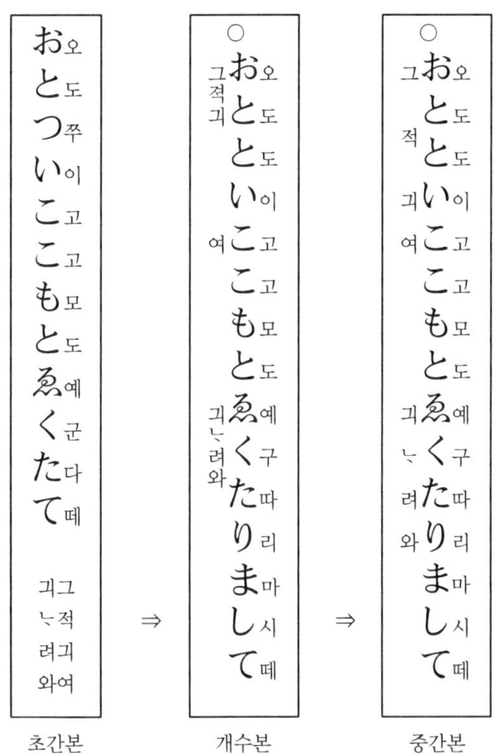

초간본   개수본   중간본

④50음도 부재

중간본의 가장 큰 변화는 일본어 학습 초기의 かな문자 습득 방법의

변화이다. 부록에 伊路波眞字半字竝錄, 伊路波吐字, 伊路波合字, 伊路波眞字草字竝錄, 簡格語錄, 伊路波半字竪相通, 伊路波半字橫相通이 있는데 이중, 아래에 적은 '伊路波眞字半字竝錄'이 いろは식 문자이고, '伊路波半字竪相通, 伊路波半字橫相通'이 50음도식 문자이다. 지금까지 いろは만이 부재(附載)되어 있던 것을 50음도도 함께 부재하고 있다.

[伊呂波眞字半字竝錄]
伊呂波 ひらがな・カタカナ・異體字2종 47자 + 御申內候ん 5자

いイ伊以, ろロ呂呂, はハ八波, にニ二仁, ほホ保保, へヘ邊邊, とト止止
ちチ千知, りリ利利, ぬヌ奴奴, るル流留, をヲ乎遠, わワ日和, かカ加加
よヨ兮與, たタ多太, れレ礼禮, そソ曾曾, つツ川川, ねネ子祢, なナ南奈
らラ良良, むム牟武, うウ宇宇, ゐ井井爲, のノ及及, おオ於於, くク久久
やヤ也也, まマ末末, けケ介計, ふフ不不, こコ工己, 江エ江江, てテ亭天
あア阿安, さサ草草, きキ幾幾, ゆユ勇由, めメ女女, みミ三美, しシ之之
ゑヱ惠惠, ひヒ比比, もモ毛毛, せセ世世, すス須寸
御申內候ん

[伊呂波半字竪相通][伊呂波半字橫相通]
倭音五十字本邦一切言語音聲反切無不出此者竪橫竝相通用初學倭字者宜先習之

アイヤウワ, イイヰウイ, ウイユウヽ, エイエウヱ, ヲイヨウオ　　喉音 淸

カキヤクワ, キキヰクイ, クキユクウ, ケキエクヱ, コキヨクオ　　牙音 濁

サシヤスワ, シシヰスイ, スシユスウ, セシエスヱ, ソシヨスオ　　齒音 濁

タチヤツワ, チチキツイ, ツチユツウ, テチエツヱ, トチヨツオ　　舌音 濁

ナニヤヌワ, ニニキヌイ, ヌニユヌウ, ネニエヌヱ, ノニヨヌオ　　舌音 清

ハヒヤフワ, ヒヒキフイ, フヒユフウ, ヘヒエフヱ, ホヒヨフオ　　唇音 經濁

マミヤムワ, ミミキムイ, ムミユムウ, メミエムヱ, モミヨムオ　　唇音 重清

ヤイヤユワ, キイキユイ, ユイユユヱ, エイエユウ, ヨイヨユオ　　喉音 清

ラリヤルワ, リリヤルイ, ルリユルウ, レリエルヱ, ロリヨルオ　　舌音 清

ワイヤウワ, イヽイウイ, ウイユウヽ, エイエウヱ, オイヨウオ　　喉音 清

右堅相通第二位生第四位第三位生

第五位故二三爲能生四五爲所生

アカサタナハマヤラワ　　　　　牙　齒唇共開

永此十字則皆生阿音

右一行爲五音之首稱男聲爲開音陽

聲也左四行皆稱女聲爲合音陰聲也

イキシチニヒミキリイ　　　　齒　合齒開唇

此十字皆生伊音

ウクスツヌフムユルウ　　　　唇　合齒開唇 或日窄唇

此十字皆生宇音

エケセテネヘメエレヱ　　　　舌　小開口出舌

此十字皆生惠音

ヲコソトノホモヨロオ　　　　喉　合唇出舌開O

此十字皆生於音

右横相通

현대 일본어에서도 문자 도입시, ひらがな부터 가르칠 것인가, カタ

カナ부터 가르칠 것인가가 문제가 되듯이, 조선시대에는 伊路波로 문자학습을 도입할 것인가 50음도로 도입할 것인가가 문제가 되었다. 첩해신어는 중간본에만 50음도 문자가 실려있는 것으로 보아 그 이전에는 伊路波로 문자도입을 하였으며 중간본에 50음도 문자가 실려있는 것은 일본에서 가나학습에 널리 사용된 50음도를 소개한 것으로 보인다.[180] 가나 도입용 50음도는 첩해신어 문석본에서는 다시 빠지게 되는데, 이것에 대하여 정광(1988)은 "일본의 가나문자를 학습하는 두 가지 방법, 즉 伊呂波와 50음도에서 사역원 왜학이 伊呂波만을 선택한 것은 여러 가지 이유가 있겠지만 성묘조 伊呂波의 영향이 컸기 때문으로 보이며 훈민정음 창제와 더불어 중국의 성운식, 반절법, 팔사파문자의 사용법들을 잘 알고 있었던 고려말 조선조 초기의 사역원 역관들에게 50음도는 받아들이기 어려웠을 것으로 생각된다."[181]고 하였다.

1.6.2.5. 왜어유해(倭語類解)

『倭語類解』는 한국에 있어서의 최초의 한·일어대역사전이다. 이 사전은 조선시대의 사역원에서 당시의 역과 충실을 위해 만들어진 일본어어휘집이면서 교과서로 쓰여진 자료이다.[182]『倭語類解』의 편자는 홍순명이라는 사람으로 일컬어지고 있으며, 편자가 편찬하는데 있어서 일본인 유학자 雨森芳洲의 협력을 받았다는 사실이『통문관지』제7권에 기록되어 있다.

---

180) (일본의 和漢名數를 대부분 그대로 인용)p.424.
181) 정광(1988), 전게서, p.126.
182) 성희경(1998)「『왜어유해』의 일본한자음의 청탁에 관하여」『일본학보』 제41집, 한국일본학회, p.15.

통문관지-권7-인물

洪舜明字水鏡 喜男之曾孫也 …… 倭語比諸方最難曉 公質干日本人雨
林東 作長語及類解等書用於課試

홍순명의 자는 수경이고 홍희남의 증손이다. …… 일본어는 다른 외
국어와 비교할 때 가장 어려워, 공적인 일이 있을 때마다 일본인 雨
林東에게 질문하여 '장어'와 '유해' 등을 만들어 과시용 책이 되었다.

그 외에도 간행연대를 추측케 하는 기록에는 『고금석림』이 있는데,
『古今釋林』 '三學譯語'에

古今釋林-권29-三學譯語-외편

蒙語類解舌官李億成○改 同文類解舌官玄文恒○正 倭語類解舌官韓
廷修雙○

몽어유해 설관 이억성○개 동문유해 설관 현문항 ○정 왜어유해 설
관 한정수 쌍○

라고 되어 있어, 홍순명이 雨林東에게 질문하여 유해를 만들었다는 기
사와, 왜어유해의 설관이 한정수라는 기사를 중심으로 시기를 짐작해
볼 수 있는 것이다.

현재까지 발견된 유일본인 金澤庄三郎(かなざわしょうざぶろう)
구장본은 서문, 발문, 간기 등을 가지고 있지 않아서 편찬자나 간행연
대를 자세히는 알 수 없으나, 정광(1978)에 따르면 17세기말 18세기 초
(1682~1748)사이[183]이다.

M.Courant(1894~5)과 金澤庄三郎가 소개한 이래 많은 연구가 있

---

183) 정광(1978) 「유해류 역학서에 대하여」 『국어학』 NO.7 p.167.

었고 유일본으로 알려져 왔으나, 1972년에 국립중앙도서관에서 간행한 「도서목록」에 들어 있고, 상·하 2권 2책으로 된 사전이다.

金澤본과 국립도서관 소장본은 같은 판본으로 보고 있다. 그러나 차이점도 보이는데 첫째는 金澤본에는 국립도서관 소장본에는 없는 '伊呂波間音'이 들어 있다는 것과 둘째, 金澤본은 탈획, 탈자가 많다는 것이다.

내용을 보면, 1911년의 金沢庄三郎의 해설에, '조선인이 지은 일본어의 사서이다. 천문·시후·간지·지리·방위·인륜 등의 항목을 따라 낱말을 모은 것이 약 3,500, 한자의 아래에 그 조선음훈과 일본자음을 2행으로 쓰고 하단에 일본어역을 언문으로 덧붙였다. 저자 및 간행의 연대는 모두 불명이지만 본서의 끝에 신행사 소경지의 이름을 들어놓은 중에 일광산 관현당이 보이는 것으로 미루어보면 조선인 통신사가 일광의 묘를 참배한 것이 1636년, 1643년, 1655년이다.'라는 글로 짐작해 보면, 이 책은 천문·시후·간지·지리·방위·인륜 등의 항목을 주제별로 모아놓은 사전이며, 3,500어가 들어있는 것을 알 수 있다.

1.6.2.6. 첩해신어문석(捷解新語文釋)

1796년 역관 김건서에 의한 첩해신어문석이 편찬되었다. 眞字와 가나를 섞어 쓰는 왜어의 문장을 보이기 위하여 행서체로 쓰였다. 1796년 정조실록 20년 2월 4일 경진조에,

사역원이 아뢰기를, "왜학(倭學) ≪첩해신어(捷解新語)≫는 다만 그 방언(方言)을 언문으로 주석하였기 때문에 이것을 배우는 사람들이 뜻을 알기가 어렵습니다. 역관 김건서(金健瑞)가 왜인들과 여러번 문난(問難)하여 12편을 만들어 ≪첩해신어문석(捷解新語文釋)≫이라 이름하였

으니, 이것을 반포하여 시행하소서." 하니, 윤허하였다.[184]

라고 있어, 1796년에 역관 김건서가 만든 일본어 초서 읽기 연습 책으로 12편으로 되어있다.

지금까지의 연구 결과에 의하면『첩해신어』는 4종류가 있었을 것으로 보인다.

· 원간본을 제외하고 伊路波를 부재하고 있다. 원간본 시절에는『伊路波』를 함께 사용하였다.

· 첩해신어는 강독, 회화, 어휘, 문자 교재이다.

· 병진 활자본 이외에 整版本(목판본)이 있다. 이 整版本이 실제 학생들에게 사용되는 것이다.

· 속대전 이후 사역원 왜학서는 첩해신어 원간본을 신석, 개수, 증보, 중간해서 사용하였는데, 원간본은 활자본(1681) 복각본이 간행되었고, 개수본은 1, 2차에 걸쳐 이루어졌으며, 중간본(1781)과 문석본(1796)이 간행되었으며, 왜어유해를 간행하여 어휘학습과 어려운 말을 해독하는 사전 역할을 하였다.

· 제2기에 간행된 교재를 중심으로 사역원 일어 교육의 모습을 생각해 볼 때, 사역원의 일본어 교육은 문장의 강독과 더불어 어휘의 학습이 중심이 되었을 것으로 보인다. 특히 첩해신어의 내용으로 볼 때 조선에서 이루어 지는 대화와 일본에서 이루어지는 대화, 서간문체 및 초서 읽기 연습이 중심이 되었을 것이며, 책의 내용은 대화체로 되어 있어서 회화교육처럼 보이나 조선시대의 교육 방법을 생각해 볼 때,

---

184) 정조실록(1796) 정조 044 20/02/04(경진)[원전]46집 628면

서당식 외우기 수업이 주를 이루었을 것으로 생각된다. 가나문자 도입법으로 いろは식 도입과 50음도식 도입중 첩해신어 중간본에 50음도가 소개되기도 하였으나, 결국은 いろは식이 주로 사용되었다.

지금까지 서술한 내용을 표로 정리하여 제2차 경국대전기의 교과서에 대한 결론으로 삼는다.

<표27> 제2차 경국대전기 교과서 『첩해신어』 간행, 개수, 중간, 문석표

捷解新語		연도	관련자	내용	소장처
원간본 (原刊本)	초고	1618	강우성	1618년(만력무오) 초고 일부, 1636년(숭덕초년) 초고 보완	
	활자본	1676	강우성 안신휘 정상국	1676년 인쇄, 원간본 왜언대자는 伊路波와 字體같음. 병진본(庚辰本), 병진활자본(庚辰活字本)	서울대학교 규장각에 10권 10책 완질본 2절 소장
	복각본	1700	박세영	병진활자본의 복각본. 목판본으로 제주도에서 간판. 사역원 실제 사용. 경진목판본(庚辰木版本) 병진목판본(丙辰木板本)?	고려대학교 도서관의 만송문고에 1책, 이겸노씨 산기문고에 2책 소장
개수본 (改修本)	1차	1748	최학령 등	1986년 安田章에 의하여 소개됨. 어음 수정/伊路波 附載	프랑스 파리 동양어학교(현재 파리 제3대학에 병설됨)
	2차	1748 ~ 1768 ?	최학령	왜언대자 수정/범례에 伊路波 附載/최학령 私力간행	
중간본 (重刊本)		1781	이담	2차 개수본의 복간본으로 생각됨. 서문과 간기 있음/伊路波·50음도 附載자체수정	동양문고장 舊幣原博士藏本/규장각본
문석본 (文釋本)		1796	김건서	왜어의 문장을 보이기 위해 행서체로/伊路波 附載자체수정/중간본의 50음도 제외	서울대학교 규장각

사역원의 왜학에서는 역과 시험의 사자(寫字)과목 시험을 준비하면서 상기 서책을 베껴쓰는 연습을 하고, 한편으로는 각 서책의 내용을 중심으로 어구나 숙어를 외우고, 편지 쓰는 법을 배우고, 이야기를 통하여 교훈을 얻었으며, 내용 이해보다는 문장자체의 암송에 주력하는 회화 연습했을 것으로 보인다.

1.7. 결론

지금까지 경국대전기의 일본어 교육에 대하여 시대적 배경, 교육 목표, 내용, 방법, 평가, 교과서를 중심으로 살펴보았는데, 다음 <표28>에서는 지금까지 고찰해 왔던 경국대전기 일본어 교육에 대한 결과를 하나로 모아서 정리하였다.

<표28> 경국대전기의 일본어 교육의 추이

	1차 경국대전기	2차 경국대전기
법제	1430년(세종 12)~1678년(숙종 4) (세종실록, 경국대전)	1678년(숙종 4)/1744년~1895년 (계사등록, 통문관지, 속대전, 정조실록)
목표	역관양성/통역과 번역 능력(실무일본어)	
내용	읽기, 쓰기, 말하기/문자, 어휘, 실용 서식, 교훈, 회화	읽기, 쓰기, 말하기/문자, 어휘, 외교 서식, 회화
방법	학생 15명~40명/양첩·천첩자제, 향리 추천 생도/연소총민·연장인	
	교사 왜학훈도 2명(정9품)/임기 30개월, 왜학별차(부산)	
	문장 강독, 어휘 학습, 문장 암송 회화	
평가	고강, 역과, 원시, 취재/사자(쓰기), 역어(쓰기), 강서(읽기), 회화(말하기)	
교과서	왜학 14책 『소식(消息)』 『서격(書格)』 『이로파(伊路波)』 『본초(本草)』 『동자교(童子敎)』 『노걸대(老乞大)』 『의론(議論)』 『통신(通信)』 『정훈왕래(庭訓往來)』 『구양물어(鳩養物語)』 『잡어(雜語)』 『응영기(應永記)』 『잡필(雜筆)』 『부사(富士)』	첩해신어(강독, 회화, 어휘, 문자 교재) 『첩해신어』 원간본 　1676년 (강우성, 안진휘, 정상국) 『첩해신어』 1차개수본 　1748년 (최학령 등) 『첩해신어』 2차 개수본 　? (최학령) 『첩해신어』 중간본 　1781년 (이담) 『倭語類解』 　1682~1748 (?) 『첩해신어 문석』 12편 　1796년 (김건서)
	1430년~1678년 사용	1678년~1895년 사용

2. 학부령기의 일본어 교육

학부령기의 일본어 교육은 3시대구분 한다. 학부에서 '학부 관제'로 법령을 발표하던 시기와, 학부령으로 학교령을 발표하던 시기로 나누되, 학교령은 한번 개정을 했으므로 3시대구분이 되는 것이다. 소위 '개화기'라고 일컬어지고 있는 시기로서, 시대구분에서도 언급했듯이 가장 의견이 분분한 시기이다. 시대는 조선이었으나 조선시대에 계속해서 적용되어 왔던『경국대전』의 법령이나, 1865년에 전래 법령을 수정 정리한『대전회통』의 법이 적용되지 못하였고, 1894년 갑오개혁에 의한 새로운 법령이 제정될 때까지 법령의 공백 후에 이어지는 시기이기도 하였다.

1894년에 있었던 갑오개혁은 조선왕조 500년의 구체제를 타파하여 근대국가로서의 면모를 갖추려고 한 시도였다. 비록 일본의 강압에 의하여 이루어지기는 하였으나 모든 분야에서 개혁이 시작되고 근대화가 추진되었다. 선행연구들을 중심[1]으로 갑오개혁에 대하여 정리하면, 청·일전쟁이 개시된 시기로부터 아관파천이 단행되기 직전까지, 즉 1894년 7월에서 1896년 2월 초까지 3차에 걸쳐 진행되었다. 일본의 강압 하에 이루어졌다는 점만을 제외하면, 우리나라 역사상에서 그처럼 단기간에, 그처럼 넓은 방면에 걸쳐서, 일사천리로 추진된 사례는 찾아보기 어려울 것이다. 갑오개혁이 전근대와 근대를 구분 짓는 분기점이라는 것은 바로 그 때문이다.

갑오 개혁을 추진한 이유는 두 가지였다.

---

1) 한국정신문화연구원(2004)『한국사연표』동방미디어, 이만열(1985)『한국사연표』역민사, 이기백(1990)『신수판 한국사신론』일조각

①조선의 개화파 인사들과 동학 농민층이 개혁을 필요로 하였기 때문으로, 개화파나 농민층이 이대로는 살아갈 수 없으니 문제가 되는 것을 고쳐 살길을 찾자는 것이었다.

②명치유신이래 조선을 지배하고자 기도해 왔던 일본의 목표한 바에 의한 것으로, 요컨대 '식민지화'의 기초작업으로서 그냥 침략하는 것은 명분이 약하니 내정개혁을 표방하여 구실도 만들고 조선의 내정도 일본이 운영하기에 편리하도록 바꾸자는 것이다.

개혁은 3차에 걸쳐서 이루어졌는데, 교육부문을 중심으로 표로 정리하면 아래와 같고, 1차에서는 예조를 폐지하고 학무아문을 설치하였으며, 2차에서는 학무아문을 다시 학부로 고치고 각종 관제, 법령 등을 제정 공포하였다. 홍범11조, 교육입국에 관한 칙서, 외국어학교 관제 등이 차례 차례로 공포되었으며, 3차에서는 소학교령과 한성사범학교령이 제정되었다.

<표29> 갑오개혁의 기간 및 내용

	1차	2차	3차
기간	1894. 7. 27~12. 17	1894.12. 18~1895.7. 7	1895. 7. 8~1896. 2월초
골자	국가운영상의 골격 개혁	주로 지방제도 개혁	일본 조선식민지화 조치
내용	군국기무처를 통해 정치, 경제, 사회등 208건의 개혁안 의결. 의정부를 두고 8아문을 예하. 과거제도 폐지	8아문을 7부로 개편. 종래의 지방제도 도.부.목.군.현 등 행정구역이 폐합되어 전국을 23부337군으로 함	태양력의 채용, 종두법 실시, 우체사설치, 소학교 설치령, 단발령, 1세1원의 연호사용, 군제개혁 등이 그 핵심
교육면	7월 예조 폐지되고 학무아문 설치	학무아문을 학부로. 홍범11조 교육입국에 관한 칙서. 학부관제칙령 제46호 발령. 외국어학교관제 공포 관립 인천일어학교 설립	소학교령 칙령 제145호. 한성사범학교 규칙 학부령 제1호.

　교육면을 보더라도 1894년 6월 25일 詔勅 '군국기무처 설치에 관한 건'에 의거, 7월에 외교와 교육을 관할해 온 예조를 폐지하고 「외무아문」과 「학무아문」이 설치되어 교육은 학무아문(학무아문은 1895년 3월에 「학부」로 바뀌게 된다.)이 담당하게 하였으며, 과거법의 혁파, 신분제도의 철폐 등으로 인재를 널리 등용하고, 교육의 기회균등을 마련하였다. 개혁이전에는 교육기관이 고관 양반자제들만 상대로 하였으나, 개혁 이후에는 이전과는 달리 신분에 구애 없이 광범위하게 국민을 위한 근대식 교육기관을 설치하게 되었고, 소학교, 중학교, 전문학교, 대학교, 기술학교, 외국어학교, 사범학교 등이 설치된다.

　군국기무처에서 발간한 『초기(草記)』에는 다음과 같이 학무아문을 규정하고 있다.

一. 學務衙門　管理國內敎育學務等政………
一. 專門學務局　掌中學校・大學校・技藝學校・外國語學校及專門學校
　　參議一員　主事四員
一. 普通學務局　掌小學校・師範學校　參議一員　主事四員[2]

　학무아문은 국내 교육 학무 등을 관리하는 곳으로, 전문학무국에서는 중학교, 대학교, 기예학교, 외국어학교 및 전문학교를 관장하고 참의 1명 주사 4명을 두며, 보통학무국은 소학교, 사범학교를 관장하고 역시 참의 1명 주사 4명을 둔다는 내용으로 되어 있다.

　다음해 1895년에는 1월 7일에 "홍범 14개조"가 발표되고, 동 2월 2일에는 국왕이 한문에 한글을 섞은 "교육입국에 관한 칙서"를 반포하

---

2) 1894년 6월 28일조, 이광린(1999)『한국개화사연구』일조각, p.162에서 재인용.

였는데 고종은 이 칙서에서 4가지를 강조하여,

　첫째, 교육은 국가를 보전하는 근본이 된다.

　둘째, 옛 사람이 남긴 찌꺼기만 먹고, 세상 돌아가는 정세에 어두우면
　　　　아무리 문장이 뛰어나도 아무 쓸 데 없는 일개 서생일 뿐이다.

　셋째, 덕을 키우는 일, 체력을 키우는 일, 슬기를 키우는 일을 교육
　　　　강령으로 삼는다.

　넷째, 학교를 널리 세우고 인재를 양성하는 까닭은 백성의 학식을
　　　　가지고 국가를 중흥시키기 위함이다.[3]

라는 내용으로 지·덕·체를 강조하는 근대교육의 목표를 뚜렷이 명
시하였다. 정부는 이 칙서에 따라 새로운 학제 개혁에 착수하였으며,
3월 25일에는 학부 관제 칙령 제46호가 발령되고, 1895년 4월에 한성
사범학교, 5월에 외국어학교[4], 7월에 소학교, 1899년 4월에 중학교 등
의 설치를 보게 된다. 대학교와 전문학교도 세우기로 되어 있었으나 소
학교·중학교와 같은 준비교 기관의 운영 경험도 없이 갑자기 전문학
교나 대학교를 세운다는 것은 그리 간단한 문제가 아니었다. 갑오개혁
을 전후한 법령의 공백기에 일어났던 일들을 정리해 보면,

　　·1876. 2　　　왜관철폐, 한일수호조규(강화도 조약)

　　·1876. 4　　　수신사(김기수 등 75명) 일본파견

　　·1880. 6　　　수신사(김홍집 등 58명) 일본파견

　　·1881. 1　　　신사유람단(박정양 등 13명) 일본파견

　　·1882. 8　　　수신사(박영효 등) 일본파견

---

3) 한국교육개발원(1982)『한국의 교과서 변천사』p.38.
4) 1895년 5월 10일에 외국어학교관제가 공포되어 일본어 교육기관인 관립
　 인천일어학교가 설립되었다.

- 1884. 10   갑신정변
- 1885. 8   배재학당 설립(아펜젤러, 1887 교명하사 받음)
- 1886. 4   이화학당 설립(스크랜튼, 1886.10 교명하사 받음)
- 1886. 6   육영공원 설립 → 최초의 왕립 근대식 학교
- 1889. 8   일기청을 두고, 승정원 일기 개수
- 1890. 12   일기청에서 승정원 일기 개수 완료(361권)
- 1891. 6   한성부에 일어학당 개설
- 1894. 6. 25   군국기무처 설치에 관한 건
- 1894. 7   갑오개혁
- 1894. 7   학무아문 설치
- 1894. 8   청 · 일전쟁(~1895. 3)
- 1895. 3. 25   학부 관제
- 1895. 4. 10   한성사범학교 관제(칙령 제79호)
- 1895. 5. 12   외국어학교 관제(칙령 제88호)
- 1895. 7. 19   소학교령(칙령 제145호)
- 1895. 8. 12   소학교 교칙대강(학부령 제3호)

과 같은 일들이 있었다.

러일전쟁이 시작되자, 우리나라의 궁내부, 재정, 경무에는 일본인 고문들이 들어앉았으며, 일본정부가 추천하는 사람이라야 우리나라 정부의 외교고문이 될 수 있었다. 당시의 학정참여관이었던 幣原坦(しではらひろし)는 일본에 보내는 한국교육개량안 중에서 한국의 학생들에게 대하여 일본어를 보급시킬 것을 제안하고 있다.

3시대구분한 학부령기는 외국어학교관제가 발령된 1895년 5월부터 학교령으로 바뀌는 1906년 9월 전까지를 제1차 학부령기로, 1906년 9

월 학교령 발령부터 1909년 9월 학교령이 개정되기 전까지를 제2차 학부령기로, 학교령이 개정되는 1909년 9월부터 조선교육령이 공포된 일제 점령기 전까지를 제3차 학부령기로 구분하여 논을 전개하고자 한다.5)

제2차 학부령기의 학교는 설립 주체에 따라, 관립학교·민간 사립학교·기독교계 사립학교로 대별되는데, 여기서는 사립학교는 제외하고 관립학교를 중심으로 살펴보되, 이 시기에 세워져서 일본어 교육이 있

---

5) 외국어 교육 및 일어학교에 대한 시대구분에는 아래와 같은 것이 있다.
· 이광린　외국어학교의 변천 시대구분(법제에 의해서)
　제1기　　　 1895년 5월～1906년 7월
　제2기　　　 1906년 8월～1909년 10월
　제3기　　　 1909년 10월～1911년 11월
　李光麟(1973)「舊韓末の官立外國語學校」『韓2-9』韓國硏究院(pp.106-113)

· 渡部学　일어학교(발전경로의 특질에 따라)
　제1기　　　 1895년～1898년
　제2기　　　 전기 1899년～1902년　　후기 1903년～1905년
　제3기　　　 1906년～1910년
　渡辺學(1973)「韓國における二言語主義」『韓2-9』韓國硏究院

· 조윤제　일어학교(명칭 변경에 따라)
　제1기　　　 관립일어학교시대(1895년 5월 10일～1906년 8월 31일)
　제2기　　　 관립한성일어학교시대(1906년 9월 1일～1907년 12월 31일)
　제3기　　　 관립한성외국어학교 일어부시대(1908년 1월 1일～1911년 10월 31일)
　趙文濟(1977)「韓末의 日語學校 敎育의 硏究」서울敎育大學論文集 10, p.2.

· 한중선 (자의와 타의에 따라)
　1. 자의에 의해 적극적으로 배우는 시기(1876년～1906년 8월)
　2. 일본측의 요구와 필요에 의해 배우는 시기(1906년 9월～1910년)
　한중선(2000)「일제 식민지 시기 교과서 비교연구」『일어일문학 연구』36집 pp.141～142.

었던 기관인 일본어학교, 소학교의 일본어 교육에 대하여 검토한다.

이 시기의 선행연구에는 다음과 같은 것이 있다.

김만곤(1970)은 1905년에서 1910년 사이의 통감부의 한국에 대한 언어정책과 언론정책에 대하여 논하고, 통감부의 언어정책은 초등학교 초년급부터 일어를 필수로 하는 2언어 병용(Bylingualism) 교육을 추진하였으며, 언론정책은 독립사상과 배일사상을 억제하는 정책을 감행하였으므로, 이러한 국어 교육은 한국교육에서 애국사상과 독립정신을 일대 금기시하는 혼 없는 교육이 이루어진 원인을 낳았다고 지적하고 있다.

渡部学(1941, 1973)는 조선의 일본어 교육의 변천을 교육사적인 입장에서 3시대구분하여 청·일전쟁에서 러·일전쟁까지를 1기로, 러·일전쟁에서 일제강점에 이르는 기간을 2기로, 일제강점이후를 3기로 분류하고, 1기는 '일어에 의한 교육기', 2기는 '일어 교육', 3기는 '국어'로서의 일어교육으로 보았다.

이광린(1969, 1973)의 1969는 서울에 세워진 외국어학교를 중심으로 외국어학교의 성격을 고찰하였는데, 외국어학교의 성격을 사역원의 연장으로 보았다.

강윤호(1975)는 학부의 교과용도서 편찬에 대하여 집중 연구하고 있는데, 교과서의 검정과정, 교과용 도서 편찬경위, 출판기관과 발행소, 교과용 도서의 내용 등을 개관한 단행본이다.

桜井義之(1976)는 『관립인천일어학교연혁사』를 중심으로, 관립인천일어학교의 교육적 역할을 고찰하였다. 그는 우선, 관립인천일어학교의 설립, 조직, 학과과정, 학생의 상태 등을 소개하고 '관립인천외국어학교'로 개교해서 '관립인천일어학교', '관립인천실업학교', '공립인천상업학교'로 바뀌어 가면서 존속하는 경과를 기술하고 있다.

조문제(1977)는 한말의 외국어학교 교육에 관하여 이광린(1969), 渡部学(1973)의 연구를 바탕으로 하여 교육실태를 규명하고, 다른 외국어에 비해 일어는 재학생 수나, 국가적인 뒷받침이나, 일반사람들의 관심이 높았다는 것을 밝혀내었다.

이숙자(1984)는 언어와 인간형성이라는 관점에서 한일병합전(1894~1910), 일본통치기(1910~1945)로 나누어 교육내용을 고찰하고 언어와 교육내용, 그리고 인간형성의 관련성에 주목하고 식민지에 대한 의도적·계획적인 교육은 두려워할 만하나, 36년 간의 철저한 식민지 교육도 민족의 에너지나 민족의 문화유산을 말살할 수는 없다고 결론 지었다.

稲葉継雄(1997)는 구한말의 '일어학교' 연구를 통하여 일어학교의 전모를 찾으려고 노력하였다. 선행연구에서 일어학교의 숫자가 34교 있었다는 것을 중심으로 문헌자료에 따라 실증하려고 노력하여, 34교 이상의 일어학교를 찾아내었고, 전체적인 경향과 특색을 고찰하여 정설의 일부를 수정·보완하였다.

한중선(2000a)은 1876년 한일수호조규 조인부터 1910년 한일합방까지를 개화기로 구분하고 이 시기에 일반 국민이 어떤 학습서로 일본어를 배웠으며 개화기의 조류 속에 놓여진 일본어 학습서에 대하여 개관을 시도하였다.

上田崇仁(2000b)는 일어독본의 분석을 통하여 대한제국 일본 병합 직전에 행해진 일본어 교육에 대하여 규명하고자 하였다. 이 연구는 당시 사용된 교과서의 위치를 명확히 하였으며 교과서에 게재된 일본어 어휘로 교과서의 발행을 추측하고 소위 표준어 성립 과정을 확실히 하였다.

2.1. 소학교/보통학교

소학교 또는 보통학교와 관계가 있는 법령을 표로 정리하고 논을 진행하고자 한다. 이러한 법령은 주로 관보를 통하여 발표되었다.

<표30> 학부령기의 소학교(보통학교) 관계 법령

학부령	공포일	이름	관계법령	출처
1차 학부령기	1895. 7. 19 1895. 8. 12	소학교령 소학교 교칙대강	칙령 제145호 학부령 제3호	내각기록국 관보과, 관보 제119호 7.22 구한국 관보, 제138호
2차 학부령기	1906. 8. 27 1906. 8. 27	보통학교령 보통학교령 시행규칙	칙령 제44호 학부령 제23호	관보 제3546호, 8. 31 관보 제3549호, 9. 4
3차 학부령기	1909. 4. 19 1909. 7. 5	보통학교령 개정 보통학교령 시행규칙	칙령 제55호 학부령 제6호	관보 제4355호, 4월 20일자 관보 부록7.9, pp.27~33.

2.1.1. 제1차 학부령기

2.1.1.1 시대적 배경

1895년 7월 19일 칙령 제145호로 '소학교령'이 공포되고, 1895년 8월 12일 학부령 제3호로 '소학교교칙대강'이 공포되었다. 소학교령은 4장 29조로 되어 있고, 소학교교칙대강은 10조로 구성되어 있는데, 그 중에 일본어 교육에 대하여 언급되어 있는 부분은 2곳이다.

첫째는, 소학교령 제2장 제8조, 9조에,

제8조　　소학교의 심상과 교과목은 수신, 독서, 작문, 습자, 산술, 체조로 함이라. 시의에 의하야 체조를 제하며 또 본국지리, 본국역사, 도화, **외국어의** 1과 혹 수과를 가하고 여아를 위하야 재봉을 가함을 득함이라.

제9조　　소학교 고등과의 교과목은 수신, 독서, 작문, 습자, 산술, 본국지리, 본국역사, 외국지리, 외국역사, 이과, 도와, 체조로 하고 여아를 위하야 재봉을 가함이라. 시의에 의하야 **외국어1과**를 가하며 또 외국지리, 외국역사, 도화 1과 혹 수과를 제함을 득함이라.

'외국어' 1과목을 교수할 수 있다는 대목이다. 두 번째는, 소학교교칙 대강 제12조에 교과 '외국어'에 대하여 다음과 같이 언급하고 있다.

(제12조) 教科에 外國語를 加흠은 將來生活上에 其智識의 緊要를 認흠이라. 近易흔 單語, 短句, 談話, 文法, 作文을 授ㅎ고 外國語로써 簡易흔 會話 及 通信等을 解케 흠이 要흠. 外國語를 授흠이 항샹 其發音과 文法에 注意ㅎ고 國語를 用ㅎ야 意解케 흠을 要함.6)

교과에 **외국어**를 가함은 장래 생활상에 그 지식의 긴요를 인함이라. 쉬운 단어, 단구(短句), 담화, 문법, 작문을 가르치고 **외국어**로 쉬운 회화 및 통신 등을 해(解)케 함이 필요하다. **외국어**를 가르침에 항상 그 발음과 문법에 주의하고 정확한 국어를 사용하여 번역하게 함을 요한다

---

6) 유봉호(1992) 『한국교육과정사 연구』 교학연구사, p.450.

　상기 2가지 기록이 일본어 교육에 대하여 언급되어 있는 전부인 것이다. 위에서 '외국어'란 일본어를 말하며 수의과목이었다. 그러므로, 법제상으로 일본어를 가르칠 수 있다고 되어 있으나 가르치지 않아도 되는 것이다. 稲葉継雄(1986)에 따르면 실제로 일본어를 가르친 곳은 '한성사범부속소학교(고등과)' 뿐이었다고 한다.[7] 즉, 1895년 7월, 한국 정부의 소학교령에 의하여 설치된 소학교 심상과에는 일본어 시간은 없었고, 한성사범부속소학교의 고등과에만 일본어가 선택과목으로서 1학년에 3시간, 2학년에 4시간, 3학년에 3시간[8] 들어 있었다. 따라서 이 시기의 일본어 교육은 '일본어학교'가 중심이 되고 있으며, 통감부가 설치된 제2차 학부령기에 초·중등교육에서 일본어 교육이 정착되었다고 보아서, 이하에서는 교육목표와 교육내용에 대하여 간단히 고찰하고자 한다.

2.1.1.2. 교육 목표

　소학교의 일본어 교육의 목표는 위에서 인용한 '소학교교칙대강" 제12조에 잘 나타나 있다. 즉, 교과에 외국어를 넣은 것은 장래생활에 그 지식이 긴요하기 때문이며 쉬운 단어, 구, 담화, 문법, 작문을 익혀서 그 외국어로 간단한 회화 및 통신 등을 할 수 있어야 하며, 외국어를 익힐 때 언제나 그 발음과 문법에 주의하고 정확한 국어를 사용하여 해석이 가능하게 되어야 한다고 하였다. 해당 외국어로 [간단한 회화 및 통신이 가능하고, 국어로 해석이 가능한 정도]를 목표로 하고 있다.

---

7) 稲葉継雄(1986)「韓国における日本語教育史」『日本語教育』60号, 일본어 교육학회, p.138.
8)「韓国における日本語教育の歴史」『日本語教育』48号, 日本語教育学会, p.3.

특히 모든 교과는 소학교 교육의 목표와 관련을 가지고 교육하도록 권하고 있는데, 소학교교칙대강 제1조에

> 小學校と 小學校令 第1條의 旨趣를 尊奉ᄒ야 兒童을 敎育홈. 德性을 涵養ᄒ고 人道를 實踐홈을 勉ᄒᄂ거시 敎育上에 第1主眼이 되ᄂ 故로 아모 敎科目이라도 此에 關連ᄒᄂ 事項은 別로 留意ᄒ야 敎授홈을 要홈. 智識과 技能을 確實ᄒ야 實用에 適홈을 要ᄒᄂ 故로 日常生活에 必要ᄒ 事項을 擇ᄒ야 敎授ᄒ고 反復訓練ᄒ야 應用이 自在케 홈을 務홈이 可홈. 各 敎科目의 敎授ᄂ 其經營과 方法을 互相連絡ᄒ야 補益홈을 要홈.9)

소학교는 소학교령 제1조의 취지를 존봉하여 아동을 교육함. 덕성을 함양하고 인도를 실천함을 힘쓰는 것이 교육상 제1 주안점이므로 어느 교과목이던 이와 관련된 사항은 특히 유의하여 교수함을 요함. 지식과 기능을 확실히 하여 실용에 적함을 요하므로 일상생활에 필요한 사항을 택하여 교수하고 반복훈련하여 응용이 자재케 함을 힘씀이 가함. 각 교과목의 교수는 그 경영과 방법을 상호 연결지어 보익(보태어 도움)함을 요함.

덕성을 함양하고 사람의 도를 실천하는데 힘쓰는 것이 제1목표이며, 실용에 적합하도록 일상생활에 필요한 사항을 택하여 가르치고 또한 반복 훈련하여 응용이 자유롭게 되도록 힘써야 한다고 하였다. 외국어가 '장래 생활에 긴요하기 때문에' 교과에 포함되었고, '실용에 적합하도록 일상생활에 필요한 사항을 택하여 가르치고 반복 훈련하여 응용

---

9) 유봉호(1992)『한국교육과정사 연구』교학연구사, p.447.

이 자유롭게 되도록 하여' 일상생활에서 [간단한 회화 및 통신이 가능하고, 국어로 번역이 가능한 정도]의 일어 교육이 되도록 하는 실용 위주의 교육 목표를 중심에 두고 있다.

2.1.1.3. 교육 내용

①언어 기능

언어 기능은 보통 듣기, 말하기, 읽기, 쓰기의 4기능으로 나타내거나, 입력(input)을 중심으로 하는 이해 기능, 출력(output)을 중심으로 하는 표현 기능으로 표시하기도 한다. 이 중에 듣기, 읽기는 이해 기능이며, 말하기 쓰기는 표현 기능이다. 이 시기의 일본어 교육은 '일본어로 간단한 회화나 통신이 가능하고, 국어로 번역이 가능한 일본어'를 목표로 하고 있다. 일상생활에서 일본어를 사용하여 대화하거나, 통신하거나, 번역을 하여야 할 접촉장면이 시대적인 상황으로 보아 많아지고 있었다. 회화나 통신은 모두 출력(output)을 중심으로 하는 기능, 즉, 표현 기능이다. '국어로 번역 가능'한 목표는 제1차 학부령기 뿐 만 아니라 앞으로 고찰하게 될 제2차, 제3차 학부령기의 교육 목표에서도 계속 제시되는 항목이며, 외국어학교의 교과목에는 '반역(反譯)'이 있어, 일문한역과 한문일역을 학년별로 나누어 교수하고 있다. 따라서, 번역과 기능과의 관계를 고찰해 볼 필요가 있을 것 같다.

모국어로 번역 또는 해석을 하는 데에는 문자에 의한 것과 구두에 의한 것 2가지 방법이 있다. 일반적으로 문자에 의한 것을 번역이라고 하고 구두에 의한 것을 통역이라고 한다. Rogova(1975)는 번역을 원문과 관련지어 분류하고 ①외국어의 문법 그대로 모든 어휘를 모어로 번역하기 ②외국어에서 나타내고 있는 개념을 모어 상당어로 전달하기 ③읽거나 들은 본문의 의미 내용을 모어로 설명하기 ④전문적인 번역으로 특별한 기능과 지식이 요구되는 번역으로 분류[10]하고 있다. 번역과 4기능과의 관계에 대하여는 2가지 의견이 있는데, 번역이 4기능 신장에 도움이 되지 않는다는 의견과 도움이 된다는 의견이다.

Harris(1969)는 번역기술(技術)은 4기능과는 별개의 특별한 기능이고 나아가 대단히 전문화된 복잡한 활동이어서 번역활동을 통하여 4기능이 신장되는 것을 기대해서는 안된다[11]고 하고 있고, Lado(1964)도 번역과정은 심리학적으로 4기능과는 다른 것이므로 우선 언어자체를 가르치고 점차 별개의 기능으로 번역을 가르칠 것, 좋은 번역은 외국어를 습득한 후에 비로소 가능하게 되는 것[12]이라고 하였다. 이에 대하여 Kirkwood(1966)는 CC-L이론[13]을 배경으로 해서, 학습을 할 때 모국어와의 대조분석이 유효하다는 입장을 취한다. 번역을 통해서 통어론이나 의미론의 대조적 학습은 언어구조의 인식적 구사력을 신장시키는 기초가 되며 유의미한 장면의 언어운용연습은 언어기능을 신장시킨

---

10) Rogova, G. V.(1975) 『Methods of Teaching English』 Leningrad : Prosveshchenie, pp.192~197. 垣田直巳(1979) 『英語教育学研究ハンドブック』 大修館書店, p.374에서 재인용.
11) Harris, David P.(1969) 『Testing English as a Second Language』 New York:McGraw-Hill Book Company, pp.4~5 垣田直巳(1979), 전게서, p.374에서 재인용.
12) Lado(1964) 『Language Teaching : A Scientific Approach』 New York : McGraw-Hill, Inc. pp.53~54. 垣田直巳(1979), 전게서, p.374에서 재인용.
13) Cognitive Code-learning Theory. 4기능의 발전을 목적으로 하는 교수법. CC-L의 교재는 회화가 읽기문으로 시작되고, 새로운 어휘와 구조가 도입된 후, 문법규칙의 설명이 연역적으로 제시되며, 문법규칙의 이해를 체크하는 테스트가 이어진다. 자동적·무의식적인 반응 훈련은 없고 구조적인 용법을 의식적으로 이해하는 것을 지향한다. 즉, 'competence'를 의식적으로 습득해서 그것을 의식적으로 응용하는 것에 의해서 'performance'기능으로 발전시켜 가는 것이다.

다[14]고 주장하였다. Rogova(1975)는 번역을 수단으로 이용하는 것에 대하여 언급하고 ①어·어구·문의 의미를 전달하는 수단 ②본문중의 이해 곤란한 점에 대하여 이해를 확실히 하는 수단 ③읽거나 들은 것의 내용 이해를 체크하는 수단으로 번역을 할 것을 제시하고 있는데, ①의 의미 전달 방법으로 모국어의 상당어를 제시하는 방법과 상당어 결여·의미범위의 차이·용법의 차이 등이 있을 경우에는 설명적 번역을 하는 것을 들고 있다.[15] 문제가 되는 것은 완전히 일치하는 번역이 없을 때인데, 이에 대하여 Miller(1966)는 정확한 번역이 발견되지 않을 때에는 ①외국어의 다른 상당어 ②외국어에 의한 정의 ③외국어에 의한 설명 ④모어에 의한 정의 ⑤모어에 의한 설명을 하도록 제안[16]하고 있다. Mackey(1965)도, 오류를 피하는데 유효하다면 번역을 이용하는 편이 좋다[17]고 하였다.

이상과 같이 2가지 견해, 즉 번역이 4기능 신장에 유효하다는 것에 대한 반대 입장과 찬성 입장을 보아 왔는데, 반대 입장은 전문 번역을 염두에 둔 반대 입장이며, 찬성 입장은 번역을 외국어 교육의 수단으로 사용할 때의 유효한 점을 강조하고 있어 '번역'이라는 용어보다는 '역독'으로 이해하면 될 것이다. 결국 번역은 불필요하게 사용해서는 안되나 필요한 경우에는 유효한 사용법을 생각하여야 한다고 요약될 것이

---

14) Kirkwood, H. W.(1966) 「Translation as a Basis for Contrastive Linguistic Analysis」 『IRAL』 4, 3, Sep. pp.175~182　垣田直巳(1979), 전게서, p.374 재인용
15) Rogova, G. V.(1975) 『Methods of Teaching English』 Leningrad : Prosveshchenie, pp.192~197. 垣田直巳(1979), 전게서, p.375에서 재인용.
16) Miller, D. C.(1966) 『Teaching the Reading Passage』 London : Oxford University Press, pp.109~114. 垣田直巳(1979), 전게서, p.375에서 재인용.
17) Mackey(1965) 『Language Teaching Analysis』 London : Longmans, Green and Co. Ltd. p.241. 垣田直巳(1979), 전게서, p.375에서 재인용.

다. 번역이 언어 교육에 유효하게 사용되는 것은 [대조 학습]과 [잘못 이해 방지]로 요약된다. 대조 학습은 언어 구조의 인식적 구사력을 신장시키며, 모국어에 의한 번역을 통하여 학습자가 잘 못 이해하는 것을 방지 할 수 있다는 것이다. 4기능과의 관계로 생각해 볼 때, 번역의 결과물은 출력 기능이 되나, 수업의 수단으로 사용될 때는 이해 기능으로 작용하게 되는 것이다.

지금까지 제1차 학부령기의 일본어 교육의 목표에 대한 언어 기능을 알아보았다. 회화와 통신은 출력 기능이며, 번역은 교수의 수단으로 사용될 때는 이해 기능이고 결과를 중심으로 생각할 때는 표현 기능에 속한다고 하겠다. 다만, 제1차 학부령기의 '번역'의 의미는 '실생활에 긴요'하다는 결과에 중점을 둔 것으로 보여져서, 결국 출력 기능을 요구하는 것으로 분석된다.

②언어 재료

언어 재료는 어휘, 소재, 발음, 문형·문법, 의사소통기능, 문화 등으로 나타난다. 상기 "소학교 교칙대강" 제12조의 키워드를 보면,

'近易흔 單語, 短句, 談話, 文法, 作文을 授ᄒ고 外國語로뼈 簡易흔 會話 及 通信等을 解케 홈을 要홈. 外國語를 授홈이 항상 其發音과 文法에 注意'라는 표현을 쓰고 있어, 간단한 [어휘], 간단한 [구나 담화], [작문]을 익히고, 특히, 일본어를 배울 때 [발음]과 [문법]에 주의하여야 하며, 간단하고 쉬운 회화(의사소통)와 통신을 할 수 있어야 한다고 하였다.

2.1.1.4. 교수·학습 방법

2.1.1.4.1. 학생

입학, 퇴학에 관한 내용, 수업일수, 입학연령 모두 제2차 학부령기와

같다.

소학교령(1895) 제2장은 소학교의 편제 및 남녀 아동의 취학에 대한 내용으로 구성되어 있다. 제2장 제6조는 소학교를 심상과와 고등과 2과로 한다는 내용이고, 제7조는 수업연한에 대한 내용으로 심상과는 3년 고등과는 2년~3년으로 한다는 내용이다. 제8조는 소학교 심상과의 교과목이고, 제9조는 고등과의 교과목에 대하여 기술되어 있다. 심상과의 교과목은 수신, 독서, 작문, 습자, 산술, 체조이며, 외국어 1과 등을 더할 수 있다. 즉, 상기 외국어가 일본어가 되는 것이다.

제13조는 수업일에 대한 내용으로 일요일과 동기·하기 방학을 합하여 90일을 넘어서는 안되며, 다만, 학부대신을 허가를 얻었을 때에는 90일을 넘길 수 있었다. 제16조에 아동의 학령에 관한 내용으로 만 7세부터 만 15세까지로 8개년을 학령으로 하고 있다.

2.1.1.4.2. 교사

소학교령(1895) 제21조에 소학교 교원은 소학교 교원 자격증을 가진 자로 하며, 자격증은 검정에 합격하여 얻어지는 것(제22조)이다. 임용에 대해서는 관립소학교 교원은 학부대신이, 공립소학교 교원은 당해 관찰사가 임용(제23조)하며, 소학교 교원이 부정한 일을 하였을 경우에는 그 직을 잃을 뿐만 아니라 교원 자격증을 환수하게 되어 있었다. 또한 소학교령(1895) 부칙 제29조에 현재 관립소학교 및 공립소학교의 경비 예산내에서 외국교사를 용입(傭入)할 수 있다고 있는데, 실제로 일본어 담당교사로 일본인이 가르쳤던 것 같다. 1906년 6월 29일 대한매일신보에 '경고대한교육가'라는 제하에 "신설학교 대부분은 모두 일인교사"라고 기사를 쓰고 있는 것으로 미루어 짐작이 가능하다.

2.1.1.4.3. 교수법

교수법에 대하여는 두 가지 기록을 참고한다. 소학교 교칙대강 제1조에 "지식과 기능을 확실하야 실용에 적함을 요하는 고로 일상생활에 필요한 사항을 택하야 교수하고 반복연습하야 응용이 자존케 함을 무함이 가함이라"는 내용이 있고, 제12조에 "외국어를 가르침에 항상 그 발음과 문법에 주의하고 정확한 국어를 용하야 의해케 함을 요함"이라고 되어 있다.

위의 두 기록에 따르면 일본어를 가르칠 때에 '반복연습'과 '발음과 문법에 주의하고 정확한 국어로 번역할 수 있도록' 가르치는 것이다. 응용이 가능하도록 반복연습을 하며, 발음과 문법을 강조하고, 정확한 번역을 할 수 있도록 하고 있다. 조선 시대의 역관 교육이 반복하여 외우는 방식으로 이루어졌고, 통역과 번역이 최종 목표이었던 것을 생각해 보면, 제1차 학부령기의 일본어 교육은 역관 교육의 연장선상에서 법제화되었다고 결론지을 수 있을 것이다. 다만, 문법이라는 개념이 추가되어 있는 것은 주목할 만 하다.

2.1.1.5. 평가

평가에 대한 기록은 현재까지 소학교 교칙대강(1895) 제15조 뿐이다. 소학교장 및 수석교원은 수업연한의 끝에 이르러 아동의 학업성적을 고하고 소학교 교칙에 정한 과정을 졸업함으로 인정한 때에 졸업증서를 수여한다.

2.1.1.6. 교과서

소학교령(1895) 제15조에 소학교 교과용서는 학부편찬 외에도 학부대신의 검정을 거친 것을 사용한다고 되어 있으나, 일본어 교과서는 학부편찬 교과서가 없었으므로 실제로 어떤 교과서를 사용하였는지는 실제로 수업이 이루어진 학교의 자료를 이용하는 수밖에 없을 것이다.

제1차 학부령기에 실제로 일본어 교육을 시행한 학교는 '한성사범부속소학교' 한 곳 뿐이라고 위에서 언급하였다. 이 곳에서 어떤 교과서를 사용해서 수업을 하였는지는 현재로서는 알 수 없다. 좀더 자료가 발견되기를 기다려야 할 것 같다. 다만, 1906년 6월 29일 대한매일신보에 '경고대한교육가'라는 제하에 "신설학교 대부분은 모두 일인교사이고 교과서도 또한 모두 일본 문부성 검정교과서이다. …… 우리나라 교육가가 이것을 크게 반성하지 않고……교육을……일본인 교사에게 맡기거나 일본 교과서를 취사선택하지 않고 원본 그대로 채용하면, 그 교육의 결과, 일본을 숭배하는 사상을 육성"하게 된다고 하였는데, 위의 인용문에서 제1차 학부령기 말기에 일본의 교과서를 그대로 사용하였다는 것을 짐작케 하는 기사이다.

2.1.2. 제2차 학부령기

2.1.2.1. 시대적 배경

1906년 2월 통감부가 설치되었다. 통감의 권한은 크게 3가지로 요약되는데, ①한국의 외교는 물론 모든 내정 간섭 ②한국내 일본인 관리 통할 ③군사령관에게 병력 사용 명령권[18]을 갖는 등 한국의 통치자 구실을 하였다. 통치를 위해서는 언어정책이 필수이다. 당시 통감부 서기관으로 부임한 俵孫一(たわらまごいち)는 교육 준비 업무를 맡아서 교육제도 개편 및 일본어 교육 보급업무를 개시하였다. 1906년 8월 27일, 칙령 제41, 42, 43, 44호로 사범학교령, 고등학교령, 외국어학교령, 보통학교령이 반포되고 9월 1일부터 발효되었다. 새로운 학제가 반포됨과 동시에 사범학교관제, 중학교관제, 외국어학교관제, 소학교령은 모두 폐지되었다.

위의 칙령에서 우선 알 수 있는 것은 제1차 학부령기의 소학교가 보통학교로, 중학교가 고등학교로 명칭이 변경되었으며, 보통학교의 수업연한이 5~6년에서 4년으로 단축되었다는 것이다. 이에 대하여 학부는 "복잡한 학제와 장기의 수업연한은 한국교육의 실제에 부적당하므로 학제를 단순히 하고 과정을 간이하게 하여 오직 실용에 적용하는데 있다."[19]고 표방하였다.

4년제의 보통학교에서는 주 수업 28시간~30시간 중 일본어 수업을 6시간, 고등학교 본과(4년)에서도 주 6시간, 사범학교, 고등여학교, 농업학교, 공업학교 등 관공립학교에서는 일본어를 필수과목으로 넣도록 되었으며 각지의 보통학교에는 일본인 교사 90명이 교감으로 배치되

---

18) 이병도(1952) 『국사대관』 백영사, p.480.
19) 유봉호(1992) 『한국교육과정사 연구』 교학연구사, p.68.

었다. 보통학교 초급반에서부터 일본어과목을 가르친다는 비난에 대하여, 1908년, 6월 20일 관립보통학교직원회에서 三土忠造(みつちちゅうぞう) 학부서기관은 "조선인이 일본어를 아는 것이 일한 현실, 상업, 통상, 교통 그밖에 점에서 볼 때 유리하다"고 답변하고 있다.

한편, 서울에 있었던 외국어학교는 1909년 한성외국어학교로 통합되고, 인천 평양에 있었던 일어학교는 각각 인천실업학교, 평양상업학교로 개편되었다. 외국어학교의 일본어 입학자는 나날이 급증하여서 1906년에는 야간부, 1908년에는 수업연한 1년의 속성과까지 부설할 정도였다. 또한, 1890년대에는 대일본해외교육회, 동아동문회, 동본원사 등 일본내의 여러 유지에 의하여 각지에 사립일본어학교가 설립되어 1906년에는 30여교에 이르렀다고 한다. 그러나 통감부가 설치된 이후는 각처에 보통학교가 세워지고, 일본어는 필수과목이 되었기 때문에 사립일본어학교는 점차 폐쇄되었다. 일본유학생은 1882년부터 시작되어 점점 많아져서 1907년에는 공·사비 유학생을 합하여 약700명에 이르렀다고 한다.[20)]

다음은 제2차 학부령기의 법제 공포에 대한 연표이다.

· 1906년 8월 27일　　학부직할학교 및 공립학교관제 칙령 40호 반포,
　　　　　　　　　　　9월 1일 시행
· 1906년 8월 27일　　사범학교령　칙령 제41호
· 1906년 8월 27일　　고등학교령　칙령 제42호
· 1906년 8월 27일　　외국어학교령 칙령 제43호 공포, 9월 1일 시행
　　　　　　　　　　　외국어학교 본과 3년, 연구과 2년

---

20) 이봉희(1984)「일본어 교육에 관한 일고찰」『日本学報』제13집, 한국일본학회, pp.24~25.

- 1906년 9월 3일　　　학부직할학교 직원 정원령, 칙령 45호
- 1907년 9월 28일　　　칙령 제24호,
　　　　　　　　　　　보통학교령(일어)　칙령 제44호
- 1907년 12월 13일　　학부직할학교 및 공립학교관제칙령 제55호
- 1907년 12월 31일　　보통학교령 시행규칙 개정 1908.1.1
　　　　　　　　　　　관·공립보통학교에 일본인들 발령
- 1908년 8월 28일　　　교과용도서 검정규정,
　　　　　　　　　　　학부령 제16호 반포 시행 관보부록 9월1일자
- 1909년 7월 5일　　　외국어학교령 시행규칙 학부령 반포 제5호

　일본어가 수의과목이었던 제1차 학부령기와는 달리, 제2차 학부령기에는 일본어가 정규과목으로 부과되었다. 일본어의 정규 과목화는 식민지 교육의 일환이었고 일본어의 보급 강화를 통하여 실용교과를 강화하고자 함이었다.

　이 시기의 주된 사료는 '관보'이다. 관보는 관청의 소식을 국민에게 알리는 정부의 공식기관지로서 법령의 공포와 예산의 편성과 집행, 서임 및 사령 그리고 관청의 동정 등이 수록된다. 이로써 관원의 업무수행에 기본도구로 활용되고, 일반 국민에게는 정부의 시정방향과 활동 상황을 알 수 있는 1차적 자료로 이용되는 것이다.[21] 관보에는 「구한국 관보」, 「통감부 공보」, 「총독부 관보」 등이 있는데, 갑오개혁 이후의 관보발행 상황을 표로 정리하였다.

---

21) 최정태(1992) 『한국의 관보』 아세아문화사, p.5.

<표31> 관보 발행 실태

기간		편찬주무기관	호수
①	1894. 6. 21 ~ 1895. 3. 29	의정부 관보국	호수 없음
	1895. 4. 1 ~ 1896. 10. 12	내각 기록국 관보과	1~452
	1896. 10. 13 ~ 1905. 3. 1	의정부 총무국 관보과	453~3075
	1905. 3. 2 ~ 1907. 6. 15	의정부 관보과	3076~3793
	1907. 6. 17 ~ 1910. 8. 29	내각 법제국 관보과	3794~4768
②	1907. 1. 14 ~ 1910. 8. 27	통감부	1~167
③	1910. 8. 29 ~ 1945. 8. 30	조선총독부	1~5567
④	1945. 9 ~ 1948. 8	미군정청	미확인
⑤	1948. 9. 1 ~ 1955. 2. 16	공보처	1~1273
	1955. 2. 17 ~ 1960. 6. 30	공보실	1274~2614
	1960. 7. 1 ~ 1961. 5. 19	국무원 사무처	2715~2859
	1961. 5. 20 ~ 1968. 7. 25	공보부	2860~5008
	1968. 7. 26 ~	총무처	5009~

통감부는 정기적으로 『통감부공보』를 제1호(1907.1.14)부터 제167호(1910.8.27)까지 발행하였는데 자세한 내용은 아래 <표32>와 같다.[22] 이 공보는 처음에 부정기로 발행하였으나 제14호(1907년 7월 13일)부터는 매주 토요일마다 주간으로 발행하여, 3년 7개월 발행하는 동안 평균 8일마다 한번씩 발행한 셈이 된다. 결국 1910년 8월 29일 조선총독부가 설치됨에 따라 통감부의 기능이 중지되고, 공보도 자연히 종간 되었다.

---

[22] 최정태(1992), 상게서, p.65. 참고자료 : 「통감부공보」(영인본)제1~2권, 아세아문화사, 1974

<표32> 통감부 공보 발행 현황

연 표	홋 수(월, 일)	면 수
1907(광무 11, 명치40)	제1호(1.14)~제35호(12.21)	198
1908(융희 2, 명치41)	제36호(1.9)~제82호(12.26)	375
1909(융희 3, 명치42)	제83호(1.9)~제133호(12.25)	502
1910(융희 4, 명치43)	제134호(1.8)~제167호(8.27)	372

이하에서는 주로 상기 사료를 중심으로 일본어를 배우는 각 급 학교의 교육 목표, 교육 내용, 교수·학습 방법, 평가, 교과서에 대하여 기술한다.

2.1.2.2. 교육 목표

제2차 학부령기의 일본어에 대한 교육 목표를 알아보기 위하여 ①보통학교의 교육 목적과 ②'일어'과목의 '교수요지'를 고찰하고자 한다.

보통학교의 교육목적은 보통학교령 제1조에 "학도의 신체발달에 유의하여 도덕교육 및 국민교육을 실시하고 일상생활에 필요한 보통지식과 기예를 익힌다"고 되어 있고 이러한 교육목적을 달성하기 위하여 교과목으로 "수신, 국어, 한문, **일어**, 산술, 지리역사, 이과, 도서, 체조로 하고 여자에게는 수예"를 부과하였고, 경우에 따라서는 창가, 수공, 농업, 상업 등의 교과를 한 과목 또는 몇 개 과목을 과할 수 있게 하였다. 보통학교의 교육목적은 [도덕교육], [국민교육], [일상생활에 필요한 보통지식과 기예 습득]으로 요약된다. 본고에서는 위와 같은 보통학교의 교육 목적과 연관지어 '일어'과목에 대하여 고찰하는 것이다. 수의 과목이었던 일어가 정규 과목이 되었다는 것은 일본어 보급을 강화한 것이며, 일어가 정규과목이 된 데에는 법령 개정자의 의도가 있었을

것이다.[23)]

　보통학교령 시행규칙 제2장 제9조, 제10조에 보통학교의 각 교과목 교수요지에 관한 내용이 있다. 그 중 '일어'과목의 교수요지는 다음과 같이 제시되어 있다.

　(제9조) 近易흔 會話와 簡易흔 문법을 理會ᄒ며 또 作文케 ᄒ야 實用의 資를 要흠이라. 近易한 會話로 始ᄒ야 簡易흔 國語文의 讀法과 書法과 作法을 幷授흠이라. 實用을 爲主ᄒ야 學徒의 智識程度를 隨ᄒ야 日常須知의 事項을 撰授ᄒ며 또 發音에 留意ᄒ야 正當흔 日語를 習熟케 흠을 務흠이라. 國語와 連絡흠을 務ᄒ야 時時國文으로 飜譯케 흠이라

　(제10조) 普通學校 各學年의 敎科課程 及 每週敎授時數는 第一號表에 依하라

　(제9조) 쉬운 회화와 간단한 문법을 이해시키고 작문하게 하여 실용적인 능력을 쌓는다. 쉬운 회화로 시작하여 간단한 국어문의 독법, 서법, 작법을 함께 가르친다. 실용을 위주로 하여 학생의 지식정도에 따라 일상에서 마땅히 알아야 하는 사항들을 선택하여 가르치며 또 발음에 유의하여 올바르고 적절한 일어를 익히게 하는데 힘써야 한다. 국어와 연관지어 생각하기를 힘쓰며 때때로 국문으로 번역한

---

23) 보통학교령 시행규칙에도 보통학교 교육방침이 밝혀져 있는데 요약하면 ①도덕교육은 전과목에서 유의하면서 교수하고, ②지식과 기능은 일상생활상의 필요한 사항을 교수하며, ③학도의 심심의 건전한 발육에 유의하여야 한다는 점이다. 그 중 '지식과 기능은 일상생활상의 필요한 사항'을 교수한다는 것은 일본어 교육의 보급, 농업, 상업, 수예 등의 실용교과를 강조하려는 의도로 해석된다. 보통학교령 시행규칙, 학부령 제23호 제8조, 유봉호(1992)pp.68~69에서 재인용.

다.24)

(제10조)보통학교 각학년의 교과과정 및 매주 교수시수는 제1호표에
의하라.

상기 일어 과목의 교수요지에는 일본어 교육의 목표와 내용과 유의점이 모두 표현되고 있다. 쉬운 회화와 간단한 문법이해, 실용 작문능력이 일본어 교육의 목표가 되며, 쉬운 회화와 간단한 국어문의 독법·서법·작법, 일상에서 마땅히 알아야 하는 사항 선택, 국문 번역이 교육 내용이 되며, 실용 위주의 학생의 지식정도에 따라, 국어와 연관지어 가르쳐야 하는 것이 지도상의 유의점이 되는 것이다.

일어과목의 교육 목표를 보통학교 교육 목적과 종합하여 생각해 보면, 보통학교의 교육 목적인 [도덕교육], [국민교육], [일상생활에 필요한 보통지식과 기예 습득]에서 '일어'의 목표인 [쉬운 회화와 간단한 문법이해, 실용 작문능력]은 국민교육, 일상생활에 필요한 지식과 기예 습득이 될 것이다. 유봉호(1992)는 일본의 한국에 대한 식민지주의 교육 수단으로 '일본어의 보급'과 '저급한 실업교육의 강화'를 위하여 법령을 개정하였다고 보고 있고, 모든 선행연구들의 일치하는 결론이기도 하다. 즉, 법령개정의 숨은 의도는 식민지주의 교육에 있었다고 보았다.25)

---

24) 보통학교령 시행규칙 제2장 교과급 편제 제1절 교칙 제9조(近易흔 會話와 簡易흔 문법을 理會ᄒ며 쏘 作文케 ᄒ야 實用의 資를 要홈이라. 近易한 會話로 始ᄒ야 簡易흔 國語文의 讀法과 書法과 作法을 幷授홈이라. 實用을 爲主ᄒ야 學徒의 智識程度를 隨ᄒ야 日常須知의 事項을 撰授ᄒ며 쏘 發音에 留意ᄒ야 正當흔 日語를 習熟케 홈을 務홈이라. 國語와 連絡홈을 務ᄒ야 時時國文으로 飜譯케 홈이라.)
25) 유봉호(1992), 전게서, p.68.

2.1.2.3. 교육 내용

당시 보통학교의 일본어에 대한 교육 내용과 정도를 알아보기 위하여 2가지를 고찰하려고 하는데, 하나는 '교육 목표'이고 다른 하나는 '교수시수표'이다. 우선, '목표' 항목에서 살펴본 보통학교 일어의 교수요지 중 '쉬운 회화와 간단한 국어문의 독법·서법·작법, 일상에서 마땅히 알아야 하는 사항 선택, 국문 번역이 교육 내용이 된다고 하였다. 회화, 독법, 서법, 작법, 번역을 중심으로 하는 수업이 이루어지게 된다.

[언어 기능]에 대하여는, 보통학교 일어 과목의 목표인 쉬운 회화 능력과 실용작문 능력을 위해서는 표현 기능이 필요할 것이며, 간단한 문법 이해는 이해 기능이 요구된다. 회화 능력, 실용작문 능력 모두 실제 사용을 위한 표현 기능이 강조된 목표이다.

[언어 재료]는 실용을 위주로 하여 학생의 지식정도에 따라 일상에서 마땅히 알아야 하는 사항들을 선택하여 가르치며 또 [발음]에 유의하여 올바르고 적절한 일어를 익히게 하는데 힘써야 한다고 하였다. 간단한 [문법]이해와 더불어 국어문의 [독법], [서법], [작법]을 함께 교수하도록 하였는데, 즉, [소재]는 일상생활에서 선택하며, 발음 유의를 강조하며, 국어문의 독법, 서법, 작법을 함께 교수하고 양국어를 [대조 비교]해 가면서 가르치도록 하였다.

다음 <표33>은 제2차 학부령기 보통학교 '각 학년 교과과정 및 매주 교수 시수'를 나타낸다. 일어를 중심으로 살펴보면, 일어는 국어와 같은 주당 6시간을 4년 간 교수하게 되며, '회화 및 구어문의 독법, 서법, 작법'을 중심 내용으로 하는 것은 '교수요지'의 내용과 일치한다.

<표33> 제2차 학부령기 보통학교 각 학년 과정 및 매주 교수시수표(1906)

교과목 \ 학년	시수	제1학년	시수	제2학년	시수	제3학년	시수	제4학년
수 신	1	인도실천의 방법	1	동상	1	동상	1	동상
국 어	6	일상수지의 문자 및 보통문의 독법, 서법, 작법	6	동상	6	동상	6	동상
한 문	4	근이한 한자	4	동상	4	동상	4	동상
일 어	6	회화 및 구어문의 독법, 서법, 작법	6	동상	6	동상	6	동상
산 술	6	계법, 서법, 통상, 가감, 승제	6	통상가감승제	6	가감승제 소수호법 서법 과분수 도량형 화폐계산	6	동상
지리 역사		본국역사, 지리대요		동상		본국역사 본국 및 외국 지리		동상
이 과					2	동물식물광물 및 자연현상	2	간이물리화학 현상인신생리 위생대요
도 화	2	제반형체	2	동상	2	동상	2	동상
체 조	3	유희보통체조	3	동상	3	동상	3	동상
수 예		운침법 편직자수		의류재봉법봉법재법보철법		동상		동상
창 가		단음창가		동상		동상		동상
수 공		간이 세공		동상		동상		동상
농 업						농업대요		동상
상 업						상업대요		동상
계	28		28		30		30	

지금까지 2가지 자료를 통하여 고찰한 내용을 정리하면, 제2차 학부령기의 보통학교에서 가르치는 일어는 회화, 독법, 서법, 작법, 번역을 수업 내용으로 하고 있으며, 실용능력 즉, 표현기능을 강조하고 있다고 요약된다.

일본어의 수업시수는 아래 표에서 보는 바와 같이 제1차 학부령기와 비교할 때 거의 2배로 늘어났다.

<표34> 제1차, 제2차 학부령기의 보통학교 수업시수 비교(주당 시간수)

시기＼학년	1학년	2학년	3학년	4학년	계
제1차(1895~1906)	3	4	3	·	10
제2차(1906~1909)	6	6	6	6	24

2.1.2.4. 교수·학습 방법

2.1.2.4.1. 학생

1906년 8월 27일에 공포된 보통학교령에는 학생의 입학과 퇴학에 관한 내용이 있다. 제3장 10조에, 보통학교에 입학할 학도는 만8세로부터 12세까지로 하되 당분간은 14세까지 입학함도 가능하다고 되어 있고, 입학한 자는 임의로 퇴학할 수 없다고 하였다. 또한, 보통학교령 시행규칙 제3장 제32조에, 보통학교에 입학할 기일은 학년초로부터 30일 이내로 하되 특별한 사정이 있는 자는 기일 이후라도 입학함을 허락한다고 하였다.

수업일수는 200일 이내이며, 방학은 60일 이내에서 학부대신의 인가를 얻어야 되었다. 보통학교령 시행규칙에는 학년, 학기, 매일 교수 시간, 휴일 등이 자세히 제시되어 있다. 제18조에, 보통학교의 학년은 4월

1일로부터 익년 3월 31일까지이고, 제19조에, 1학년은 3학기로 하여,

　　제1학기 4. 1 ～ 8. 31

　　제2학기 9. 1 ～ 12. 31

　　제3학기 1. 1 ～ 3. 31

　수업시간은 제20조에, 학교장이 정하되,

　　4. 1 ～ 9. 31은　　　　　오전 8시 ～　　　오후 3시

　　10. 1 ～ 익년 3. 31은　오전 9시 ～　　　오후 4시

이고, 휴일은 보통학교령 시행규칙 제21조에 만수성절[26], 춘추경절[27], 개국기원절[28], 홍경절[29], 계천기원절[30](9월 17일), 일요일, 춘계방학(4월 1일~4월 10일), 하계방학(7월 11일~8월 31일), 동계방학(12월 29일~익년 1월 7일), 명절(한식전일로 한식일까지, 추석전일로 추석일까지, 음력 12월 28일로 익년 1월 초7일까지)로 정해져 있었다.

2.1.2.4.2. 교사

　교사에 대한 규정은 보통학교령 시행규칙 제3절 제25조, 26조에, 학교장은 학년초에 학도 50인 이하로 학급을 편제하고 각 학급의 학년구별과 학도수를 학부대신에게 보고하여, 각 학급에 교원 1인을 두되 교

---

26) 만수성절(萬壽聖節)은 고종의 탄신일이다. 음력 7월 25일, 양력으로는 9월 8일이다. 1897년 10월 12일에 황제즉위식을 거행하고 국호를 '대한제국'으로 고치고 대한제국이 자주독립국임을 천명하면서 탄신일을 만수성절로 정하였다.
27) 천추경절(千秋慶節)은 음력9월 18일, 양력 10월 20일로, 황태자(순종)의 탄신일이다.
28) 개국기원절(開國紀元節)은 음력7월 17일, 양력 8월 14일로 조선왕조가 처음 세워진 날이다. 1392년 7월 17일에 태조 이성계가 즉위하였다.
29) 홍경절(興慶節)은 1월 13일로 고종의 즉위 기념일이다.
30) 계천기원절(繼天紀元節)은 음력 9월 17일, 양력 10월 12일로, 1897년 고종이 대한제국을 선포하고 황제에 오른 날이다.

원이 없을 때에는 부교원 혹은 '대변교원'으로 보충할 수 있다고 되어 있다. 즉, 50인 이내의 한 학급당 교사 1인의 기준으로 교사가 배치되며 부족한 교원은 임시교원으로 대치할 수 있다는 것이다. 대변교원은 학교장이 채용하되 학부대신에게 보고하게 되어 있었다.

당시의 교원 검정은 시험검정과 무시험검정 2가지가 있었다. 무시험검정은 ①사범학교 졸업자 ②사범학교, 고등학교 및 이와 동등한 학교의 교관된 자와 교관이었던 자 ③고등학교 및 이와 동등 이상 정도의 학교 졸업자 ④위의 각 항 외에 검정위원회에서 특별히 적당하다고 인정한 자가 해당되었다.[31] 시험검정은 매년 2월 28일까지 학부대신에게 서류를 제출하여 사범학교의 교과정도에서 시험을 보았다. 1차 합격자는 을종면허장을 받았고 재차 합격자는 갑종면허장을 받았다.[32]

2.1.2.4.3. 교수법

수업은 보통 3요소 즉, 학생과 교사와 교재·교구로 이루어지며, 교사는 본인이 터득하고 있는 교수법을 적용하여 교수를 하게 되고 학생은 학습을 하게 된다. 교사가 수업에 대하여 코스디자인을 하기 위해서는 정확한 수업일수나 학생의 연령 등을 포함한 발달의 단계를 염두에 두어야 한다. 위에서 언급한 제2차 학부령기의 학생을 예로 들어 보면, 1학년 교실에서 8세부터 14세까지의 연령의 학생 50명이 같은 교실에서 함께 수업을 받았다는 것을 염두에 두어야 하며, 이런 상황에서 일본어를 가르칠 때 교사는 어떠한 교수법을 적용하여 수업을 할 것인가를 생각하지 않으면 안 되는 것이다. 교수법의 분석도 이러한 현실을 감안한 분석이어야 하며 아무리 훌륭한 교수법이 현실적으로 존재한다

---

31) 보통학교령 시행규칙 제4장 제45조
32) 보통학교령 시행규칙 제4장 제45조~49조

고 하더라도 교육현장의 코스디자인에서는 시행착오가 가장 적은 교수법을 취사선택하여야만 하는 것이다.

제2차 학부령기의 보통학교시행규칙 교수요지에서 '유의점'으로 제시하고 있는 내용을 요약하면, "실용을 위주로 하여, 발음에 주의하고, 학생의 지식정도에 따라, 국어와 연관지어 가르칠 것"[33]이라고 하였다. 제1차 학부령기와 비교할 때 유의점이 늘어나고 있다. 제1차에서는 발음과 문법에 주의하고 국어로 정확한 해석을 요하고 있는데 반하여, 제2차에서는 문법이 삭제되고, 실용을 강조하고 있으며, 국어로 해석이 아니라 국어와 연관지어 가르치도록 되어 있다. 국어와 연관지어 가르친다고 하는 것은 해석이라기 보다는 대조하면서 가르치는 쪽으로 이해된다.

<표35> 제1차, 제2차 학부령기의 '유의점' 비교

제1차 학부령기	제2차 학부령기
외국어를 가르침에 항상 그 발음과 문법에 주의하고 정확한 국어를 사용하여 해석하게함을 요한다	실용을 위주로 하여, 발음에 주의하고, 학생의 지식정도에 따라, 국어와 연관지어 가르쳐야 한다

제2차 학부령기부터 일본어 교육은 자리를 잡아가고 있는 것을 법제에서 확인할 수 있다. 교육 내용이나 교수법 면에서도 제2차 학부령기의 내용을 이하의 법제에서 답습하고 있으며 이것은 조선교육령기에도 계속 이어진다.

교수법에 대하여는 교수요지에 '유의점'의 형식으로 간단히 제시되어 있기 때문에 실제로 어떤 수업이 이루어졌는지는 다른 자료를 필요로 하게 된다. 다만, 교과과정을 통하여서 알 수 있는 것은 학부령기부

---

33) 보통학교령 시행규칙, 학부령 제23호, 1906년 8월 27일, 제2장 제9조

터 조선교육령기까지 일본어 교육은 5개 지도[34]를 중심으로 이루어졌다는 것이다. 5개 지도란 말하기(會話), 읽기(讀方), 쓰기(書方), 듣기(聞方), 짓기(綴方)를 말하는데, 각 시기별로 5개 지도중 2~5개 항목이 적용되었고, 제2차 학부령기에는 교육내용에서 제시된 말하기(會話), 읽기(讀方), 쓰기(書方), 작법(作法)[35] 등, 4개 항목이 그것인 것이다. 각 각의 지도에 대한 개념은 제2차 조선교육령기의 지도법 항목에서 다루기로 한다.

2.1.2.5. 평가

제2차 학부령기의 평가에 대한 자료는 1906년 8월 27일에 공포된 보통학교령 시행규칙 제25조부터 제29조에 기록되어 있다.

시험은 학기시험, 학년시험을 실시하되, 학기시험은 1학기 및 2학기 중에 실시하고, 학년시험은 학년말에 실시한다. 평소성적과 시험성적은 10점 만점으로 하되, 각 학과목 4점 이상과 총평균 6점 이상을 합격의 표준으로 하였다.

제25조 각학년의 수료와 전학과의 졸업을 인할 시에는 평상의 성적 및 시험의 성적을 고사하여 이를 정하되 단 부득이한 사유를 인하여 시험에 결석한 자에 대하여 추후 시험을 행함도 득함이라. 학교장은 1년 간의 학업성적 및 평소 근면 정황에 의거하여 수료 또는 졸업을 판정하였다.

---

34) 다만, 듣기 지도는 4차 조선교육령기에서 처음으로 도입되었다.
35) 시기에 따라 명칭이 다르게 나타나고 있는데, 제2차 학부령기에는 '작법'으로 제3차 학부령기에는 '짓기(綴方)'로 되어 있다.

2.1.2.6. 교과서

제2차 학부령기에는 교과서를 선택할 때 학부에서 편찬하였거나 학부대신의 인가를 얻은 교과서만 사용할 수 있었다.[36] 이 시기에는 학부에서 『일어독본』 8권이 발행되었는데, 권1~권4는 1907년 2월에 발행되었고, 『일어독본』 권5~권8은 1908년 3월에 발행되었다.

발행의 경과를 살펴보면, 1906년 8월 27일 보통학교령이 공포되고 그에 따른 교과서 편찬을 계획할 때에, 幣原坦(しではらひろし)의 후임으로 三土忠造(みつちちゅうぞう)가 학부서기관에 취임하였는데, 그는 일본의 『尋常小学読本』의 기초위원이었다. 그가 주임이 되어 우선 1907년 4월부터 사용할 보통학교용 교과서를 주간 야간 겸용으로 편찬하게 된다. 『일어독본』은 모두 東京에서 인쇄되었기 때문에 교정의 어려움이 있었고 또 실제로 사용해본 결과 수정할 부분이 많아 판을 거듭할 때마다 개정을 하였고, 1909년 11월에는 명칭도 『보통학교학도용 일어독본』으로 바꾸어 발행하였으며, 1910년 3월까지 권1~4는 5회, 권5~8은 4회 발행되었다.[37] 이 교과서는 1910년 일본 강점 후에도 『정정보통학교학도용 국어독본』으로 이름을 바꾸어 잠시 사용되기까지 하여, 1907년에 발행된 『일어독본』은 8년이라는 긴 시간동안 사용되었던 것이다.

『일어독본』은 일본의 『심상소학독본』과 같이 단어에서 구, 구에서 문으로 발전하는 방식으로 편찬되었다. 일어독본의 특징으로 3가지 정

---

36) 보통학교령 제2장 교과 및 편제, 보통학령 시행규칙 제5절 제31조에도 "보통학교 교과도서는 학부에서 편찬한 것을 용하되 특별한 경우에는 학교장이 학부대신의 인가를 수하야 학부편찬 이외의 도서를 용함을 득함이라."고 하여 같은 내용이 있다.

37) 大槻芳廣(1943)「倂合以前の日語讀本をめぐりて」『外地・大陸・南方 日本語教授實踐』國語文化研究所, p.73.

도를 들 수 있다. 우선, 일본소개에 관한 내용이 많으며, 지리역사에 관한 소재가 많은 것을 들 수 있고, 두 번째로 한자 제시 방법이 특이하며, 세 번째 표음식 假名遣(かなづかい)를 채용하고 있다는 것이다.

<그림4> 학부 1기 『일어독본』(1907)

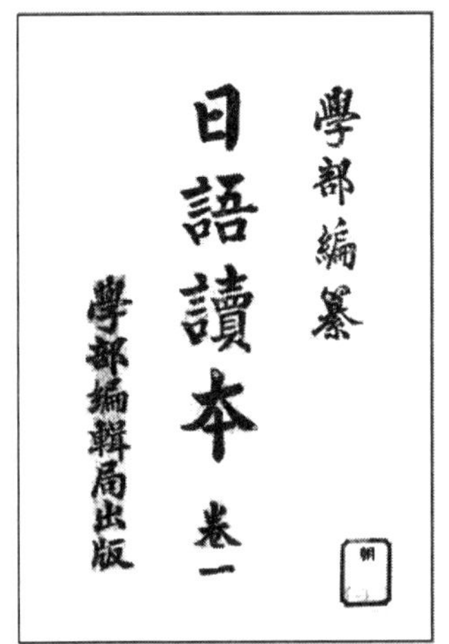

[역사적 발음방식]

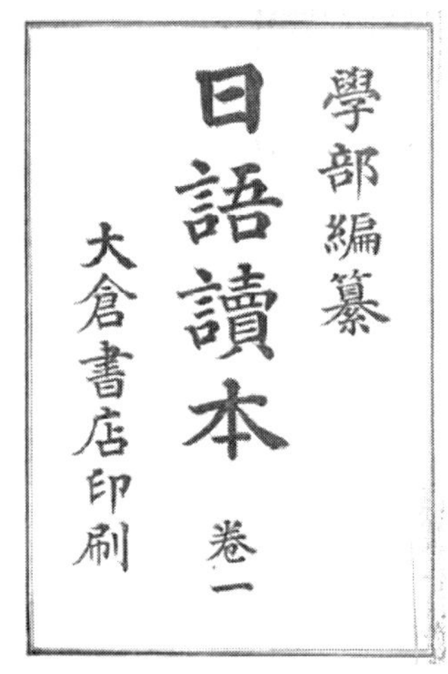

[표음적 발음방식]

그러나 위의 교과서 이미지 예에서 보는 것처럼, 학부 1기 『일어독본』 전 8권 중 1권, 2권은 두 종류가 존재한다. 원칙적으로 표음식 발음방식을 채용하기로 되어 있었으나, 현재 발견되는 교과서는 표음식 발음방식을 취한 것과 역사적 방식을 취하고 있는 교과서가 모두 존재하는 것이다. 발음 방식이 다를 뿐 만 아니라 표음식 교과서는 삽화가 들어 있고, 역사적 발음방식 교과서는 삽화가 없다. 2종류의 학부 1기 교과서 중 어느 쪽이 먼저 발행되었는지는 아직 밝혀지지 않고 있다.

大槻芳廣(1943)는 『일어독본』에 대하여 언급하고,

<표36> 제2차 학부령기 교과서 『일어독본』 8권 목차

	권1	권2	권3	권4	권5	권6	권7	권8
1	單語	東西南北	感心ナ子供	港	新學年	空氣	雨と雪一	物の價
2	單語	ヨクオボエル	汽車ノ便利	棧橋	木の芽	おはなと鏡一	雨と雪二	紙幣ト爲替
3	句	ヨク眠リマシタ	京城ヘ	巡査	韓國	おはなと鏡二	日本	天洋條約
4	句	顔ヲ洗ウ	娘ノ行儀	巡査ガ役目	着物	洪水	朝鮮ト日本ノ交通	日淸戰爭
5	新聞ヲヨミマス	顔	才屋敷	稻刈	吳服屋	洪水の原因	日本ト支那トノ交通	隣國
6	木ガアリマス	日ガ短クナリマシタ	前ノ川	山の上から	二人ノ決心	森林一	日本ノ府縣	分業
7	此處・其處・彼處	鳥トテツボウ	雨ト木ノ葉	桝	虎トアカンボウ一	森林二	新橋のすていしょん	我々の着物
8	犬・馬・牛	母ノ心配	海	穀物ノ店	虎トアカンボウ二	公園	宿屋一	銀行一
9	私・アナタ	橋ノ上・下	船	牛肉屋	海の水	ドイツの子供	宿屋二	銀行二
10	此レ出レ彼レ	祖父・祖母	ゴ勉强	馬と鹽	雪と鹽と砂糖	地球一	書籍の注文	良い醫者
11	字嵩	才店	才日サマ	寒イ風	貨幣	地球二	動物と植物一	祈禱と藥一
12	紙ヲダシマシタカ	雪	麥ノ穗	犬のよくばり	紙幣	水と陸	動物と植物二	祈禱と藥二
13	コレソレアレ	雪自ノ登校	農業ト勉强	兄ノ寫眞	金屬	晝夜	よい小僧	京城東京間一
14	誰サン	木ノ葉	惱ム盗ム	入浴	馬と牛	老人三人ノ話	東京	京城東京間二
15	ドレドコ	四季	海ノ泳ギ	火事	動物の色一	冬ノ植物	議論ト喧嘩	日露戰爭
16	數字	繪ノ本	麥刈	火あそび	動物の色二	果物と野菜	裁判所一	運のよかった人
17	圓錢	昨日ノ寒サ	晴レタ日	電報	桃ノ木	動物の食物	裁判所二	兵隊フリッツ一
18	幾匹居マス	午前ト午後	兄妹	電文ノ書き方	雨	胃の說論一	晝夜ノ長短	兵隊フリッツ二
19	朝夜	ポチ	私ノ家	電信柱	島と半島	胃の說論二	赤道	卒業式
20	クダサイ	掃除	老人ノ木植	露・霜・空	韓國のまわり	郵便切手ノ話一	星	校長の演說

21	敎ヘ ナラヒ	病氣	私ノ夢	健康のもと	韓國の海岸	郵便切手ノ話二		
22	只今	今年ト去年	ナゼ夢ヲミル	汽車にのる	仁川	郵便切手ノ話三		
23	昨日遊ビ	四溫日	ステーション	京城から東京へ	稅關			
24	繪	オ月サマ	汽車ノ中	東京から歸ル	船長ノ話 一			
25	汽車	手紙	野菜ノ市	ちょっと多分	船長ノ話 二			
26	仁川カラ京城マデ	郵稅		米客	金持ニナッタ老人			
27	先生	春ガ米タ			貯金			
28	順明サン	感心ナ福童			預金			
29	桃ノ繪				雷			
30	父ト母				光と音			
31	兄弟							
32	涼シクナリマシタ							
33	雨降リ							
34	郵便							
35	切手							
36	登校							
37	早クアルク							
38	日ト月							
39	右ト左							
	총68쪽	총77쪽	총86쪽	총88쪽	총80쪽	총76쪽	총74쪽	총87쪽

일본소개나 지리역사에 관한 내용이 많은 것에 대하여 일본소개가 많은 것은 일어독본이므로 당연하다고 하였고, 지리역사에 관한 내용이 많은 것도 당시 보통학교가 수업연한이 4년이고 교과목으로 지리, 역사를 갖지 못한 것에 원인을 두고 있다고 분석하고 있다.[38]

위에 『일어독본』 8권의 내용을 개관하기 위하여 목차를 제시하였다. 한자가 많이 쓰이고 있음을 알 수 있는데, 1권부터 4권까지는 상단에

---

38) 大槻芳廣(1943), 전게서, p.77.

신출어휘를 제시하는 두주란(頭註欄)이 있다. 예를 들어 일어독본 권1 제1과에「本 盛場 運動場 生徒 門 學校 黑板」등의 단어를 한자로 제시하고, 2과에서「紙 筆 墨 硯 机 椅子 腰掛 窓」등의 한자를 제시하고, 3과에서「長い筆 短い筆 太い筆 細い筆 廣い敎場 高い机 低い腰掛」구를 제시했을 때 상단의 신출어휘란에 한자를 제시하는 것이 아니라 가나인「イ」를 제시하고 있는 것이다. 다시 말하면 신출어휘 제시란에 한자를 제시하는 것이 아니라 가나를 제시하고 있다. 일어독본 8권 중 상단의 두주는 4권까지 있고 5권부터는 두주란이 없어지는데, 이것은 4권까지 모든 가나가 제시되었기 때문에 신출어휘 두주 부분은 필요 없게 되는 것이다. 이러한 편찬법의 원인으로 당시의 학생들의 연령을 들고 있다.[39] 보통학교령 발표 직후에는 20세 전후의 학생이 입학하는 예가 적지 않았다. 이들은 학교에 입학하기 이전에 서당 혹은 사립학교에서 한자를 배웠고, 보통학교에서 한자를 접하는 학생은 드물었다. 그들에게 있어서 한자는 새로운 신출어휘가 아닌 것이다. 그러므로 일어독본에서는 특이한 한자 제시법을 이용하고 있는 것이다. カタカナ는 1학년에서 모두 제출되고, ひらがな는 2학년에서 제출되고 있다. 『일어독본』은 각 관공립학교에 초빙된 일본인 교사에 의해 통역을 동반해서 가르쳐졌는데, 보통학교에서 일어를 가르치는 것에 대하여 어린 아동에게 과중한 부담이라고 반대하는 의견이 많았는데 이것에 대하여 三土忠造는 관립보통학교직원회의 연시 석상에서 '교과서의 내용 및 교수 방법은 미상불 연구할 필요가 있지만, 일어를 가르쳐서 실제 효과를 보게 하려면, 이를 초년급에서부터 과하지 않을 수가 없는 것이다.'[40]라고 하였다.

---

39) 大槻芳廣(1943), 상게서, p.76.
40) 1908년 6월 20일, 김만곤(1970)「한말 일제 통감부의 언어정책」『전주교

교과서 외에 1908년 8월 28일에는 교과용도서 검정규정이 학부령 제16호로 반포되었으며 9월 1일부터 시행되었다.

내용을 요약하면, 첫째, 각급 학교는 학부에서 편찬한 책을 사용할 것, 둘째, 학부대신의 검정을 받아서 사용할 것, 셋째, 이상에 해당하는 도서가 없을 시는 학교장이 학부대신의 인가를 받아 다른 도서를 쓸 수 있다는 것이다.

1908년 9월 17일에는 학부편찬교과용도서 발매규정을 학부령 제18호[41])로 정하였다.

육대론문집』 5, 전주교육대학, p.389.
41) [학부령 제18호 학부편찬 교과용도서 발매규정]
　　제1조　학부편찬 교과용도서를 발매키 위ᄒᆞ야 전국 필요ᄒᆞᆫ 지에 약간 발매인을 이홈
　　제2조　발매인이 되고져ᄒᆞᄂᆞᆫ자는 학부대신의 허가를 수ᄒᆞ이 가홈
　　　　　　발매인이 그 사무를 폐지ᄒᆞᆫ 시는 속히 학부대신에게 보고홈이 가홈
　　제3조　발매인이 교과용 도서의 매하를 수코져홀 시는 별기서식의 청구서에 매하대금을 첨부ᄒᆞ야 학부대신에게 제출홀지며 매하대금은 별로 정홈
　　　　　　발매인이 학부대신의 상당히 인정홀 유가증권을 제공홀 시는 6개월 이내로 전항 발하대금의 연납을 허홀 사도 유홈
　　제4조　발매인에게 대ᄒᆞ야 매하홀 교과용도서는 매회 200책의 미만홈을 부득홈
　　제5조　교과용도서의 서목, 권명 병 발매대가 최고액은 관보로 공고홈
　　제6조　발매인이 교과용도서의 매하와 또 발매에 관ᄒᆞ야 부정ᄒᆞᆫ 소이가 유홈으로 인홀 시는 학부대신은 제2조의 허가를 격소홀 사도 유홈
　　제7조　학부대신은 발매인의 허가와 허가격소와 업무폐지에 대ᄒᆞ야는 그 시에 그월일 및 주소성명을 공고홈이 가홈
　　부칙
　　제8조　본 규정은 융희2년(1908) 10월 1일부터 시행홈
　　제9조　광무11년(1907) 학부령 제7호 학부편찬보통학교 교과용도서 발매규정은 폐지홈
　　관보4179호 내각법제국 관보과, p.51

2.1.3. 제3차 학부령기

2.1.3.1. 시대적 배경

1907년 7월 24일 조선과 일본은 한일신협약(정미7조약)을 맺었다. 이로써 차관 정치가 시작되고 일본은 조선에 대한 내정감독권을 확립하게 된다. 7월 25일에는 비밀부대각서에 조인 공포하고, 통감 伊藤博文는 보병을 요청하여 제12여단을 파한하게 하였다. 7월 31일에는 군대해산조칙이 내려지고 8월 1일에 군대해산식이 있었으며, 8월 2일부터 연호를 융희로 바꾸었다. 이런 일련의 사건들로 하여, 전국 각지에서는 의병이 봉기하였는데, 1907년 8월부터 1909년 사이에 일본군과의 전투에서 전사한 의병수는 16,700명, 부상자는 36,770명이었다. 한일신협약을 전후하여 사립학교가 증가하였다. 그 당시 애국유지들은 국가의 독립을 유지하고 일본의 침략에 저항하려면 유일한 방법이 교육이라고 생각하였다. 학부는 1908년 8월에 사립학교령을 공포하고 10월부터 시행하면서 늘어난 사립학교의 정비에 들어갔다.

오천석(1979)은 학부의 이러한 조치의 이유로 3가지를 들었다.

①행정관리상의 이유로, 사립학교의 실태 파악을 위해

②교육상의 이유로, 학교가 갖추어야 할 시설, 기본재산, 자격 있는 교원 등을 확보하고 있지 못한 사립학교의 질을 높이기 위해

③정치적 의미로, 정부의 친일정책과는 반대의 길을 걷고 있는 사립학교의 분위기 통제를 위해[42]를 들었다.

사립학교령의 발령으로 사립학교에 대하여 여러 가지 규제규정이 제시되었는데, 1908년 10월 '교과용도서 검정규정'과 '학부편찬 교과용

---

42) 오천석(1979)『韓國近代敎育史』高麗書林, pp.210~211.

도서 발매규정' 등이 그것이다.

　이러한 과정을 거쳐 1909년 4월 19일 칙령 제51, 52, 53, 54, 55호 사범학교령, 고등학교령, 외국어학교령, 고등여학교령, 보통학교령이 개정 공포되었다.[43] 동년 7월 9일에는 학부령 제6호로 보통학교령 시행규칙이 개정되었으며, 9월1일부터 시행되었다. 3개 조항이 개정되었는데, ①보통학교 학교에서 수업료를 징수할 수 있게 하였고, ②'국어'와 '한문'이 분리되어 있던 것을 '국어 및 한문'으로 합치고, ③보통학교의 교과용 도서는 학부에서 편찬한 것이나, 학부에서 검정·인가 받은 것만을 사용[44]하도록 하였다.

　학부령기의 전체를 함께 고찰하기 위하여 일본어 과목의 '교수요지'를 표로 정리한다. (1909년에는 일어속성과 1년)

---

43) 관보 제4355호

44) 보통학교령개정, 칙령 제55호, 1909. 4. 19

(제2조) 제2조의 제2항 보통학교에셔는 수업료를 징수홈을 득홈.

(제6조) 제1항 중 국어와 한문을 국어 및 한문으로 개홈.

(제8조) 보통학교의 교과용도서는 학부에서 편찬흔 자를 용홈이 가홈. 단, 학부에서 편찬흔 자가 무흔 시는 학부대신의 검정을 수흔 교과용도서 또는 학부대신의 인가를 수흐야 기타의 도서를 용홈 득홈.

<표37> 학부령기의 '교수요지' 비교

	제1차 학부령기(1895. 8. 12)	제2차 학부령기(1906. 9. 1)	제3차 학부령기(1909. 7. 5)
교 수 요 지	(제12조) 教科에 外國語를 加흠은 將來 生活上에 其智識의 緊要를 認흠이라. 近易흔 單語, 短句, 談話, 文法, 作文을 授ᄒ고 外國語로뼈 簡易흔 會話 及 通信等을 解케 흠이 要홈. 外國語를 授흠이 항상 其發音과 文法에 注意ᄒ고 國語를 用ᄒ야 意解케 흠을 要함. 교과에 외국어를 넣은 것은 장래생활 상 그 지식의 긴요를 요한다. 쉬운 단어, 단구(短句), 담화, 문법, 작문을 가르치고 외국어로 쉬운 회화 및 통신 등을 해(解)케 함이 가함이라. 외국어를 가르침에 항상 기 발음과 문법에 주의하고 정확한 국어를 사용하여 번역하게 함을 요한다	(제9조) 近易흔 會話와 簡易흔 문법을 理會ᄒ며 또 作文케 ᄒ야 實用의 資를 要흠이라. 近易한 會話로 始ᄒ야 簡易흔 國語文의 讀法과 書法과 作法을 并授흠이라. 實用을 爲主ᄒ야 學徒의 智識程度를 隨ᄒ야 日常須知의 事項을 撰授ᄒ며 또 發音에 留意ᄒ야 正當흔 日語를 習熟케 흠을 務흠이라. 國語와 連絡흠을 務ᄒ야 時時國文으로 飜譯케 흠이라 쉬운 회화와 간단한 문법을 이해시키고 작문하게 하여 실용적인 능력을 쌓는다. 쉬운 회화로 시작하여 간단한 국어문의 독법, 서법, 작법을 함께 가르친다. 실용을 위주로 하여 학생의 지식정도에 따라 일상에서 마땅히 알아야 하는 사항들을 선택하여 가르치며 또 발음에 유의하여 올바르고 적절한 일어를 익히게 하는데 힘써야 한다. 국어와 연관지어 생각하기를 힘쓰며 때때로 국문으로 번역케 한다.	(제8조) 日語는 平易흔 日語를 了解ᄒ며 且 使用ᄒ는 能力을 得케 ᄒ야 處世에 留흠으로써 要旨로함. 日語는 發音 及 簡易흔 會話로 爲始ᄒ되 進ᄒ야는 近易흔 國語文의 讀法, 書法, 綴法을 敎授흠이 可홈. 日語는 學徒의 知識程度에 伴ᄒ야 日常須知의 事項을 選ᄒ야 敎授ᄒ되 恒常 實用을 爲主흠이 可ᄒ고 又發音에 注意ᄒ며 國語와 聯絡을 取ᄒ야 正흔 會話를 熟習케 흠을 務흠이 可홈. 쉬운 말을 알고 또 사용할 능력을 얻어 처세에 쓰게 함으로 요지를 삼는다. 발음 및 간이(簡易)한 회화로 위시하되 나아가서는 근이(近易)한 국어문의 독법, 서법, 철법을 교수함이 가하다. 학도의 지식정도에 반하여 일상수지의 사항을 선택하여 교수하되 항상 실용을 위주함이 가하고 또 발음에 주의하며 국어와 연관지어 올바른 회화를 익히기에 힘쓴다.

2.1.3.2. 교육 목표

보통학교의 교육방침은 제7조에 규정되어 있는데, 개정된 보통학교령 시행규칙의 제8조 3항 교수요지에 '일어'는 다음과 같이 규정하고 있다.

①일어는 평이한 일어를 터득하고 또 사용할 수 있는 능력을 익혀 처세에 유익하게 한다.

②일어는 발음 및 쉽고 간단한 회화로부터 시작하여 나아가서는 近易한 구어문의 讀法 書法 綴法을 교수한다.

③일어는 학도의 지식정도에 따라 日常에서 알아야 할 사항을 선택
하여 교수하고 언제나 실용을 위주로 하며, 또 발음에 주의하며 국어
와 관련지어 바른 회화를 몸에 배게 한다.[45)]

제1차 학부령기나 제2차 학부령기에 비하여 교수요지가 구체적이고
자세하게 기술되어 있다. 위의 3문장 안에 일본어 교육의 목표와 내용,
그리고 유의점이 모두 기술되어 있어, 점점 교육과정기의 교과 기술 방
법에 접근하고 있는 것이다. 즉, ①은 목표에 대한 기술이다. 이 시기의
일본어 교육의 목표는 평이한 일어 터득과 사용능력을 익히는 것인데,
그 목적은 처세에 필요한 지식을 얻기 위해서이다. 다시 말하면 일본어
교육의 목적은 처세술에 필요한 지식을 얻기 위함이고 일본어 교육의
목표는 평이한 일어를 배우고 사용능력을 익히는 것으로 분석된다. 이
만규(1947)는 제3차 학부령기의 교수요지에 대하여 내용은 매우 완전
하나 정도는 아동이 4년 동안 다 소화하기에는 지나치게 높은 느낌이
없지 않다[46)]고 하였다.

학부령기의 교육 목표를 비교하기 위하여 '교수요지'를 정리하였다.
제1차 학부령기의 교육 목표는 '간단한 회화 및 통신이 가능하고, 국어
로 번역이 가능한 정도'이고, 제2차 학부령기는 '쉬운 회화와 간단한 문
법이해, 실용 작문능력', 제3차 학부령기는 '평이한 일어를 배우고 사용

---

45) 제8조 3항(日語는 平易흔 日語를 了解ᄒ며 且 使用ᄒ는 能力을 得케 ᄒ야
　　處世에 留흠으로써 要旨로함. 日語는 發音 及 簡易흔 會話로 爲始ᄒ되 進
　　ᄒ야는 近易흔 國語文의 讀法, 書法, 綴法을 敎授흠이 可흠. 日語는 學徒의
　　知識程度에 伴ᄒ야 日常須知의 事項을 選ᄒ야 敎授ᄒ되 恒常 實用을 爲主
　　흠이 可ᄒ고 又發音에 注意ᄒ며 國語와 聯絡을 取ᄒ야 正흔 會話를 熟習
　　케 흠을 務흠이 可흠.)
46) 이만규(1946)『조선교육사』하, 한국학진흥원, p.108.

능력을 익히는 것'으로 분석되었다.

<표38> 학부령기의 교육목적 및 목표 비교

	제1차 학부령기 (1895~1906)	제2차 학부령기 (1906~1909)	제3차 학부령기 (1909~1911)
목적	장래생활상의 지식의 긴요	실용능력	처세의 유익
목표	간단한 회화 및 통신이 가능하고, 국어로 번역이 가능한 정도	쉬운 회화와 간단한 문법이해, 실용 작문능력	평이한 일어를 배우고 사용능력을 익히는 것

일본어 교육의 목적은 제1차 학부령기는 장래생활에 긴요할 것이라는 막연한 목적으로 시작하여, 제2차 학부령기에는 실용능력을 위하여라고 실무에 접근하고 있으며, 제3차 학부령기에는 일어를 배우는 것이 처세에 유익하다고 하여 일본어 교육의 도를 높여가면서 조선 강점을 준비하고 있다.

2.1.3.3. 교육 내용

제3차 학부령기의 보통학교 일어는 제2차와 마찬가지고 주당 6시간씩 4년을 배우게 되어 있다. 과목으로는 회화와 구어문의 독법, 서법, 철법이 있으며, [소재]는 학생의 지식정도에 따라 日常에서 알아야 할 사항을 선택하여 교수하고 언제나 실용을 위주로 하며, 또 [발음]에 주의하며 국어와 관련지어 바른 회화를 몸에 배게 한다.

학부령기 전체의 일본어 교육에 대한 내용 항목을 비교해 보면, 제1차 학부령기는 언어 재료와 과목이 복합적으로 기술되어 있고 주로 말하기와 쓰기로 표현 기능 중심의 내용이고, 제2차 학부령기부터는 과목명으로 내용을 알 수 있으며 말하기 읽기 쓰기 기능으로 구성되어 있고, 제3차 학부령기는 번역이라는 말이 없어지고 '작법' 대신 '짓기 (綴法)'라는 용어를 사용하고 있으며, 말하기, 읽기, 쓰기를 중심으로 하고 있다.

<표39> 학부령기의 교육 '내용' 비교

기간 \ 내용	제1차 학부령기 (1895~1906)	제2차 학부령기 (1906~1909)	제3차 학부령기 (1909~1911)
(재료, 과목)	간단한 어휘, 구, 담화, 작문, 회화, 통신	회화, 독법, 서법, 작법, 번역	회화, 독법, 서법, 짓기
기능	말하기, 읽기, 쓰기	말하기, 읽기, 쓰기	말하기, 읽기, 쓰기
소재	쉬운 말(어휘, 구..)	학생의 지식정도에 따라 일상에서 선택	학생의 지식정도에 따라 일상에서 선택

2.1.3.4. 교수 · 학습 방법

2.1.3.4.1. 학생

입학, 퇴학에 관한 내용, 수업일수, 입학연령 모두 제2차 학부령기와 같다. 보통학교가 처음 생길 때는 중류 이상 가정에서는 자제 입학을 허락하지 않았고, 관의 지휘로 강제 권유를 하면 마지못하여 입학을 시켰다가 여러 가지 구실을 붙여 퇴학하고 학용품을 주고 식사를 주어도 별로 관심이 없었으며 관에서 거의 죄인 다루듯이 하여 입학을 시킨 곳이 많았다. 다음 표는 1909년 7월 학부가 발행한 한국교육현황에 의거[47]하여 그린 당시의 관공립보통학교 학교수와 학생수이다.

---

47) 이만규(1947) 『조선교육사』 하, 한국학진흥원, pp.121~122.

<표40> 학부령기 관공립보통학교 학교수 및 학생수

종별 / 연차	관립		공립		보조지정		합계	
	학교수	학생수	학교수	학생수	학교수	학생수	학교수	학생수
1905	9	1,062	13	863	–	–	22	1,924
1906	9	1,681	41	3,166	–	–	50	4,847
1907	9	1,781	50	5,962	–	–	59	7,743
1908	9	2,256	51	8,658	31	2,332	91	13,246
1909	1	263	59	12,469	41	4,214	101	16,946

2.1.3.4.2. 교사

보통학교 교원은 학교장, 교감, 분과훈도, 전과훈도, 부훈도, 전과부훈도로 하되 훈도와 부훈도는 반드시 면허장을 가져야 하고 면허장은 관공립 사범학교 졸업자, 외국에서 보통학교에 준할 만한 학교의 교원면허장을 얻은 자, 보통학교 검정시험에 합격한 자에게 주고 학교장과 교감은 본과훈도가 겸임하게 하고 교감은 일본인 훈도로 채우며 관공립보통학교와 보조지정학교에 각각 1인을 배치하여 아동의 훈육은 물론 일반 교수법과 학교관리를 맡게 한다. 면허장은 갑을 두 가지로 하여 갑은 종신동안, 을은 만 6개년간 유효로 한다. 제2차 학부령기와 같으나 다만, 교사의 자격 중에 외국에서 보통학교와 비준할 학교 교원 면허장을 가진 자로 되어 있고, 교원을 훈도라고 부르기로 하고 있다.

1909년 11월 학부에서는 "보통학교 교양에 관한 시설요강"을 각도에 보내어 실행하게 하였는데, 그 내용은, 재래의 조선교육이 공리에 흘러서 실생활에 등한하였으므로, 현재 보통학교 졸업생이 놀기만 하고 부지런히 일하기를 싫어하니 교육의 실제와 거리가 먼 것을 지적하고 근면 착실하여 몸으로 노역하여 의식주의 안고를 꾀하고 집을 일으키고 나라를 부하게 하는 양민이 되는 교육을 시키라는 뜻으로 장문을 짓고 학도의 실천도덕과 실지지식과 실제생활에 대한 지도와 자기학교를 중심으로 한 민심계발과 타학교 개선에 대하여 교직원으로서 꼭 실천하여야 할 교양조건 5항을 강조하여 독려하였다.

2.1.3.4.3. 교수법

교수법 및 평가에 대하여는 바뀐 내용이 없이 제2차 학부령기의 법제를 그대로 답습하고 있다.

2.1.3.5. 교과서

1908년 9월에 교과서 검정 규정이 공포되어 시행된 후, 1910년까지 『보통학교학도용일어독본』 8권이 1909년 11월에 발행되었다. 이 독본은 일제강점기 후에도 명칭을 『정정보통학교학도용국어독본』으로 바꾸어 사용되기도 하였다. 선행연구들은 조선의 교과서가 일본의 교과서에서 발췌했거나, 체제 등이 비슷하다고 하고 있는데, 다음은 학부령기와 조선교육령기에 발행된 조선과 일본의 교과서 목록이다.

<표41> 학부령기와 조선교육령기의 한국과 일본 교과서 비교

	한 국	일 본(국정교과서)
제1차 학부령기 (1895~1906)		
제2차 학부령기 (1906~1909)	일어독본(1907.2/1908.3)	(국정 1기)イエスシ読本(1904~1909) 심상소학독본(8)
제3차 학부령기 (1909~1911)	보통학교학도용일어독본 (1909.11)	
제1차 조선교육령기 (1911~1922)	정정보통학교학도용국어독본 (8)(1911~) 보통학교 국어독본(8)(1912~) 정정재판보통학교국어독본 (8)(1918~)	(국정 2기)ハタタコ読本(1910~1916) 심상소학독본(12) (국정 3기)ハナハト讀本(1918~1932) 심상소학국어독본(12)
제2차 조선교육령기 (1922~1938)	보통학교 국어독본(8)(1923~) 보통학교 국어독본(12)(1930~) 보통학교 국어독본(12)개정 (1937~)	(국정 4기)サクラ読本(1933~1941) 소학국어독본(12) (국정 5기)アサヒ讀本(1941~1946) ヨミカタ(2)、コトバノオケイコ(2)、よみ
제3차 조선교육령기 (1938~1943)	초등국어독본(12)(1939~)	かた(2)、ことばのおけいこ(2)、초등과국 어(8)
제4차 조선교육령기 (1943~1945)	초등국어(8)(1943~)	
		暫定敎科書(1946~1947) (국정 6기)みんないい子讀本(1947~1949)

    일본의 국정교과서는 외국어학교에서 번각하여 사용하기도 하였으므로 앞으로의 교과서에 대한 이해를 위해 여기에 <표41>로 정리해 둔다.

2.2. 외국어학교

1895년 외국어학교 관제에 의해 일어학교가 세워지기 이전, 1891년
에 '일어학당'이 있었다는 것이 정설로 되어 왔다. 지금까지 일어학당
에 대하여는 단 한 줄의 기록에 의거하였다.「일어학당을 한성부 남부
수동(壽洞)에 개설하고, 일본인 岡倉由三郎(おかくらよしざぶろう)를
교사로 삼다」[48]라는 기록이다. 이 기록에는 몇가지 문제점이 발견되는
데, 우선, 이 기록 이외에는 일어학당에 대한 기사가 없다는 것, 둘째,
한성부 남부에는 수동(壽洞)이라는 동명이 없다는 것, 셋째, 명칭이 확
실하지 않은 점[49], 넷째, 岡倉由三郎(おかくらよしざぶろう)에 대해

---

48) 대한민국문교부국사편찬위원회(1969)『고종시대사』3, p.231. 이 기록은
    고종28년 6월 20일 조에 있는 기사로써, 이 기사는 '통리교섭통상사무아
    문일기(신묘 6월 20일)에 따랐다'고 되어 있다. 왕조실록을 기록할 때는
    사초가 있어야 하며 그 사초가 된 것이 '통리교섭통상사무아문일기'일 것
    이다. 다만, 고종이나 순종의 기사는 일본에 의해 외곡되었을 가능성이
    많다고 보아, 현재의 조선왕조실록은 철종까지로 보고 있으며, 조선왕조
    실록 CD도 철종까지 밖에는 수록되어 있지 않은 것이다. 최소한 5년이상
    존재하였을 일어학당에 대한 기록이 거의 없는 것은 문제가 있다고 보여
    진다. 또한, 그 일어학당이 있었다고 하는 남부 수동(壽洞)에 대하여도
    남부에는 수동이라는 지명이 없고 다만 주동(鑄洞)의 오식으로 보아, 鑄
    字洞으로 보는 견해가 있다. 국사편찬위원회의 번각본도 '壽洞'을 '鑄洞'
    으로 고쳐서 번각하고 있다. 渡部学(1973)「韓国教育における二言語主義」
    『韓2-9』한국연구원, pp.68~69. 李光麟(1973)「旧韓末の官立外国語学校」
    『韓2-9』한국연구원, pp.94~95. 이광린은 渡部学과 같은 사료를 이용하
    여 같은 내용으로 언급하고 있으나, 다른 논문 즉, 외국어학교의 변천을
    법제를 중심으로 시대구분할 때에는 제1기를 1895년 5월로 보고 있다.
    이광린은 외국어학교 설치에 대한 표에서는 1891년의 일어학당도 포함
    시키고 있으나, 같은 논문의 외국어학교 변천 항목의 시대구분에서는 일
    어학당을 포함하지 않고 있다. 渡部学도 같은 입장을 취하고 있다. 이광
    린(1973), 동서, p.106. 渡部学(1973), 동서, p.75.
49) 일어학당의 명칭에 대하여는, 조선총독부조선사편수회(1936)와 진단학회

서는 본인의 기록이 있을 뿐이라는 것[50], 다섯째, 일어학당에 대한 다른 증언[51] 등이다. 따라서 본고에서는 법제에 의하여 세워진 공교육기관의 기록[52]을 중심으로 하고 있고, 일어학당에 대한 근거자료가 부족한 점을 들어 학부령기의 시대구분을 1895년으로 하게 되었다.

1894년 갑오개혁과 더불어 사역원은 폐지되었고 다음 해 5월에는 영, 불, 독, 러, 중국어를 교습하는 외국어학교와 함께 관립일어학교가 세워졌다. 관립일어학교는 서울에 본교가 있었고 부산과 인천에는 분교가 있었다. 일어학교 입학자는 1903년까지는 20명 미만에 불과했으

(1959)에서는 「일어학당」, 岡倉由三郎와의 계약서에는 「일본어학교」, 이광린(1969)에서는 「일어학교」를 사용하고 있다. 한중선(1994)「개화기 일본어 학습서 소고」『일어일문학연구』 제25집, p.142 인용.

50) 岡倉由三郎(1894)「朝鮮國民敎育新案」『東邦協會會報』第2號에「餘は、去る明治24年より、朝鮮政府に聘せられて、日本語の敎師と爲り、同26年に至るまで、該國に在て、語學の敎授に從事したりき」라고 되어 있어, 이 부분에 대해서는 일본인도 일어학당이 있었을 것이라고 추측을 할 뿐이다. 渡部学, 전게서, p.69. 다만, 서울대학교 규장각도서 奎23069에 소위 계약서가 있는데,「此次我國設日本語學校雇日本東京人岡倉由三郎爲敎師其約定條件如左(下略)」로 시작되며, 한국의 督辨交涉通商事務 閔種黙과 체결하였다고 한중선(1994)에 있으나 확인하지 못하였다. 한중선(1994), 전게서, p.143. 다만, 고종 28년 6월 20일조에는 위의 '일어학당……'기사 외에 하나가 더 있는데, 그 내용 중에 閔種黙의 이름이 나온다. "앞서 함경도갑산·단천등지에 청국인 비적 수십명이 지창래습하여 거민을 살상하고 재물을 약탈하였으므로 이 날 독변교섭통상사무 민종묵(閔種黙)이 청국의 주답조선총리교섭통상사의 원세개에게 조회하여 해비적(該匪賊)들을 나치(拿治)할 것을 청하다."라는 내용중에 민종묵이 나온다. 『고종시대사』3, p.230.

51) 외국어학교 항목에서 자세히 고찰하려고 하는데, 전혀 다른 증언이 존재한다. 오천석(1964)『한국신교육사』현대교육총서출판사, p.103. 김영우(1997)『한국 개화기의 교육』교육과학사, p.504에서 재인용.

52) 최소한 일어학당이 있었다 하더라도 법제에 의해서 세워진 것이 아닌 것은 확실하다. 즉, 현재를 예로 들어 보면 연세대학교에 '일어학당'이 있다고 해서 공교육기관으로 보기는 어려운 것과 같은 것이다.

나 1904년부터 학생수는 급격히 늘어나기 시작하였다. 지금까지 중인
계급의 가업으로 세습되어 오던 사역원의 역관 교육은 정치기구 개편
으로 혁파되자 과거의 역관은 존재의의를 상실하지 않을 수 없게 되었
다. 그러나 일본과의 근대적 수호통상조약으로 그 나라의 말을 알고 문
화를 아는 외교관 혹은 통역관 양성기관이 절대적으로 요청되어 외국
어학교과 세워지게 되었고, 외국어학교는 사범학교·중학교와 더불어
고등학교 정도의 교육기관이었으며, 정부에서 대학을 세우지 못하였으
므로 당시에는 정도가 높은 학교의 하나였다.

<표42> 학부령기의 외국어학교 관계 법령

학부령	공포일	이름	관계법령	출처
1차 학부령기	1895. 5. 10 1900. 6. 27	외국어학교 관제 외국어학교 규칙	칙령 제88호 학부령 제11호	관보 제36호, 5월 12일자 관보 제1615호, 7월 2일자
2차 학부령기	1906. 8. 27 1906. 8. 27	외국어학교령 외국어학교령 시행규칙	칙령 제43호 학부령 제22호	관보 제3546호, 8. 31 관보 제3548호, 9.3
3차 학부령기	1909. 4. 19 1909. 7. 5	외국어학교령 개정 외국어학교령 시행규칙	칙령 제54호 학부령 제5호	관보 제4355호, 4월 20일자 관보 부록7.9, pp.27~33.

2.2.1. 제1차 학부령기(외국어학교)

2.2.1.1. 시대적 배경

1895년 5월 10일 칙령 제88호로 외국어학교 관제가 공포되었으며,
1900년 6월 27일 외국어학교규칙이 공포되었다. 외국어학교는 주로 위
두 가지 법제에 의하여 운영되었다. 외국어학교 관제는 전문이 11조로
이루어져 있었는데, 그 11조의 내용을 요약하면 다음과 같다.

---

53) 外國語學校官制(1895) 勅令 ㅋ第88號
    第一條   外國語學校ハ生徒ヲ公募シ諸外國ノ語學ヲ敎授スル所トス
    第二條   外國語學校ニ於テ敎授スベキ外國語ノ種類ハ時宜ニヨリ學
             部大臣之ヲ定ム
    第三條   學部大臣ハ必須ニ應シテ外國語學校ノ支校ヲ地方ニ置クコ
             トヲ得
    第四條   外國語學校ニ左記職員ヲ置ク
             學校長   一人   奏任
             敎官   四人以下 奏任又ハ判任
             副敎官   五人以下 判任
             書記   三人以下 判任
    第五條   學校長ハ學部大臣ノ命ヲ承ケ校務ヲ掌理シ所屬職員ヲ監督
             ス
    第六條   敎官ハ生徒ノ敎授ヲ掌リ副敎官ハ敎官ノ職務ヲ補佐ス
    第七條   書記ハ上官ノ命ヲ承ケテ庶務會計ニ從事ス
    第八條   支校ヲ置クトキハ每支校ニ左記職員ヲ置ク
    第九條   支校職員ノ職務ハ第五、六、七條ニ同シ
    第十條   學校長及書記ハ學部奏判任官ニシテ支校長及書記ハ地方官
             員中ヨリ兼任スルコトヲ得
    第十一   條敎官及副敎官ハ外國人ヲ雇用スルコトヲ得、其員數ハ學
             部大臣必須ニ應シテ從宜之ヲ定ム 但雇用外國人ノ待遇ハ敎
             官ハ奏任ニシテ副敎官ハ判任トス

교수할 수 있는 외국어의 종류에 대하여는 제2조에서 학부대신이 정하기로 되어 있고 다른 언급은 없다. 다만, 1904년 자료에 한국의 학교를 소개한 자료가 있는데 그 중 외국어학교에 대한 소개가 들어 있다.

그에 따르면, 외국어학교에서 가르칠 수 있는 외국어의 종류는 영어, 일어, 러시아어, 불어, 중국어, 독일어였다. 이들 외국어학교는 일어 1891년 9월 창립, 영어 1883년, 불어 1896년 1월, 러시아어 1896년 5월, 한어 1892년, 중국어 1897년 5월, 독일어 1898년에 각 각 설립되었다고 되어 있다.[54] 이광린도 『관보』『황성신문』『대한매일신보』 등의 신문에 의거하여 외국어학교 설치와 발전에 관한 일람표[55]와 설명[56]을 하였는데, 두 자료와 이만규(1947)[57]를 중심으로 비교표를 만들어 보았다. 각각의 자료가 서로 일치하는 부분도 있고 상당히 다른 부분도 보인다. 설치년에 대하여는 이만규는 '한반도'나 이광린과는 달리, 외국어학교 관제 발표 이후를 중심으로 하고 있고, 현재로서는 다른 자료가 발견되지 않아 각각의 자료에 대한 확인은 어렵다.

櫻井義之(1976)「『官立仁川日語學校』について」『조선학보』 81집, pp.160-161.

54) 長谷川金次郎(1904)編『韓半島』京城明洞 韓半島社, 제3호, p.176.

55) 이광린(1999)『한국개화사 연구』일조각, p.164.

56) 이광린(1999), 동서, p.167. 주 21)에는 '磚洞'이 '박동'으로 되어 있다.

57) 이만규(1947)『조선교육사』하, 한국학진흥원, p.64. 다만, 이만규에서는 法語학교는 없고 淸語학교가 있어 당시에는 청어학교가 없었으므로 법어학교의 오기로 보아 수정하였다.

<표43> 외국어학교 설치현황[58]

외국어학교		일어	영어	불어 (法語)	러시아어 (俄語)	중국어	독일어
설치년	한반도	1891.9	1883	1896.1	1896.5	1892	1897.5
	이광린	1891	1894.2	1895.10	1896.5	1897.5	1898.9
	이만규	1895	1895	1895	1896	1900	1900
장소	한반도	중부 校洞	서부 工曾後洞	중부 磚洞	중부 磚洞	중부 典洞	북부 小安洞
	이광린	주자동 (鑄字洞)	육영공원 자리 전동(磚洞)/광 화문	정동, 마텔의집 식당/전동이사 (96.1.1)	무너름골도 화서자리/ 전동이사	견지동 우정국자리	소안동 (안국동 덕성여중 북쪽 선학원)
	이만규	경운동 (慶雲洞)	세종로 체신국	서대문 국교근처	수송동	견지동	안국동

상기 외국어학교들은 각각 서로 다른 장소에 세워졌는데, 한 교장 밑에 학교가 각각 멀리 떨어져 분산되어 있다는 것은 교육행정상 여러 가지 지장이 많았을 것이며, 따라서 국가경비를 절약하는 면에서나, 각 학교 학생들이 붕당을 만드는 폐를 없애기 위해서도 한 곳에 통합하여야 한다고 하는 의견이 많았다.[59] 이러한 의견들은 오랫동안 실현되지

---

58) 渡部学(1973), 전게서, p.69. 渡部는 鑄字洞을 泥峴동이라 하였다.
59) 1898년 7월 8일자『독립신문』에, "황성에 외국어학교가 다섯 곳이오 덕어
    학교가 셜시되면 여섯 곳이라 그 학교들을 흔곳에 모하스면 첫지는 규률
    과 의복이 일정하여 챡란치 아니홀 것이요 다섯지는 다동문슈학하는 ᄆ음
    으로 형뎨굿흔 졍이 나셔 셔로 붕당이 업슬지라 지금은 그럿치 못ᄒ야 혹
    학교가 광대흔듸도 잇고 협챡흔 곳도 잇스며 규모가 엄ᄒ듸도 잇고 넉으
    러온 듸도 잇스며 복식이 학교마다 다르고 각기 당파가 난우어 셔로 보기
    를 타국사름들 굿치 보니 우리 나라에 본듸 당파가 분운ᄒ고 샤혐을 인ᄒ
    야 대의를 이져ᄇ리는 악습이 잇거늘 이런 악습을 파ᄒ랴면 문명흔 각국
    학문 비혼 사름들이 션진이 될 것이어늘 그 사름들이 도로혀 각국 붕당이
    되니 이는 국가를 위ᄒ야 대단히 익셕흔 일이라 그런고로 우리가 ᄇᄒ기
    는 쇽히 큰 학교를 셜시ᄒ야 여러 어학교를 일통ᄒ면 여러 가지에 다 유익
    ᄒ고 흔가지도 히는 업슬터이라"고 있다. 이광린(1999)『한국개화사연구』

못하다가 1907년이 되어서야 일본 통감부에 의하여 교동 일본학교 옆에 땅을 매입하여 큰 건물을 짓고 외국어학교 전체가 한 곳에 모이게 되었다.[60] 수운회관 북쪽 통계청에서 종로경찰서에 미치는 일대가 당시의 외국어학교의 건물이 있었던 곳이다.

외국어학교 중 일어학교에 대하여는 현재의 선행연구에 대하여 검토하여야 할 부분이 상당부분 있는 것 같다. 일어학교에 대한 선행연구는 주수웅(1985), 이광린(1973/1999)과 조문제(1977), 渡部(1973) 등이 있다.

> 일어학교는 한국과 일본 양국의 교통이 해마다 빈번해지자 언어가 서로 통하지 않음은 매우 불편한 일이므로, 어학교를 설치하면 좋겠다는 일본 공사의 권고를 받아들여 1891년 6월에 세워졌다.[61] 처음에는 주자동에 설치하였으나, 뒤에 교동 즉, 운현궁 맞은편 통계청 자리로 이전하였다. 최초의 교관으로 부임한 岡倉由三郎는 2년후 물러났고, 1893년 8월 長島巖次郎가 부임하였다. 1895년 「외국어학교 관제」에 따라 정식으로 '한성일어학교'가 설치될 때 지방에도 일어학교가 세워졌는데, 인천일어학교가 그것이다.

윗 글에서는 1891년 6월에 세워진 [일어학교]와 1895년 외국어학교 관제에 따라 정식으로 세워진 [한성일어학교]에 대한 관계가 설명되고 있지 않다. 또한, 이광린이 『관보』 『황성신문』 『대한매일신보』 등의 신문에 의거 작성한 외국어학교 설치와 발전에 관한 일람표[62] 중 일본

일조각, p.169.
60) 학부편(1909) 『한국교육』 p.8. 이광린, 전게서, p.169에서 재인용.
61) 大鳥圭介外 編(1894) 『朝鮮紀聞』 東京, 博文館, p.220. 이광린(1999) p.164에서 재인용

어학교만을 뽑아 정리한 표가 아래 <표44>인데, 표 중에 '서울'의 설치 연대가 1891년으로 되어 있다.

<표44> 일어학교 설치 현황

학교명	설치 연대	외국인 교관명	한국인 교관명	제1회 졸업연도	졸업총횟수 (1910년까지)	졸업생총수 (1910년까지)
서울	1891.5	岡倉由三郎 長島巖次郎 田中玄黃	현헌(玄櫶) 최재익(崔在益)	1898.1	본과 11회	190명
			박영무(朴永武) 유제위(柳濟違)	1909.5	속성과 2회	71명
인천	1895.6	岩崎厚太郎	이근호(李根浩) 최정하(崔鼎夏) 서병협(徐丙協)	1901.6	9회	63명
평양	1907.3	眞藤義雄 太西裕八 樽木末實	조낙홍(趙樂鴻) 나영곤(羅榮坤)	1908.5	2회	25명

이 시대는 앞에서 언급한 외국어학교관제와 학부령 제14호는, 일본어의 수업연한이 3년에서 4년으로 개정된 내용이 들어있는데, 상기 <표44>의 서울의 일어학교 첫 졸업생의 졸업연도가 1898년으로 되어 있어, 일어학교의 수업연한을 3년으로 잡으면 입학연도는 1895년이 되는 것이다.[63] 즉, 이광린은 일어학교의 설치연도를 1891년으로 잡고

---

62) 이광린(1999), 『한국개화사 연구』 일조각, p.164.

63) 다만, 설립당시에는 모든 것이 처음이요, 각 학교의 내부가 옳게 갖추어지지 못한 때이었는지라 제규정에 마련된 대로 교육을 충분히 실시하지 못하였고, 학생들도 희망하는 외국어에 대강 통하게 되면 퇴학하기가 일수였으므로 정규의 학과를 모두 마치고 졸업하는 자가 적었다고 한다. 즉, 각 어학교의 생도는 개략의 통역정도가 되면 퇴학하는 것이 보통이므로 모든 과정을 마치고 졸업하는 자는 별로 없었다. 박상만『한국교육사(중)』 대한교육연합회, p.47. 小松悅二(1909년)『新撰韓國事情』 동서연구회, p.440.

있으나, 이것은 한성일어학교와 일어학교와의 관계를 확실히 밝히지 못하는 데서 나타나는 결과라고 생각된다.

이것은 다른 선행연구인 조문제(1977)에서도 보이는데,

한말의 일어학교의 개설은 1891년 6월이나, 본 연구는 외국어학교관제 공포(1895년 5월 10일)이후부터 관립한성외국어학교 폐지에 관한 규정이 공포될 때까지 약 16년 간의 교육을 대상으로 일어학교의 교육의……64)

조문제도 역시 1891년에 개설된 일어학교와 외국어학교관제 공포이후 세워진 학교에 대한 언급이 없이 다른 주제에 대하여 언급하고 있다. 다시 말하자면, 그만큼 1891년 설립된 일어학교(일어학당)에 대한 자료가 없는 것이다.

구한말의 영어교육에 대하여 고찰한 이종배(1978)는 외국어학교에 대하여,

갑오경장이 신흥 침략주의 일본의 책략으로 촉구된 조급한 내정개혁이기는 하였으나, 조선의 근대화라는 면에서만 본다면, 그 것은 정치・경제・사회・교육 등 다방면에 걸친 획기적인 대개혁이었다. 이러한 정세 속에서 1895년 5월 10일에 '외국어학교관제'가 공포되었다. 그리고 이미 그 전년에 설치되어 있던 영어학교와 4년 전에 설치한 일어학교를 위의 관제에 따라서, 두 학교의 위치・경리 등이 따로따로인 채, 우선 법적으로만 통합한 것이 소위 '외국어학교'였다.65)

---

64) 조문제(1977)「한말의 일어학교 교육의 연구」『서울교육대학논문집』10, p.21.

라고, 小田省吾의 글을 이용하여 설명하고 있다. 이광린이나 조문제에서도 확실히 설명은 하고 있지 않으나 위의 이종배의 일어학교에 대한 설명을 암묵적으로 나타내고 있다. 즉, 1891년에 세워진 일어학교(일어학당)가 외국어학교관제가 공포됨에 따라 법제 안으로 수용되어 1895년부터 관립일어학교(한성일어학교)가 되었다는 설이 정설이 되어가고 있다.

그러나, 이광린을 반박하는 전혀 새로운 증언도 있다. Gifford에 의하면 일본어학교는 1890년에 교동에서 시작하였는데, 학생수는 40명이었고 두반으로 나뉘어 있었다. 교사는 나가시마와 오야라는 두 사람이었고, 학생의 평균 연령은 만 19세이었다고 한다.66)

이 설은 새로운 자료가 발견되지 않는 한 계속될 것이다. 분명한 것은 관립일어학교는 1895년부터라는 것이다.

제1차 학교령기는 1895년부터 1906년 9월 1일 새로운 외국어학교령이 발령되기 전까지이다. 1895년에 설립된 인천일어학교도 함께 고찰한다.

2.2.1.2. 교육 목표

외국어학교관제는 전문 11조로 되어 있다고 하였다. 외국어학교 관제 제1조가 외국어학교의 교육 목적을 나타내고 있는데, "제 외국의 어학을 교수하는 곳"이다. 교육 목적을 '장소, 곳'으로 표현하고 있다. 이것은 마치, 경국대전기의 사역원에 대하여 '掌譯諸方言語'라 하여, 각

---

65) 이종배(1978)「구한말의 영어교육과 교수법」『영어교육』제15호, 한국영어교육학회, p.16.

66) 오천석(1964)『한국신교육사』현대교육총서출판사, p.103. 김영우(1997)『한국 개화기의 교육』교육과학사, p.504에서 재인용.

국 언어의 통·번역을 관장하는 기관이라고 한 것과 같다. 통·번역이 가능한 역관을 교육하는 것이 사역원의 목적이고, 따라서 실무 일본어가 교육의 목표가 되는 것처럼, 외국어학교의 교육 목적은 제 외국의 어학을 교수하는 것을 목적으로 하고 있다.

다른 자료인 관립외국어학교 인천지교 규칙 제2조에는,

官立外國語學校仁川支校規則

第一條　本校ハ官立ニシテ學部ノ所管ニ屬シ官立外國語學校仁川支校ト稱ス

第二條　本校ハ主トシテ日本語ヲ敎ヘ倂セテ時務ニ適スル新知識ヲ授ケ各部主事小學校敎員等ヲ養成スルヲ以テ目的トス

第三條　生徒ニハ授業上必須ノ物品ヲ官給シ授業料ヲ徵收セス

第四條　本校修業年限ヲ四ケ年トス

第五條　本校生徒在學中ハ多キモ十日ヲ以テ忌服ヲ免除ス

제1조　본교는 관립으로 학부 소관에 속하고 관립외국어학교 인천지교라고 칭한다.

제2조　본교는 주로 일본어를 가르치며 아울러 시대에 적당한 신지식을 익히게 하여 각부 주사, 소학교 교원 등을 양성하는 것을 목적으로 한다.

제3조　생도에게는 수업상 필수 물품을 관급하고 수업료를 징수하게 한다.

제4조　본교 수업연한을 4년으로 한다.

제5조　본교 생도 재학중에는 많게는 10일을 상중일로 면제한다.

일본어와 신지식을 가르쳐 각부 주사나 소학교 교원을 양성하는 것을 목적으로 하였다.

2.2.1.3. 교육 내용

제1차 학부령기의 교육 내용을 알 수 있는 것은, '외국어학교규칙'과 '관보', 그리고, 잡지 '한반도'의 학교소개 기사이다.

①외국어학교규칙의 내용

외국어학교관제는 외국어학교 개설에 대한 간단한 원칙만 정해져 있고, 학교 운영에 관한 법제는 1900년 6월 27일에 학부령 제11호로 반포된 외국어학교규칙이었는데, 이것은 외국어학교가 개설된지 6년 만에 법제가 제도화된 것이었다. 그러나, 외국어학교규칙에도 교육내용에 대해서는 간단히 기술되어 있다. 외국어학교규칙 제1관 총칙 제1조에 "…외국어를 교수함이라. 외국어에 인하야 보통학도 교수함이 한문으로 독서 작문과 본국역사 지지(地誌)도 교수함이라"고 하여 간단히 기술되어 있어 이 시기의 교과 내용을 알아보기에는 미흡하다. 다만, 외국어(일어)와 한문에 의한 독서, 작문, 역사, 지리 교수 등을 알 수 있을 뿐이다.

②관보의 내용

교육 내용에 대하여 언급되어 있는 또 하나의 자료 중에 '관보'가 있다. 1897년 7월 8일 '관보' 제683호에 관립일어학교에서 6월에 실시한 시험에 대한 기사를 싣고 있다. 이 기사의 내용을 중심으로 시험과목을 고찰해 봄으로써 당시의 교과목을 추측해 보고자 한다. 시험과목은 총 9개 과목이었는데, 1학년은 그 중에 독서, 번역, 書取, 회화, 체조의 5과목을 시험 보았고, 2학년은 독서, 번역, 書取, 회화, 체조, 지리, 산술의 7과목을, 3학년은 독서, 번역, 書取, 체조, 지리, 산술, 역사, 이과의 8과목을 시험 보았다. 따라서, 1897년경의 관립일어학교의 교과목은 대체로 독서, 번역, 書取, 회화, 체조, 지리, 산술, 역사, 이과 등이었다고 보여 지는데, 이것을 학년별로 정리하였다.

<표45> 1897년경의 관립일어학교 교과목 예[67]

학년\과목명	과 목 명
1학년	독서, 번역, 서취, 회화, 체조(5개 과목)
2학년	독서, 번역, 서취, 회화, 체조, 지리, 산술(7개 과목)
3학년	독서, 번역, 서취, 체조, 지리, 산술, 역사, 이과(8개 과목)

③'한반도' 제3호의 내용

1900년 3월 3일에 발행된 잡지『한반도』제3호에 한국의 학교에 대하여 소개하는 기사[68]가 있는데, 그 중에 한국의 외국어학교를 소개하면서, 각 언어별로 교장, 학교의 위치, 학교 창립일, 경비, 교관명, 재적학생수와 학년별 인원, 교과목 등을 싣고 있다.『한반도』가 싣고 있는 교과목은 회화, 역독, 번역, 서취, 산술, 지리, 역사, 수신, 이과, 법제, 경제의 9개 과목이다.

이상에서 살펴본 3개 자료에 보이는 제1차 학부령기의 교과목에 대하여 표로 정리하였다.

---

67) 관보 제683호, 1897년 7월 8일
68) 이 기사를 처음으로 소개한 것은 渡部学이다. 渡部学(1973)「韓国教育における二言語主義」『韓2-9』한국연구원, pp.77~79.

<표46> 제1차 학부령기의 자료에 보이는 교과목

자료＼교과목	교과목 예
규칙(1900)	일본어, 독서 작문, 역사, 지리
관보(1897)	독서, 번역, 서취, (회화), (체조), 지리, 산술, 역사, 이과(9개 과목)
한반도(1900)	독서, (역독), 번역, 서취, 산술, 지리, 역사, (수신), 이과, (법제), (경제)(13개 과목)

위의 모든 자료의 교과목을 하나로 합쳐서 이 시기의 외국어학교에서 다루고 있는 교과목을 추정해 보면, 독서, 작문, 역독, 번역, 서취, 회화, 산술, 지리, 역사, 수신, 이과, 법제, 경제, 체조 등의 과목을 배우리라고 예상된다. 1895년 2월에 반포된 교육칙어 중에 지·덕과 함께 체도 함양할 것을 강조한 바 있으므로 각급학교에는 체조가 교과목에 들어가 있었다. 가끔 축구와 같은 운동도 배웠고, 일 년에 한번 운동회까지도 개최하여 심신을 단련하였다.

교과목을 다시 전공 교과와 교양 교과로 나누어 보면, 전공 교과는 회화, 역독, 번역, 서취, 작문이 되고, 교양 교과는 독서, 산술, 지리, 역사, 수신, 이과, 법제, 경제, 체조가 된다. 기능 교과인 읽기, 쓰기, 말하기, 듣기, 번역 과목과 교양 교과인 독서, 작문, 한국사, 이과, 체조, 지리 등을 교수하고 있는데 기능 교과보다 교양 교과인 보통학 과목이 더 많은 것을 알 수 있다. 渡部学는 이 시기의 일본어 교육에 대하여, 순수하게 일어를 교수하는 것을 목적으로 하는 것이 아니라 오히려 '일어에 의한 보통학 교수'에 중점이 두어졌다고 언급하고 있다.[69] 보통학 교수에 중점이 두어졌다고 하는 것은 외국어학교라고하는 전문성을 가지고 있는 학교의 성격상 문제가 있음을 의미한다. 『황성신문』 1900년 4월

---

69) 渡部学(1941)「朝鮮の日語教育變遷」『朝鮮』316호, 조선총독부, p.50.

3일자 잡보란『학부청의』에도 이렇게 실효를 거두지 못하는 외국어학교는 없애버리고 중학교에 합치자는 의견이 학부에서 정부에 제출되기도 하였다.[70]

2.2.1.4. 교수·학습 방법

2.2.1.4.1. 학생

종래 입학 연령 16세 이상 25세 이하를 15세 이상 20세까지로 고치고, 수업연한을 3년으로 정하였다.[71] 학급은 학생수와 학력에 따라 나누며 교장이 교사와 교관, 부교관과 상의 결정하게 되어 있었다. 학기는 봄학기와 가을학기 2학기였고, 봄학기는 1월 4일부터 하기휴학일까지, 가을학기는 후기상학일부터 12월 30일까지였다. 입학시기는 매년 2차로 정하여 봄학기초와 가을학기초에 입학을 허락하나, 단, 학교의 정황에 따라 부득이한 경우에는 임시모집 할 수 있게 되어 있었다. 그러나 초기에는 입학하는 학생들의 연령이 대부분 20세 이상이었고, 입학하는 시기도 고르지 않아 어떤 학생은 정월에, 어떤 학생은 2월 혹은 3월에 입학하였다고 한다.[72] 입시과목은 국문(독서, 작문), 한문(독서,

---

70) 학부에서 정부에 청의훈 개의를 문훈즉 종래 설치훈 외국어학교에셔는 전설훈 학문상 교육이 무ᄒ니 기학도를 선양ᄒ야도 타일견효는 통변에 불과ᄒ 터인즉 외국어학교는 일병혁파ᄒ고 중학교에 부속ᄒ야 기시간은 어학, 기시간은 보통학을 교수ᄒ쟈고 ᄒ얏다더라

71) 수업연한은 1902년 3월 4일부 학부령 제14호로 일부 개정되었는데, 그 내용은 "1900년(光武4) 6月 27日 學部令 第11號 第3條 修業年限은 日語學·漢語學은 3年으로 3字를 以4字로 改正훔이라"고 하였다.

72) 『관보』 1897년 7월 9일자 휘보 학사조에 있는 관립영어학교 제3학년 전기생 하기시험표와 7월 12, 16일자 관립일어학교 제2학년 후기생과 제1학년 전기생 하기 시험표 참조. 이광린(1999) p.173에서 재인용.

작문)이었다.[73]

　당시 학생들의 신분은 갑오개혁으로 신분제도는 철폐되었으나 처음에는 역시 역관집 자제들이 많이 외국어학교에 들어왔고 나중에 양반이나 상민 출신도 입학하였다. 그러나, 신분에 대한 기성관념은 사라지지 않았으며 표면상으로는 나타나지 않아도 상종할 때는 자기 신분끼리, 말하자면 양반은 양반끼리, 상민은 상민끼리 어울렸다고 한다.[74] 오랫동안 지배했던 신분제도가 법제상 혁파되었다고 해도 하루아침에 기성관념을 바꿀 수는 없으므로 그와 같은 현상은 당연한 일이었을 것이다. 일어학교의 재학생수는 1901년의 통계에는 57명, 1906년에는 83명이었다.[75]

　다음은 1897년부터 1905년까지의 외국어학교 입학지원 상황이다.

---

73) 제4관 제3조. 조문제(1977)「한말의 일어학교 교육의 연구 -서울의 관립 일어학교를 중심으로」『서울교육대학론문집』10, 서울교육대학, p.3.
74) 이광린(1999), 전게서, p.170.
75) 信夫淳平(1901)『한반도』pp.689~690.『만세보』1906년 9월 22일자 잡보 구한국 관보 제683호(1897. 7. 8)에는 1897년 관립일어학교에 재학하고 있던 학생수는 1학년 28명 2학년 28명 3학년 11명 등 도합 67명이었는데 1895년에 입학한 3학년생의 연령은 19세부터 27세까지로 19세 학생은 1명뿐이고 모두가 20대로 보고되고 있다.

<표47> 외국어학교 입학지원 상황(1897~1905)[76]

	1897	1898	1899	1900	1901	1902	1903	1904	1905
일어부	—	—	10	8	20	16	14	72	49
영어부	50	30	20	47	58	53	62	69	62
한어부	120	150	141	82	70	52	34	56	63
법어부	42	62	73	81	98	100	90	52	45
덕어부	—	50	—	—	40	20	20	20	20
계	212	292	244	218	286	241	220	269	239

일어부는 1년 걸러서 늘었다가 줄었다가를 반복하고 있으며, 1904년에 5배이상 지원자가 늘고 있다.

외국어학교규칙 제1관 제4조에 나와 있듯이, 학생들에게 교과서·학용품 등을 관비로 지급하고 초기에는 심지어 점심값까지도 지급되었다. 그러므로 일단 입학하면 함부로 중도 퇴학할 수 없었으며 허락을 받아야만 하였다.

학부에서는 1901년 이후 각 외국어학교 졸업자들을 졸업과 동시에 전원 외국어학교의 부교관으로 서임하였다. 일어학교 졸업자의 부교관 서임 상황은 다음과 같다.

---

76) 高橋浜吉(1927) 『朝鮮教育史考』 경성 제국지방행정학회조선본부, p.234.
    김영우(1997), 전게서, p.510에서 재인용

<표48> 관립일어학교 졸업자의 외국어학교 부교관 서임현황(1901~1905)[77]

학 교 별	졸업자수	서임자수	서임년월일	근거
관립일어학교	2	2	1901.4.10	동 제1859호(1901.4.12)
〃	2	2	1901.7.3	동 제1931호(1901.7. 5)
〃	5	4	1903.4.9	동 제2484호(1903.4.11)
〃		1	1903.5.9	동 제2510호(1903.5.12)
인천일어학교	7	7	1903.5.27	동 제2525호(1903.5.29)
관립일어학교	2	2	1903.6.29	동 제2553호(1903.7. 1)
인천일어학교	2	2	1904.8.29	동 제2919호(1904.8.31)
관립일어학교	11	11	1905.2.1	동 제3051호(1905.2. 1)
인천일어학교	5	5	1905.5.19	동 제3145호(1905.5.22)

2.2.1.4.2. 교사

외국어학교의 직원에는 학교장 1인, 교관 4인 이하, 부교관 5인이하, 서기 3인 이하였다. (관제, 4조)교관은 학생의 교수를 담당하고(관제, 4조), 부교관은 교관의 직무를 보좌한다(6조). 교과 및 부교관은 외국인을 고용할 수 있고 그 인원수는 학부대신이 필요에 따라 정하게 되어 있었다(11조).

교관은 4인 이하, 부교관은 5인 이하이고 학생수에 따라 임시 증감할 수 있었다. 교관은 학생을 가르치며 부교관은 교관의 일을 보좌한다. 교관, 부교관은 외국인 교관, 부교관을 고용할 수 있다. 제6조 교관 및 부교관의 직책, 제11조에 외국인 교관 및 부교관의 고용 및 대우 등에 대하여 규정되어 있다. 이 시기의 일본인 교관은 岡倉由三郎, 長島巖次郎, 田中玄黃이고, 한국인 교관은 현헌(玄櫶), 최재익(崔在益), 박영무(朴永武), 유제위(柳濟違)였다.

---

77) 김영우(1997), 전게서, p.517을 참조하여 일본어 관계학교만 발췌

2.2.1.5. 평가

학부령 제11호 외국어학교 규칙(1900) 제5관 '시험 도강 졸업'에 따르면, 시험은 하루 5시간씩 수업하여 매월 말에 그 달의 학력을 평가하였으며, 겨울에 1학기 학력을 평가하고, 여름에 1년 학력을 평가하였다. 매월 시험을 통하여 우등생을 정하고 3회를 연속으로 우등생이 되면 상을 주었으며 동기 도강에서도 우등생이 되면 진급장과 상을, 하기 도강의 우등생은 진급장과 특별상을 시장하였으며 관보에 이름을 광고하였다. 다만, 수학연한 이전에 제1급을 얻었더라도 졸업시험에 응시할 수는 없었다. 동·하기 도강 후 평점이 최소인 자는 교사, 교관, 부교관이 의논하여 낙제를 시켰으며, 진급장이 부여되었다 하더라도 진급장을 환수하였다.

시험의 채점은 교사, 교관 부교관이 상의하여 결정하였다. 도강에서 진급하지 못하였거나 부득이한 사고로 도강에 불참한 자는 유급하였으며, 졸업시험은 최종 학년 말에 실시하되 전과목 학력을 평가하였다. 졸업시험을 거친 후 급제한 자는 졸업장을 부여하고 학력이 미치지 못하는 자는 유급하였다. 즉, 월말평가, 학기평가, 학년평가, 졸업평가 등으로 나누어 실시하고 점수는 100점 만점으로 하였다.

2.2.1.6. 교과서

1895년 3월 제정된 학부 관제에 교과용 도서 관계 조항을 보면 교과용 도서를 전담하는 부서인 편집국은 다음과 같은 사무를 관장하도록 되어 있었다. ①교과용 도서의 번역, ②교과용 도서의 편찬, ③교과용 도서의 검정, ④도서의 구입, 보존, 관리, ⑤도서의 인쇄 등이 그것이다.

이 시기에 어떤 교과서를 이용하여 수업을 하였는지는 자료의 부족으로 확실히는 알 수 없으나, 관립한성외국어학교의 교과서 배당표를 보면 일본에서 발행된 교과서를 사용하고 있는 것으로 보아 일본에서 발행된 국정교과서를 주로 사용하고 있음을 짐작할 수 있다. 사전류는 일본에서 편찬된 사전들이 많이 들어와 불편이 없었다고 이광린은 말한다.[78]

[78) 이광린, 전게서 p.176.

2.2.2. 제2차 학부령기(1906.9.1~1909.8.31)

2.2.2.1. 시대적 배경

이 시기는 1906년 9월부터 새로운 외국어학교령이 시행된 1909년 9월 이전까지의 기간을 말하다. 1906년 2월 통감부가 설치되었다. 통감의 권한은 크게 3가지로 요약되는데, ①한국의 외교는 물론 모든 내정 간섭 ②한국내 일본인 관리 통할 ③군사령관에게 병력 사용 명령권[79]을 갖는 등 한국의 통치자 구실을 하였다. 통치를 위해서는 언어정책이 필수이다. 당시 통감부 서기관으로 부임한 俵孫一(たわらまごいち)는 교육 준비 업무를 맡아서 교육제도 개편 및 일본어 교육 보급업무를 개시하였다. 1906년 8월 27일, 칙령 제41, 42, 43, 44호로 사범학교령, 고등학교령, 외국어학교령, 보통학교령이 반포되고 9월 1일부터 발효되었다. 새로운 학제가 반포됨과 동시에 관제기의 사범학교관제, 중학교관제, 외국어학교관제, 소학교령은 모두 폐지되었다. 1908년 8월 28일에는 '교과용도서 검정규정'이 학부령 제16호로 반포되었다.

외국어학교의 명칭에 대하여는 외국어학교령 시행규칙에 "외국어학교의 명칭은 지명을 부하여 관(공)(사)립(지명)외국어학교라 함이라. 1 외국어만 교수하는 학교는 그 외국어명을 붙여 학교의 명칭을 정함이라."[80]고 하여 한성의 일어학교의 경우, '관립한성일어학교'가 되며, 일어학교 인천지교의 경우, '관립인천일어학교'가 되어 지명을 붙여 독립하게 된 것이다.

외국어학교의 일본어 입학자는 나날이 급증하여서 1906년에는 야간부, 1908년에는 수업연한 1년의 속성과까지 부설할 정도였으며, 1906

---

79) 이병도(1952)『국사대관』백영사, p.480.
80) 외국어학교령시행규칙, 제1조~제2조

년에는 30여교에 이르렀다. 그러나 통감부가 설치된 이후는 각처에 보통학교가 세워지고, 일본어는 필수과목이 되었기 때문에 사립일본어학교는 점차 폐쇄되었다. 일본유학생은 1882년부터 시작되어 점점 많아져서 1907년에는 공·사비 유학생을 합하여 약 700명에 이르렀다고 한다.[81] 다음은 2차 학부령기에 반포 또는 시행되었던 법령들이다.

- 1906년 8월 27일 　학부직할학교 및 공립학교관제 칙령 40호 반포, 9월 1일 시행
- 1906년 8월 27일 　외국어학교령 칙령 제43호 공포, 9월 1일 시행 외국어학교 본과 3년, 연구과 2년
- 1906년 8월 27일 　외국어학교령시행규칙, 학부령 제22호
- 1906년 9월 　3일 　학부직할학교 직원정원령, 칙령 45호
- 1908년 8월 28일 　교과용도서 검정규정, 학부령 제16호 반포 시행 관보 부록 9월1일자

　위의 법령 중 외국어학교는 학부직할학교 및 공립학교 관제, 외국어학교령, 외국어학교령시행규칙, 학부직할학교 직원정원령 등이 기본법규였다.

　'학부직할학교 및 공립학교 관제'에는 학부직할학교가 명시되어 있었다. 즉, 제1조에 학부직할에 속하는 학교에 대하여, 보통학교와 성균관, 관립한성사범학교, 관립한성고등학교, 관립한성일어학교, 관립한성한어학교, 관립한성영어학교, 관립한성덕어학교, 관립한성법어학교, 관립인천일어학교 등 9교를 정하고 있다. 일어관계관립학교가 '관립한성

---

81) 이봉희(1984)「일본어 교육에 관한 일고찰」『일본학보』제13집, 한국일본학회, pp.24〜25.

일어학교’, ‘관립인천일어학교’의 2교나 포함되어 있는 것이다. 1908년 5월에는 평양일본어학교도 설립되었다. ‘외국어학교령’은 총 10조로 구성되어 있고, ‘외국어학교령시행규칙’은 5장 29조 부칙 3조 총32조로 이루어져 있다. 이하에서 위의 법제를 중심으로 자세히 고찰한다.

2.2.2.2. 교육 목표

1906년 총10조의 외국어학교령과 총32조의 외국어학교령 시행규칙이 공포되어 1895년의 외국어학교 관제와 1900년의 외국어학교 규칙이 폐지되었다. 외국어학교령에 따르면 “외국어 학교는 외국어를 갈고 익혀서 실무에 적합한 인재를 양성함을 목적”[82]으로 하고 있다. 일어로 말하고 번역하여 일본인을 상대로 실무를 볼 수 있는 정도의 교육 목표였다. 제1차 학부령기의 ‘목적’은 ‘제 외국의 어학을 교수하는 곳’이라고 상당히 막연히 제시하고 있고, 인천일본어학교의 교육 목적도 일본어에 관계 있는 실무자 양성이 아니라 각부 주사나 소학교 교원을 양성하는 것을 목적으로 하고 있는데 비하여, 제2차 학부령기의 교육 목적과 비교할 때 교육 목적이 실무에 적합한 인재 양성을 목적으로 하고 있다.

실무자 양성을 위한 학교로 성격이 바뀌어서인지, 교육 연한이 외국어학교령 제5조에 본과는 3개년, 연구과는 2개년 이내로 단축되고 있다.

2.2.2.3. 교육 내용

외국어학교령시행규칙 제1장 총칙 제5조에 “외국어학교에서는 적의를 종하야 수신, 국어, 한문, 산술, 역사, 지리, 이과, 법제, 경제, 부기,

---

82) 외국어학교령 제1조, “외국어학교는 외국어에 연숙ᄒᆞ야 실무에 적당ᄒᆞᆫ 인재를 양성홈으로 목적을 홈이라” 관보 1906년 8월 31일자 참조

체조를 교수함이라. 학과과정표 및 매주 교수시간수는 학교장이 정하여 학부대신의 인가를 수함이라"고 기록되어 있다. 조문제(1977)는 관립한성일어학교의 교과목은 일본어와 수신, 국어, 한문, 산술, 역사, 지리, 이과, 법제, 경제, 부기, 체조 등 11과목을 매학년 200일 이상 수업하였다고 하였다.[83] 전공 과목인 기능 교과에 대하여는 기록이 없어 알 수 없으나, 1900년의 제1차 학부령기의 시행규칙에서도 언급이 없었던 것과 같고, 시험과목에 의하여 추측했던 것처럼 전공 과목에 대한 기술은 제3차 학부령기에 자세하므로 3차 학부령기에서 고찰하고자 한다.

2.2.2.4. 교수·학습 방법

2.2.2.4.1. 학생

유봉호(1992)는 제2차 학교령에 의해 개편된 당시의 학교제도를, 의정부 관보과·관보·1906~1909 학교령·학교령 시행규칙에 의거 그림으로 그렸는데, 그림에 의거하여 당시(1906~1911)의 학제를 살펴보면 다음과 같다.[84]

· 보통학교 4년 → 고등학교 본과 4년(3년제도 설치가능) → 보습과 1년

    8세~12세   12~16세   12~15세   16~17세

· 보통학교 4년 → 사범학교 본과 3년 → 속성과 1년(강습과 1년)

    8세~12세   15~18세(남자)   18~19세

---

83) 조문제(1977), 전게서, p.13.
84) 유봉호(1992), 전게서, p.67.

· 보통학교 4년 → 외국어학교 본과 3년(연구과 2년, 일어속성과 1년)
　　8세～12세　　　　　　　12～15세　　　　　12～14세　　　12～13세

· 보통학교 4년(예과 2년이내) →고등여학교 본과 3년(지방은 4년 가능)
　　8세～12세　　　10～12세　　　　　12～15세　　　　12～16

· 보통학교 4년 → 기예전수과 2년 이내
　　8세～12세　　　　15～17세

· 보통학교 4년 → 실업학교 3년 원칙(4년제도 설치가능, 속성과 2년이내)
　　8세～12세　　　　12～15세　　　　　12～16세,　　12～14세

· 보통학교 4년 → 성균관(3년)
　　8세～12세　　　　20～23세

보통학교를 8세에 입학해서 4년 12세의 나이로 졸업하게 되면 바로 진학을 하는 사람은 고등학교, 외국어학교, 실업학교를 선택할 수 있고, 보통학교를 졸업하고 15세가 되면 사범학교(남자에 한함)나 기예전수과에 입학할 수도 있었다. 여자의 경우에는 10세부터 예과 2년을 하고 3년제인 고등여학교 본과에 진학할 수 있었다. 즉, 조선의 학제는 고등교육은 없고, 초등 중등교육기관이 있을 뿐이었다.

외국어학교의 입학자격은 외국어학교령 제6조에 있는데, 연령이 12세 이상된 남자가 상당한 학력을 가진 자로 규정되어 있다. '상당한 학력을 가진자'란 즉, 보통학교를 졸업한 자를 말한다. 외국어학교는 남자만 입학할 수 있었다. 입학시기는 학년초로부터 30일 이내로 하되, 결원이 있을 때는 임시입학도 허용하였으며, 입학지원자격은 신체강건한 자와 품행방정한 자로, 1학년 입학시험과목은 국어, 한문, 산술로 시행하고, 2학년 이상의 보결시험은 당해 학년의 정도에 의하여 시행하게 하였다.

한 학급의 정원은 50인 이하였고, 학년의 시작은 4월 1일, 학년의 끝은 다음해 3월 31일로 정하였으며 3학기제였다. 수업일수는 매학년 200일 이상이며 시험과 수학여행 일수는 계산하지 않았다.

2.2.2.4.2. 교사

경험·소양이 부족한 한국인은 도저히 신교육을 운용할 수 없으므로 중등정도의 학교에는 1교에 수명, 보통학교에 있어서는 1명의 일본인 교사를 배치하여 전자에 있어서는 그 중 1명을 학감이라 칭하고 후자에 있어서는 교감이라 칭하여 교장의 지위는 대개 한인에게 위임하지만 차등 일본인 교원은 교장 및 타의 직원을 보도하여 경영 및 교수에 당하여 사실상 학교에 있어서의 수뇌로서의 역할을 하였다. 이 시기의 관립일어학교 교장으로 서기관 三土忠造나 隅本繁吉[85] 등이 임명되었다.

2.2.2.4.3. 교수법

이 시기의 일본어 교육은 유의점으로 실용위주의 교육, 아동의 지식 수준에 맞게 가르칠 것, 발음에 주의하여 정확한 일본어를 익힐 것, 국어와 관련을 가지고 가르칠 것 등으로 요약된다. 1일 5시간 씩 200일을 수업하면 1000시간이 된다.

2.2.2.5. 평가

외국어학교령 시행규칙 제5장 제26조에는 외국어학교의 시험에 대한 규정이 있다. 시험은 학기시험과 학년시험으로 나누고, 시험에 결석

---

85) 三土忠造는 재임기간이 1908년 1월 1일~1908년 4월 25일이고, 隅本繁吉는 1908년 4월 25일~1910년 10월 7일이다.

한 자는 추가시험을 허용하였으며, 시험의 평점은 10점 만점으로 채점하도록 정하고 있다.[86]

2.2.2.6. 교과서

제2차 학부령기의 교과서는『일어독본』8권이 발행되었는데, 권1~권4는 1907년 2월에 발행되었고,『일어독본』권5~권8은 1908년 3월에 발행되었다. 幣原坦(しではらひろし)의 후임으로 三土忠造(みつちちゅうぞう)가 학부서기관에 취임하였는데, 그는 일본의『尋常小学読本』의 기초위원이었다. 그가 주임이 되어 우선 1907년 4월부터 사용할 보통학교용교과서를 주간 야간 겸용으로 편찬하게 된다.『일어독본』은 모두 東京에서 인쇄되었기 때문에 교정의 어려움이 있었고 또 실제로 사용해본 결과 수정할 부분이 많아 판을 거듭할 때마다 개정을 하였고, 1909년 11월에는 명칭도『보통학교학도용 일어독본』으로 바뀌었으며, 1910년 3월까지 권1~4는 5회, 권5~8은 4회 발행되었다.[87] 大槻芳廣(1943)가 작성한 일어독본 8권의 총목차는 앞의 <표36>에서 이미 제시하였으며, 1권부터 4권까지는 원래 제목이 없으나 고찰의 편의상 내용을 중심으로 제목을 붙여서 목록을 작성하였다.

---

86) 외국어학교령시행규칙 제5장 제25조~제27조
87) 大槻芳廣(1943)「倂合以前の日語讀本をめぐりて」『外地・大陸・南方 日本語敎授實踐』國語文化硏究所, p.73.

2.2.3. 제3차 학부령기

2.2.3.1. 시대적 배경

한국의 내정을 장악한 일본은 최후 목표인 합병을 위하여 모든 체제의 정비를 하였다. 1909년 4월 19일 칙령 제52, 53, 54, 55호 사범학교령, 고등학교령, 외국어학교령[88], 고등여학교령, 보통학교령이 개정[89]되었으며, 따라서, 외국어학교도 변화를 갖게 되었다. 4월 19일의 외국어학교령 개정과 함께, 7월 5일에는 외국어학교령시행규칙[90]이 학부령 제5호로 개정되어 9월 1일부터 시행되었다. 개정의 내용은 크게 3가지인데, 하나는 명칭 변경이고, 다른 하나는 입학시험에 대한 세분화, 그리고 세 번째는 점령 준비이다.

명칭 변경이란 제2차 학부령기에는 '관립한성일어학교'이었던 것이, 새로운 학교령에서는 '관립한성외국어학교 일어부'로 바뀐 것을 말한다. 언어권별로 각각 분리 독립되었던 외국어학교를 통합하여 관립한성외국어학교라는 단일기관아래, 일어부, 영어부 식으로 나누고, 일본인 교장으로 하여금 관리하게 한 것이다.

관립한성외국어학교는 1911년 11월 1일을 기하여 정식으로 폐지되고 말았다. 이때에 한국 정부가 세웠던 다른 교육기관인 법학교, 성균관, 관립한성사범학교 등도 함께 폐지되었다.[91] 재학생 중, 3학년은 그대로 졸업장을 주어 수료시켰으며, 2학년 학생들은 한성고등학교의 후신인 경성고등보통학교에 편입시켰다.[92] 인천외국어학교는 1909년 5

---

88) 관보 1909. 4. 20, 칙령 제53호
89) 『관보』 제4355호
90) 관보 1909. 7. 10 학부령 제5호
91) 『조선총독부 관보』 1911년 10월 16일자 '칙령'
92) 이광린(1999), 전게서, p.185.

월에 이미 인천실업학교로 바뀌었으며, 평양일어학교는 1909년 4월에 평양고등학교로 개칭되었다가 다시 평양고등보통학교로 바뀌었다. 이하 개정된 외국어학교령과 외국어학교령시행규칙에 따른 변화된 일본어학교에 대하여 살펴보기로 한다.

2.2.3.2. 교육 목표

관립한성외국어학교 학칙[93] 제14조는 외국어학교령 시행규칙을 바탕으로 만들어 졌다. 제1조에 한성외국어학교의 목적을 "외국어에 숙달하여 실무에 적합한 자를 양성함"으로 명시하고, 제2조에 본교에 본과 및 일어속성과를 둔다. 본과를 나누어 일어부, 영어부, 법어부, 덕어부, 한어부로 한다"고 하였다. 수업연한은 본과 3년 일어속성과는 1년으로 하였다.

2.2.3.3. 교육 내용

제3차 학부령기의 관립한성외국어학교 일어부에는 본과와 속성과가 있었다. 본과의 교육내용에 대하여 알 수 있는 자료는 2가지가 있다. 하나는 관립한성외국어학교 학칙 제5조에 "일어부의 학과과정 및 매주 교수시수표(이하 학칙)"이고, 다른 하나는 관립한성외국어학교 일람에 제시된 "학과과정 및 매주교수시간수(이하 일람)"이다. 아래에 2자료를 제시 고찰한다. '학칙'의 교과과정은 총95시간으로 되어 있고 수의과목으로 영어가 포함되어 있다.

---

93) 관립한성외국어학교 일람, 1909.3

<표49> 교과과정 및 매주 교수시간표(학칙)[94]

학과목 \ 학년		제1학년		제2학년		제3학년	
		시수	정 도	시수	정 도	시수	정 도
수 신		1	실천도덕	1	동 좌	1	동좌
일어	독법·독해	8	일상수지의 문자 및 보통문	6	동 좌	5	동상 및 近古文
	회 화	4	동상	5	동 좌	3	동좌
	書 取	2	동상	1	동 좌	1	동좌
	反 譯	3	일문한역, 한문일역	3	동 좌	3	일문한역, 한문일역
	작문·문전			1	구어문, 문어문	2	구어문, 문어문 및 서한문, 품사편, 문장편
국어 및 한문		3	강동, 작문	3	동 좌	2	강독,작문
수 학		4	산술 부 주산	4	동 좌	4	대수, 기하 초보
역 사/지 리		2	본국역사/본국지리	3	외국역사/외국지리	3	동좌
이 과				2	박물, 생물	2	물리, 화학
법제 및 경제						2	현행법규 및 경제대요
부 기						2	관청 및 상용부기
체 조		3	학교체조	3	학교체조	3	학교체조
수의과	영어			(1)	문자 및 간이보통문	(1)	간이보통문
계		30		32(1)		33(1)	

위의 <표49>를 중심으로 일본어 관계(전공) 과목과 보통학(교양) 과목으로 분류하여 표를 재작성하여 보았다.

일본어 관계과목은 5과목으로 독법·역해, 회화, 書取, 反譯, 작문·문전으로 총 95시간 중 47시간 49.5%를 차지하고 있다. 학년이 올라갈수록 전공과목 시수는 줄고 있다. 과목별 시수를 보면, 독법·독해가 19시간 40%로 가장 시수가 많으며, 다음으로 회화가 12시간 26%, 번

---

94) 강윤호(1975)『개화기의 교과용 도서』교육출판사, pp.46~47. 高橋浜吉 (1930)『朝鮮敎育史考, 재국지방행정학회 조선본부, p.3 주수웅(1986)「韓 国における日本語教育に関する研究 -統監府時代の日本語教育」『경기대 학교 대학원 논문집』p.10 등에 같은 자료가 있는데, 세로 도표를 가로 도 표로 바꾸어 그렸다.

역 9시간 19%, 書取·작문·문전이 7시간 15% 순으로 나타났다. 일상 생활에서 많이 사용하는 보통문을 대상으로 읽고, 말하고, 듣고 쓰는 언어 기능을 중심으로 공부하며, 일문한역, 한문일역을 학습한다.

<표50> 제3차 학부령기의 전공과목 시수

학과목 \ 학년		제1학년		제2학년		제3학년		계(%)
		시수	정 도	시수	정 도	시수	정 도	
일어	독법·역해	8	일상수지의 문자 및 보통문	6	동 좌	5	동상 및 近古文	19(40)
	회 화	4	동상	5	동 좌	3	동좌	12(26)
	書 取	2	동상	1	동 좌	1	동좌	4(9)
	反 譯	3	일문한역, 한문일역	3	동 좌	3	일문한역, 한문일역	9(19)
	작문·문전			1	구어문, 문어문	2	구어문, 문어문 및 서한문, 품사편, 문장편	3(6)
계		17		16		14		47

교양과목은 수신, 국어 및 한문, 수학, 역사·지리, 이과, 법제·경제, 부기, 체조 8개 과목이고 수의과목으로 영어를 포함하면 9개 과목으로 총 95시간 중 48시간을 배우게 되어 50.5%의 비율이다. 전공과목과 교양과목의 비율이 49.5% : 50.5%가 되어 거의 반반의 수업을 각각 하게 되어 있다.

교양과목 중 가장 많은 시간을 배우게 되는 것은 수학으로 12시간 25%를 차지하고, 다음으로 체조 9시간 19%, 국어 및 한문/역사·지리가 8시간 17%로 같은 시간을 보인다. 전공과목이 학년이 올라갈수록 수업시수가 줄어드는 것과는 반대로 학년이 올라갈수록 교양의 수업시수는 늘고 있다.

 교육 목표 항목에서 이 시기의 일본어학교의 교육 목표가 '실무일본어'라고 하였다. 이광린은 제3차 학부령기의 교육 목표인 '실무'에 대하여 "매우 막연한 개념이기는 하나, 뚜렷한 외교사무가 아닌 세관 혹은 회사 등의 사무를 말하는 것 같다. 그것은 새로이 교수하는 교과목 중에 전에는 없었던 법제·경제·부기까지 들어 있는 것을 보아도 알 수 있다."[95] 라고 실무의 성격을 규정하고 있다.

<표51> 제3차 학부령기의 교양과목 시수

학과목 \ 학년	제1학년 시수	제1학년 정도	제2학년 시수	제2학년 정도	제3학년 시수	제3학년 정도	계(%)
수 신	1	실천도덕	1	동 좌	1	동좌	3(6)
국어 및 한문	3	강동, 작문	3	동 좌	2	강독, 작문	8(17)
수 학	4	산술 및 주산	4	동 좌	4	대수, 기하 초보	12(25)
역 사/지 리	2	본국역사/본국지리	3	외국역사/외국지리	3	동좌	8(17)
이 과			2	박물, 생물	2	물리, 화학	4(8)
법제 및 경제					2	현행법규 및 경제대요	2(4)
부 기					2	관청 및 상용부기	2(4)
체 조	3	학교체조	3	학교체조	3	학교체조	9(19)
수의과 영어			(1)	문자 및 간이보통문	(1)	간이보통문	(2)
계	13		16(1)		19(1)		48(2)

 현대에 있어서 전문대학의 일본어 관계학과와 비슷한 교육목표를 갖고 있다고 볼 때, 현대의 전문대학의 전공 대 교양의 비율이 85:15인

---

95) 이광린(1999), 전게서, p.180.

것에 비하면, 이 시기의 전공 대 교양의 비율이 50:50인 것은 틀림없이 이광린의 성격규정이 어느 정도 설득력이 있어 보인다. 다시 말하면 일본어를 통한 보통학을 교육하고 있는 것이다.

본과의 교육내용을 알 수 있는 또 하나의 자료인 '일람'을 <표52>로 제시하는데, 세로 도표를 가로 도표로 바꾸어 그렸다. '일람'의 총 수업 시간수는 84시간으로 일어 과목과 보통학 과목의 비율이 42:42로 반반으로 구성되어 있다. 일어과목은 8개 과목으로 되어 있고 1학년에 15시간, 2학년 14시간, 3학년 13시간이 배당되어 있다. 학년이 올라갈수록 1시간씩 줄어드는 구성이다. 반대로 보통학 과목은 1학년에 13시간, 2학년 14시간, 3학년 15시간으로 학년이 올라갈수록 1시간씩 늘어나는 구성으로 되어 있다.

<표52> 제3차 학부령기 일어부 학과과정 및 매주 교수시수표

학과목 / 학년		제1학년		제2학년		제3학년	
		시수	정 도	시수	정 도	시수	정 도
수 신		1	인륜도덕의 요지	1	인륜도덕의 요지	1	인륜도덕의 요지
일어	독법	4	일상수지의 문자 및 보통문	3	보통운문시가	3	시가법령공문, 보통문 운문미문
	역해	4	동상	3	동상	2	동상
	회화	3	동상	3	동 좌	2	동좌
	書取	2	동상	1	동 좌	1	동좌
	담론	1	간단한 담화	1	담화 및 연설	1	동좌
	反訳	1	일문한역	2	일문한역,한문일역	2	일문한역, 한문일역
	작문			1	기사문일용문 (경조초대, 증견, 조회, 권유등)	1	기사문, 논설문, 일용문, 공문(청원, 조회, 보고, 품의등)
	문전					1	문자편, 품사편, 문장편
수학		5	정수, 소수, 제등수	4	약수·배수·분류, 보합산 비례	3	대수,기하

지리	1	본국지리	1	동양지리	1	만국지리
역사	1	본국역사	1	동양역사	1	만국역사
이과			2	동물, 식물, 광물, 지질 및 자연현상, 인신생리	2	물리 화학상 현상, 원소 및 화물, 실용물 기계의 구조작용
범제경제					2	재화, 재정, 사법, 공법
부기					2	상용부기
한문	2	경전	2	경전		
체조	3	보통체조, 병식체조	3	보통체조, 병식체조	3	보통체조, 병식체조
합계	28		28		28	

'학칙'과 '일람'을 비교해 보면,

- '학칙'은 과목수가 적으면서 시간수가 많고, '일람'은 과목이 세분화되어 있으면서 시간수가 줄었다. 즉, 한과목이었던 [讀方・譯解]가 [讀方] [譯解]로 분리되었으며, [작문・문전]이 [작문]과 [문전]으로, [지리・역사]가 [지리] [역사]로 분리되었다.
- '학칙'이 시간수가 더 많은 과목은 회화, 反譯, 지리/역사, 국어/한문이다. 즉, 회화는 4시간이 더 많고, 반역 4시간, 지리/역사 2시간, 국어/한문 4시간이 많다.
- '학칙'에만 있는 과목은 [영어]이고, '일람'에만 있는 과목은 [담론]이다. 즉, 학칙에 있던 수의과목인 영어를 일람에서는 삭제했다. '일람'에는 일어 과목인 [담론]이 들어갔다. 담론은 말하기 과목으로 회화시간이 늘었다고 볼 수 있다.
- '학칙'에는 [국어 및 한문]으로 되어 있으나, '일람'에는 [한문]만으로 되어 있어 [국어] 과목이 없어지면서 시간수가 반으로 줄었다.

'일람'에서는 전체적으로 조선어와 영어를 없애므로써 총시간을 단축시키고, 일어 시간은 늘렸다고 보아진다.

<표53> 관립한성외국어학교 일어부 '학칙' '일람' 수업 시수 비교

	讀方	譯解	회화	書取	담론	반역	작문	문전	수신	수학	지리	역사	이과	법경	부기	(국)한	체조	영어	계
학칙	19		12	4	×	9	3		3	12	8		4	2	2	8	9	(2)	95
일람	10	9	8	4	3	5	2	1	3	12	3	3	4	2	2	4	9	×	82

 속성과는 본과의 교과목이 전공과목과 교양과목이 거의 반반으로 3
년간 나누어서 공부하는데 반하여, 수업연한 1년으로 교양과목은 없고
전공 4과목 또는 5과목을 수업내용으로 하고 있다.

<표54> 속성과 교과과정 및 매주 교수시간표[96]

학 과 목	학칙		일람		
	시수	정도	시수	정도	교과서
독법 · 역해	11	일상수지의 문자 및 보통문	6(독법) 4(역해)	일상의 문자 및 근이한 보통문	학부편찬일어독본 4~8권 고등소학독본 1~8권
회화 · 문전	8	동상	6(회화)	보통의 대화 및 간단한 연설	독법에 준거함
反譯	3	일문한역, 한문일역	3	일문한역, 한문일역	〃
書取	1	독법 · 독해와 동	1	독법에 준거함	〃
계	23		20		〃

 우선 '학칙'에 보이는 속성과의 교과목을 본과의 전공과목과 비교할
때, 본과는 5개 과목이고, 속성과는 4개 과목이다. 즉, 본과 교과목 중
'작문 · 문전' 과목에서 문전을 회화에 합쳐서 구성하고 있고, 내용으로
보면 구어문, 문어문 및 서한문, 품사편, 문장편에 대한 교수가 빠지게
되거나 회화 · 문전 시간에 일부를 다루거나 하게 되는 것이다. 수업

---

96) '학칙'은 강윤호(1975), 전게서, p.47. '일람'은 조문제(1977), 전게서, p.15
  참조

시수에 있어서는 본과 전공수업 시수 47시간과 비교할 때, 속성과는 23시간으로 되어 있으므로, 본과 수업 시수의 50%정도로 교과과정이 구성되어 있는 것을 알 수 있다. 각 과목별로 보면, 독법·역해의 본과/속성과의 수업 시수가 각각 19/11(58%), 회화·문전 15/8(53%), 反譯 9/3(33%), 書取 4/1(25%)로 되어 있어, 속성과는 독해와 회화에 주로 시간을 배치하고 있는 것을 알 수 있다.

'일람'의 속성과는 본과와 비교할 때 본과의 일어 관계과목 8과목 중, 담론, 작문, 문전이 없어지고 5개과목으로 구성되어 있으며, 시간수로는 50% 조금 못 미치는 선에서 이루어지고 있다.

<표52>를 중심으로 '학칙'과 '일람'을 비교해 보면, 학칙보다 일람이 시간수가 3시간 줄었다. 그 원인은 독법·역해에서 1시간, 회화·문전에서 2시간이 줄었기 때문이다. 줄어든 근거는 독법과 역해가 분리되면서 1시간이 줄었고, 회화·문전 중 문전이 없어지고 회화만 남으면서 2시간이 줄었다. 언어 재료로는 '일상의 문자 및 쉬운 보통문'을 중심으로 대화 및 간단한 연설을 다루고 있다. 독해 교과서가 다른 시간에도 계속 사용되고 있는 것으로 보아, 교과서가 정해지면 그 교과서를 중심으로 언어 기능의 연습, 즉, 독해·번역·회화·받아쓰기가 이루어졌다는 것을 알 수 있다.

2.2.3.4. 교수·학습 방법

교육 내용에서 고찰한 교과과정 및 수업시수를 중심으로 추측해 볼 때, 외국어학교의 수업은 독해 중심 수업이었을 가능성이 높다. 1일 5시간씩 200일을 학습하면 1000시간이 된다. 그 중 반은 교양관계과목이므로 500시간이 일어관계과목이 되는데, 회화와 書取를 제외한 나머지 시간은 거의 독해 중심 수업이라고 보여져서, 500시간의 66%인 330

시간은 독해 중심 수업 즉, 읽기가 중심이 되는 수업이었다. 제3차 학부령기에는 조선어 수업도 없어져 있었고, 모든 수업을 일본어로 강의하는 상황에서 읽기 중심 수업이 나타내는 의미에 대하여는 다른 기회에 고찰하고자 한다.

2.2.3.5. 교과서

외국어학교의 교과용 도서에 관한 규정은 1909년 4월 19일 칙령 제53호 제6조의 2와, 외국어학교시행규칙 제3장 교과용 도서 제7조에 언급되어 있다. 칙령 제53호 제6조의 2에는 "외국어학교의 교과용 도서는 학부에서 편찬한 자이나 또는 학부대신의 검정을 수한 자를 이용하여야 하며 학교장은 학부대신의 인가를 받아야지만 전항 이외의 도서를 사용할 수 있음"이라고 하였고, 규칙 제3장 제7조에는 "교과용 도서를 정하고져 할 때는 학교장은 그 도서의 명칭, 저자 역자명 및 발행연월일을 구비하여 학부대신에게 보고하며야 함. 단 외국어학교령 제6조의 2 제2항의 경우에 있어서는 그 도서의 명칭, 책수, 사용코저 하는 학년, 저역자명 및 발행연월일을 구비하여 신청함이 가함."이라고 되어 있어 어느 쪽이던 학부대신의 허가를 받게 되어 있었다.

제3차 학부령기에 외국어학교에서 사용되었던 교과서에 대하여 알 수 있는 자료가 있다. 관립한성외국어학교 일람 제3장 학과과정 및 교과용 도서 관립한성외국어학교 각어과 교과서 배당표에 학년별도 사용되고 있는 교과서를 싣고 있는 것이다.

<표55> 관립한성외국어학교 일어과 교과서 학년별 교과서 배당표[97]

과급		讀み方	譯解	회화	書取	談論	反譯	作文	文典
제1년급	교과서	학부편찬 일어독본 5권~8권 심상소학독본 8권 고등소학독본 1,2권	仝前	口授					
	주당시수	4	4	3	2	1	1		
제2년급	교과서	심상소학독본 8권부터 고등소학독본 4권까지	仝前	口授					
	주당시수	3	3	3	1	1	2	1	
제3년급	교과서	고등소학독본 5, 6, 7, 8권 실업보습대국민독본	仝前	口授					
	주당시수	3	2	2	1	1	2	1	1

1학년　읽기·역해　학부편찬 일어독본 5권~8권

　　　　　　　　　　　심상소학독본 8권, 고등소학독본 1,2권

2학년　읽기·역해　심상소학독본 8권, 고등소학독본 4권

3학년　읽기·역해　고등소학독본 5~8권, 실업보습대국민독본

위 <표55>에서 일어 과목인 讀方와 譯解는 같은 교과서를 사용하고 있는데, 1학년은 학부편찬 일어독본 5권부터 8권까지와 심상소학독본 8권, 고등소학독본 1,2권을 사용하고 있고, 2학년은 심상소학독본 8권부터 고등소학독본 4권까지, 3학년은 고등소학독본 5권부터 8권까지와 실업보습대국민독본을 사용하고 있다.

『(實業補習)大國民讀本』은 中村康之助가 編하였으며, 甲-乙 2종이 있고, 東京의 同文館에서 발행되었다. 1908년 본이 국립중앙도서관에 소장되어 있고 갑, 을 2종의 목차는 다음과 같다.

---

97) 조문제(1977), 전게서, p.16.

甲種

第二十九課　衛生
第三十課　國の富, 手形及小切手
第三十一課　帝國議會, 大日本帝國憲法第二章
第三十二課　フランクリンの訓言
第三十三課　大國民(日本國民の理想), 眞心十首

乙種
第一課　大日本帝國
第二課　國歌
第三課　二宮尊德
第四課　自營自活
第五課　春の野山
第六課　クラークの椅子
第七課　生活の三要素
第八課　食鹽
第九課　松と櫻
第十課　フランクリン
第十一課　寒暖計
第十二課　學校
第十三課　注意深き職工
第十四課　分業の利益
第十五課　手足と腹
第十六課　船津傳次平
第十七課　河と山林
第十八課　手の巧み
第十九課　田舍人の話
第二十課　善良なる風俗
第二十一課　採用試驗
第二十二課　銀行と會社

2.2.4. 결론

지금까지 제1차에서 제3차에 이르는 학부령기 소학교(보통학교)와 외국어학교의 일본어 교육에 대하여 고찰하였다. 그 결과를 표로 정리하여 학부령기 일본어 교육의 추이를 결론으로 보이고자 한다.

<표56> 학부령기 일본어 교육의 추이(소학교)

	제1차 학부령기 (1895~1906)	제2차 학부령기 (1906~1909)	제3차 학부령기 (1909~1911)
법제	1895. 7. 19 소학교령칙령 제145호 1895. 8. 12 소학교 교칙대강 학부령 제3호	1906. 8. 27 보통학교령 칙령 제44호 1906. 8. 27 보통학교령 시행규칙 학부령 제23호	1909. 4. 19 보통학교령 개정 칙령 제55호 1909. 7. 5 보통학교령 시행규칙 학부령 제6호
목표	장래생활상의 지식의 긴요/간단한 회화 및 통신이 가능하고, 국어로 번역이 가능한 정도	실용능력/쉬운 회화와 간단한 문법이해, 실용 작문능력	처세의 유익/평이한 일어를 배우고 사용능력을 익히는 것
내용	간단한 단어, 단구, 담화, 문법, 작문, 회화, 통신	회화, 독법, 서법, 작법, 번역	회화, 독법, 서법, 짓기
	말하기, 읽기, 쓰기		
	쉬운 말(어휘, 구..)	학생의 지식정도에 따라 일상에서 선택	학생의 지식정도에 따라 일상에서 선택
방법	만7세~15세, 수업일수 270일 이상, 수업시수(3·4·3)	만8세~12세(14세도 가), 3학기제 수업일수 200일, 수업시수(6·6·6·6)	좌동
	검정에 의하여 교원 자격증을 얻고, 학부대신이나 감찰사에 의하여 국공립학교에 임용(한성사범부속소학교에만 일어교육, 대부분 일인교사)	시험검정, 무시험검정(사범학교 졸업자, 고등학교 이상 자격자, 사범학교·고등학교 교관 또는 교관이었던자, 검정위원회 인정자)	좌동
	반복연습, 발음과 문법에 주의하고 국어로 정확한 번역 요함	실용을 위주로 발음에 주의하고, 국어와 연관지어 가르침	좌동
평가	수업연한 끝에 학업성적을 고함	매학기 일반성적 고사를 수시로 실시, 10점 만점 4점 과락, 평균6점이상 합격. 학업성적과 평소 근면성적으로 수료, 졸업판정	좌동
교과서	대부분 일본 문부성 검정교과서	『일어독본』 권1~권4 1907.2 발행 『일어독본』 권5~권8 1908.3 발행	『보통학교학도용일어독본』 1909.11 발행 (권1~권8)

<표57> 학부령기 일본어 교육의 추이(외국어학교)

	제1차 학부령기 (1895~1906)	제2차 학부령기 (1906~1909)	제3차 학부령기 (1909~1911)
법제	1895. 5. 10 외국어학교 관제, 칙령 제88호 1900. 6. 27 외국어학교 규칙, 학부령 제11호	1906. 8. 27 외국어학교령, 칙령 제43호 1906. 8. 27 외국어학교령 시행규칙, 학부령 제22호	1909. 4. 19 외국어학교령 개정, 칙령 제54호 1909. 7. 5 외국어학교령 시행규칙, 학부령 제5호
목표	제 외국의 어학을 교수하는 곳으로 일본어와 신지식을 가르쳐 각부 주사나 소학교 교원을 양성하는 것을 목적으로 함/실무일본어	외국어를 갈고 익혀서 실무에 적합한 인재를 양성함을 목적으로 함/실무 일본어	외국어에 숙달하여 실무에 적합한 자를 양성함./실무 일본어
내용	讀書, 飜譯, 書取, 會話, 作文 읽기, 쓰기, (듣기), 말하기 일어를 통한 보통학 교육	학교장이 정하여 학부대신의 인가를 수함 · 	讀方譯解(19), 會話(12), 反譯(9), 書取(4), 作文文典(3) 읽기, 쓰기, 말하기, (듣기)
방법	15세~20세, 수업연한 3년, 입학시험 봄가을학기초, 입시과목 국문·한문 각 독서 작문. 역관집자제, 양민, 상민 독해 중심 수업(읽기가 중심)	12세이상 남자(고등학교와 같음)	12세 이상 남자 중 보통학교 졸업 or 동등학력 자
평가	월말평가, 학기평가, 학년평가, 졸업평가, 100점 만점	학기평가, 학년평가, 10점 만점	
교과서	대부분 일본 문부성 검정교과서	·	1학년 읽기·역해『보통학교학도용일어독본』(권5~권8),『심상소학독본』 전8권,『고등소학독본』 권1, 권2 2학년 읽기·역해『심상소학독본』 권8~『고등소학독본』 권4 3학년 읽기·역해『고등소학독본』 권5~권8,『실업보습대국민독본』 교과용도서에 관한 규정 새로 생김

3. 조선교육령기의 일본어 교육

1910년 8월 29일 일본과 조선의 소위 '한일병합에 관한 조약' 공포와 더불어 제국주의 식민지 정책의 담당기관으로 조선에는 조선총독부 (Government General of Chosen)가 새로 탄생하였다. 조선총독부는 1945년 8월 15일 일본의 전쟁 패망 때까지 조선에서 식민지교육을 감행하였으며, 이 기간동안 4번의 '조선교육령'을 공포하였다.

조선교육령은 조선에 있어서의 교육에 관한 기초법령으로, 초등교육에서 대학교육에 이르기까지 단순한 사회교육시설을 불문하고 조선교육령에 근거를 두어 종합교육령으로서 중요한 법령이었다.[1] 일본 천황이 추밀고문에 자문하여 제정이나 개정 공포되는 조선교육령은, 조선통치의 이상과 정신에 연원을 둔 이른바 조선 교학의 대본이고 교육의 기본체제로서 제1차교육령의 공포로 일본의 대한식민교육은 확고하게 제도화된 것이다. 1910년 초대 조선총독이 된 寺内正毅(てらうちまさたけ)[2]는 첫 교육제도를 수립함에 신중한 태도로써 심의를 거듭하기 1년여, 그 성과여부를 穂積八束(ほづみやつか)[3]에게 내시하여 의견을

---

1) 김규창(1985) 「조선어과 시말과 일어교육의 역사적 배경」『김규창교수 유고논문집』김규창교수유고논문집간행위원회, p.18.

2) 식민지 통치 기간동안 조선총독은 제1대에서 제9대까지 있었다. 제1대 寺内正毅(1910~1916년), 제2대 長谷川好道(1916~1919년), 제3대 齊藤實(1919~1927년), 제4대 山梨半造(1919~1927년), 제5대 齊藤實 재임(1929~1931년), 제6대 宇垣一成(1931~1936년), 제7대 南次郎(1936~1942년), 제8대 小磯國昭(1942~1944년), 제9대 阿部信行(1944년~1945년)

3) 穂積八束(1860~1912) 明治시대의 법학자이다. 東京대 졸업후 독일에 유학하였다. 구민법 시행을 중지시키고 가부장권이 강한 明治민법을 시행시켰다. 국가론, 국민도덕론 등에 대하여 일관되게 천황제 절대주의 입장을

구하였는데, 이 때문에 조선교육령의 발포가 다른 제 법령보다 거의 1년이 늦어졌다. 穗積는 그의 회답서에서 1)일본황실의 존경, 2)사범교육의 진작, 3)교과용 도서, 4)규율적 교육, 5)일어문제, 6)사립학교문제, 7)외인선교사경영의 종교학교문제 등에 대해 언급하고, 교육사업은 교원 제1, 교과서 제2라 하여 '신부동포(新附同胞)'의 교육은 특히 사상이 건실한 교원의 양성과, 보통교육에는 일정한 교과용 도서 사용이 중요한 과제이며, 일어의 보급이 무엇보다 시급함을 역설하였다.[4]

조선에 있어서 교육행정의 중앙최고기관은 조선총독이고, 조선총독은 조선을 통치하는 최고행정관청으로서 외교, 군사 정치 등 일본 중앙정부기관의 각 성 대신의 권한에 속하는 사항도 조선총독이 이를 통할하였다. 조선총독의 보조기관으로는 친임관인 정무총감이 있어 총독을 보좌하고 총독부 사무를 통리해서 각 부국의 사무를 지취 감독하였다.

교육에 관련된 사항을 주무로 하는 보조기관으로는 학무국장이 있다. 기타 사무관, 교학관, 시학관, 편수관, 속 및 편수서기가 있어 학무과, 사회교육과, 편집과의 각과에 분속되었다. 교육행정의 지방관청으로 도지사가 있고, 보조기관으로 내무부장, 도학무과장, 도시학관, 도속 및 도시학이 있다. 교육행정상 특수지위를 갖는 시학기관이 있어 총독부에 시학관 4명, 각도에 시학관 각 1명을 두고 약간의 도시학을 두었다. 따라서 조선총독이 가지는 법역은 일본 중앙정부와는 별개의 법역을 가지고 있어 법령의 시행관계가 서로 달랐다. 법률은 당연히 적용되는 것과 조선에 시행할 것을 목적으로 제정된 것을 제외하고는 원칙으로 시행이 안되며, 일반법률을 조선에 시행할 경우에는 일본의 칙령에 의해 발포했다. 조선총독은 1911년 법률 제30호에 의거 제령을 발할

취하였다. 三省堂(1983)『コンサイス人名辭典(日本編)』p.1011.
 4) 김규창(1985), 전게서, pp.17~18.

권리를 부여받았고, 제령은 칙재를 경유하는 사항인데, 법제국의 심의와 각의의 결정을 거쳐 총독의 명으로써 법률사항을 규정할 수 있었다. 단 제령은 조선에 시행할 법률 및 특히 조선에 시행할 목적으로 제정된 법률과 칙령에 위반해서는 안 된다는 제한이 있었다. 그러므로 조선에 있어서 법률을 필요로 하는 사항은 제령으로 규정하면 되고, 일본의 법률을 시행하는 예는 드물었다.

　본 장은 조선교육령의 공포와 개정에 의거하여 4기로 시대구분하고 초등학교를 중심으로 그 변천 상황을 고찰한다. 일본어 교육이 국어 교육으로 진행된 시기이고 모든 교과가 일본어로 진행된 시기이며, 각급 학교의 일어 과목의 각 과정이 독법, 해석, 회화, 암송, 서취, 작문 및 습자 등으로 공통되어 있어 초등학교의 일본어 교육 내용과 같다고 판단되기 때문이다. 다만, 교과목은 같아도 교과서는 상당히 다를 것이 예상되나 각 급 학교의 일본어 시수 과정에 따른 교과서에 대해서는 다른 기회에 고찰하고자 한다. 주로 각 시기별로 일본어 교육에 대한 교육 목표, 내용, 방법, 평가, 교과서의 순으로 기술한다. 4시대구분은 다음 표와 같이 조선교육령 공포연월일에 따랐다.

<표58> 조선교육령기의 보통학교 4시대구분 관계 법령

조선 교육령	공포일	이름	관계법령	출처
1차	1911. 8. 23(9.1) 1911. 10. 20(11.1)	조선교육령 보통학교 규칙	칙령 제229호 조선총독부령 제110호	조선총독부(1913)"시정연보"pp.362~363. 수문관집"현행법규대전"pp.6~12.
2차	1922. 2. 4(4.1) 1922. 2. 15(4.1)	조선교육령 보통학교 규정	칙령 제19호 조선총독부령 제8호	관보 호외 1911. 2. 6 관보 제2850호 1922. 2. 15 p.183.
3차	1938. 3. 3(4.1) 1938. 3. 15(4.1)	조선교육령 소학교 규정	칙령 제103호 조선총독부령 제24호	관보 호외 1938. 3. 4 관보 호외 1938. 3. 15
4차	1943(1). 2. 28(4.1) 1943(1). 3. 31(4.1)	국민학교령 국민학교 규정	칙령 제113호 (148호) 조선총독부령 제90호	관보 제4254호 1941. 3. 31 관보 4254호 1941. 3. 31

이 시기의 선행연구로는 다음과 같은 것들이 있다.

박성의(1968)는 일제 36년 간의 어문정책에 대하여 고찰하였다. 일제가 한국민의 황국신민화를 위하여 우리말과 글을 말살하려는 기본 어문정책을 썼으며, 그 방법으로 교육령을 여러 차례 개정한다거나 일본어로 된 교과서로 통일한다거나 교수용어로 일어를 강요하고 일본인 교사채용을 우선시하였으며 사립학교인가를 하지 않으려고 했음을 밝혔다. 이러한 상황에서 언어, 문자의 이중 부담으로 인하여 우리 국민들은 학습의 진도가 느리고 학문의 진보와 문화발전에 저해를 당하였으며 이것은 우리나라의 후진성의 원인이 되었다고 결론짓고 있다.

한각수(1970)는 3·1운동부터 태평양전쟁까지의 초등교원 양성기관을 중심으로 교육과정을 고찰한 논문이다. 현대의 교육이 '사람다운 사람'을 양성하는데 근본 이념을 두고 이를 위해 고상하고 원만한 식견과 인격도야가 교사양성의 목적으로 되어 있는 오늘날의 민주교육에 비추어 볼 때, 식민지시기의 교사 교육은 일본의 국체에 결부시켜 교육에 관한 칙어의 취지와 황운부익에 철저하며 국민정신을 함양 진작시키는 중책을 맡는 사람의 양성에 주력하여, 한국의 근대화가 늦어진 소이가 있다고 보았다.

김만곤(1972, 1976)은 일제 초기의 한국에 대한 언어정책을 고찰하여 특징을 규명하려고 하였다. 일제는 언어 동화주의를 내용으로 언어정책을 감행하였는데, 이는 언어를 단순한 사상의 매개만이 아니라 동화의 수단으로 확신한 언어관 때문이며, 일어로써 조선인의 사상 및 정신을 일본화하려는 언어동화관의 일본어 교육을 지적하였으며, 김만곤(1976)에서는 결론으로 일제 영유지의 언어교육정책 비교표를 제시하고 있어, 다른 나라의 언어정책을 알 수 있는 자료를 제공하고 있다.[5]

<표59> 일제영유지의 언어교육정책 비교표

	대만	조선	관동주	華太	남양군도
영유연대	1894	1910	1905	1905	1914
영유형태	속령	합방	조차지	속령	위임통치
통치기구	총독부	총독부	관동청관동국	華太청	남양청
교육목적	국민정신함양 국어보급	좌동	일어교수 생활용변	국어교수 노동자양성	황은감수 국어습숙
교육용어	일본어	일본어	중국어	일본어	일본어
민족어	금지	병용-금지	보존	보호	금지
통치어	국어	국어	일본어	국어	국어
일어해득율 (1940년현재)	51%	15.9%	1935년현재 6~7%추정		남 78% 여 45%

---

5) 김만곤(1972)「조선총독부 초기의 언어정책에 대하여」『전주교육대론문집』7, 전주교육대학, p.18.

이숙자(1975, 1977b, 1985)의 연구는 조선근대교육사를 교과서 분석을 통하여 개관하려고 하였다. 특히, 이숙자(1985)는 다양한 자료를 포함하고 있어 후학의 연구에 도움이 다대하다고 보여진다.

김규창(1985)은 일제강점부터 일제말기까지 일본의 대한식민지통치사 중 언어정책 전반에 관한 내용을 다루었다. 특히 그의 논저는 풍부하고 희귀한 자료에 근거하고 있어 본고를 진행하는 데 김규창(1985) 소수의 자료를 다수 이용하였다.

이정수(1981, 1985b)는 식민지 경험자의 대일의식을 조사하였다. 요인분석과 각 배경별로 본 지정결합, 그리고 지정결합을 통해 본 대일평가 면을 고찰하고 일본의 식민지 언어정책으로 적지 않은 일본지식이 심어졌으며 대일감정이나 평가 면에 있어서도 긍정적인 의식을 갖게 하였다고 보았다.

이성연(1989)은 일본의 식민지 언어정책의 역사적 전개 과정을 고찰하였다. 아울러 종속주의, 동화주의, 자치주의, 협동주의 등의 통치이념에 의한 식민지 언어정책 유형 중 일본은 동화주의 유형을 수행하였는데, 이러한 과거 식민지 시대의 언어비극을 거울삼아 적절한 언어정책을 수립하는 일이 필요한 이유라고 보았다.

주수웅(1987, 1988)은 총독부의 교육방침을 식민지교육추진기(1910~1919년), 식민지교육 본격화기(1919~1938년), 황민화교육 정책기(1938~1945년)의 3기로 나누어 기술하고 교육령의 개정공포와 더불어 강력한 행정력을 배경으로 조선어를 폐지해 나갔으며 일본어 교육에 의한 동화정책이 철저히 추진되었음을 밝혔다. 그러나, 언어동화정책에 대한 한국인의 저항은 일본어 배척의식으로 발전하고, 한국민의 저항적인 민족자주의식을 보다 일층 고취시켜 드디어는 민족의 해방을 맞이할 수 있었던 사상적 기반을 구축하는 기초가 되었다고 하였다.

熊谷明泰(1987)은 태평양전쟁기의 일본 식민지에 대한 일본어 교육을 국어국자문제, 문법의식, 언어접촉, 언어적 우월감에 초점을 맞추어 평가하고, 전후의 일본어 교육이 과거 식민지에 대한 일본어 교육 중 '이념'을 제외하고 '방법이나 수단' 만을 따로 떼어 현재의 일본어 교육에 이용하려고 한다면 '기술로서의 일본어'로서만 아시아에서 수용될 수밖에 없을 것이라고 지적하고 있다.

한기언 · 이계학(1993)은 교과서 편찬에 관련된 문서와 교과서 분석을 통하여 직 · 간접적인 통제정책을 통하여 우리 문화 말살과 황국신민화를 시도한 일제의 의도를 분명히 하였다. 우리 민족문화를 말살하고 정체성 없는 백성으로 만들어 황국신민화하려 했던 식민지 문화정책을 규명하기 위하여 제도교육 기관 즉 공사립의 학교교육을 중심으로 그들의 정책을 구체화시킨 조선총독부의 교과서 편찬 관련 중요 문서들과 당시 교과서를 분석하였다. 분석 대상이었던 1910부터 1945년까지 조선총독부가 추진한 교과서 편찬에 관련된 중요 문서 45건의 목록6)이다.

---

6) 한기언 · 이계학(1993)『일제의 교과서 정책에 관한 연구』한국정신문화연구원, p.145. 45건의 목록은 다음과 같다.

  1.「구학부편찬 보통학교용 교과서 및 구학부 검정과 인가인 교과용 도서에 관한 교수상의 주의 및 자구정정표」(1910)
  2. 國語の發音及語法に關する調査 ― 官立漢城外國語學校(1911)
  3.「敎科用圖書一覽」朝鮮總督府(1912.1 개정 제6판)
  4.「敎科用圖書一覽」附 發賣頒布禁止圖書 敎科用圖書發賣規程 敎科用圖書發賣人一覽 敎科用圖書檢定規程
    朝鮮總督府(1915.12개정제9판)
  5. 普通學校敎科書編纂趣意書 第1編   普通學校修身書 普通學校國語讀本 普通學校習字帖
    朝鮮總督府(1916.6)
  6. 朝鮮總督府編纂敎科書槪要   朝鮮總督府(小田省吾, 1917.7)
  7. (秘)現行敎科書編纂の方針   朝鮮總督府學務局(1921.1)
  8. 國語敎授法   朝鮮總督府(1912)
  9. 普通學校用假名遣法   普通學校用送假名法   朝鮮總督府(1913)
  10. 國語敎授上參考にすべき事項   朝鮮總督府內務部學務局(金澤庄三郞述, 1912)

古川宣子(1996)는 식민지기의 연구사에 대하여 '식민지교육정책에

11.	普通學校朝鮮語讀本編纂ノ要旨	朝鮮總督府(1924)
12.	普通學校修身書編纂趣意書	朝鮮總督府(1924)
13.	朝鮮總督府編纂敎科用圖書槪要	朝鮮總督府(1925)
14.	旣認可敎科用圖書一覽	朝鮮總督府學務局(1925. 4월부터 1927.7월까지)
15.	修身訓練の諸問題と其の實際 (1929)	京城師範學校附屬學校內　　朝鮮初等敎育硏究會
16.	普通學校修身書卷一, 二 編纂趣意書	朝鮮總督府(1930)
17.	普通學校國語讀本卷二 編纂趣意書	朝鮮總督府(1930)
18.	普通學校朝鮮語讀本卷一 編纂趣意書	朝鮮總督府(1930)
19.	普通學校朝鮮語讀本卷二 編纂趣意書	朝鮮總督府(1931)
20.	普通學校國語讀本卷五 編纂趣意書　普通學校朝鮮語讀本卷三 編纂趣意書　普通學校國史卷一 編纂趣意書 初等地理書卷一 編纂趣意書 初等理科書卷二 編纂趣意書　朝鮮總督府(1932)	
21.	認可敎科用圖書一覽　自昭和六年十月至昭和七年九月朝鮮總督府學務局(1932)	
22.	普通學校國語讀本卷六 編纂趣意書　普通學校國語讀本卷七 編纂趣意書 普通學校朝鮮語讀本卷四 編纂趣意書　普通學校國史卷二 編纂趣意書 初等地理書卷二 編纂趣意書 初等理科書卷三 編纂趣意書　朝鮮總督府(1933)	
23.	普通學校國語讀本(四年制)卷五 編纂趣意書 普通學校朝鮮語讀本(四年制)卷三 編纂趣意書　朝鮮總督府(1933)	
24.	認可敎科用圖書一覽　自昭和七年十月至昭和八年九月朝鮮總督府學務局(1933)	
25.	各科敎育の動向	西川末吉(1935)
26.	各科敎授要綱	京城第一公立高等普通學校(1935)
27.	本府編纂敎科用圖書一覽(昭和12年7月現在) 朝鮮總督府(1937)	
28.	各科敎授ノ方針竝學習指導要領	淸州公立高等普通學校(1937)
29.	敎科書編輯語彙報　第一輯	朝鮮總督府(1938)
30.	敎科書編輯語彙報　第二輯	朝鮮總督府(1938)
31.	朝鮮總督府編纂國語讀本敎材要旨(自卷一至卷八)昭和十三年七月　京城女子師範學校國漢硏究部(1938)	
32.	敎科書編輯彙報　第三輯	朝鮮總督府(1939)
33.	敎科書編輯彙報　第四輯	朝鮮總督府(1939)
34.	初等朝鮮語讀本 全(簡易學校用) 編纂趣意書朝鮮總督府(1939)	
35.	本府發行敎科用圖書一覽 (昭和十四年五月現在)	朝鮮總督府(1939)
36.	敎科書編輯彙報　第五輯	朝鮮總督府(1940)
37.	敎科書編輯彙報　國史特輯	朝鮮總督府(1940)
38.	敎科書編輯彙報　地理特輯	朝鮮總督府(1940)
39.	初等國史編纂趣意書　第五學年	朝鮮總督府(1940)
40.	敎科書編輯彙報　第八輯 國民學校特輯	朝鮮總督府(1941)
41.	敎科書編輯彙報　第九輯 國民學校特輯 第二	朝鮮總督府(1941)
42.	敎科書編輯彙報　第十輯 國民學校特輯 第三	朝鮮總督府(1941)
43.	敎科書編輯彙報　第十一輯 國民學校特輯 第四	朝鮮總督府(1942)
44.	中學校敎科敎授及修鍊指導要目	朝鮮總督府(1943 ?)
45.	師範學校敎科敎授及修鍊指導要目	朝鮮總督府學務局(1944)

관한 제도사적 연구'[7]와 '일제에 대항하며 전개된 민족·민중교육운동의 해명'[8]의 두 양상으로 분석하고, 당시의 초등학교에 입학을 희망해도 교육기관의 부족으로 입학할 수 없는 상황이 1920년 이후로 전개된다고 문제를 제기하였다. 따라서, 총독부가 교육정책에서 가장 중시한, 공립보통학교에 대한 한국인 측의 인식이나 가치판단, 그리고 행동 등을 해명하는 것이 갖는 중요성이 인식되지 않은 채, 한국인의 교육요구를 식민지 교육에 반대·저항하는 서당과 사설학술강습회의 설립 유지로서만 파악하는 것은 식민지교육의 전체상을 보여주지 못한다고 하면서, '민족교육'과 '식민지교육', '근대교육'과 '전근대교육', 민족교육기관에 대한 '탄압'과 '이용'이라는 양면을 모두 파악하려고 하였다.

오성철(1996, 2000)은 1930년대의 초등교육의 변화에 주목하고, 한국인의 의식 속에는 식민지 지배체제 이전부터 교육과 학문에 높은 가치를 부여하는 문화·교육 여부가 사회적인 계층 구분의 준거로 작용하는 오랜 사회적인 관행이 한국인의 적극적인 교육행위의 근저에 숨어 있다고 하였다. 아울러 '구조' '인간행위' '식민지배 상황' '전통적 유산' 등이 복합적으로 작용하여 '입시위주의 보통학교 교육의 팽창'이라는 1930년대 초등교육 변화를 창출하였다고 보았다.

上田崇仁(2000)는 식민지 전체 시기의 교과서 분석을 통하여 일본어 교육이 식민지 지배에 끼친 영향을 분석하였다. 교과서 분석에 있어서는 내용과 어학교재로서의 분석과 각각의 판에 따른 기술이 다른 점을 정리, 데이터화하여 제시하였다.

---

7) 대표적인 논저로 정재철을 들고 있다. 정재철(1985)『일제의 대한국식민지교육정책사』일지사
8) 대표적인 논저로 손인수, 노영택을 들고 있다. 손인수(1971)『한국근대교육사(1885~1945)』연세대학교 출판부, 노영택(1979)『일제하 민중교육운동사』탐구당

한중선(2000a, 2000b, 2000d)은 주로 교과서를 분석하였는데, 학부 1기 교과서『일어독본』과 조선1기 교과서『정정보통학교학교용국어독본』의 형식, 어법, 내용면에 대한 비교, 어휘목록 작성, 식민지기의 문법교과서에 대한 개관 등이 있다. 문법교과서의 분석결과로, 이 시기의 문법 교육은 초등 교육과정을 마친 후 이루어지고 있으며, 실용 문법서에서 이론 문법서로 전개되며, 문어와 구어의 분별이 점차 명확해지며, 품사는 9품사를 취하고 있다. 또한, 형용동사의 품사가 완전한 품사로 규정되고 있지 않고, 조사·조동사의 기술이 많은 비중을 차지하고 있고, 현재의 문법서와는 용어의 다른 점이 보인다고 밝혀내고 있다.

박영숙(2002)은 학부령기와 조선교육령기의 교과서 5기 교과서 총 44권[9]을 대상으로 교재내용분석 특히, 한자교육에 대하여 분석하였다. 주로 교과서의 초출한자와 사용한자의 총수를 조사하고, 각 교과서의 비교를 하였으며, 일본의 국정1기 교과서와도 비교하였다. 분석을 통하여 박영숙은 분석 대상 교과서가 '충량한 신민' 교육을 반영하고 있으며, 일본의 국어교과서와의 비교, 대만 일어교과서와의 비교, 수업연한 4년 교과서와 6년 교과서의 비교, 모어를 달리하는 아동에 대한 교육에 가치를 두었다.

---

9) 박영숙이 대상으로 한 5기 44책은 다음과 같다. 박영숙(2002), 전게서, p.6.
　　보호기학부편찬『일어독본(일어)』전8권, 1907~1908
　　조선총독부편찬『정정보통학교학도용 국어독본(정정국)』전8권, 1911
　　조선총독부편찬『보통학교국어독본(조1)』전8권, 1912~1915
　　조선총독부편찬『보통학교 국어독본(조2)』전8권, 1923~1924
　　조선총독부편찬『보통학교 국어독본(조3)』전12권, 1930~1935

3.1. 제1차 조선교육령기

3.1.1. 시대적 배경

1910년 8월 29일 합병조약 공포와 더불어 제국주의 식민지 정책의 담당기관으로 조선총독부가 탄생하고, 이에 따라 통감부 마지막 통감인 寺內正毅(てらうちまさたけ)가 다시 조선의 초대 총독으로 부임하여 식민지 교육행정을 시작하였다. 일본이 한국의 합방을 촉진한 제1단계 목적은, 한국에서 경제적 수탈과 착취체제를 수립하여 중간토대를 견고히 구축하려는 데 있었다.[10] 따라서 일본은 한국을 식량과 원료의 공급지, 상품판매 시장으로 삼아 한국경제를 일본 자본주의 경제의 일환인 식민지 경제로 편성하였으며, 정치적으로는 헌병경찰 정치를 감행하여 야만적인 탄압을 가했다. 한국에 대한 일본 식민지주의 교육도 위와 같은 일본 제국주의의 정치적·경제적 성격에 합치되어 실시되었다. 그리고 "금후의 조선교육은 오로지 유용한 지식과 온건한 덕성을 함양하여 제국신민된 자질과 품성을 갖추게 하는 것으로서 주안을 삼지 않으면 안된다"[11]는 점을 강조하여 한국식민지주의 교육의 기본 노선을 밝혔다. 1911년 8월 23일 이러한 기본 노선은 구체화되어 조선교육령으로 명문화되고 칙령 제229호로 공포 시행되게 된다.

조선교육령은 전체 2장 30조와 부칙으로 구성되어 있고, 제1장 강령, 제2장 학교에 대하여 기술하고 있다.

---

10) 정대철(1975) 『항일학생 민족운동사 연구』 일지사, p.17.
11) 高橋浜吉(1927) 『朝鮮敎育史』 경성제국 지방행정학회 조선본부, pp.356~357.

3.1.2. 교육 목표

조선총독부령 제110호 보통학교의 교수요지 제9조에, "일어[12]는 보통의 언어, 문장을 교ᄒ야 정확히 타인의 언어를 요해ᄒ고 자유히 사상을 발표ᄒᄂ 능을 득케 ᄒ며 생활상에 필수ᄒᆫ 지식을 수ᄒ고 겸ᄒ야 덕성의 함양에 자ᄒᆷ을 요지로 홈."이라고 되어 있어, 보통의 언어, 문장을 가르쳐 정확히 타인의 언어를 이해하고 자유로이 사상을 발표하는 능력을 기르며, 생활상 필수인 지식을 얻고 더불어 덕성 함양에 힘쓰는 것을 요지로 한다. 즉, 일본어 교육의 목적은 '생활에 필요한 지식을 얻고 덕성 함양에 힘쓰기 위함'으로 요약되며, 대상은 '보통 언어, 문장'이 되며, 일본어 교육의 목표는 '타인의 언어를 이해하고 자유로이 사상을 발표하는 능력'이 된다.

3.1.3. 교육 내용

조선총독부령 제110호 1911년 10월 20일 공포 보통학교의 교수요지 제9조에, 일어는 가나부터 시작하여 보통의 구어를 가르치고 차차 나아가 평이한 문어에 이르며 그 재료는 수신, 역사, 지리, 이과, 실업과 기타 생활상의 필수인 사항을 취하고, 여아는 특히 가사를 학습함이 가하다. 일어를 가르침은 독법, 해석, 회화, 암송, 서취, 작문 및 습자를 함께 과함이 가하다. 단, 작문, 습자는 특히 교수시간을 구별하여 과하는 것이 좋다[13]고 하였으며, 일본어 수업시수는 주당 10시간이었다. 다

---

12) 조선교육령기의 일본어는 모두 '국어'로 되어 있으나 조선어와의 혼동을 피하기 위하여 조선교육령기의 '국어'로 되어 있는 어떠한 경우에도 이하, 모두 '일어'로 바꾸어 제시한다.

13) 일어ᄂ 假名부터 시작ᄒ야 보통의 구어를 수ᄒ고 차차 進ᄒ야ᄂ 평이ᄒᆫ 문어에 급ᄒ며 기 재료ᄂ 수신, 역사, 지리, 이과, 실업과 기타생활상의 필수ᄒᆫ 사항을 취ᄒ고 여아를 위ᄒ야ᄂ 특히 가사상의 사항을 습ᄒᆷ이 가홈.

음은 이 시기의 소학교 교과과정인데 12과목으로 구성되어 있다.

<표60> 제1차 조선교육령기 소학교 교과과정 및 교수시간표(1911)

학년외＼교과목		수신	일어	조선어한문	산술	이과	창가	체조	도화	수공	재봉수예	농업초보	상업초보	계
1	시수	1	10	6	6	-		3				-	-	26
2	시수	1	10	6	6	-		3				-	-	26
3	시수	1	10	5	6	2		3						27
4	시수	1	10	5	6	2	7	3						27

일본어는 독법, 해석, 회화, 암송, 서취, 작문 및 습자를 가르치도록
하고, 문자부터 시작하여 보통 구어, 평이한 문어 순으로 가르치며, 재
료는 다른 교과와 관련지어 소재를 취하도록 하였다. 각 과정의 내용은
교수요지에 자세히 기록되어 있는데 즉,

[독법]은 발음에 유의하여 억양완급을 올바르게 하도록 한다.

[해석]은 평이한 일본어를 사용하여 어의 문의를 명료하게 하도록
한다.

[회화]는 독본 중의 문장이나 또는 사항과 관련지어 가르치고 나아가
일상 사용하는 사항에 대하여 대화를 하게 한다.

[암송]은 독본 중의 佳句, 격언, 운문 등을 적절히 선택하여 가르친다.

[서취]는 독본 중의 문자, 문장 기타 아동이 이해할 수 있는 문자, 문
장을 선택하여 부과하고 혹은 암사(暗寫)한다.

[작문]은 일반적인 구어체로 하여 우선 단구부터 시작하여 점차 장편
에 미치며 서간문을 함께 가르친다.

[습자]는 실용을 기본으로 하여 假名 및 한자를 연습케 하되, 한자의

일어를 수흠에는 독법, 해석, 회화, 암송, 서취, 작문 및 습자를 병흐야 과
흠이 가흠. 단, 작문, 습자는 특히 교수시간을 구별흐야 과흠을 득흠.

서체는 해서, 행서의 2체로 한다.[14)]

독법은 읽기이고, 해석은 일문한역, 한문일역 등을 하는 것이며, 회화는 말하기, 암송은 좋은 시 등을 외우는 것이고, 서취는 일문의 청취나 역기(譯記)를 하는 것이고, 작문은 실용문을 연습하거나 글을 짓는 것이며, 습자는 붓글씨 등을 연습하는 것이다.

3.1.4. 교수·학습 방법

3.1.4.1. 학생

보통학교 학생은 8세 이상이 입학할 수 있고 수업연한은 4년이며 지방에서는 3년도 가능하게 하였다.

3.1.4.2. 교사

제1차 조선교육령에는 교원양성을 위한 사범학교 설립을 인정하지 않고, 관립 남녀고등보통학교에 수업연한 1년의 사범과 또는 교원속성과 등을 두었다. 그 후 1913년 3월 府令으로 경성고등보통학교부설 임시교원양성소 규정을 개정하고 동소에 2부로 나누어 제1부는 보통학교 조선인 교원을, 제2부는 보통학교 일본인 교원을 양성하였다.[15)]

---

14) 독법은 발음에 유의ᄒᆞ야 억양완급이 기의를 득홈을 요홈. 해석은 평이ᄒᆞᆫ 일어를 용ᄒᆞ야 어의문의를 명료케 홈이 가홈. 회화ᄂᆞᆫ 독본중의 문장이나 또ᄂᆞᆫ 사항에 인ᄒᆞ야 차를 수ᄒᆞ고 진ᄒᆞ야ᄂᆞᆫ 일상쓰ᄂᆞᆫ 사항에 대ᄒᆞ야 대화를 ᄒᆞ게 홈이 가홈. 암송은 독본중의 가구, 격언, 운문 등을 적의로 선택ᄒᆞ야 차를 과홈이 가홈. 서취ᄂᆞᆫ 독본중의 문자, 문장 기타 아동의 요해홈을 득홀 문자, 문장을 선ᄒᆞ야 차를 과홈이 가ᄒᆞ고 혹은 암사홈이 유홈. 작문은 일반히 구어체로 ᄒᆞ야 위선 단구부터 시작ᄒᆞ야 점차 장편에 급ᄒᆞ야 서간문을 병과홈이 가홈. 습자ᄂᆞᆫ 실용을 지로ᄒᆞ야 假名 급 한자를 연습케 홈이 가홈. 한자의 서체ᄂᆞᆫ 해서, 행서의 이체로 홈.

3.1.4.3. 교수법

일본어 관계 과정의 교수 상의 유의점은 '내용' 항목에서 이미 언급하였다. 더불어서 보통학교의 교육방침에 대하여 보통학교 규칙 제7조에서는, 다음과 같이 교수상 주의사항을 제시하고 있다.

(1)아동의 덕성을 함양하여 충량하고 근면한 국민을 양성함이 보통학교의 주요한 목적인즉 어느 교과목이라도 언제나 이에 유의하여 교수함을 요한다.

(2)언제나 질서를 중히 여겨 규율을 지키는 기풍을 양성함은 교육상의 중요한 일인즉 어느 교과목이라도 언제나 이에 유의하여 교수함을 요한다.

(3)일본어는 국민정신이 깃들어 있고 또 지식기능을 터득하는데 없어서는 아니되므로 어느 교과목이라도 일본어의 사용을 바르게 갈고 닦아 그 응용을 자유롭게 하여야 한다.

(4)지식기능은 언제나 생활에 필요한 사항을 선택하여 교수하고 반복연습하여 응용이 자유롭게 하여야 한다.

(5)어떤 교과목에 대하여도 그 교수는 아동의 심신발육의 정도에 맞게 하여야 한다.

(6)교수는 그 목적 및 방법을 바로 하고 타 교과와 서로 관련지어 가르침으로써 서로 도움이 되게 한다.

(7)남녀의 구별은 물론이고 개인의 특성에 주의하여 각각 정당한 교육을 실시하도록 노력하여야 한다.

모든 보통학교 교과는 교육 목적, 즉, [아동의 덕성을 함양하여 충량

---

15) 조선총독부(1940) 『시정30년사』 태산문화사, p.76.

하고 근면한 국민을 양성]을 유의하여 가르쳐야 하며, [질서를 중히 여겨 규율을 지키는 기풍 양성]에 유의하고, 생활에 필요한 사항을 선택하여 반복연습시키되, 아동의 심신발육에 맞추어 남녀를 구별하고, 타 교과와 관련지어 일본어를 사용하여 가르치도록 하고 있다.

한편, 1910년대의 일본어 지도법은 어떠하였을까? 당시의 발음연습법, 어휘지도법, 대화연습법 등을 알아보기 위하여 자료를 제시하고자 한다. 경성여자고등보통학교부속보통학교연구회(1916)[16]는『보통학교국어독본』(1912)의 권1~권4에 대한 문체, 요지, 교재 종류, 교수상 주의할 점, 연결사항 등을, 실제 수업에서의 시간배당을 정해서 교수자가 실제 수업시에 교안으로 대용할 수 있도록 하는 조사를 하여 2권으로 출판하였다. 이 자료중 일부를 발췌 번역 제시하므로써 당시의 지도법의 실체를 추측해 보고자 한다.

우선, 어휘지도법에 대하여는 10가지 방법을 제시하고, 각각 이것을 참고로 하여 아동의 이해 정도를 추측하여 가르치도록 하고 있다. 아래에 10가지 방법을 적고 예를 들었다.

직관법(直觀法) … 실물, 표본, 사진, 회화, 도해, 지도 등에 따르는 방법
　ex)コレハテデス。コレハヒダリノテデス。…
동작법(動作法) … 동작, 몸짓, 용모, 실연 등으로 의미를 보이는 방법
　ex)テヲアゲナサイ。テヲオロシナサイ。…
환언법(換言法) … 동의어 또는 비슷한 뜻을 가진 다른 말로 설명하는
방법으로, 기 습득의 평이한 말로 뜻을 들어내 보이는 방법

---

16) 京城女子高等普通学校附属普通学校研究会(1916)『普通学校国語読本教材の研究』巻1, 巻2 犬養帳簿製造所

　　ex)オッシャイマシタ。(권1 7과) コシラエマショウ。(권1 15과) …

적용법(適用法) … 신출어의 용례를 들어 설명하는 방법

　　ex)カイマス。(권1 22과)ユヲワカス。(권1 22과) …

내용법(內容法) … 신출어가 갖고 있는 내용을 의미상, 종류상, 용례상
으로 부연하여 설명하는 방법

　　ex)カイコガクワノハヲクッテイマス。(권1 13과)ウマニノル。(권1
　　15과)…

대비법(對比法) … 반대말이나 대조법으로 설명하는 방법

　　ex)オオキナ。チイサナ。

정의법(定義法) … 주로 술어류에 적용되는데, 언어의 정의로 의미를
확실히 하는 방법

　　ex)용례없음

거례법(擧例法) … 예를 들어 내용을 설명하는 방법. 적용법은 그 용례
를 드는 것이고, 거례법은 의미의 실례를 들어 의미를 이해시키는 방법
이 다름

　　ex)穀物(粟、黍…)。五穀(うる米、もち米、うるち、大麥、小麥)(권
　　2 5과)

분해법(分解法) … 어구를 분해해서 의미를 명료하게 하는 방법. 주로
숙어 해석에 적용된다.

　　ex)용례없음

어원법(語原法) … 어떤 말의 어원으로 거슬러 올라가 설명하는 방법

　　ex)三毛(2권 22과)

다음은 발음연습 방법이다. 권1의 8과를 예로 들었다.[17]

---

17) 京城女子高等普通学校附属普通学校研究会(1916), 전게서, 권1, p.57.

<발음연습>(2시간)

(요지)요음의 발음을 정확하게 습숙한다.

1)キャ、キュ、キョ。キウ。キョウ。オキャク。ギョウダン。

2)ギャ、ギュ、ギョ、ギウ、ギョウ。オギョウギ。

　(이 음에는 비음과 관계 있는 것과 관계없는 음이 있는 것을 잊지 말 것)

3)シャ、シュ、ショ。シウ、ショウ。シウシン。シウジ。ショウカ。キシャ。デンシャ。バシャ。

　ジャ、ジュ、ジョ。ジウ、ジョウ。キョウジョウ。

　イラッシャイマス。オッシャイマシタ。ショウガツ。ジュンサ、サンジュッ。

　ジウジカン。イッショ。タイショウ。ケイジョウ。

4)チャ、チュ、チョ。チウ、チョウ。

　ヂャ、ヂュ、ヂョ。ヂウ、ヂョウ。

　チャワン。オチャ。チョウド。チョウメン。チョウセン。

5)ニャ、ニュ、ニョ。ニウ、ニョウ。(설두 및 설상 구개음에 닿는 음과 코로 빠지는 음을 주의 할 것)

6)ヒャ、ヒュ、ヒョ。ヒウ、ヒョウ。ヒャク。

　ビャ、ビュ、ビョ。ビウ、ビョウ。ビョウキ。

　ピャ、ピュ、ピョ。ピウ、ピョウ。

　(ヒャ는 설상음이고, ビャ는 양순을 닫고 성대 진동을 가하고, ピャ는 양순을 닫고 파열시키되 진동을 가하지 않은 것에 주의)

7)ミャ、ミュ、ミョ。ミウ、ミョウ。(이 들 음은 입을 닫고 코로 숨을 보내는 것에 주의)

8)リャ、リュ、リョ。リウ、リョウ。(설두를 약간 위로 말아서 구

개에 닿게하고 코로 숨을 보낼 것)

(비고)(1)소리 뿐 만 아니라 음과 문자 표기법을 일치시킬 것.

(2)이 발음 연습은 이과에서 뿐 만 아니라 적당한 때에 자주 연습할 것.

3.1.5. 평가

학부령기의 시행규칙에는 평가에 대하여 자세하게 제시하고 있는데 반하여 조선교육령기의 규칙에는 평가 항목이 없다. 조선교육령기 전체를 통하여 규정상으로는 특별하게 기간을 정하여 시험을 실시하는 평가 제도는 부정되었다. 그러나 아동의 평소 성적을 고사하는 방법에 대해서는 학교장에게 일임되어 있었기 때문에 보통학교에서 시험이 없었다고는 할 수 없다. 상급학교에 진학하거나 취업 시에 학교장의 소견서가 첨부되었으므로 어떤 방식으로든 공식적인 학습 평가가 이루어지지 않을 수 없었다. 특히 일본어와 산술 과목은 중등학교 입학시험 과목이었으므로 필답고사가 이루어졌으며, 기타 교과는 관찰 평가 형식으로 이루어졌을 것으로 보인다. 또한, 기록이 소수이기는 하나 평가에 대한 논문[18]도 보이므로 평가가 있었던 것은 확실하다. 이하에서는 자료 부족으로 평가 항목을 따로 설정하지 않고, 하나로 모아서 제3차 조선교육령기에서 고찰하고자 한다. 제3차 교육령기를 전후하여 입시 경쟁이 치열하였으며, 따라서 평가에도 관심이 컷을 것으로 보이기 때문이다.

---

18) 鹽飽訓治(1931)「讀方科成績考査について −主として鑑賞力の考察」『朝鮮の教育制度』第4卷 第7號, 朝鮮初等教育研究會, pp.38∼46.

3.1.6. 교과서

1)조선 1기(1911) 『(정정)보통학교학도용 국어독본』 사용

일본 강점후 처음에는 학부에서 편찬한 『보통학교학도용 일어독본』
을 일부 개정해서 『(정정)보통학교학도용 국어독본』으로 이름을 바꾸
어 그대로 사용하였다. 이것은 제1차 조선교육령에 따른 새로운 교과서
가 만들어지기 전까지의 과도기에 해당한다. 학부 당국은 (1)구학부편
찬 교과서 중 불합리한 자구를 정정하고, 교수상 주의하여야 할 구체적
사항을 각 학교 앞으로 통지[19]하며, (2)이들 구 교과서의 정정 출판을
서두르는 한편, 1911년도 학기초부터 정정본을 사용[20]하게 하였다.

그 경과를 살펴보면, 조선 강점후 총독부는 1910년 12월 각 학교에
'구학부 편찬교과용 도서 교수상의 주의 및 자구 정정표'를 배포하고,
사용에 대한 적정화를 꾀함과 동시에 1911년 이후 사용을 염두에 두고
정정할 부분을 서둘렀으며, 이미 배포한 정정표에 따라 三土忠造가 편
찬한 『일어독본』 중에 일부를 삭제하여 각 학년에 대한 교과서 배당을
변경하게 되었다. 즉, 제1학년은 권1, 2, 3, 제2학년 권3, 4, 5, 제3학년

---

19) 당시 100여 관공립학교 및 2천수백여 사립학교에 배포한 자료에 다음과
　　 같은 내용의 취지가 있다. "구 학부편찬 및 검정도서는 물론, 구 학부에서
　　 사용인가를 받은 도서도 충분히 그 내용을 심사하여야 하나, 금번 조선은
　　 대 일본제국의 일부분이 되어서, 금후 조선의 청년 및 아동이 학습해야할
　　 교과서로 그 내용이 부적당한 점이 있다. 그러나 이들 다수의 도서를 수정
　　 개판하는 일은 용이하지 않으므로 우선, 도서중 부적당한 것, 어구가 적절
　　 하지 않은 것에 대해서 주의서와 정정표를 제작하여 교수자가 참고하도록
　　 한다. 따라서 관공사립을 불문하고 어느 학교든지 이것에 따라 교수하여
　　 야 한다." 渡部学외편(1984)「교과서편찬관계자료 제4집」『일본식민지조
　　 선교육정책사료집성』제18권, 조선총독부편찬 용계서사, p.3.
20) 渡部学외편(1984)「교과서편찬관계자료 제4집」『일본식민지조선교육정
　　 책사료집성』제18권, 조선총독부편찬 용계서사, p.2.

권5, 6, 7, 제4학년 7, 8을 배당하고, 4학년에게 생기게되는 잉여시간을 충당하기 위하여 보통학교국어보충교재를 편찬해서 임시 방편으로 사용하였다.

『(정정)보통학교학도용 국어독본』에 대한 연구로는 한중선(2000)의 어휘조사와[21] 『일어독본』과의 비교[22], 이숙자(1984)의 대조비교[23]가

---

21) 한중선(2000) 「일제식민지시대 일본어교과서 어휘연구」 『일본어문학』 제 8집, 한국일본어문학회, pp.325~350.
22) 한중선(2000) 「일제 식민지시기 교과서 비교연구」 『일어일문학연구』 36 집, 한국일어일문학회
23) 이숙자(1984) 「日本の對韓植民地主義敎育政策」 『경희대학교논문집』 13 집. 언어와 인간형성이라는 관점에서 일본어 교육을 고찰하고 있는데, 한 일병합전(1894~1910)과 일본통치기(1910~1945)로 시대구분하고 두 시 기의 교육내용을 고찰하고, 한일병합전은 일본어 학습을 긍적적인 시각으 로 보았다고, 독립신문 등의 기사(p.374『독립신문』 논설, 1896년 4월 30 일)를 인용하였고, 1905년부터 시작되는 보호정치기에는 이 시각이 일변 하여 위기의식이 높아갔다고 보았다. 그러나 일제가 아무리 치밀하고 집 요하게 인간개조의 노력을 하였어도, 해방직후의 한글학습에 대한 열화와 같은 열망은 우리 민족 본래의 에너지, 문화적 유산을 능가하지는 못한다 는 것을 보여주고 있다고 결론지었다. p.394. 또한, 일본인화를 위한 멘탈 리티 형성과 관계 있는 교육내용으로 다음과 같은 것을 들었다.
  Ⅰ. 일본의 역사적인물에 의한 멘탈리티형성(신무천황등의 일본 역대천 황, 楠木正成, 菅原道具, 豊臣秀吉などの歷史的人物, 乃木大將, 東鄕元帥, 廣瀬武夫中佐等の軍人)
  Ⅱ. 일본신화, 전설, 민담 상의 인물에 의한 멘탈리티형성(天照大神, 大國 主命, 浦島太郎, 桃太郎等)
  Ⅲ. 국가주의적인 어휘에 의한 멘탈리티 형성(대일본제국, 중의, 천황폐 하, 천황폐하만세, 국화 문장, 기미가요, 일장기, 벚꽃 등)
  Ⅳ. 군국주의적 어휘에 따른 멘탈리티 형성(대원수폐하, 사령관, 장교, 군 조, 수병, 전함, 구축, 무기, 수류탄, 공격, 폭격 등)
  Ⅴ. 신도관계 교재에 따른 멘탈리티 형성(신사, 황대신궁, 명치신궁, 도리 이, 팔번사마 등)
  Ⅵ. 이러본의 풍습에 따른 멘탈리티 형성(정월의 しめなわ, 하네츠끼, 月 見, もちつき 등)

있다.

상기 논문에서 한중선(2000)은 조선교육령기에 출판된 교과서에 대하여 다음과 같이 시대구분을 하고 있다.[24]

[일본식민지시대 일본어교과서]

제1기: 제1차 조선교육령(1911.08.공포) 시기

    <A>정정보통학교학도용국어독본(8)　1911 ～ 1912

    <B>보통학교국어독본(8)　　　　　1912 ～ 1917

    <C>정정재판보통학교국어독본(8)　1918 ～ 1922

제2기: 제2차 조선교육령(1922.02.공포) 시기

    <D>보통학교국어독본(8)　　　　　1923 ～ 1929

제3기: 임시교과용도서조사위원회답신(1928)에 의거해서 교과서의 개정이 행하여진 시기

    <E>보통학교국어독본(12)　　　　1930 ～ 1936

    <F>보통학교국어독본(12)개정　　1937 ～ 1938

제4기: 제3차 조선교육령(1938.03.공포) 시기

    <G>초등국어독본(12)　　　　　　1939 ～ 1941

제5기: 국민학교제도의 발족(1941)에 따라 초등교과서의 개편이 행하여진 시기

    <H>소학국어독본(12)　　　　　　1940 ～ 1941

---

24) 한중선『일본어문학』8집, pp.326-327

<I>ヨミカタ(4), コトバノケイコ(4)　　1942 ～ 1945
<J>초등국어(8)　　　　　　　　　　　1943 ～ 1945

　이와 같은 5기 시대구분은 渡部学외(1990)[25]와 한기언외(1993)[26]으로 이어지는 시대구분이다. 교과서의 시대구분에 부호를 사용하고 있는 것은 이숙자(1985)도 있다. 이숙자는 학부령기부터 해방후 1979년까지를 다루면서, 1894년부터 1905년의 교과서를 S기, 1905년부터 1910년까지의 교과서를 H기, 1910년부터 1945년까지의 교과서를 G·N기, 1945년부터 1979년 현재의 교과서를 M기로 분류하여 사용하고 있다.

　한중선이나 이숙자에 모두 사용하고 있는 H는 같은 교과서가 아니다. 이와 같이 사용하는 명칭은 같으면서 교과서가 다른 종류일 경우에는 두 논문을 대조 비교해 가면서 H가 나타내는 의미를 파악하여야 할 번거로움이 있다.

　또한, 박영숙(2000)[27]은 식민지시대 초등교육 국어교과서를 분석하면서, 식민지시대를 일본보호기와 일본통치기로 2분류하고, 일본보호기에 편찬된 교과서는 교과서명을 그대로 사용하여『일어독본(1907)』으로, 일본통치기의 교과서는 6분류를 하여『정정보통학교학도용국어독

---

25) 渡部学·阿部洋共編(1990)『日本植民地朝鮮教育政策史料集成編』第18卷, 龍溪書舍, p.1.
26) 한기언 외(1993)『일제의 교과서정책에 관한 연구』한국정신문화연구원, pp.127～139.
27) 朴英淑(2002)「朝鮮植民地時代『普通學校國語讀本』の研究 -初等教育における漢字教育を中心に」博士學位論文、久留米大學比較文化研究科. 上田崇仁(2000)도 비슷한 분류를 하고 있다. 上田崇仁(2000)『植民地朝鮮における言語政策と「國語」普及に關する研究』廣島大學博士學位論文、社會科學研究科國際社會論專攻

본(1911)』은 그대로 교과서명을 사용하고,『보통학교국어독본(1912)』
『개정보통학교국어독본(1918)』2종을 '1기'로,『보통학교국어독본(1923)』
을 2기로,『보통학교국어독본(1930)』『개정보통학교국어독본(1937)』
을 3기로,『초등국어독본(1939)』『심상소학국어독본(1939)』2종을 4
기로,『초등국어(1942)』를 5기로 분류하여 사용하고 있다. 박영숙이 분
석에 사용한 교과서 5종, 즉, 1기의 1912년, 2기의 1923년, 3기의 1930
년, 4기의 1939년, 5기의 1942년 교과서에 일련번호로 '朝一', '朝二',
'朝三', '朝四', '朝五'를 사용하고 있다. 이렇게 일련번호를 사용하였을
경우, 1기의 1918년 교과서나, 3기의 1937년 교과서를 분석하거나 대
조 비교하고자 할 때에는 명칭을 붙이는데 있어서 어려움이 따를 것이
예상된다. 비록, 1기의 1918년 교과서와 3기의 1937년 교과서가 약간
의 개정이 이루어졌다고는 하더라도 개정이 있었던 것은 분명하므로
통일된 교과서 명칭을 붙일 필요가 있게 되는 것이다. 뿐만 아니라, 학
부령기에 편찬된『일어독본』이나,『일어독본』을 개정하여 조선교육령
기에 사용한『정정보통학교국어독본』등도 명칭을 붙여서 분류하는
것이 통일성이 있다고 생각된다.

이상과 같이 학부령기와 조선교육령기에 편찬된 교과서는 연구자마
다 서로 다른 명칭을 사용하고 있어 선행연구를 읽는 사람으로 하여금
번거로움을 야기시킬 수 있는 것이다. 따라서, 본고에서는 모든 교과서
에 명칭을 붙이는 것을 시도하였다. 즉, 학부령기에 편찬된 교과서에는
순서대로 '학부 1기', '학부 2기', '학부 3기'식으로 명칭을 붙이고, 조선
교육령기의 교과서에는 '조선 1기', '조선 2기', '조선 3기'식으로 명칭을
붙이는 방법을 사용하고자 한다. 이 방법도 전혀 문제가 없는 것은 아
니므로 이 시기에 편찬된 교과서에 대한 명칭의 통일 문제는 앞으로
이 시기 연구자들의 의견 통일이 있어야 될 것으로 본다.

본고에서 사용할 교과서 명칭은 다음과 같다.

조선 1기   1911년[28]   『(정정)보통학교학도용 국어독본』 8권

조선 2기   1912년   『보통학교국어독본』 8권

조선 3기   1918년   『(정정재판)보통학교국어독본』 8권

조선 4기   1923년   『보통학교국어독본』 8권

조선 5기   1930년   『보통학교국어독본』 12권

조선 6기   1937년   『국어독본』 등 12권

조선 7기   1939년   『초등국어독본』 등 12권

조선 8기   1943년   『초등국어』 16권

다음 <표61>은 조선 1기(1911) 교과서의 전8권 목차이다. 학부 2기 (1909) 교과서와 비교할 때 체제, 표기, 어법, 내용상의 변화를 보이고 있다.

---

28) 편의상 첫 권 편찬연도만 적는다.

<표61> 조선 1기(1911) 교과서 『(정정)보통학교학도용 국어독본』 8권 목차

	권1	권2	권3	권4	권5	권6	권7	권8
1	本、敎場	日ガ出マシタ	コノ子供ワ、	大ナ汽船ガ	新學年	空氣	雨と雪一	物の價
2	紙、筆	李サンワ、ヨク	京城カラ、釜山	棧橋の上に	木の芽	おはなと鏡一	雨と雪二	紙幣ト爲替
3	長イ筆	昨夜ワ、ヨク	アナタワ今日	小太郎わ、	朝鮮	おはなと鏡二	我國	天津條約
4	大イ生徒	早く、起キテ	客ト主人ガ	巡査の、道に	着物	洪水	內地ノ府縣	日淸戰爭
5	讀ミ、新聞	姉ガ、妹ニ	アノ屋敷ワ	農夫ワ皆、野	吳服屋	洪水の原因	新橋のすてーしょん	隣國
6	木ガアリマス	日ガ大分短ク	アノ家ノ前ニワ	五郎と六郎わ	二人ノ決心	森林一	宿屋一	分業
7	此處ニ、厚イ本	オ聞キナサイ	雨ガ少シ降ルト	アノ家ノ庭デ	虎トアカンボー一	森林二	宿屋二	我々ノ着物
8	アスコニ、大牛ガ	日ガ暮レテ	子供ガ二人	ココワ、穀物ヲ	虎トアカンボ二	公園	書籍の注文	銀行一
9	私ワ、本ヲ	橋ノ上ニワ	小ナ船ワ、帆ヲ	此店ワ、今年	海の水	文明國の子供	動物と植物一	銀行二
10	アナタワ、此本ヲ	オ祖父サンガ	アナタワ、今日ワ	或日、人が	雪と鹽と砂糖	地球一	動物と植物二	良い醫者
11	福童ワ、コノ本	コレワ、筆ヤ	月ガ、道ヲ	寒イ風ガ、吹キ	貨幣	地球二	よい丁稚	祈禱と藥一
12	紙ヲ、出シマシタカ	雪ガ積モツテ	麥ノ穂ガ、綺麗ニ	一匹の犬が	紙幣	水と陸	東京	祈禱と藥二
13	コレワ、私ノ机	雪ガ木ノ枝ニ	農夫ワ、朝、	オカアサン、	金屬	晝夜	議論ト喧嘩	京城東京間一
14	アレワ、何、デスカ	寒クナルト	先生ワ、善イ生徒	皆サンワ、度々	馬ト牛	老人三人の話	裁判所一	京城東京間二
15	アスコニ、トリガ	此頃ワ、冬デス	人ガ、大勢、海デ	この町を、	動物の色一	冬ノ植物	裁判所二	日露戰爭
16	ココニ、紙ガ	山下ワ、父ニ	麥ガ、熟シテ	みなさんわ、なぜ	動物の色二	果物と野菜	晝夜ノ長短	日露戰爭後の日本
17	子供ガ、金ヲ	昨日ワ、一番	今日ワ、ヨイ天氣	翌日ノ新聞ニ	桃ノ木	動物の食物	赤道	兵卒の子フリツツ一
18	コノ繪ヲ、見	日ワ毎日、東	私ワ、兄ト、姉と、	ソレデワ、コウ	雨	胃の說諭一	星	兵卒の子フリツツ二
19	アナタワ、朝ワ	次郎ワ、此犬ヲ	私ノ內ワ、貧乏	作次わ、父と	島と半島	胃の說諭二		卒業式
20	フデヲ、クダサイ	アノ子供ワ、毎朝	老人ガ、庭エ、木	霜が、おりて、	朝鮮のまわり	郵便切手ノ話一		校長の演說
21	先生ガ、本ヲ	オ松ワ、病氣デ	オカアサン、私ワ	昔、或所に、	朝鮮の海岸	郵便切手ノ話二		
22	正福ワ、學校カラ	今年ワ、一月デス	オマエワ、ドウシテ	或田舍の人	仁川港	郵便切手ノ話三		
23	今日ワ、早く	今日ワ、風ガ	父ワ、小太郎ヲ	京城カラ東京	稅關			
24	此繪ヲ買イマシタ	月ガ出テ	小太郎ワ、隣ノ	アナタワ、何時	船長の話一			
25	汽車ワ、早ク	オカアサン、其	人ガ、大勢	何處え、	船長の話二			
26	仁川カラ、京城	オ松ノ內エ		玄關エ、客ガ	金持ニナッタ老人			
27	先生ガ、今、學校	春ガ、米テ			貯金			
28	順明ワ、良イ子供	福童ワ、一年中			預金			
29	先生ガ、桃ノ繪				雷			
30	アノ人ワ、子供ヲ				光と音			
31	家ノ前ニ、女ノ子							
32	今日ワ、涼イウ							
33	昨日ワ、雨ガ							
34	郵便ガ、米マシタ							
35	オカアサン、コノ							
36	ゴランナサイ							
37	金サン、モウ、遲イ							
38	日ガ出ルト、醫ク							
39	先生ワ、生徒ノ方							

내용상의 변화를 보면, 日本을 內地 혹은 我が國로, 日本です를 我國の內地です로, 日本の國わ는 內地わ로, 日語는 國語로, 韓國은 朝鮮 또는 朝鮮半島로, 韓國ヤ日本ヤ는 我が國ヤ로, わか國는 朝鮮으로, 全國은 全半島로, 朝鮮은 昔の朝鮮으로, 日本人은 內地人으로 觀察使는 道長官으로, 日貨는 我國ノ貨幣로 자구 수정을 하였다. 그 외, 체제, 표기, 어법의 변화는 한중선(2000)[29]에 자세히 나와 있다.

2)조선 2기(1912) 교과서 『보통학교국어독본』 편찬

새로운 교과서 편찬 준비와 함께, 12월에는 인쇄국을 정비하여 원활한 교과서 인쇄와 가격의 저렴화를 꾀하였으며, 1911년 6월에는 小倉進平, 金澤庄三郎, 山口喜一郎 등이 취임하여 만반의 준비를 갖추고 있었다.

1911년 조선교육령 공포 직후, 총독부 촉탁 육군교수 牧瀨五一郎와 총독부 시학관 石田新太郎 등을 조사위원으로 선정하여 보통학교 교과서 편찬방침을 결정하였다. 결정된 사항은,

①교과서는 조선어, 한문 이외에는 모두 일본어로 표기할 것. 단, 보통학교 수신서 교사용은 교사의 교수상의 참고를 위하여 조선어역문을 표기할 것.

②보통학교 교과서는 3학년까지는 표음식 假名遣를 사용하고 4학년 이상은 歷史的假名遣를 사용할 것

③보통학교 교과서는 국어독본에 소수의 문어체를 넣는 것 이외에는 모두 구어체로 할 것

④교과서 편찬 범위는 법령에 따라 규정되어 있는 대로 보통학교용

---

29) 한중선(2000) 「일제 식민지시기 교과서 비교연구」 『일어일문학연구』 36집, 한국일어일문학회, pp.159~170.

도서는 모두 편찬하되, 고등보통학교, 여자고등보통학교, 실업학교, 전문학교 등의 교과서는 필요한 것만 편찬하고, 교원용 참고서, 통속물 등도 필요한 것은 편찬하고, 소학교 교과서는 일본과 마찬가지로 국정교과서를 사용하는 것도 특별히 조선거주자를 위해 필요한 것은 편찬할 것[30)

으로 하였다. 신 교과서인『보통학교국어독본』은 표음식 假名遺와 직접법을 채용하게 되는데, 당시 총독부에서 일본어교수법 연구의 중심이 되었던 것은 편수관 立柄敎俊, 한성사범학교 교수 사무취급촉탁 山口喜一郎, 경성고등보통학교 敎諭 鹿子生儀三郎, 총독부 촉탁 언어학자 金澤庄三郎 등이었다. 총독부는 이들의 연구결과를 바탕으로 종래의 번역주의 교수법에 따르지 않고 직접법을 채용하게 된 것이다.

이와 같은 방침에 따라 교과서 편찬에 착수하여 일본어 교과서는 『보통학교 국어독본』이라는 이름으로 8책이 1912년부터 1915년에 걸쳐서 발행되었다. 다음 <그림5>는『보통학교국어독본』의 이미지 사진이고 <표62>는 총 목차를 보여준다.

---

30) 弓削幸太郎(1923)「朝鮮の敎育」東京, pp.281~284.「주수웅(1988)「韓國における日本語に關する硏究(Ⅲ) -日帝時代の日本語敎育(3)」『경기대학교 논문집』제22집, p.126에서 재인용 渡部学外편(1984)「교과서편찬관계 자료 제4집」『일본식민지조선교육정책사료집성』제18권, 조선총독부편찬용계서사, p.5에는 신교과서편찬 기본방침으로, (1)교과서는「조선교육령」및 각 학교규칙에 준거해서 편찬할 것 (2)교과서는 조선어 및 한문독본을 제외하고 모두 일본어로 기술한다. 단 일본어가 어느 정도 보급될 때까지는 사립학교 생도용으로 수신서, 농업서, 또는 교사용으로 수신서, 산술서 등에 한해서 조선역문을 붙인다. (3)보통학교 교과서는 제3학년까지는 표음적가명견을 사용하고 제4학년 이후는 역사적가나즈까이를 사용할 것 (4)교과서편찬 범위는 보통학교용은 모두 총독부에서 편찬하고, 고등보통학교, 여자고등보통학교, 실업학교, 전문학교 등의 교과서는 필요한 것만 편찬하고 그 외는 일본에서 출판한 교과서를 총독부 검정인가를 거쳐 사용하게 할 것.

<그림5> 조선 2기(1912) 교과서 이미지 예(권1)

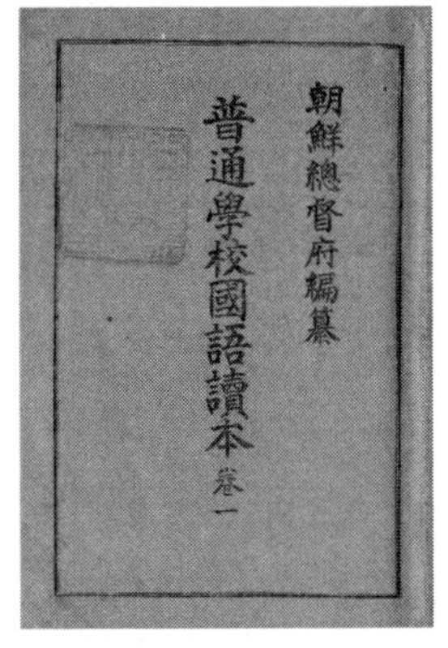

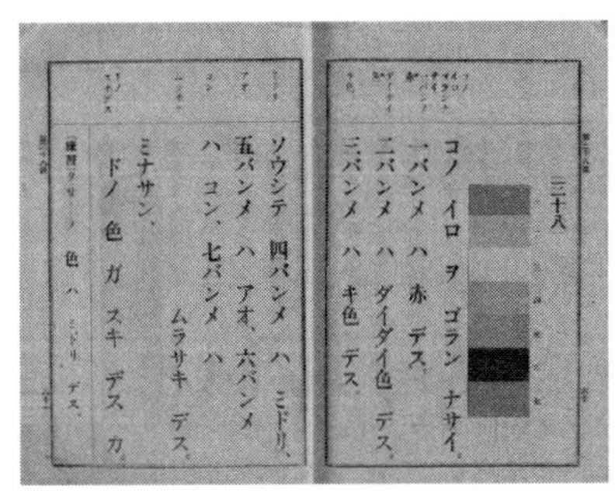

[조선 2기 교과서 표지]　　　　　　[조선 2기 교과서 38과]

<표62> 제1차 조선교육령 교과서(1912) (조선2기)『보통학교 국어독본』8권

	권1	권2	권3	권4	권5	권6	권7	권8
1	テ アシ	アサ	木ウエ	キクノ花	新學年	日光	我が國の景色(1)	皇室
2	メ ハナ	アサノアイサツ	ノアソビ	キノコ	春が來た	稲刈	我が國の景色(2)	和歌
3	ミミ クチ	クリヒロイ	ウメトサクラ	トリツギ	朝鮮の地勢	明治天皇	我が國の景色(3)	天日槍
4	カミ フデ	ツキ	花サカセジジイ(1)	さいほう	日本武尊	菊	日本の國	文字の音と訓
5	フデガアリマス	ニワトリ	花サカセジジイ(2)	からす　とくじゃく	雲省	朝鮮地理問答	我が國ノ産物(1)	漢文訓讀(1)
6	ホンヲアケマス	木ノハ	花サカセジジイ(3)	穀物	茶と桑	雁	我が國ノ産物(2)	漢文訓讀(2)
7	センセイトセイト	オキャク	かたかなとひらがな	皇大神宮	生物と無生物	甘藷	燒物ト塗物	世界(1)
8	タチナサイ	ジュンサ	こい	マス	少女の答	甘藷を送る手紙	模樣と色	世界(2)
9	テヲアゲナサイ	四方	日のかぞえかた	ワラ	織物	本州と四國	奈良ノ大佛ト恩律ノ彌勒佛	世界(3)
10	アナタ コレガ	シンセツナコドモ	たけ	アリトセミ	道ブシン	大阪からの手紙	出立の日取を問い合わ手紙	鵞の自慢
11	コクバンニジヲ	ゴゼントゴゴ	ものさし	貞童のちょきん	應神天皇	人ノカラダ(1)	會社と銀行	動物の體色
の12	オトコノコ	マチ	なつ	すすはらい	コウモリ	人ノカラダ(2)	爲替	書物を借用する手紙
13	イス コシカケ	福童ノウチ	ほたる	君がよ	琵琶湖	食物	組合	稲橋村の美風
14	ミナサン ワカリ	ユキ	こうま	すさのおのみこと	さいほうとせんたく	胃の 腑と身體	病氣	地方金融組合
15	セキバン セキヒツ	雪ダルマ	田うえ	富士山	ハカリ	年始狀	看病	慥ナ保証
16	ナガイヘイ	子犬	山ノ上ノナガメ	朝鮮	象ノ重サヨハカッタ子供	東都見物の話	病氣見舞の手紙	日本海ノ海戰
17	シロイイヌガ	兄と弟	地図ノ見カタ	汽船	胡瓜ノ花	おもいやり	尹淮鵂鳥をあわれむ	まっち

18	ヤネノウエニ	シンネン	すいえい	神武天皇	東京	九州ト臺灣	假名遣	分業ト共同
19	イシガアリマス	日ノマルノハタ	だいにっぽんていこく	十錢銀貨ノモノガタリ	はがき	北海道ト樺太	賢イ子供	道路
20	ツツジノハナガ	テンノウヘイカ	めいぢてんのう	あきないの遊	今上天皇陛下	隣國	机ノ物語	塙保己一
21	オトウサン	オカアサン	お花	なぞ	孝子萬吉	明治27,8年戰役(1)	熊	金剛石
22	ガン キジ トビ	月ノカゾエカタ	テンチョウセツ	卵から　生れた王	あさがお	明治27,8年戰役(2)	電話	歷
23	テヌグイデカオヲ	氷ノ上	ヤクショ(1)	虎ト猫	仁德天皇	都會ト田舍	電報	舊師に送る手紙
24	ラッパヲフイテ	ブタ	ヤクショ(2)	巴提便	水と火	人の職業	つとめてやまず	日記
25	ミナサン コレヲ	手ヌグイ	トケイ	ことわざ	炭と油	わざくらべ	鹽と砂糖	拾物届
26	ニイサンハホンヲ	トリノカズ	時計ノ歌	たび立	鹽原多助	井上でん	森林	勞働
27	カラスハ キノ	タコ	あさのいち	るすい	京城	明治37,8年戰役(1)	材木	註文狀
28	カミガアリマス	エホン	おうちゃくもの	一年	裁判所	明治37,8年戰役(2)	家	孔子と孟子
29	ヒトリフタリ	モモタロウ(1)	ていしゃば			朝鮮總督府	地方ノ行政	菅原道眞
30	マリナゲ カケクラ	モモタロウ(2)	汽車りょこう					大日本帝國(1)
31	ヤスミガオワリ	モモタロウ(3)						大日本帝國(2)
32	ホウキデハキ							
33	アサヒガノボリ							
34	サイトガコシカケ							
35	イマタイソウヲ							
36	ネズミガイマス							
37	ココニヒトガ							
38	コノイロヲゴラン							
39	カエルガ ミズノ							
40	ソラガクモッテ							
41	アメガフッテ							
42	ドノトリガ							
43	コチラニモ							
44	キツネ スダレ							
45	アナタハエンピツ							
46	ウサギハハヤク							
47	ミナサン ウサギ							

　이미지 사진에서 보는 바와 같이 제목이 한 줄로 되어 있고, 각 권은 47과, 31과, 30과, 28과, 28과, 29과, 29과, 31과로 구성되어 있으며, 문자는 カタカナ, 漢字, ひらがな 순으로 제시되었는데, 권1에서 カタカナ제시가 모두 끝나고 권3에서 ひらがな가 제시된다.

　한편, 조선총독부는 1912년 6월 '교과용도서검정규정'을 제정, 구한국학부시대에 검정했던 도서의 유효기한을 1914년 3월 말로 하고 구시대 교과서 정리를 서둘렀다. 그 결과 검정무효된 도서는 46종 71책에 달하였고, 이것과는 별도로 20여종의 도서가 불량교과서로 발매반포가 금지되었다.[31)]

『보통학교 국어독본』은 각 학년에 2권씩 배당되었다. 편찬의 유의점으로, 첫째 될 수 있는 한 빨리 교실 내에서 필요한 회화를 제시하고 점차 일반회화에 이르게 하여 모든 학과를 일본어로 교수하는데 지장이 없을 정도에 이르게 하며, 둘째, 문체는 권7 후반까지는 구어체로 하고 동권 후반부터 문어체로 하며, 셋째, 한자는 8권을 통하여 약 1,500자 내지 1,600자로 하고, 넷째, 내용은 수신서와 함께 품성의 도야, 일본국민성 함양에 도움이 되는 재료를 선택하고, 일본과 조선간의 친밀한 관계를 나타내기에 충분한 옛 전래사화를 선택하고 그 외에 일본을 이해할 수 있는 소재를 많게 할 것, 다섯째, 습자는 한자, 가나 혹은 혼용문 익히기를 주로 하고 약간의 언문을 가미[32)] 하는 등에 유념하도록 하였다.

『보통학교국어독본』에 대한 연구로는 경성여자고등보통학교부속보통학교연구회(1916), 市川繁次郎(1921), 박순애외(2001), 이정수(2004) 등이 있다.

경성여자고등보통학교부속보통학교연구회(1916)는 상기 교과서의 권1~권4에 대한 문체, 요지, 교재 종류, 교수상 주의할 점, 연결사항 등을 조사하고, 실제 수업에서의 시간배당을 정해서 교수자가 실제 수업시에 교안으로 대용할 수 있도록 하는 조사를 하여 2권으로 출판하였다. 덧붙여서 어휘와 학습자료 및 관련 교과 단원을 조사 제시하였는

---

31) 渡部学 외 편(1984), 전게서, p.5.
32) 高橋浜吉(1927)『朝鮮敎育史考』帝國地方行政學會朝鮮本部, pp.444~446.

데, 각 권의 어휘는 아래 <표63>과 같다. 각 권은 평균 660어 정도를 사용하고 있다.

<표63> 조선 2기(1912) 교과서 어휘(권1~권4)[33]

종별 \ 권수			제1학년		제2학년		계
			권1	권2	권3	권4	
신출어			383	470	459	465	1777
신자	가나	片假名	73	–	–	–	73
		平假名	–	–	73	–	73
		變體假名	–	–	–	–	–
	한자	新字	28	137	180	185	530
		讀替	5	35	59	54	153
		假名附文字	–	–	2	32	34
계			489	642	773	736	(660)

市川繁次郎(1921)는 『보통학교국어독본』을 해설과 함께 많은 자료를 부재하여 해설집을 발행하였다.[34] 『보통학교국어독본』(1912)중 해설이 된 권수와 과는 다음과 같다. 권2의 15, 19, 20, 29~31과, 권3의 1, 4~6, 8~14, 16~17, 19, 22, 29~30과, 권4의 1~2과, 5~7과, 9~10과, 12~18과, 22~26과, 권5의 3~6과, 8~9과, 11~13과, 16과, 18~21과, 23~25과, 27~28과, 권6의 1과, 3과, 5~7과, 9~13과, 16과, 18~21과, 25~28과, 권7의 1~3과, 5~7과, 9과, 11과, 13~14과, 19과, 21과, 23과, 25~29과, 권8의 3과, 7~9과, 11~14과, 16~17과, 19~21과, 28~31과이다. 市川繁次郎는 서언에서 생활상 필수 지식을 가르쳐

---

33) 경성여자고등보통학교부속보통학교연구회(1916) 『普通學校國語讀本敎材의 硏究』 p.4.

34) 市川繁次郎(1921) 『普通學校國語讀本解說』 경성, 중전보성사출판부

서 덕성을 함양하는 것이 국어과의 주요 목적이므로, 국어독본에 대한 풍부한 지식을 지니고 있는 것은 완전한 국어교육자로서 긴요한 요소이나, 보통학교의 실제 현장에서는 경비관계상 많은 참고서 구입이 어렵고, 바쁜 교사에게 있어서는 시간이 부족하여 연구조사할 여유도 없는 것이 보통이므로, 이런 교사의 노고를 경감할 수 있도록 각종 통계자료, 법령 등을 발췌하여 해설서를 만들었다[35]고 적고 있다.

박순애외(2001)는 이 교과서를 대만의 교과서와 비교하고 근대생활이나 문명에 관련된 내용이 44과 17%, 황실과 국가에 관련된 내용이 48과 18%를 차지하고 있어 일본민족에의 동화를 명확히 나타내고 있다[36]고 하였다.

이정수(2004)도 상기 독본과, 같은 시기의 일본의 제2기 국정독본 『尋常小學讀本』을 제재 및 내용 기술에 대하여 비교 분석하고 '당시의 일본어 교과서에는 학습자인 조선인 어린이들에게 자신의 향토에 대해 주목하고 애착을 가지도록 하는 배려가 결여되어 있음을 알 수 있고, 일본 본토에 대해서는 동경심을 가지도록 유도하는 제재 편성이 이루어졌을 가능성을 시사'[37]하였다.

이상과 같은 교과서의 선행연구는 ①교과서에 대한 지도자료 제시, ②비교 분석을 통한 이데올로기 확인으로 요약할 수 있다.

---

35) 市川繁次郎(1921), 전게서, pp.1~2.
36) 박순애 외(2001)「日帝時代における臺灣・朝鮮の日本語教育の異同」『日本語教育研究』創刊號, p.95.
37) 이정수(2004)「한일합방 직전과 일제시대 초・중기의 초등학교 교육용 일본어교과서의 분석」『일본어학연구』제10집, 한국일본어학회, p.187.

3.2. 제2차 조선교육령기

3.2.1. 시대적 배경

총독부는 齊藤 총독의 교육방침에 따라 1921년 1월 임시교육조사위원회를 개최하고 일본 본토의 교육제도에 준거하여 학제의 개혁을 심의케 하여 1922년 2월에 교육령을 전면 개정하여 제2차 조선교육령을 공포하였다. 교육과정은 전과 다름이 없었으나 다만, 보통학교의 교과목 중 조선어를 정규과목에 넣고 한문을 수의과목으로 한 것이다. 조선총독부는 제2차 조선교육령을 공포하고 다음과 같은 성명서를 내었다.

신교육제도는 일시동인의 성지에 따라 차별의 철폐를 기하고 일본과 동일한 제도에 의할 것을 주의로 하고 있다. 그 결과 구령은 단지 조선인에 대한 학제이었던 것인데, 신령에 있어서는 조선내의 교육에 인종적 구별을 두지 않고, 이 법령 하나로 통합하게 되었다. 단지 조선내의 국민은 현 상태로는 그 일상생활에 있어 일어를 사용하는 자와 그렇지 않은 자가 있고, 그 풍속 습관 등에 있어서도 또한 같지 않은 바가 있음으로, 보통교육에 있어 동일한 제도를 펴고 또 한 주의로서 일어를 상용하는 자는 소학교, 중학교 또는 고등여학교에, 일어를 상용하지 않는 자는 보통학교, 고등보통학교 또는 여자고등보통학교에 입학하는 것을 원칙으로 하며, 오직 특별한 사정이 있는 경우에만 입학할 수 있도록 하였다. 이와 같이 양자의 학교 명칭은 다르지만 그 교육내용은 동일하며, 입학자격, 수업연한, 학과과정 및 상급학교에의 입학 자격 등도 동일하다. 그리고 보통학교의 수업연한을 단축할 수 있는 길을 둔 것과 같은 차이는 있지마는, 이것은 조선의 현상에 비추어 주로 학교의 보급을 빨리 하려는 필요에서 나온 것이다. 더욱 신교육제도에 있어서는 각

학교의 입학자격, 수업연한 및 학과과정을 높이고, 새로이 대학교육 및 사범교육을 가하였다. 그리고 실업교육, 전문교육, 대학교육은 전적으로 일본의 제도를 따랐다.[38]

제2차 조선교육령과 상기 성명서를 중심으로 새로 제정된 제도의 요점을 정리하면 아래와 같다.

①보통학교의 수업연한을 4년에서 6년으로 연장하였다.
②폐지되었던 한국어가 필수과목이 되었다.
③한국인과 일본인과의 공학을 원칙으로 하였다.
④사범학교와 대학 설치의 길을 열었다.
⑤실업교육, 전문교육, 대학교육은 일본의 제도를 따랐다.

표면으로는 일본의 학제와 형식상 동일하게 함으로써 융화책을 사용하였다. 그러나 기본적인 의도는 다른 곳에 있었다. 손인수(1971)는 제2차 조선교육령의 내면에 담겨진 「문화」라는 이름의 교육정책에 대하여,

①동일한 교육제도와 교육기간을 확충함으로써 일본식 교육을 강화하여 우리 민족의 사상을 일본화 내지 말살하려는 데 있었다.
②신교육령의 전체 내용은 교육의 목적이 일본어 습득에 있었다. 그리하여 각급학교 일본어 시간수를 아래와 같이 대폭 늘였으며 이에 따라 한국인 일본어 습득자는 대폭 증가[39]하였다.

---

38) 大野謙一(1936)『朝鮮敎育問題管見』 경성, 조선교육회, p.72.
39) 조선총독부『시정25년사』 p.48.

<표64> 일본어 시간수 및 한국인 일본어 습득자 수

학년	1	2	3	4	5	6
일본어 시간수	10	12	12	12	9	9
한국어 시간수	4	4	3	3	3	3

구분 \ 연도	1922	1923	1924	1925	1926	1927	1928
초보자	386,158	485,260	549,137	615,033	690,448	753,716	753,716
보통회화자	178,871	227,007	268,860	332,113	374,998	424,530	424,530

그러므로 제2차 조선교육령의 목적은 일본어를 강력하게 교수함으로써 동화의 목적을 달성하고자 한 것이다.

③교육과정에서 한국어와 일본어를 같이 필수과목으로 하기는 하였으나 일본어와 일본역사를 주입 강요하여 한국에 관한 역사적 사실을 왜곡 교수함으로써 민족의식을 말살코자 하였다.

④신교육령은 제도상 한국의 교육제도를 일본 내의 교육제도와 동일하게 하였다고 했으나, 사범학교만 인정하였지 고등사범학교의 제도는 두지 않았다.

⑤신교육령에서 대학의 설치를 규정함으로써 우리에게 대학교육이 트인 것처럼 가장했다.

손인수는 본래 문화의 기능은 사회학적으로 보아 동화작용을 하는 성격을 가지고 있다고 하면서 위의 내용 이외에도 학교 교정에 심은 무궁화를 뽑고 벚꽃을 심는 등 일본은 문화정치라는 미명하에 일본 문화와 역사를 숭상케 하는 등 문화정치는 전대의 무단정치보다 더 가혹한 통치방법이었다고 고찰하고 있다.[40]

---

40) 손인수(1971)『한국근대교육사 -한말 일제치하의 사학사 연구』연세대학교 출판사, pp.170~172.

3.2.2. 교육 목표

1922년 4월 1일 시행 보통학교 규정 총령 제8호 제10조 일어 교수요지에,

"일어는 보통의 언어, 일상수지의 문자 및 문장을 이해하여 정확하게 사상을 발표할 수 있는 능력을 기르고 겸하여 국민으로서의 자각을 굳게 하여 지덕을 계발하는 것을 요지로 한다."라고 되어 있어, 교육목적은 [국민으로서의 자각을 굳게 하여 지덕을 계발하는 것]이고, [보통 언어, 일상수지의 문자 및 문장]을 중심으로 [정확하게 사상을 발표할 수 있는 능력]을 교육 목표로 하고 있다. 제1차 조선교육령과 비교하면, 우선 교육목적에서 '생활에 필요한 지식'이 없어졌으며, 교육 목표에서 '일상수지의 문자'가 추가되었고, 자유로이 사상을 발표하는 능력에서 정확하게 사상을 발표할 수 있는 능력으로 바뀌었다.

<표65> 제1차, 제2차 조선교육령 일본어 교육 '목표' 비교

	제1차 조선교육령	제2차 조선교육령
교육 목적	생활에 필요한 지식을 얻고 덕성 함양에 힘쓰기 위함.	국민으로서의 자각을 굳게 하여 지덕을 계발하는 것
교육 목표	보통 언어, 문장을 이해하여, 타인의 언어를 이해하고 자유로이 사상을 발표하는 능력	보통 언어, 일상수지의 문자 및 문장을 이해하여 정확하게 사상을 발표할 수 있는 능력

3.2.3. 교육 내용

제2차 조선교육령기의 교육 내용은 제1차와 비교할 때, 용어가 많이 달리지고 있다. 제1차에서는 讀方, 解釋, 會話, 暗誦, 書取, 作文, 習字 등으로 일본어 과정을 나타내고 있는데 반하여, 제2차에서는 읽기(讀

方), 쓰기(書方), 짓기(綴方), 말하기(話方) 등으로 나타내고 있다. 즉 제2차 조선교육령에서는 4기능으로 내용을 제시하고 있는 것이다. 1922년 4월 1일 시행 보통학교 규정 총령 제8호 제10조 일어 교수요지에, 처음에는 주로 근이한 말하기(話方)를 가르쳐 발음을 바르게 하고 假名 읽기(讀方), 쓰기(書方), 짓기(綴方)를 알게 하고 나아가서 일상수지의 문자 및 보통문에 이르게 하여 언어를 연습시킨다. 읽기, 말하기, 짓기, 쓰기는 각기 주된 사항을 중심으로 교수시간을 구별지을 수 있으나 상호 관련지어 가르치는 것에 유의하여야 한다. [독본]의 문장은 평이하고 일어의 규범이 되고 또 아동의 심정을 쾌활순정하게 하는 것이라야 하며, 그 재료는 수신, 역사, 지리, 이과, 기타 생활에 필수적인 사항을 취재하여 풍부한 취미를 갖도록 한다. 문장의 [짓기(綴方)]는 읽기(讀方) 또는 타 교과에서 교수한 사항, 아동의 일상 견문한 사항 처세에 필요한 사항 등을 기술케 하되 그 행문은 평이하고 취지가 명료하게 하도록 한다. [쓰기(書方)]에 사용되는 한문의 서체는 해서·행서의 2종으로 한다. 일어를 교수하는 데는 언제나 어구, 문장의 의의를 명료하게 하고, 그 용법을 습숙시켜 발음과 어조를 정확하고 유창하게 하도록 노력한다. 타의 교과목을 교수할 때에는 언제나 언어의 연습 및 문자 쓰기에 주의해야 한다고 제시되어 있다. 쓰기(書方)는 제1차 조선교육령기의 서취(書取)에 해당하는 과정이며, 짓기(綴方)는 작문에 해당한다.

상기 '내용'을 4기능 중심으로 다시 분류 제시하면 다음과 같다.

[말하기]
  a. 발음을 바르게 말하게 한다.
  b. 어조를 유창하게 말하게 한다.

　　c. 일상수지의 문자를 말하게 한다.
　　d. 근이한 보통문을 말하게 한다.
[읽기]
　　a. 가나를 읽는다.
　　b. 일상수지의 문자를 읽게 한다.
　　c. 근이한 보통문을 읽게 한다.
　　d. 일상수지의 문장을 읽게 한다.
　　e. 타 교과에서 취재하여 읽게 한다.
[짓기(綴方)]
　　a. 읽기 또는 타 교과에서 교수한 사항에 대하여 짓게 한다.
　　b. 아동의 일상 견문한 사항에 대하여 짓게 한다.
　　c. 처세에 필요한 사항에 대하여 짓게 한다.
　　d. 행문은 평이하고 취지가 명료하게 짓게 한다.
[쓰기(書方)]
　　a. 문자를 쓰게 한다.
　　b. 한문의 해서로 쓰게 한다.
　　c. 한문의 행서로 쓰게 한다.
　　d. 타 교과의 연습을 쓰게 한다.

　　제2차 조선교육령기의 '일어' 교과과정 및 교수시수표는 <표66>과 같으며 모두 11과목으로 이루어져 있다. 농업초보, 상업초보 교과가 삭제되고 '일본사', '지리' 교과가 첨가되었으며, 이름만 있던 도화 시간을 늘렸다. 일어 수업시간이 40시간에서 64시간으로 늘었는데 수업연한이 6년으로 늘어난 것이 일차적인 이유이나 그럼에도 불구하고 늘어났으며, 조선어와 한문은 두 과목을 분리시키면서 조선어 수업시수를 줄이고 있다. 학년이 올라감에 따라 수업시수가 많이 늘어나는 경향을 보인다.

<표66> 제2차 조선교육령기 보통학교 교과과정 및 교수시수표(1922)

학년외 \ 교과목		수신	일어	조선어	산술	일본사	지리	이과	도화 남/여	창가	체조	재봉	수공	계 남/여
1	시수	1	10	4	5					3				23
2	시수	1	12	4	5					3				25
3	시수	1	12	3	6				1	1	3			27
4	시수	1	12	3	6			2	1	1	3/2	1		30/29
5	시수	1	9	3	4	2	2	2	2/1	1	3/2	3		32/30
6	시수	1	9	3	4	2	2	2	2/1	1	2/1	3		31/29

일어의 수업 내용의 정도를 살펴보면,

제1학년　　발음, 가나, 일상수지의 문자 및 근이한 보통문의 읽기, 쓰기, 짓기, 말하기

제2학년　　가나, 일상수지의 문장[41] 및 간이한 보통문의 읽기, 쓰기, 짓기, 말하기

제3학년　　일상수지의 문장 및 근이한 보통문의 읽기, 쓰기, 짓기, 말하기

제4학년　　상동

제5학년　　상동

제6학년　　상동

과 같이 제시되어 있어, 발음부터 시작해서 가나, 문자, 문장의 순서로 진행하되, 읽기 → 쓰기 → 짓기 → 말하기 순으로 4기능을 배치하고 있다.

---

41) 유봉호(1992), 전게서, p.166에 문장으로 되어 있으나, 문자의 오기일 수 있다. 확인을 요한다.

3.2.4. 교수 · 학습 방법

3.2.4.1. 학생

보통학교 입학연령은 6세 이상이고, 수업연한은 6년이나 지역의 상황에 따라 5년 또는 4년도 가능하였다. 제1차 조선교육령기에 비하여 입학연령이 8세에서 6세로 낮아졌고, 수업연한은 4년에서 6년으로 늘어났다.

보통학교에는 어떤 사람들이 취학하였는지를 알기 위하여, ①입학경쟁 상황, ②보통학교 진급 · 중퇴율 · 결석률, ③취학자의 사회경제적 배경을 분석한 자료[42]를 인용하고자 한다.

①입학경쟁 상황

1920년대 후반부터 입학지원자가 항상 모집 인원을 초과하였기 때문에 선발이 불가피하였고, 보통학교에서는 입학시험을 실시하지 않을 수 없었다.

1927년에 보통학교 입학지원자는 10만여 명이었으나 8만5천여 명만 합격하여 84.8%의 합격률을 보이고 있으며, 1940년까지 연도별로 합격률을 보면, 1928년 80.6%, 1929년 80.6%, 1930년 79.6%, 1931년 79.2%, 1932년 81.6%, 1933년 79.7%, 1934년 71.4%, 1935년 62.0%, 1936년 51.4%, 1937년 52.1%, 1938년 58.5%, 1939년 63.5%, 1940년 64.6%의 합격률을 보이고 있다. 보통학교 입학난이 가장 격화된 1936년에는 32만여 명의 아동이 입학을 지원하였으나 절반이 조금 넘는 16만5천여명 만이 입학에 성공하였다. 여기에서 오성철은 보통학교에 대

---

42) 오성철(2000)『식민지 초등 교육의 형성』교육과학사, pp.150~173. 이하의 인용은 모두 오성철을 요약한 것이다. 자세한 것은 상기 페이지에 자세히 나와 있다.

한 취학 욕구가 조선인 사이에 어느 정도로 보편적이었는가를 가늠하기 위하여 한가지 추정을 하였다. 그것은 보통학교 입학지원을 한 조선인 아동이 모두 6년제 보통학교에 취학할 수 있다고 가정을 하고 취학률을 산출해 본 것이다. 그 결과 1940년도 보통학교 추정 학생수는 2,225,233명이 되고, 이 수치로 취학률을 추정하면 67.3%가 나온다. 같은 해의 실제 취학률 41.6%보다 무려 26%가량이 더 늘어나게 되는 것이다. 즉, 1930년대 중반이후부터 조선인 학령 아동의 약 2/3가 보통학교 취학을 희망하였으며, 더구나 통상적으로 남아가 여아보다 취학률이 거의 두 배 이상 높다는 점을 감안한다면, 이 시기에는 남아를 둔 조선인 부모의 거의 대다수가 아들을 보통학교에 취학시키고자 했다고 할 수 있다.

보통학교의 입학선발 방법은 학교장의 재량에 의해 결정되며, 구술고사와 서류심사로 이루어졌다. 구술고사(mental test)는 교사가 아동에게 몇가지 질문을 던지고 그 답변 여부에 따라 합격, 불합격을 판정하는 방법으로 이루어졌다. 그것은 학습능력과 발표력, 학업적성을 확인하는 초보적인 지능검사의 성격이 강하였다. 기본적으로 지적 능력이 우수하거나 학령전에 조기교육을 받은 사람에게 유리하였을 것이나, 입학시험은 그 방법과 평가의 자의적 성격 때문에 비판의 대상이 되기도 하였다.[43]

②보통학교 진급·중퇴율·결석률

치열한 경쟁을 뚫고 보통학교에 입학하였다고 해도 졸업이 보장되는 것은 아니었다. 상당수의 학생들이 학업을 중도 포기하였다. 1919년에서 1942년까지의 중퇴율을 보면, 남학생의 경우, 1919년까지는 20%

---

43) 시험방법에 대한 사례는 오성철(2000) 전게서 pp.153~156에 자세히 나와 있다.

를 상회하고, 1920년대에는 10%대를 유지하고 1932년 이후에는 10% 미만으로 떨어지고, 1942년에는 4.2%로 떨어지게 된다. 여학생은 남학생보다 중퇴율이 높았다. 1930년대에는 대략 30%를 유지하다가, 1920년대 전반에는 20%대를, 1935년 이후에는 10%미만이 되었으며, 1942년에는 5.0%가 되었다.

중퇴의 원인은 시기별로 다른데, 1910년대에는 수업료 면제와 학용품까지도 제공하고 있는데 중퇴율이 높은 것은 교육목적 및 내용에 관련된 민족적인 불만이 작용했을 것으로 추측된다. 1920년대에는 상황이 달라져서 치열한 입학경쟁을 뚫고 보통학교에 들어갔다가 중퇴하는 것이므로, 경제적 여건에서 비롯된 것으로 추측된다. 1930년대 초반에는 중도 퇴학이 사회문제화 된 적도 있으며, 30년대 초에 농업공황이 조선 농촌에 파급되면서 극심한 생활 궁핍이 야기되었고 이것은 수업료 체납과 중도퇴학으로 이어지는 것이다. 그러나 이러한 어려운 상황하에서도 결석을 하지 않고 부단히 학교에 다니는 학생의 모습이 발견되는데, 결석률을 보면, 1910년대에는 10%이상이었으나, 1920년대에는 10%미만으로 떨어져 1929년이 되면 5.5%, 1930년대에 계속 떨어져서 1937년이 되면 3.4%까지 하락하고 1930년대 말에 5%대로 올라간다. 학생수를 70명으로 잡을 때 결석학생이 2명 내지 3명이라는 뜻이 된다. 그만큼 조선인 아동이 열의를 가지고 적극적으로 보통학교 교육을 받았다는 것을 의미하는 것이다.

진급률은 1910년대에는 70%미만의 학생의 4학년까지 진급하였고, 1919년에는 남학생 100%, 여학생 61.3%가 진급하였으며, 1932년부터는 100%를 상회하는 경향을 보이면서 식민지 말까지 가고 있다.

이상, 경쟁률, 중퇴율, 결석률, 진급률 등으로 보건대 보통학교가 조선사회에 확고하게 정착하여 뿌리내리고 있음을 보여주고 있는 것이다.

③취학자의 사회경제적 배경

오성철은 사회경제적 배경을 알아보기 위하여 농민 계층을 지주, 상농, 중농, 하농의 4계급으로 나누어 한 사례씩 가계수지에 관한 자료를 제시하고, 이 자료를 기초로 추론을 하였다.

1932년 당시 함경북도 경원군에서 쌀 한 말이 1원 70전, 좁쌀 한말이 80전, 소주 4홉들이 한병이 20전, 여름용 모자 한 개가 1원이었다. 경원군 안농 보통학교 수업료 월 80전은 약 쌀 다섯 되 값, 좁쌀 한말 값, 소주 네병 값에 해당한다. 당시 서당의 1년 수업료는 4원이었고, 보통학교 수업료는 8원 80전이었다. 보통학교 수업료가 서당의 약 2배가 넘는 액수였으며 당시 쌀 한 가마니가 17원이었으니 보통학교에 한 학생을 취학시키려면 1년에 약 쌀 한가마니 정도의 교육비가 필요했다고 할 수 있다. 하농의 경우 교육비 지출이 없는 것을 보면 취학이 어려웠다고 보이나, 오성철은 반드시 경제적인 조건만이 취학을 결정했다고 하기는 어렵다고 보았다. 상농, 중농의 경우 경제적인 수지 적자에도 불구하고 아동을 취학시키고 있고, 지주-자작농-자소작농-서작농-궁농의 순서로 가구당 취학 아동 수가 많으며, 1940년 무렵에는 정상적인 주거조건조차 갖추지 못한 도시의 최하층 가정에서도 상당수 보통학교에 진학시키고 있는 것을 보면 사회경제적 배경이 보통학교 취학상황에 반영되고 있다고 보았다.

3.2.4.2. 교사

조선총독부는 제1차 조선교육령에서는 사범학교 설립을 인정하지 않고, 관립 남녀고등보통학교에 수업연한 1년의 사범과 또는 교원속성과 등을 두었다. 그 후 1913년 3월 府令으로 경성고등보통학교부설임시교원양성소규정을 개정하고 동 소에 2부로 나누어 제1부는 보통학교 조선인 교원을, 제2부는 보통학교 일본인 교원을 양성하였다.[44] 또한, 학제 확장의 충실과 교원 소질 향상을 위하여 강습회를 개최하고 일본, 支那, 대만, 필리핀 등에 견학하게 하였다. 중등 및 전문교육은 전공 학과의 연구 및 교육제도의 시찰 등과 일본에 위탁생을 두어 교원을 보충하고, 대학보다는 매년 십수명의 연구원을 해외로 파견하였다.[45] 따라서, 당시 초등학교 교원은 1년 정도의 교육을 받고 교사가 되었으므로 수준이 높다고는 할 수 없을 것이다. 즉, 당시 초등학교에서 입학시험을 보아야 할 정도로 교육열이 높았으나 교사의 수준은 그것에 비례하지 않았다.

3.2.4.3. 교수법

이 시기에 실제로 수업이 어떻게 진행되었는지를 알아보기 위하여 2개의 수업기록을 살펴보고자 한다. 2개의 수업기록이란 1934년과 1936년에 이루어진 수업으로 보통학교 1학년의 읽기(讀方) 수업이다. 조선 5기(1930) 교과서 권2의 제14과 'サムイ アサ'의 실제 수업을 기록한 내용이 『朝鮮の敎育制度』에 게재되어 있다.

교과서 본문의 내용은 다음과 같다.

---

44) 조선총독부(1984, 영인본) 『施政 30年史』 태산문화사, p.76.
45) 조선총독부(1984, 영인본), 상게서, pp.207~208.

14. サムイ アサ　(『보통학교 국어독본(1930)』 권2, pp.35~38.)

ケサ ハ マッ白ニ シモ ガ オリテ タイソウ サムウ ゴザイマス。
「英子サン、マイリマショウ。」
オモテ ニ 貞子サン ノ コエ ガ シマス。私 ハ スグ ウチ ヲ 出マシタ。
ソト ハ 耳 モ ハナ モ イタイ ホド デス。
「オサムウ ゴザイマス ネ。」
「カケテ イキマショウ。」
二人 デ カケダシマシタ。ガッコウ ニ ツイタ トキ ニハ、カラダ ガ ア
タタカク ナッテ ヒタイ ニ アセ ガ 出テ イマシタ。

　수업의 단계를 알아보기 위하여 수업의 진행 순서를 정리하고 두 개의 수업을 비교하고자 한다. 수업은 2년의 간격을 두고 이루어졌다.

<수업예1>[46)]

일　　시 : 1934년 수업

시간배당 : 약 4시간 중 제1차시

요　　지 : 주로 읽기 작업을 시키고 내용 자유발표를 하게 한다.

준 비 물 : 掛圖、襟卷、手袋

수업기록 :

---

46) 鹽飽訓治(1934) 「普1讀方『サムイアサ』 指導の實際」 『朝鮮の教育制度』 第75號, 朝鮮初等教育研究會, pp.239~241.

		교사	학생
1		1. 요즈음 아침의 날씨, 서리, 추위, 등교 등에 대하여 발표시킨다. 「今朝はどんなお天気でしたか。」 「どんな寒さでしたか。」「シモはどうですか。」	○児童の生活経験を発表 ○答える
		2. 목적 지시 - サムイアサ 판서 「今日は十四、サムイアサをみんなで習いましょう。」	○サムイアサと読む
		3. 新字(私、出、耳、二人) 읽는 법 판서 「私という字は本のどこにありますか。何と読むかわかりますか。」	○わたくし…
2		4. **自由読**(돌면서 개별지도, 특히 발음 악센트 등) 「さあ、皆一緒によんでごらん。」	
		5. **指名読**(수회, 매회 읽은 후 비평하고 장점을 칭찬한다)	
		6. **範読**(2회, 1회는 경청, 2회는 伴読시킨다) 7. 자유발표 「どんなものが書いてありますかね。」 8. 掛図에 대하여 발표시킨다. (서리, 온돌의 연기, 목도리 그림 - 서리가 내린 추운 아침인 것)(등교 그림 - 정자와 영자가 사이좋게 뛰어 가는 것)	○けさはさむいという話です。 ○しもが真っ白に降りてたいそうさむいあさという話です。
3		9.정리 읽기 연습 - (範読, 指名読), **斉読** 등	

<수업예2>[47)]

일   시 : 1936년 수업(1936년 12월 17일 화요일 曇後雪)

시간배당 : 제1차시

준 비 물 : 掛圖、文字表

수업기록 : "지도안은 물론이고 실제 지도를 있는 그대로 기록하는 것도 훗날의 반성이 되기도 하고, 여러 사람에게 문제제기도 되리라고 생각한다. 본 기록은 교생이 대강을 기록한 것이다."

---

47) 鹽飽訓治(1936) 「普通學校1年讀方『サムイアサ』の指導記錄」 『朝鮮の敎育制度』 第90號, 朝鮮初等敎育硏究會, pp.109～111.

	교사	학생
1	1. 오늘 날씨, 복장 등에 대하여 이야기하고 오바, 장갑, 목도리 등의 단어를 익히게 한다. 「今朝はどう、寒いですか。」 「なに、さむいでないですでいいですか。そんな言い方がありますか。」… 「今日はどこを習うことになっていましたかね。」	○いいえ、さむいでないです。 ○寒くありません。 ○サムイアサです。
	2. サムイアサ 판서(조별로 읽힌다) 「今日はこのサムイアサのところをやるのですね。」	○サムイアサと読む
	3. 「さあ、めいめいに元気よく読んでごらん。」 新字(私、出、耳、二人) 읽는 법 판서 「私という字は本のどこにありますか。何と読むかわかりますか。」	○わたくし
2	「さあ、皆一緒によんでごらん。」 4. 自由読(돌면서 新字 개별지도, 文字表(私、出、耳、二人)제시) 한자표를 보여주고 읽기 확인	○わたくし、て(で)…
	「では、皆さんに読んでもらいましょう。さあ、読める人。では、尹仁培。」 5. 指名読(2명 지명해서 읽힌 후 발음지도, 돌면서 자세 교정)	○児童挙手
	「今度は先生が読んで見ますよ。みんな本をよく見て。」 6. 範読(악센트에 주의하고 대화부분은 대화답게 읽는다) 7. 질문 「今日はシモが多いというが、どうかねシモはどれ。シモが多く下りるとどんな朝でしょうか。」 「多くおりるとどんな色になりますか。」 8. 掛図를 제시 「これは何をしている絵ですか。」 「なぜ走りますか。」…	○たいそうサムイアサです。 ○真っ白になります。 ○二人が走っている絵です。 ○寒いからです。ちこくをするからです。
3	9. 정리 읽기 연습「では、もう一度読んで終わりましょう。」一斉読	○一斉に読む

위의 두 수업을 보면 '예비 단계'에서 교과서를 1회 읽힌 후(자유독) 교사가 전체 학생을 대상으로 문답을 하고, '교수 단계'에서 본시의 내용을 다시 2회 읽히고(지명독, 범독) 교사의 어구 해석과 내용에 대한 질의응답을 한 후, '정리 단계'에서 다시 교과서를 정독으로 1독(제독) 하게 하는 것으로 구성된 주입식 교수법이다. 식민지기의 전국 어느 교실에서나 동일하게 기계적인 수업이 진행되었다. 판서도 일률적이어서 교사가 중요한 내용을 요약하여 판서한 후 쓰기를 지시하면 학생이 필기하는 방식으로 이루어졌다. 당시의 학교 제도로 보아 교사의 수준이 낮았던 점과, 한국인을 효과적이고 일률적으로 동화시키기 위해서는 교수방법의 조직화, 획일화가 필요하였을 것이다. 오성철은 상기와 같은 수업 방식을 일본에서 풍미하던 '3단계 교수법'으로 보았으며, 이것은 모든 과목에 적용되었다. 3단계 교수법이란 헤르바르트 주의의 5단계 교수법(분석→총합→연합→계통→방법)을 라인이 교육자의 5단계 교수법(예비→제시→비교→통합→응용)으로 적용하고 이것을 일본에서 받아들여 다시 3단계 교수법(예비→교수→정리)으로 변형시킨 것이다. 이와 같은 주입식, 일률적인 3단계 수업은 한국의 교육에 영향을 미쳐서 오늘날까지 남아있는 병폐 중에 하나가 되었다.

3.2.5. 교과서

제2차 조선교육령 및 각 급 학교규정의 실시에 따라 교과용도서 조사위원회가 개설되고, 그 결의 취지에 따라 1925년 말까지 대개의 도서 출판이 완료되었다. 지금까지는 조선총독부 편찬 도서의 인쇄를 일본 유수 인쇄회사에 의뢰하였으나, 1923년 3월 조선서적인쇄주식회사를 창립하여 동회사에서 교과용도서의 번각 발행 및 발매를 담당시켰다.

이 시기에는 교과서가 1923년, 1930년, 1937년 3번 발행되었다. 이 각각의 교과서 중 1923년 『보통학교 국어독본』은 '조선 4기', 1930년 교과서는 '조선 5기', 1937년 교과서는 '조선 6기'로 구분하여 검토한다.

①조선 4기(1923) 『보통학교 국어독본』

제2차 조선교육령이 공포된 후 총독부는 '일본연장주의'를 기본원칙으로 하여 교과서 내용도 대폭 개편된다. 제2차 조선교육령 반포 전인 1922년 1월 총독부는 교과서조사위원회를 개최하고 편찬 취지를 결의하고 교과서 개정 준비작업에 들어갔다. 학무당국의 교과서 편찬 방침은 다음과 같다.

(1)보통학교 교과용도서는 종래 대로 모두 총독부에서 편찬한다.

(2)고등보통학교, 여자고등보통학교에 대해서는 수신, 일어, 조선어 및 한문 등의 교과서만, 실업학교나 사범학교에서는 수신 및 조선사정을 참작하여 가르치지 않으면 안 되는 교과서만 편찬하고 그 외는 문부성 또는 총독부 검정도서를 총독부인가를 거쳐 사용하게 한다.

(3)교과서 내용은 될 수 있는 한 문부성 저작 국정교과서와 보조를 같이하고 그 정도도 거의 동일하게 한다.

(4)보통학교 교과용도서의 일어 假名遣는 보통학교 4학년까지는 表音的假名遣를 사용하고, 이후 점차 역사적 표기법을 사용하게 한다.

(5)보통학교 제1·2학년 아동용 수신서는 일본어 조선어를 병기한다.[48]

이외에도 중등이상의 제 학교에서는 수신서와 일어독본 등 일부를

---

48) 渡部学·阿部洋共編(1990) 『日本植民地朝鮮教育政策史料集成編』 제18권, 용계서사, p.9.

제외하고 교과용도서는 가능하면 총독부에서 편찬하지 않고, 문부성 또는 총독부 검정 교과서를 총독부인가를 거쳐 사용하게 하는 방침을 정하고, 총독부인가를 거친 도서의 리스트를 발표[49]하고 있다.

이상과 같은 편찬 방침을 중심으로, 1922년 2월 조선교육령 및 규칙이 반포되자 총독부는 신교과서 편찬에 착수하여 1922년 말까지 보통학교교과용도서 19종 32책을 완성하였다.

『보통학교 국어독본』 8권이 1923년부터 1925년까지 출판되었다. 아래 표는 전8권의 목차이다.

<표67> 조선 4기(1923) 『보통학교 국어독본』 8권 목차

	권1	권2	권3	권4	권5	권6	권7	권8
1	ハナ モモノハナ	ウンドウカイ	ニウガクシキ	子すずめ三羽	朝會	秋の野	級會	皇大神宮
2	イヌ	ドウブツエン	イモウトヲツレテ	やくそく	朝鮮	眠っているりんご	文語文つつじみず	日曜日
3	ウシ	キシャ	ハレ	山にぼっつり	三姓穴	日本	世界	野菊
4	ホン	イネ	コガワ	ガン	春のわらい	ナゾ	桃の花	手紙一京城の弟から 二東京の兄から
5	コノボウシ	キツツキ	ポプラノフエ	夜	春	昔脱解	二つの力	揚子江
6	キンサン オハヨウ	ヒコウキ	ナカヨシノ玉順サン	べるの死	乗合自動車	石工	李坦之	呉鳳
7	エンソク	ネコ	赤いにわとり	田	蠶	虎狩	林檎園	圖書館
8	ネコガイマス	月	ヒヨコ	よくはたらく人	春子さん	コスモス日記	朝鮮牛	石窟庵
9	クルマガアリマス	クリヒコイ	松毛蟲	フクロウ	仁德天皇	みかんや	牛を買ふまで	農産品評會
10	カン カン カン カネガナル	子リス	花のにおい	おち葉	病氣	弓流し	へんな馬車	朝鮮人參
11	ハトガナイテイマス	タイソウゴッコ	アリノス	ばかちの話	へんなお客遊	古イ瓦	道路樹	市
12	カゼニクルクルカゼグルマ	ドングリ	ひばり	がくげいかい	ふしぎ	弟のたいそう	旅	日野と 開城
13	アメガフッテイマス	ブタ	なぞ	扇のまと	親心	京都	鴨緑江ノ鐵橋	助け舟
14	ニワトリ	ジュンササン	タンポポノミ	お話二つ	田植	萬壽	釣	日の神と月の神

---

49) 조선총독부학무과(1925) 『기인가교과용도서일람』

15	メンドリガコッコッコ コッコッコトヨンデイマス	アサ	がま	すずめのおじいさん	雨	元日	稲の蝗蟲	面事務所
16	エヲオカキナサイ	米グラノネズミ	子スズメ	しまった	指	磁石	金の冠	乃木大將
17	ウマノクビニツケタスズ	オ正月	ひこうき	つな引	いちご	八代村の鶴	けやき	三寒四溫
18	コドモトコイヌ	カゲエ	赤い玉	手ぶくろ	人の力	手紙	子供と小鳥	雪の朝
19	ブランコ ブランコ	ユキ	かめのおつかい	スケート	日記	紀元節	藥水と溫泉	大森林
20	オニゴッコスルモノ ヨッテオイデ	ギイッコン バッタン	ハエ	北風	黒こがね	雉うちじいさん	美しい角	日本海
21	ユウダチガキマス	タコ	夕方	マルイボウシノ人	ふん水	七里和尚	荷車の後押	新浦の明太魚漁
22	ナツノクサバナ	オヤ牛ト子牛	五一じいさん	土	郵便函	象	滿洲	分業
23	ヘチマノハナガサキマシタ	ユメ	三人の子ども	でんしん工夫	手紙	汽車ノ中	連絡船に乗った子の手紙	寒食日
24	コノナカニ　ナニガアリマスカ	カササギノ子	ニジ	雪舟	四十省	心配	電話	皇太子殿下の海外御巡遊
25	キンサン　アソビマセンカ	八	ほうせんか	私のきまり	奈良	節約	東京の震災	菅原道眞
26	クダノサキノシャボンダマ	アカンボ	夏休	もものみ	かささぎの橋	恩知らずの虎	安部川の義夫	空に迷ふ
27	アカイトンボガトンデイル	サトウヤゴッコ	クロンボ					
28	ツキガデタ	アリガタイ	ゆうびんはいたつ					
29	ツキガデテ　シユガキラキラヒカッテイマス	ツクエノソウジ	え葉書					
30	ガンガトンデキマス	三ツノタカラ	なかのよい兄と弟					
31	コネズミ							
32	オクヤマノオウキナトラガハラガスイタノデ ムラエデテキマシタ							

　제2차 조선교육령기부터 보통학교의 교육연한이 6년으로 늘어났으나 교과서는 8권까지밖에 없었다. 8권 이외에는 일본의 국정독본을 사용하게 되어 있었으나 1930년이 되어서야 교과서가 12권이 발행된 것과, 조선의 현상에 비추어 주로 학교의 보급을 빨리 하려는 필요에서라고 하면서 보통학교의 수업연한을 단축할 수 있는 길을 둔 것 등으로 보아, 실제로 6년 수업연한은 내지인(한국내 거주 일본인)에게 적용되었을 것으로 보인다. 또한, 당시 일본에서는 2종류의 국정독본 사용되

고 있었는데 어느 쪽을 사용하였는지 에 대한 자료가 보이지 않는 것으로 보아 현재로서는 추측이 어려운 부분이다.

②조선 5기(1930) 교과서 『보통학교 국어독본』(12권)

1928년 '임시교과서조사위원회 답신'에서부터 1937년 중일전쟁 발발에 이르는 시기의 교과서 편찬을 '조선 5기'로 한다.

당시의 사회는 경제공황에 따른 농촌의 궁핍화, 사상계·교육계의 사회주의·민족주의 운동, 각급 학교에서의 동맹휴교가 빈발하고 있었다. 이러한 상황 하에서 1928년 6월 임시교육심의위원회는 교육정책의 부분적 수정을 제기하였다. 수정의 중점은 (1)1면1교(1面1校) 계획에 따른 보통학교 보급·증설 (2)실과교육 충실[50] 등이었다. 이에 따라 조선총독부는 1928년 8월 임시교과서조사위원회를 소집하여 교과서 개정문제를 심의하고 다음과 같은 교과서 편찬 방침을 결정하였다.

1. 수신, 일어, 역사 등 황실, 국가에 대한 교재를 풍부하게 채택하고, 충군 애국 정신을 함양한다.

2. 일한병합의 정신을 이해시켜 '내선융화' 의 결실을 올리도록 유의한다.

3. 근로애호, 흥업치산의 정신을 함양하는데 도움이 되는 교재를 늘리고, 이에 준하여 교과서 전체 방식을 실제화 한다.

4. 동양도덕에 배태하는 조선의 미풍양속을 진작하는 교재를 증가시킨다.[51]

---

50) 渡部学·阿部洋共編(1990) 『日本植民地朝鮮教育政策史料集成編』 제18권, 용계서사, pp.11~12.
51) 渡部学·阿部洋共編(1990), 상게서, p.12.

322 | 일본어 교육사(상)

이상과 같은 교과서 편찬 방침에 따라 아래 <그림6>과 <표68>을 목차로 하는 조선 5기 『보통학교 국어독본』이 편찬되었다. <그림6>은 조선 5기 교과서 권9의 목차 부분을 보여주는 이미지 사진이다.

<그림6> 조선 5기(1930) 교과서 이미지 예(권9)[52]

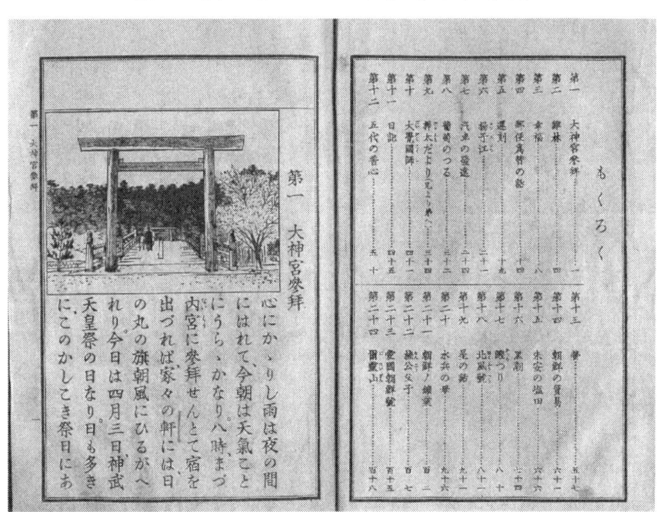

1930년부터 점차로 발행된 조선 5기 교과서 중, 특히, 권2, 권5, 권6, 권7은 '보통학교 국어독본 편찬취의서' 총설에 "그 분량이나 재료는 기본적으로는 문부성 편찬 『심상소학국어독본』에 의거하고, '내선융화'의 취지에서 내선의 풍속 습관에 관한 자료를 첨가했다고 되어 있고, 각 권 모두 후반 '각설'에 각과의 취지 및 교수상의 유의점을 기술"[53]하고 있다.

---

52) 上田崇仁(うえだ) http://homepage3.nifty.com/TAKA730/
53) 渡部学・阿部洋共編(1990)『日本植民地朝鮮教育政策史料集成編』제18권, 용계서사, p.14.

<표68> 조선 5기(1930) 교과서 『보통학교 국어독본』 12권 목차

	권1	권2	권3	권4	권5	권6	권7	권8	권9	권10	권11	권12
1	ハナ	ウンドウカイ	ハルガ來タ	いなかのあき	私どもの面	秋の野	植樹記念日	小猿	大神宮參拜	秋	朝	明治天皇御製
2	イエイヌ	キシャ	アサ	たび人	草のめ木のめ	木の高さ	天日槍	手紙	鷄林	渡り鳥	朝鮮の教育	日章旗
3	ニワ ニワトリ	タイソウゴッコ	センタク	おつかい	カジ屋サン	電話	東京見物	野菊	幸福	雲	瑞竹の林	朝鮮神宮
4	カワ ハシミチ	ザッカヤ	ヒヨコ	五一じいさん	おろちたいじ	水ノ旅	税	葉と幹	郵便爲替の話	勤勞の光	漢字ノ話	蜜柑山
5	アメ カサカラカサ	カイモノ	小川	きのことり	大そうじ	りんご園	鹽	落穗ひろひ	遲刻	貯金	新聞	金剛山
6	ウシ オヤウシト	ヤマノボリ	ブランコ	おち葉	日記	象	我が國	日の丸の旗	揚子江	農業實習生の手紙	飛行機	暴風雨の話
7	タカイヤマ	クリヒコイ	ウオツリ	なかよし	あわてた朝	柿	血の日章旗	お月樣のお話	汽車の發達	とう(蟲偏に東)龍窟	北海道	我が南洋
8	ウミニフネ	パク	才日サマト子ドモ	田	活動シャシン	昔脱解	太陽	きつつき	葡萄のつる	陶工柿右衛門	無言の行	太平洋
9	コトリガイマス	ユウガタ	松ケムシ	フクロウ	兄へ	朝鮮米	短い手紙	道路樹	樺太だより(兄弟からへ)	パナマ運河	征衣上途	オリンビッ大會
10	ヘヤニツクエガアリマス	キク	ひばり	お見おくり	旅人とひばり	星	地中のたから物	小包郵便の話	大覺國師	父の心	此の一戰	ヨーロッパの旅
11	タガアリマス	ヨクノフカイイヌ	お手つだい	リコウナカササギ	お話二つ	神樣ト孔雀	海の話	犬ころ	日記	たしかな保証	母の鑑	思ひ出萬年筆
12	トンボガトンデイマス	イシヒロイ	子どもとたんぽぽ	私はストーブです	親心	新井白石	海のあなた	面事務所	五代の苦心	川中島の一騎打	ブラジルから	講演會の案内
13	ニイサンガジヲカイテイマス	オホシサマ	はえ	私の足	かいこ	乃木さんの國旗	神風	奉天	螢	夜學會	李退溪	孔子
14	ホタルガトンデイマス	サムイアサ	うらしまたろう	日と風	山びこ	萬壽	電報	三寒四溫	朝鮮の貿易	濟生の苦心	小鳥の戰友	法律
15	イナビカリガビカピカヒカリマス	トモダチ	日ノヒカリ	冬ノ夜	騎馬戰	磁石	鴨綠江	李坦之	朱安の鹽田	水師營の會見	水害見舞の手紙	釋迦牟尼
16	ユウダチガヤミマシタ	ナゾ	かぜ	かきぞめ	アリ	爪齒	蟬の衣がへ	新浦の明太りょう	黑潮	盲啞學校參觀	我は海の子	靑の洞門
17	カゼニクルクルカゼグルマ	イモウト	ひこうき	雪	土を運ぶ人	大阪	連絡船に乗った子の手紙	吳鳳	鰹つり	台北だより	朝鮮の水産業	高僧の言行
18	ソラガアオクハレテイマス	ユキ	つばめ	山がら	夕すみ	手紙	夕立	海の初日	北風号	鍊綱	雲のいろろ	國境だより
19	ソレハナンデスカ	アシアト	かんがえもの	女の子と小鳥	ろばをうるのう夫	氷すべり	朝鮮牛	平壤	星の話	朝鮮ノ林業	富士山上の日の出	製系工場を見る
20	キンサンアソビまショウ	ブタ	どうぶつえんのきつね	學ゲイカイ	先生へ	朝鮮	牛を買ふまで	扇の的	水兵の母	大邱の藥令市	滿洲	蟲のはたらき

No.												
21	オミヤゲヲカッテキマシタ	タコアゲ	ミギトヒダリ	でんしんこうふ	古机	紀元節	新しい國語	娘々廟	朝鮮の鑛業	心の洗濯	松阪の一夜	朝鮮ノ工業
22	イロイロノクサバナガサキマシタ	オヤウシト子ウシ	水デッポウ	巴提便	ふん水	石屋さん	稲の螟蟲	日本海	楠公父子	傳書鳩	北鮮の旅	トマス、エジソン
23	ウサギとカメガカケッコヲシマシタ	トケイ	小鳥のゆめ	なぞのくつ	人の力	手	金の冠	種子の散布	愛國朝鮮号	春	野口英世	恩人碑
24	ムコウノモリノウエヘツキガデマシタ	カクレンボ	かかし	富士山	郵便函	ことわざ	金融組合と契	石窟庵	爾靈山	磐石の動	鐵眼の一切經	肉彈三勇士の歌
25	クダノサキノシャボンダマ	コノゴロ	ニジ	三つのつぼ	四十省	鵲の恩返し	鴨緑江の筏し	納税美談				扶餘
26	ヒガヤマノウエニデマシタ	三ツノタカラ	白いくも		三姓穴			朝鮮の農業				朝鮮統治
27	コトリガハナニイイマシタ		水の中の玉									東郷元帥
28	ガンガトンデキマス											
29	カエルガウシノヨウニオオキクナッテミタイトオモイマシタ											
30	カゼガソヨソヨフイテイマス											

    다음은 조선 5기 교과서에 대한 어휘 분석이다. 황해도 해주 제2공립 보통학교 직원들이 어휘 분석을 하였다. 조선 5기 교과서는 전12권으로 되어 있으나, 분석 당시에는 아직 전체 출판이 되어 있지 않은 상태였다. 머리말에 "권9부터 권12에 이르는 연구는 교과서 편찬 완료와 동시에 완성, 제2집으로 간행 예정인 것을 여기에 부기"[54]한다고 되어 있고, 어휘분석은 1권부터 8권까지를 대상으로 하고 있다. 어휘 조사의 목적으로,

> 1.실제지도 때 신출어를 명료하게 밝힘으로써 어느 정도 노력해야 할 지를 알게 하고, 교사가 아동의 일상생활어 지도 장려에 편리하게 하기 위하여

---

54) 황해도해주제2공립보통학교국어연구부편찬(1934) 『보통학교국어독본 어사유취』 조선인쇄주식회사, 머리말, p.2.

2.같은 발음을 갖는 단어에 대한 사용법 지도를 위하여

3.간단한 문자 어휘도 어떻게 읽어야 하는지 혼동되는 때가 있고, 또 보통학교의 언어지도는 국어독본 만으로는 만족하지 못하므로, 따라서 보충어의 제공이 필요하므로 그 선택 발견에 편리하게 하기 위한 음별조사를 하여 번쇄혼미(煩瑣混迷)를 해결하기 위하여

를 들고 있는데, 즉, 신출어 지도, 일상생활어 지도, 동음이의어 발음 지도, 문자 읽기 지도, 보충어 발견 지도를 위하여 어휘조사를 하고 있고, 실제로 교사들이 사용해본 결과 상당한 효과가 있었던 것 같다.[55]
　어휘조사는 '권별 신출자 신어', '음별 신출자', '음별 신어' 3가지 종류를 싣고 있다. 신어는 8권 총5,490어이고, 신출자는 1,108자를 추출하여 목록을 제시하였다. 각 권 어휘 목록은 다음과 같다. 어휘는 각 권 평균 686어 정도를 사용하고 있는데, 각 권 평균 99쪽이므로 1쪽 당 6.9어의 신출어휘가 출현하는 것이 된다. 현대의 제5차 교육과정 교과서가 1쪽 당 12.5어, 제6차 교육과정 교과서 3.2어, 제7차 교육과정에서 2.2어의 신출어를 사용하여 교과서를 만들고 있는 것과 비교해 보면 어느 정도의 어휘인지를 짐작할 수 있을 것이다.

<표69> 조선 5기(1930) 『보통학교 국어독본』 어휘 조사표

각 권	권1	권2	권3	권4	권5	권6	권7	권8	합계
과수	×	26	27	25	26	25	25	26	·
쪽수	59	79	99	104	100	107	112	130	790
新語	351	537	668	719	696	659	952	908	5,490

---

55) 황해도해주제2공립보통학교국어연구부편찬(1934), 상게서, pp.1~2.

조선 5기 교과서의 假名遺는 각 교과서의 마지막 쪽의 끝마침을 알리는 'おわり'를 어떻게 표기하고 있는지를 주목해 보면 각 권의 표기 방식이 다르다는 것을 알게 된다. 권1부터 권2는 オワリ, 권3부터 권6은 おわり, 권7은 をはり, 권8은 ヲハリ, 권9부터 권12는 終으로 표기되어 있다.56) 즉, 권1부터 권6까지는 표음식 표기법에 따랐고, 권7부터 역사적 표기법에 따르고 있다. 특히, 권7에는 역사적 표기법을 사용하고 있는 글자에 방점을 찍어서 표시를 해주고 있고, 권8부터는 방점이 없다. 권6까지 표음식 표기법에 따르고 권7에서는 역사적 표기법으로 바뀌는 것에 방점을 찍어 인식시키고 권8에서는 완전히 역사적 표기법으로 전환하는 것이다.

뿐만 아니라, 권1부터 권2는 オワリ, 권3부터 권6은 おわり로 표기되어 있다고 위에서 언급하였는데, 권1부터 권2는 한자·カタカナ가 문의 중심을 이루고 있고, 권3에서 처음으로 ひらがな가 제출되어 권6에 이른다.

다음 <표70>은 上田崇仁(2000)가 작성한 조선 5기, 조선 6기『보통학교 국어독본』또는『국어독본』의 출판연월일과 사용연도부호, 발행소의 목록이다. 아래 표에서 함께 다루고 있는 개정판은 조선 6기 (1937) 교과서이다. 조선 6기 교과서는 다음 항목에서 다루기로 하고 우선 조선 5기(1930) 교과서에 대하여 살펴보기로 한다.

---

56) 조선 5기『보통학교 국어독본』권1부터 권12의 각 권 쪽수는 다음과 같다. 권1 p.59. オワリ, 권2 p.79. オワリ, 권3 p.99. おわり, 권4 p.104. おわり, 권5 p.100. おわり, 권6 p.107. おわり, 권7 p.112. をはり, 권8 p.130. ヲハリ, 권9 p.130. 終, 권10 p.138. 終, 권11 p.127. 終, 권12 p.140. 終

<표70> 조선5·6기(1930, 1937)『보통학교 국어독본』 12권 발행 현황[57]

서명	초판발행연월일	해당서발행연월일	판	사용연도부호	인쇄소 or 발행소
보통학교국어독본 권1	1930.2.5	1930.2.5	초판	ち	
보통학교국어독본 권2	1930.9.15	1930.9.15	초판	ち	
국어독본 권2		1937.8.28	개정	た	
보통학교국어독본 권3	1931.3.28	1931.3.28	초판	わ	
보통학교국어독본 권4	1931.9.25	1931.9.25	초판	わ	
		1937.8.28	개정	よ	
보통학교국어독본 권5	1932.1.20	1932.1.20	초판	り	
		1937.2.20	—	か	
보통학교국어독본 권6	1932.9.25	1937.8.28	개정	よ	
보통학교국어독본 권7	1933.3.25	1933.3.25	초판	ぬ	조선서적 인쇄주식 회사
		1937.12.20	개정	よ	
보통학교국어독본 권8	1933.11.15	1933.11.15	초판	る	
				わ	
국어독본 권8		1937.8.28	개정	た	
보통학교국어독본 권9	1934.3.25	1934.3.25	초판	る	
보통학교국어독본 권9		1937.2.20	개정	よ	
보통학교국어독본 권10	1934.10.5	1934.10.5	초판	を	
국어독본 권10		1937.8.28	개정	れ	
보통학교국어독본 권11	1935.3.31	1935.3.31	초판	を	
국어독본 권11		1938.2.28	개정	よ	
보통학교국어독본 권12	1935.9.30	1935.9.30	초판	わ	

　　한국 국립중앙도서관 소장본 조선 5기(1930) 교과서와 上田(2000)가 작성한 표를 비교하고자 한다. 국립중앙도서관에는 조선 5기 교과서 중 권4를 제외하고 11권이 소장되어 있고, 한국 국회도서관에도 권1, 권3, 권4, 권6이 소장되어 있다. 국립중앙도서관 소장본(이하 국립중앙본) 및 국회도서관 소장본(이하 국회본)을 중심으로 上田(2000)와 같은 표를 작성하였다.

---

57) 上田崇仁(2000)「植民地朝鮮における言語政策と『國語』普及に關する硏究」廣島大學博士學位論文, 본고에서는 홈페이지의 자료를 이용하였다.

<표71> 조선 5기(1930) 교과서 『보통학교 국어독본』 12권 발행년,
사용연도부호 비교표

소장 권수	발행연월일		사용연도 부호	
	국립중앙본	上田작성본	국립중앙/국회	上田작성본
권1	1930.2.5 복각초판	1930.2.5 초판	と / よ	ち
권2	1930.9.15 복각초판	1930.9.15 초판	ち	ち
권3	1931.3.28 복각초판	1931.3.28 초판	ち / か	わ
권4	1931.9.25 복각초판	1931.9.25 초판	/ る	わ
권5	1932.1.20 복각초판	1932.1.20 초판	り	り
권6	1932.9.25 복각초판		ぬ / る	
권7	1933.3.25 복각초판	1933.3.25 초판	ぬ	ぬ
권8	1933.11.15 복각초판	1933.11.15 초판	る	る
권9	1934.3.25 복각초판	1934.3.25 초판	る	る
권10	1934.10.5 복각초판	1934.10.5 초판	を	を
권11		1935.3.31 초판		を
권12	1935.9.30 복각초판	1935.9.30 초판	わ	わ

위의 표를 보면 같은 날 발행된 교과서라도 사용부호가 다르다. 다음은 1930년 2월 5일에 발행된 『보통학교 일어독본』 권1의 이미지 사진이다.

<그림7> 조선 5기(1930) 교과서 국립중앙도서관본과 국회도서관본(권1)

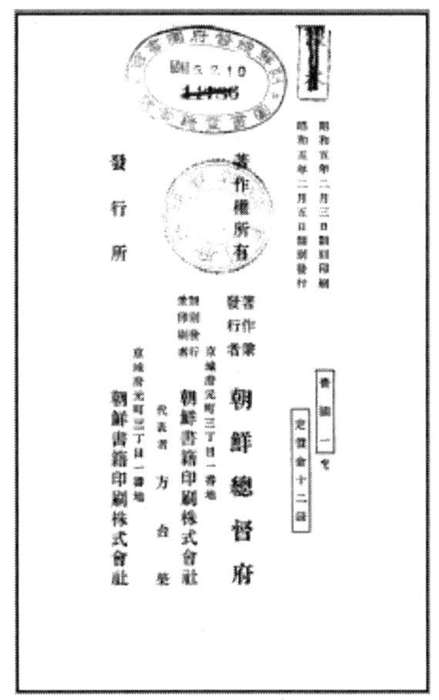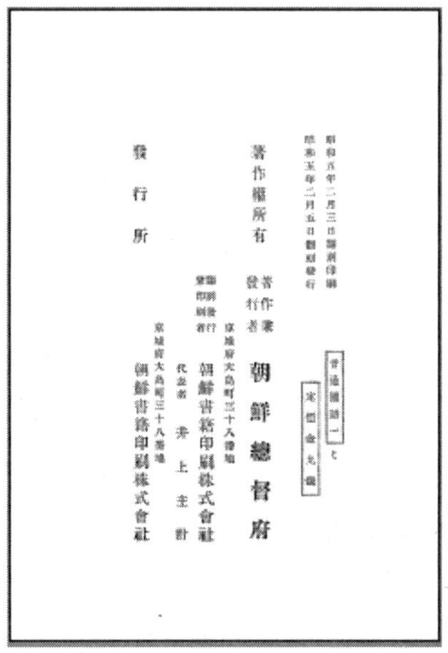

위의 사진은 판권지 부분을 보여주고 있는데 같은 날 발행되었음에도 불구하고 아래 (1)(2)(3)과 같이 몇 가지 다른 점이 보인다.

(1)교과서 약어 및 사용년 부호 : 普國 一 と 와 普通國語 一 よ

(2)정가 : 定價金十二錢 과 定價金九錢

(3)조선서적인쇄주식회사 대표자명 : 방태영 과 井上主計

즉, 교과서에 대한 약어와 사용년 부호, 정가, 대표자명이 다른 것을 확인할 수 있다. 이상의 3가지 이외에도 국립중앙본은 세로의 길이가 길게 배치되어 있는 것으로 보아 같은 날 서로 다른 판권을 가진 교과서가 동시에 출판되었다는 것을 알 수 있는 자료이다. 조선 독본은 4기

(1923)부터 사용년도 부호를 사용하고 있다. 上田(2000)는 사용연도 부호를 조사하였는데, 1930년을 예로 들어 보면, 上田 작성본은 'ち'로 되어 있으나, 위 <표71> <그림7>에서 보이는 것처럼 국립중앙본은 'と'를 사용하고 있고, 국회본은 'よ'가 사용되고 있는 것이다. 같은 날 판권이 다른 같은 내용의 교과서가 발행된 이유에 대해서는 더 많은 조사를 하여야 할 것으로 보인다.

③조선 6기(1937)『보통학교국어독본』(12)개정 1937~1938

이 시기에 학교제도가 바뀌었으나 교과서 개정이 미치지 못한 것 같다. 교과서 표지에 있는 제목이 '보통학교'가 삭제되고 발행되거나, 인쇄 후 삭제되거나 하여『국어독본』으로 발행되었다. 그러나『보통학교 국어독본』이라는 이름으로도 여전히 발행되고 있고, 사용연도부호가 다른 경우, 같은 발행연월일이라도 내용에 차이가 보인다. 이 시기에 행해진 개정(1937)부터 1938년에 걸쳐서는 교재 제목만 보면 변화가 없는 듯하나 내용은 상당히 바뀐 것을 알 수 있다.

<표72> 조선 6기(1937) 교과서 『국어독본』 12권 목차

	권1	권2	권3	권4	권5	권6	권7	권8	권9	권10	권11	권12
1	ハナ	ウンドウカイ	ハルガ來タ	いなかのあき	私どもの面	秋の野	植樹記念日	小猿	大神宮参拝	秋	朝	明治天皇御製
2	イエイヌ	キシャ	アサ	たび人	草のめ木のめ	木の高さ	天日槍	手紙	鷄林	渡り鳥	朝鮮の教育	日章旗
3	ニワ ニワトリ	タイソウゴッコ	センタク	おつかい	カジ屋サン	電話	東京見物	野菊	幸福	雲	瑞竹の林	朝鮮神宮
4	カワ ハシミチ	ザッカヤ	ヒヨコ	五一じいさん	おろちたいじ	水ノ旅	税	葉と幹	郵便爲替の話	勤勞の光	漢字ノ話	蜜柑山
5	アメ カサカラカサ	カイモノ	小川	きのことり	大そうじ	りんご園	鹽	落穂ひろひ	遲刻	貯金	新聞	金剛山
6	ウシ オヤウシト	ヤマノボリ	ブランコ	おち葉	日記	象	我か國	日の丸の旗	揚子江	農業實習生の手紙	飛行機	暴風雨の話
7	タカイヤマ	クリヒコイ	ウオツリ	なかよし	あわてた朝	柿	血 の日章旗	お月樣のお話	汽車の發達	とう(蟲偏に東)龍窟	北海道	我が南洋
8	ウミニフネ	パク	才日サマト子ドモ	田	活動シャシン	昔脫解	太陽	きつつき	葡萄のつる	陶工柿柿右衛門	無言の行	太平洋
9	コトリガイマス	ユウガタ	松ケムシ	フクロウ	兄へ	朝鮮米	短い手紙	道路樹	樺太だより(兄から弟へ)	パナマ運河	征衣上途	オリンピッ大會
10	ヘヤニツクエガアリマス	キク	ひばり	お見おくり	旅人とひばり	星	地中のたから物	小包郵便の話	大覺國師	父の心	此の一戰	ヨーロッパの旅
11	タガアリマス	ヨクノフカイイヌ	お手つだい	リコウナカササギ	お話二つ	神樣ト孔雀	海の話	犬ころ	日記	たしかな保証	母の鑑	思ひ出の萬年筆
12	トンボガトンデイマス	イシヒロイ	子どもとたんぽぽ	私はストーブです	親心	新井白石	海のあなた	面事務所	五代の苦心	川中島の一騎打	ブラジルから	講演會の案内
13	ニイサンガジヲカイテイマス	オホシサマ	はえ	私の足	かいこ	乃木さんの國旗	神風	奉天	螢	夜學會	李退溪	孔子
14	ホタルガトンデイマス	サムイアサ	うらしまたろう	日と風	山びこ	萬壽	電報	三寒四溫	朝鮮の貿易	濟生の苦心	小鳥の戰友	法律
15	イナビカリガピカピカヒカリマス	トモダチ	日ノヒカリ	冬ノ夜	騎馬戰	磁石	鴨綠江	李坦之	朱安の鹽田	水師營の會見	水害見舞の手紙	釋迦牟尼
16	ユウダチガヤミマシタ	ナゾ	かぜ	かきぞめ	アリ	爪齒	岬の衣がへ	新浦の明太りょう	黑潮	盲啞學校參觀	我は海の子	靑の洞門

17	カゼニクルクルカゼグルマ	イモウト	ひこうき	雪	土を運ぶ人	大阪	連絡船に乗った子の手紙	呉鳳	鰹つり	台北だより	朝鮮の水産業	高僧の言行
18	ソラガアオクハレテイマス	ユキ	つばめ	山がら	夕すみ	手紙	夕立	海の初日	北風号	鰊網	雲のいろいろ	國境だより
19	ソレハナンデスカ	アシアト	かんがえもの	女の子と小鳥	ろばをうるのう夫	氷すべり	朝鮮牛	平壌	星の話	朝鮮ノ林業	富士山上の日の出	製糸工場を見る
20	キンサンアソビまショウ	ブタ	どうぶつえんのきつね	學ゲイカイ	先生へ	朝鮮	牛を買ふまで	扇の的	水兵の母	大邱の藥令市	滿洲	蟲のはたらき
21	オミヤゲヲカッテキマシタ	タコアゲ	ミギトヒダリ	でんしんこうふ	古机	紀元節	新しい國語	娘々廟	朝鮮の鑛業	心の洗濯	松阪の一夜	朝鮮ノ工業
22	イロイロノクサバナガサキマシタ	オヤウシト子ウシ	水デッポウ	巴提便	ふん水	石屋さん	稲の螟蟲	日本海	楠公父子	傳書鳩	北鮮の旅	トマス、エジソン
23	ウサギとカメガカケッコヲシマシタ	トケイ	小鳥のゆめ	なぞのくつ	人の力	手	金の冠	種子の散布	愛國朝鮮号	春	野口英世	恩人碑
24	ムコウノモリノウエヘツキガデマシタ	カクレンボ	かかし	富士山	郵便函	ことわざ	金融組合と契	石窟庵	爾靈山	磐石の動	鐵眼の一切經	肉弾三勇士の歌
25	クダノサキノシャボンダマ	コノゴロ	ニジ	三つのつぼ	四十省	鵲の恩返し	鴨緑江の筏し	納税美談				扶餘
26	ヒガヤマノウエニデマシタ	三ツノタカラ	白いくも		三姓穴			朝鮮の農業				朝鮮統治
27	コトリガハナニイイマシタ		水の中の玉									東郷元帥
28	ガンガトンデキマス											
29	カエルガウシノヨウニオオキクナッテミタイトオモイマシタ											
30	カゼガソヨソヨフイテイマス											

3.3. 제3차 조선교육령기

3.3.1. 시대적 배경

1936년 8월 7대 총독으로 부임한 南次郎(みなみじろう)는 '황국신민화'를 보다 철저하게 추진하려는 의도에서 조선교육령을 개정하였다. 1938년 3월 4일 칙령 제103호로 제3차 조선교육령이 공포되어, 이에 따라 소학교 규정, 중학교 규정, 사범학교 규정 등도 개정되었다. 개정의 주안점은 ①교명 변경 ②한국어를 수의과목으로 함 ③일본어, 일본사, 수신, 체육 등의 교과 강화 등이었다.

교명 변경이란 조선인과 일본인의 차별이 있던 보통학교와 소학교의 학교별 차이를 철폐하고 조선인과 일본인이 공학하게 함으로써 교명이 일본의 학제와 같이 변경된 것을 말한다. 즉, 보통학교는 심상소학교로, 고등보통학교는 중학교로, 여자고등보통학교는 고등여학교로 개칭되었다.

한국어에 대하여는 제2차 조선교육령에서 정규과목으로 바꾸었던 것을 다시 수의과목으로 변경하였다. 한국인이 한국말을 쓰는 것은 민족사상의 발로라고 보고 일본어를 쓰지 않는 것을 배일사상으로 보아, 수의 과목인 한국어 과목을 자진 과하지 못하게 하는 등의 정책을 강요하였으며, 교재가 일본어로 되어 있는 것은 물론 강의도 일본어로 하도록 하였으며, 학생들은 쉬는 시간에도 일본어를 사용하게 하여 한국어 사용이 발각되면 벌금이나 체벌을 가하는 등 처벌과 감시를 계속하였다.[58]

또한, 南次郎(みなみじろう)는 3대 교육 방침으로 국체명징, 내선일

---

58) 손인수(1971), 전게서, p.246.

체, 인고단련[59]을 발표하였는데 박성의(1968)는 이것에 대하여 학생들에게 전시사상을 고취하기 위한 것이었으며, 황국신민 교육을 철저하게 하기 위한 것이었다고 하였다.[60] 이 때부터 각급 학교는 학칙을 개정하여 교육목적을 "국민도덕을 함양함으로써 충량유위의 황국신민을 양성하는 것을 목적으로 한다", "황국의 도에 기하여 국체관념의 함양 및 인격 도야에 유의함으로써, 국가수요의 재로서 족한 충량유위의 황국국민을 연성함을 목적으로 한다" 등으로 바꾸었으며, 총독부에서는 일본어와 일본사야말로 "반도 동포의 황국신민화를 강화하는데 가장 중요한 의의를 가지고 있다"고 하여 전문학교에서는 매주 1시간씩 '일본학'이라는 과목을 과하였다고 한다.[61]

그 외에도 사범학교가 일원화되었다. 소학교 교원과 보통학교 교원의 2종류로 나누어 양성하던 제1부, 제2부의 구별을 없애고 초등교원의 자격과 과정을 동등하게 규정하여 이른바 황국신민의 성격 함양에 차별을 없애려는 교육평등의 의의를 표방하였다.

조선인과 일본인이 공학을 하는 데에는 교명과 교원문제 이외에도 교수용어 통일과 교육비 문제가 있었다.

조선인은 일상생활에서 조선어를 사용하고 있을 뿐만 아니라, 교수용어를 일어로 일원화하기 위해서는 조선어의 전폐가 선행되어야 하는 것이고, 조선어를 전폐하는 방법으로 일시에 없앨 것인지 아니면 수의과목으로 두었다가 점차로 없앨 것인지가 커다란 문제점이 아닐 수 없었다. 결국 교수용어는 일어로 통일되고 조선어는 수의과목으로 남게

---

59) "이에 국세에 맞고 세운에 응하는 길은 국체명징, 내선일체, 인고단련의 3대방침을 철저히 하여 대국민된 지조와 신념의 연성을 기간으로 하지 않으면 안된다……" 박성의(1968), 전게서, p.41.
60) 박성의(1968), 전게서, p.41.
61) 손인수(1971), 전게서, pp.244~245.

되었다.

교육비 문제는 이러하다. 당시 조선인은 교육비 부담이 1호당 1원이었고, 일본인은 1호당 20원이었다. 조선인 교육을 담당하는 보통학교의 경비는 조선인 자신이 부담하는 학교비령에 의해 사용되어 왔고, 일본인 교육기관인 소학교는 법인체인 학교조합에서 조선총독이 정한 법령의 범위 내에서 의무적으로 처리하게 되어 있었다. 따라서 두 학교는 학교의 시설과 규모, 내실면에서 상당한 차이가 있었으므로 이들 양자를 균형 있게 교육을 시키는 것이 커다란 문제점이 아닐 수 없었다. 또한 당시의 조선인의 경제 상황으로는 일본인과 동등한 학비 부담이 어려웠으며, 막대한 기금확보도 어려운 상황이어서 일본인 아동과 동등한 교육이란 가망이 없었다. 이러한 어려운 상황 속에서도 총독부는 개정을 서둘렀다. 김규창(1985)은 그 이유를 중일전쟁에서 오는 복잡한 국내사정과 전쟁확대에서 벌어진 미묘한 국제정세의 영향 때문[62]으로 보았다. 시급한 조선민족의 황국신민화와 조선영토의 부역동화가 그들의 제국주의 팽창정책을 실현하는데 결정적인 요인이 되기 때문이다.

제3차 조선교육령은 1941년 3월 31일에 개정이 있었는데 심상소학교의 명칭변경과 조선어 학습폐지를 중점으로 하는 국민학교 규정이 공포되어 4월 1일부터 시행되었다. 일본이 조선의 정치에 관여하는 기간 동안 초등학교는 소학교→보통학교→심상소학교→국민학교로 자주 교명을 변경하게 된다.

---

62) 김규창(1985)『조선어과 시말과 일어교육의 역사적 배경』 김규창교수 유고논문집간행위원회, p.102.

<표73> 초등학교에 대한 명칭 변경사

시대 명칭	제1차 학부령기 1895. 7. 19	제2차 학부령기 1906. 8. 27	제3차 조선교육령기/개정기	
			1938. 4. 1	1941. 4. 1
초등학교	소학교	보통학교	심상소학교	국민학교

3.3.2. 교육 목표

1938년 3월 15일 개정, 4월 1일 시행, 소학교규정 조선총독부령 제24호 제18조에 일어는 "보통 언어, 일상수지의 문자 및 문장을 알게 하고 정확하게 사상을 표창(表彰)하는 능력을 기르고 겸하여 황국신민된 자각을 굳건히 하여 지덕을 계발하는 것을 요지"로 한다고 되어 있어, 제2차 조선교육령과 비교할 때 교육 목표는 같으나, 교육 목적에서 '국민으로서의 자각' 부분이 '황국신민된 자각'으로 바뀌었다. 즉, 국민이라는 애매한 표현을 '황국신민'으로 확실히 하고 있다.

3.3.3. 교육 내용

조선총독부령 제24호 제18조를 중심으로 교육 내용을 살펴보면, 심상소학교에서는 먼저 발음을 바르게 하고 아동의 정황에 따라 주로 쉬운 말하기(話方)를 가르치고, 假名의 읽기(讀方), 쓰기(書方), 짓기(綴方)를 가르치고 점차 일상수지의 문자 및 보통문에 걸쳐 언어를 연습하게 하였다. 읽기(讀方), 말하기(話方), 쓰기(書方), 짓기(綴方)는 시간을 구별하여 가르칠 수 있으나 서로 관련지어 가르칠 것을 요하였다.

[독본]의 문장은 평이하고 국어의 모범이 되고 또 아동의 심정을 쾌활순정하게 하여야 하며, 그 [재료]는 수신, 역사, 지리, 이과, 그 외 생활에서 필수 사항을 취하여 취미가 풍부하게 한다. 여아의 학급에서 사용하는 독본에는 특히 가사 관계 항목을 넣는다.

문장의[짓기(綴方)]는 읽기(讀方) 또는 타 교과목에서 교수하는 사항, 아동의 일상 견문한 사항 및 처세에 필수인 사항을 기술하여 행문은 평이하고 취지가 명료하게 하여야 한다. [쓰기(書方)]에서 사용하는 한자 서체는, 심상소학교는 해서·행서 2종으로 하고, 고등소학교는 초서를 더한다. 일어를 교수할 때에는 어구 문장의 뜻을 명료하게 하고 또 그 용법을 익히는데 힘써야 한다. 타 교과를 가르칠 때도 항상 언어 연습 및 문자 쓰기에 주의해야 한다고 말하고 있다. '문장' 항목이 빠졌을 뿐 제2차 조선교육령기의 내용과 조금도 변한 것이 없다.

다음은 제3차 조선교육령기의 교과과정 및 교수시수표이다. 보통학교의 전교과는 11과목으로 제2차 조선교육령기와 비교할 때, '수신'이 2배로 늘었고 일어는 같으며, 조선어는 20시간에서 16시간으로 4시간 줄었다. '재봉'이 없어지고 '직업' 교과가 새로 생겼다. '수신'이 2배로 증가한 것은 황민화 교육의 강화를 위함이고 '직업'이 새로 첨가된 것은 직업생활을 통해 국가에 봉사하는 신념을 기르기 위한 황국신민의 자질의 한 부분인 것이다.

<표74> 제3차 조선교육령기 소학교 교과과정 및 교수시수표(1938)

학년외 \ 교과목		수신	일어	조선어	산술	일본사	지리	이과	직업 남/여	도화 남/여	수공	창가	체조	계 남/여
1	시수	2	10	4	5						1		4	26
2	시수	2	12	3	5						1		4	27
3	시수	2	12	3	6					1	1	3	1	29
4	시수	2	12	2	6			2	2/1	1	1	3	1	32/34
5	시수	2	9	2	4	2	2	2	3/1	2/1	1	3/2	2	34/34
6	시수	2	9	2	4	2	2	2	3/1	2/1	1	3/2	2	34/34

일어의 수업 내용의 정도를 교과과정에서는 다음과 같이 각 학년에 배치하고 있다.

제1학년   발음, 가나, 일상수지의 문자 및 근이한 보통문의 읽기, 쓰기, 짓기, 말하기

제2학년   가나, 일상수지의 문자 및 근이한 보통문의 읽기, 쓰기, 짓기, 말하기

제3학년   일상수지의 문자 및 근이한 보통문의 읽기, 쓰기, 짓기, 말하기

제4학년   상동

제5학년   상동

제6학년   상동

이것은 제2차 조선교육령기의 교육 내용과 같다.

3.3.4. 교수·학습 방법

3.3.4.1. 학생

수업연한 입학연령 모두 제2차와 동일하다. 다만, 조선인 아동과 일본인 아동의 공학으로 발생하는 인종차별 문제가 제시되었다. 또한 조선, 일본 아동의 공학으로 인하여 교수 용어가 일본어로 통일되고 수의 과목으로 결정된 조선어는 명목상 수의 과목일 뿐, 교수 용어는 자연히 일본어가 되어 조선어는 폐지되기에 이르렀다.

3.3.4.2. 교사

이 시기에 교사교육을 담당한 사범학교에는 보통과·심상과와 연습과가 있었고, 연구과 또는 강습과를 둘 수 있었다. 1939년도 경성사범학교의 교육과 과목 편제에는 보통과, 연습과(갑·을), 강습과가 있었다. 보통과는 보통학교 6년 졸업 후 곧바로 입학한 학생을 대상으로 하며 5년제이다. 연습과 갑은 보통과 졸업생을 대상으로 하는 2년제이며, 연습과 을은 고등보통학교 졸업 후 경성사범학교에 편입한 학생을 대상으로 하는 2년제였다. 강습과는 현직 보통학교 교사를 대상으로 구성된다.

보통과·심상과 1학년 입학자격은 ①수업연한 6년의 심상소학교 졸업자와 동등이상의 학력을 인정할 수 있는 자, ②중학교 또는 고등여학교의 예과를 수료한 자, ③연령 12년 이상으로 심상소학교 졸업정도에 따라 일어, 산술, 국사, 지리, 이과 시험에 합격한 자이다. 연습과 1학년에 입학 자격은 ①중학교 또는 수업연한 4년 이상의 고등여학교를 졸업한 자와 동등이상의 학력이 있다고 인정된 자, ②전문학교 입학자검정규정에 의한 검정에 합격한 자, ③사범학교 연습과 입학자격시험에 합격한 자, ④조선총독 또는 일본 문부대신이 일반의 전문학교 입학에 관해 중학교 또는 수업연한 4년 이상의 고등여학교를 졸업한 자와 동등이상의 학력이 있다고 지정된 자, ⑤조선총독이 연습과 입학에 관해 보통과를 수료한 자와 동등이상의 학력이 있다고 지정된 자이다.

사범학교는 "덕성의 함양에 힘써 소학교 교원다운 자를 양성함을 목적"으로 하였다. 수업연한은 7년으로 보통과 5년 연습과 2년이었다. 단 여자의 경우는 수업연한을 6년으로 하고 보통과에 있어서 1년을 단축하였다. 국민교육의 중책을 질 소학교 교원의 양성을 목적으로 하기 때문에 특히 교육자로서의 정신과 신념을 굳게 하여 일본국민정신의 실현을 가져올 국민도덕의 실천궁행으로 교육칙어의 취지에 귀일 시키도록 사범학교 규정[63] 제5조는 밝히고 있다.

3.3.4.3. 교수법

제2차 조선교육령기와 비교할 때, '문장' 항목이 없어졌을 뿐 거의 같다. 교육 내용을 중심으로 4기능 중심의 지도법으로 분류하여 기술하면 다음과 같다.

[말하기]

　　a. 발음을 바르게 말하게 한다.

　　b. 어조를 유창하게 말하게 한다.

　　c. 일상수지의 문자를 말하게 한다.

　　d. 근이한 보통문을 말하게 한다.

---

63) 사범학교 규정, 조선총독부령 제27호, 1938. 3. 15, 전문 109조 부칙중, 조선총독부 관보, 호외, 1938. 3. 15

[읽기]

    a. 가나를 읽게 한다.

    b. 일상수지의 문자를 읽게 한다.

    c. 근이한 보통문을 읽게 한다.

    d. 타 교과에서 취재하여 읽게 한다.

[짓기(綴方)]

    a. 읽기 또는 타 교과에서 교수한 사항에 대하여 짓게 한다.

    b. 아동의 일상 견문한 사항에 대하여 짓게 한다.

    c. 처세에 필요한 사항에 대하여 짓게 한다.

    d. 행문은 평이하고 취지가 명료하게 짓게 한다.

[쓰기(書方)]

    a. 문자를 쓰게 한다.

    b. 한문의 해서로 쓰게 한다.

    c. 한문의 행서로 쓰게 한다.

    d. 타 교과의 연습을 쓰게 한다.

오성철은 1936년경 경성사범학교에서 실시된 공개시범수업을 분석하였다. 이 수업에는 山口喜一郎가 참관한 수업이었는데 당시로는 꽤 저명한 식민교육 이론가였다. 그는 일본어 교수법 이론가로서 조선과 대만 등 식민지에서의 일본어 교육이 본토 언어의 번역을 매개로 하지 않고 직접 효과적으로 이루어질 수 있다고 주장하고 그 교수법을 정교화하여 보급한 사람이다. 수업분석 결과로 보통학교 교과 수업의 몇가지 특징을 지적하였는데 그 내용을 소개하고자 한다.

첫째, 교사 한 사람이 수십 명의 학생를 상대하는 다인수 수업 형태이며, 교사중심으로 교사-학생간 상호 작용이 전개된다. 수업시간 중에 학생의 거의 모든 행동이 교사에 의해 통제된다. 수업은 '차렷-경례-착석'이라는 구령과 집단의식으로 시작하여 그것으로 끝나게 된다. 한 시간의 독립된 과정을 시종 일관 이끄는 것은 교사의 지시와 발문이다. 학생들은 교사의 지시에 의해 책을 읽고, 대답을 한다. 심지어 학생들은 교사가 흑판에 판서한 것을 아무 때나 기록해서는 안되고, 교사가 학습장에 기록하라고 명령할 때에만 기록할 수 있다. 학생의 발언은 교사의 허락을 받아 단답형의 대답을 하는 경우에 제한되며, 학생이 먼저 질문을 제기하는 경우는 거의 없다. 수업 시의 학생 행위는 교사의 수업 지도안 속에 마치 시나리오처럼 정교하게 구획되어 있다. 위의 수업에서는 그것이 지나칠 정도로 순조롭게 전개된다. 이는 위 수업이 공개 시범 수업이라는 점과 무관하지 않을 것이다. 실지로 70여 명에 가까운 다수의 초등 학생을 대상으로 한시간 수업을 진행할 경우, 교사들은 애초의 계획과는 달리 예기치 않은 학생의 행동을 통제하고 수업의 질서를 유지하는데 더 많은 시간과 노력을 기울였을 것이다.

둘째, 교사는 모든 학생을 대상으로 동시에 동일한 내용을 가르친다. 교과서의 동일한 부분을 모든 학생에게 일제히 읽히고, 흑판에 판서한 내용에 모두 주목하게 하며, 학습장에 동일하게 필기하게 한다. 가르치는 내용과 형식에서 공히 수업은 개별화되어 있지 않다. 개별 지도는 학생들에게 교과서를 읽히는 동안 교사가 책상 사이를 돌아다니면서 지도하는 경우에 제한되어 있다. 가르치는 내용은 교과서에서 거의 벗어나지 않는다. 수업의 목적은 제한된 교과서의 내용을 이해하고 수용하는 것이다. 어휘의 뜻과 같은 단순한 정보뿐만 아니라 심지어 주관적이고 개별적인 정서와 감정까지도 교과서에 제시된 대로 느낄 것을 요구한다. 예컨대 위 수업의 주제인 '시골의 가을'에 관하여 학생들은 교과서에 나와 있는 대로 고추와 나뭇잎 등 자연의 색깔이 바뀌고 호박과

벼 등이 결실을 맺기 때문에 즐거운 계절이라고 받아들여야 한다. 교과서와는 다른 생각과 감정의 표현은 허용되지 않는다.

셋째, 교수 용어는 일본어이다. 배우는 내용이 일본어일 뿐만 아니라 교사의 지시와 설명, 그에 대한 학생의 대답이 모두 일본어로 이루어진다. 일본어 교과만이 아니라 모든 교과의 교수 용어는 일본어로 해야 하는 것으로 법제화되어 있었다.

3.3.5. 평가

조선교육령기의 평가는 규정상 특별하게 기간을 정하여 시험을 실시하는 평가 제도는 없었다고 위에서 언급하였다. 그러나 시험이 없었다고는 할 수 없다. 보통학교규정 제36조에 "각 학년의 과정의 수료 또는 전 교과의 졸업을 인정할 때에는 별도의 시험을 치르지 않고, 아동 평소의 성적을 고사하여 이를 정해야 한다"고 되어 있고 상기 평소 성적은 학교장에게 일임되어 있었다. 보통학교에서는 모든 학년의 모든 교과목에 대해서 매년 10점 만점의 평점을 부여해야 했다. 이 평점은 학적부에 영구히 기록되고, 그 기록을 기초로 상급학교 진학이나 취업시 학교장의 소견표가 작성되었다. 따라서 어떤 방식으로든 공식적인 학습평가가 이루어지지 않을 수 없었다. 평가 결과는 학업 능력에서의 상대적인 서열 평정의 성격을 지니고 있다. 평가 결과가 점수화되고 매년 개인의 학급 석차가 매겨졌다. 주지 교과는 필답고사와 구술고사의 형식으로 기타 교과는 관찰평가의 형식으로 이루어진 것으로 보인다. 일본어와 산술 과목은 중등학교 입학시험 과목이었기 때문에 필답평가 형식으로 빈번히 시행되었을 것이라고 오성철(2000)은 추측하고 있다.[64]

---

64) 오성철(2000)『식민지 초등 교육의 형성』교육과학사, pp.372~373.

읽기 성적고사에 대한 논문이 보인다. 鹽浦訓治(1931)는 읽기 평가에 대하여 다음 세 가지를 평가하도록 하고 있다. 첫째, しる(이해), 둘째, あじわう(감상), 셋째, もちいる(응용)을 평가하도록 하였다. 이해 평가는 두 부분으로 나누어, 해석력과 문의파악력으로 나누고, 해석력은 문자, 문장부호, 문법, 의미, 구체화, 구문 개조, 작업을 들었고, 문의파악력은 절의(節義), 문의(文意)로 나누었다. 다음은 문제 예와 읽기 평가의 개요를 표로 제시한다.[65]

문제 예)

ニイサンガジヲカイテイマス
ネイサンガエヲカイテイマス
マサヲガソバデミテイマス。(小學一年生)

1. この文は誰が書いたのでせう
2. 何年生位の子
3. いつ書いたのでせう
4. どんな兄弟でせう

<표75> 제2차 조선교육령기 ‘읽기’ 성적고사 개요

考査 學年	이해													감상							合計
	문자					문장					문의		計	作者	人物	心持	感想	文章美	題目	計	
	발음		アミセント	假名遣い	書取り	句讀	語文法	意味	具體化	作業	節意	文意									
	청탁음	讀み方																			
1	10	10	15	5	15	5	0	30	5	5	0	0	100	0	0	0	0	0	0	0	100
2	10	10	7	0	15	3	0	30	5	5	5	0	90	3	2	0	3	2	0	10	100
3	10	10	3	0	10	2	0	25	0	5	10	5	80	5	5	3	4	3	0	20	100
4	10		0	5	10	0	5	20	0	10	10	10	70	8	5	3	5	5	2	30	100
5	10		0	5	10	0	5	20	0	0	10	10	70	8	5	5	5	5	2	30	100
6	10		0	5	10	0	5	20	0	0	10	10	70	8	5	5	5	5	2	30	100
	90		25	20	70	10	15	145	10	15	45	35	480	32	22	18	22	20	6	120	600

---

65) 鹽飽訓治(1931)「讀方科成績考査について」『朝鮮の敎育制度』제4권 제7회, 朝鮮初等敎育硏究會, pp.40~41.

3.3.6. 교과서

『초등국어독본』은 조선총독부에서는 6권까지 만들고 나머지는 조선
서적인쇄주식회사에서 일본 것을 번각해서 사용하였다.

<그림8> 조선 7기(1939) 『초등국어독본』 권12 목차이미지

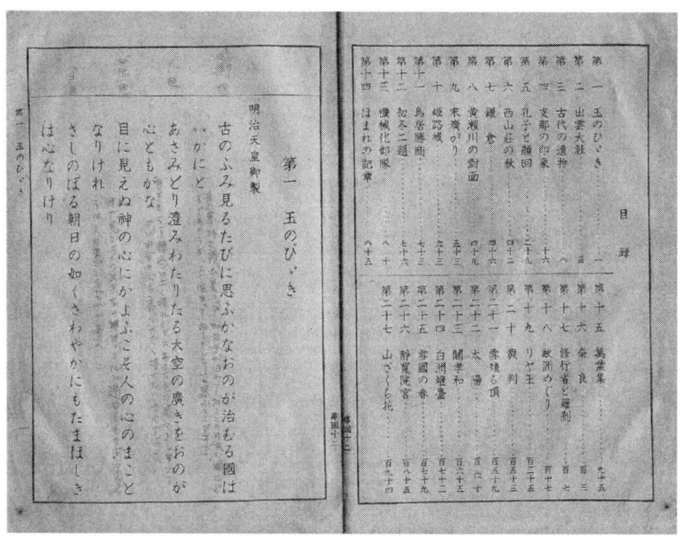

<표76> 제3차 조선교육령기 교과서 목록 및 『초등국어독본』 전12권 목차

서명	초판발행연월일	해당서발행연월일	판	사용연도부호	인쇄소 or 발행소
초등국어독본 권1	1939.3.10	1939.3.10	초판	た	조선서적 인쇄주식회사
				れ	
초등국어독본 권2	불명	불명	불명	불명	불명
초등국어독본 권3	1940.5.31	1940.5.31		れ	조선서적 인쇄주식회사
초등국어독본 권5	1941.3.31	1941.3.31		そ	
초등국어독본 권6	1941.9.20	1941.9.20	초판	つ	
심상과용소학국어독본 권8	1941.10.5	1941.10.5		つ	
심상과용소학국어독본 권12	1939.9.10	1939.9.10		れ	

	권1	권2	권3	권4	권5	권6	권7	권8	권9	권10	권11	권12
1	ヒノマルノハタ	トビ	レンギョウガサイタ	未入手	君が代	神武天皇	海	青空	四月	明治神宮	吉野山	玉のひびき
2	夕ハタケ	山ノ上	ハヤオキ		天の炭屋	京城から	弟橘姫	つばめはどこへ行く	春の夜	霧	見渡せば	出雲大社
3	アカイ タマ	イネカリ	才日サマト子ドモ		参宮だより	どんぐり	潮干狩	呉鳳	飛行機の發明	科學博物館	京都	古代の遺物
4	オヤイ コイヌ	ウンドウカイ	トケイ		草の芽木の芽	朝鮮米	わざくらべ	大詔だより	八幡太郎	足助次郎重範	源氏物語	支那の印象
5	ハト ハト	センソウゴッコ	天長節		八岐のおろち	滑空機	からかさ松	朝の大地日本橋	松下禪尼	水兵の母	法隆寺	孔子と顔回
6	デタ デタツキガ	ガン	ナワトビ		おれいの手紙	日本武尊	朝	くりから谷	手まり	南洋だより	五月の太陽	西山荘の秋
7	ナガイ ナガイ	コウロギ	カンガエモノ		オタマジャクシノ日記	神風	苗代の頃	萬壽姫	小さなねぢ	朝顔に	姉	
8	ススメ ススメ	シリトリ	ヒヨコ		動物園	日本海	木の高さ	晩秋	軍艦生活の朝	雨の養老	電話の發明	黄瀬側の對面
9	テンノウヘイカ バンザイ	シモノアサ	春子サン		逃げたらくだ	いわしりよう	笛の名人	大演習	馬ぞろへ	柿の色	瀬戸内海	末廣がり
10	オトウサンイッテマイリマス	カエルノフユゴモリ	タンポポ		遠足	防空訓練	縁日	菊	松平信綱の幼時	稲むらの火	日本海海戰	姫路城
11	ガッコウガミエマス	コブトリ	國ビキ		ぶらんこ	愛國日の朝	朝顔の日記	ひよどり越	雀の子	朝鮮の田舎	皇國の姿	鳥居勝商
12	センセイオハヨウゴザイマス	オキャクアソビ	ウサギ		クモノス	手紙	兵營だより	振子時計	アメリカだより	水彩畫	古事記の話	初冬二題
13	カンカンカン カネガ	ワタシノニンギョウ	トンボ		少彦名のみこと	軍旗祭	錦の御旗	小さい傳令使	佛法僧	久田船長	松板の一夜	機械化部
14	アサノ タイソウ ヨイ	カイモノ	ネンドデツクッタ牛		水の	千早城	鐵工場	自動織機	いも堀	母の力	北海道	ほまれの記章
15	ミナサン ホンヲ オアケナサイ	ネズミノヨメイリ	アメアガリ		フン水	雪舟	大阪	福壽草	時間	水師營の會見	我は海の子	萬葉集
16	デンデン ムシムシ	カゲエ	カエル		さかなつり	潜水艦	木下藤吉郎	スキー	三日月の影	張良と韓信	間宮林藏	奈良
17	セイキサント ユウキチサンガ	トラトホシガキ	一寸ボウシ		水あそび	僕の望遠鏡	油蝉の一生	扇の的	圖書館	雪の山	樺太の旅	修行者と羅
18	ユウキチサンガ	ユキノアサ	サンパツ		日記	春	五作ぢいさん	弓流し	星の話	南極海に鯨を追ふ	雲のさまざま	州めぐり
19	センセイ サヨウナラ	ギッコンバッタン	オサライ		映畫	春の雨	夕立	物のねだん	京城へ	パナマ運河	燕嶽に登る	リヤ王
20	セイキサンガ ガッコウカラ カエリマシタ	コウチャン	子牛		にいさんの入所	東京	笑話	廣瀬中佐	僕の子馬	冬の月	蟲の聲	判
21	ヒコウキ ヒコウキ	キシャ	スモウ		天孫	東郷元帥	安倍川の渡し	ホノルルの一日	母馬子馬	國法と大慈悲	十和田紀行	雪殘る頂

22	カワガアリマス	ハナサカジジイ	ジュンササン		三姓穴		夕日	コロンブスの卵	秋のおとづれ	開票の日	歐州航路	太陽
23	セイキサンガ ニイサント		一チョキン		犬のてがら		お月見	漁村	袴垂	春淺し	月光の曲	孝和
24	プウトフクレルシャボンダマ		カゼ		二つの玉		鳴子	水族館	ひざ栗毛	熊野紀行	月の世界	白洲灯台
25	ケサハ ハヤクオキマシタ	浦島太郎					横浜港	早春	空の旅	汽車の發明	秋	雪國の春
26	セミヲ トリマシタ						乃木大將の幼年時代	清水トンネル	もくせいの花	「あじあ」に乘りて	鐵眼の一切經	院宮
27	モシモシ エイシサンデスカ								橘中佐	御民われ	空中戰	山ざくら花
28	エイシサンガ オトモダチト								國語の力		日本刀	
29	ヒマワリガ サキマシタ											
30	ウサギとカメガ カケッコヲ											
31	シシガネテイマシタ											
32	アカイトンボガトンデイル											
33	ムカシムカシ											

3.4. 제4차 조선교육령기

3.4.1. 시대적 배경

제4차 조선교육령은 1943년 3월에 발포되어 동년 4월에 시행되었는데, 곧 「교육에 관한 임시비상조치령」을 말하며, 교육체제를 전쟁수행을 위하여 군사목적에 합치하게끔 개편하였다. 이 시기는 일제가 태평양전쟁에서 전세가 기울어져 가는 시기로 황민화교육의 대전제하에 어문교육정책은 더운 철저하게 강제화되었다. 그 강화현장을 제4차 조선교육령에 의거한 각급학교령 및 각 학교규정에서 살펴보면 제3차 조선교육령까지 비록 형식적이었으나 수의과목으로 명목상 존재했던 조선어를 제4차 조선교육령 시행기에 와서는 교과과정에서 완전히 제거 폐지했다. 즉, 황민화교육정책에 따라 일제의 어문교육정책은 소위 국어인 일본어사용만으로 한정되었다. 국민학교 규정 제2조에 "일본어 교육의 철저를 기하고 황국신민다운 성격을 함양하는데 힘써야 한다"고 하여 일본어 교육을 통하여 황민화 교육에 철저를 기하도록 규정했다. 이시기의 일본어 학습시수는 제3차와 큰 차이가 없다. 일본어 교육을 강화한 결과 1943년 12월 현재 일본어해득자(초등학교 4학년 수료정도)가 총인구의 22.2%에 이르렀다.

<표77> 일본어 수득율(*추산률)[66](1910~1945년)

연도	조선 인구	수득자 (수득율)	증감	증가율	대만예 %
1910	13,128,780				
1911	13,832,000				
1912	14,576,000				
1913	15,169,932	92,261　(0.61)	100		
1914	15,620,720				
⋮	⋮	⋮			
1918	16,697,017	⋮			
1919	16,783,510	302,907　(1.81)	(+)1.2		
1920	16,913,078	367,365　(2.20)	(+)0.4		
1921	17,059,358	541,244　(3.10)	(+)0.9		
1922	17,208,139	563,029　(3.30)	(+)0.2		
1923	17,447,913	712,269　(4.08)	(+)0.8		
1924	17,619,540	817,997　(4.60)	(+)0.5	836.6	
1925	18,543,326	947,146　(5.10)	(+)0.5		
1926	18,615,033	1,065,446　(5.70)	(+)0.6		
1927	18,631,494	1,182,015　(6.30)	(+)0.6		
1928	18,667,334	1,290,241　(6.91)	(+)0.6		
1929	18,784,437	1,440,623　(7.70)	(+)0.8		
1930	19,685,587	1,627,136　(8.30)	(+)0.6		
1931	19,710,168	1,724,209　(8.80)	(+)0.5	1868.8	
1932	20,037,273	1,542,443　(7.70)	(−)1.1		22.70
1933	20,205,591	1,578,121　(7.81)	(−)1.0		24.50
1934	20,513,804	1,690,880　(8.20)	(−)0.6		27.00
1935	21,248,864	1,878,704　(8.80)	(+−)0.0		29.70
1936	21,373,572	2,103,962　(9.90)	(+)1.1		32.90
1937	21,682,855	2,397,398 (11.00)	(+)1.1		37.80
1938	21,950,716	2,717,807 (12.38)	(+)1.4	2945.8	41.90
1939	22,098,310	3,069,312 (13.89)	(+)1.5	3326.5	45.59
1940	22,954,563	3,573,338 (15.57)	(+)1.7	3873.1	51.00
1941	23,913,063	3,972,094 (16.61)	(+)1.0	4305.3	
1942	25,525,409	5,089,214 (19.94)	(+)3.3	5516.1	
1943	25,827,308	5,743,448 (22.16)	(+)2.2		62.00
1944	25,120,174				
1945		*(27.00)			*85.00

66) 자료: 조선총독부(1935)『시정25년사』pp.907~908. 부표 pp.32~33. 조선총독부(1940)『시정30년사』p.207 pp.823~825. 조선통계협회(1944)『조선통계시보 24』pp.27~29. 近藤釰一(1961)「太平洋戰爭下の朝鮮及び臺灣」『朝鮮近代資料1』東京嚴南堂書店, p.20. 豊田國夫(1964)『民族と言語の問題』東京錦正社, p.144. pp.166~168. 김민수(1973)「日帝の対韓侵略と言語政策」『韓』vol.2 No.5 동경한국연구원 pp.96~97에서 재인용.

<표78> 1942년 남녀별 일본어 수득률 세분표 (1942. 12. 31현재)[67]

	조선 인구	수득자 (비율)	10세이상 인구	10세 이상비율(%)
남 여	12,805,000 13,720,000	3,758,281 (29.3%) 1,330,933 (10.5%)	8,379,200 8,415,689	3,758,281(44.9%) 1,330,933(15.8%)
계	25,525,409	5,089,214 (19.9%)	16,794,889	5,089,214(30.3%)

<표79> 1942년 지역별 일본어 수득률 (1942. 12. 31현재)[68]

도별	조선 인구	수득자 (수득율)	도시별	조선 인구	수득자 (수득율)
경기	3,008,495	830,776 (27.6)	경성	① 941,101	424,491 (45.1)
충북	969,598	173,109 (17.9)			
충남	1,638,582	276,298 (16.9)			
전북	1,684,529	277,381 (16.5)			
전남	2,771,637	485,144 (17.5)			
경북	2,588,933	453,837 (17.5)	대구	⑤ 189,937	90,111 (47.4)
경남	2,370,933	533,966 (22.5)	부산	③ 272,610	150,648 (55.3)
황해	1,929,166	336,847 (17.5)			
평남	1,782,501	346,758 (19.5)	평양	② 352,914	124,491 (35.3)
평북	1,826,602	340,344 (18.5)	신의주	⑧ 103,142	28,818 (27.9)
강원	1,844,038	268,462 (14.6)			
함북	1,140,778	349,170 (30.6)	청진	④ 199,609	73,618 (36.9)
함남	1,972,617	417,120 (21.1)	함흥	⑥ 106,346	44,000 (41.4)
계	25,525,409	5,089,214 (19.9)	원산	⑦ 106,158	45,917 (43.3)

---

67) 조선통계협회(1944)『조선통계시보 24』pp.27~28.
68) 조선통계협회(1944), 상게서, pp.28~29.

일제는 조선 합병이후 일본어보급에 전력을 기울여 왔다. 일제의 언어정책의 성과를 알아보기 위하여 매년 말 발표된 일본어 보급률을 표로 정리하였다. <표77>에서는 1932년부터 1934년까지 일본어가 감소 추세에 있고 나머지는 모두 증가하고 있다.

제4차 조선교육령의 개정은 ①국민학교는 대륙침략에 이용하는 병사의 준비와 관련해서 의무교육제의 준비를 실시할 것. ②중학교는 일본에 준해서 조치할 것. ③이과계통의 전문학교는 학생수를 늘리고, 문과계통의 사립전문학교는 이과계통 학교로 바꾸고, 문과계통 전문학교는 통합하는 방향으로 조치할 것[69] 등의 내용이다.

한편, 1945년 5월에는 일본정부가 학도의 결전태세 확립을 위하여 소위 '전시교육령'[70]을 공포하여 각급학교는 학도대를 결성하여 태평양전쟁에 학생과 교육기관을 이용하였다.

국민학교는 제4차 조선교육령이 공포되기 이전인, 1941년 2월 28일 칙령148호로 국민학교령으로 공포되었다. 이때에 소학교가 국민학교로 명칭이 바뀌었으며 국민학교 규정이 1941년 3월 31일 조선총독부령으로 공포되고, 1941년 4월 1일부터 시행되었다. 따라서, 전시체제에 돌입해서 전쟁총결전을 알리는 제4차 조선교육령은 교육내용을 바꾸는 것이 아니므로, 국민학교의 제4차를 논함에 있어 주로 1941년에 공포된 '국민학교령'과 '규정'을 중심으로 고찰하고자 한다.

---

69) 박성의(1968)「학교교육에 나타난 일제의 어문 정책」『아세아 연구』 Vol. x1 NO.1, 고려대학교 아세아문제연구소, p.11.

70) 제1조 학도는 진충으로써 평소 연성한 교육의 정화를 유감없이 발휘하는 것을 본분으로 한다. 제2조 교직원도 솔선수범하여 학도와 더불어 전시에 긴절한 요무에 이바지한다. 제3조 학교는 교직원 및 학도로써 학도대를 조직한다. p.295.

1941년 국민학교 제도를 개정하게 된 배경을 살펴보면, 국제적으로는 만주사변과 支那사변으로 전세가 악화되어 구미각국의 강대세력에 밀려 고립상태로 빠져들어 갔으며, 국내적으로는 전쟁확대로 말미암아 경제는 파종에 이르고, 사상의 혼란으로 사회질서는 극도로 어지러워져 위기의식이 생활전면에 압박을 가하던 때라, 이러한 난국의 타개를 교육의 힘으로 대처하겠다는 정치적 의도에서 소학교의 제도적 개혁이 요청되었던 것이다.

3.4.2. 교육 목표

칙령148호 국민학교령의 제1조에 '국민학교는 황국의 도에 따라 초등보통교육을 실시하고 국민의 기초적 연성 확립을 목적'으로 한다고 제시되어 있다. 4차에 걸친 조선교육령은 아래와 같은 교육 목적을 가지고 있었다. 이 목적은 조선인을 교육하여 만들어내는 인간상을 나타낸다. 제1차의 [충량한 국민]에서 시작하여 문화정치를 표방한 제2차에서는 용어를 애매하게 하여 [국민]으로서의 성격 확립으로 기술하고 있고, 제3차에서는 그들의 의도를 가장 확실하게 표현하여 [충량한 황국신민]육성으로, 제4차에서는 황국신민이란 용어를 쓰지 않고 [황도를 따른 국민 기초 연성]으로 표현하면서 교육목적을 제시하고 있는데, 사용한 용어에서도 당시의 상황을 잘 반영하고 있다.

<표80> 각 조선교육령의 교육 목적 비교

조선교육령	시행일	각 교육령의 교육 목적
제1차 (칙령 제229호)	1911.9.1	충량한 국민 육성 목적. 조선 교육의 이념과 체재 규정 p.19.
제2차 (칙령 제19호)	1922.4.1	국민으로서의 성격 확립을 목적. 일본어 보급이 정식으로 표출됨 p.34.
제3차 (칙령 제103호)	1938.3	충량한 황국신민 육성 목적. 학제상 일본인, 조선인 구별 철폐 p.67.
제4차 (칙령 제113호)	1943(1).4.1	황도를 따라 국민기초연성 확립 목적. 전쟁총결전 체재 돌입, 일본어 교육 철저, p.131.

일본어 교육의 목표는 국민학교 규정(조선총독부령 제90호) 제5조에 '일어는 일상수지의 일어를 습득시켜 그 이해력과 발표력을 양성하여 국민적 사고감동을 통하여 국민정신을 함양'한다고 하였다.

제4차 일본어 교육의 목표를 포함하여 조선교육령기 전체의 일본어 교육의 목표를 정리하면 다음과 같다. 일본어 교육의 목적은 [지식습득, 덕성함양] [국민자각, 지덕계발] [국민적 사고감동, 국민정신 함양] 등으로 나타내고 있는데, 일본이 조선을 경영함에 있어 일본어 교육을 우선시 하고 있었던 만큼, 일본어 교육의 목적은 곧 조선인 교육 전체 목적과 통하는 바 있다. 상기와 같은 목적아래 일본어 교육에서 추구하는 목표는 제1차에서 4차까지 모두 일상수지 일어의 이해력과 발표력을 목표로 하고 있는데, 특이한 것은 제4차에서 '사상'이라는 용어가 빠진 것이다. 1차에서 3차까지는 '자유로이(정확하게) 사상을 표현할 수 있는 능력'으로 제시되어 있던 것이 제4차에서는 '사상'이라는 말 대신에 '국민적 사고감동'으로 기술하고 있어, 당시의 사상의 혼란을 염두에 둔 표현이라고 여겨진다.

<표81> 조선교육령기의 일본어 교육 '목표' 비교

시기	제1차	제2차	제3차	제4차
교육 목적	생활에 필요한 지식을 얻고 덕성 함양에 힘쓰기 위함.	국민으로서의 자각을 굳게 하여 지덕을 계발하는 것	동좌	국민적 사고 감동을 통하여 국민정신 함양
교육 목표 (범위)	보통 언어, 문장을 이해하여, 타인의 언어를 이해하고 자유로이 사상을 발표하는 능력	보통 언어, 일상수지의 문자 및 문장을 이해하여 정확하게 사상을 발표할 수 있는 능력	동좌	일상수의의 일어를 습득시켜 이해력과 발표력 양성

3.4.3. 교육 내용

국민학교 규정(조선총독부령 제90호) 제5조에 일어는 읽기(讀方), 듣기(聞方) 말하기(話方), 짓기(綴方), 쓰기(書方)를 과한다고 전제하고 각 과정의 지도내용 및 지도법을 상세히 기술하여 다음과 같이 제시하고 있다. [읽기(讀方)]는 바르게 읽는 힘을 기름과 동시에 언어연습에 유의하고 정확히 서사하는 것을 지도함으로써 독해력과 발표력을 도야한다. 읽기는 근이한 언어에서 시작하여 일상 언어를 기초로 하는 구어문과 평이한 문어문에 이르며, 아동생활의 표현에서 출발하여 국민생활의 제상으로 전개됨과 함께 국어의 기준이 되는 창조력을 양성함에 충실하여야 한다. [듣기(聞方)·말하기(話方)]는 바른 읽기 지도에서 시작하여 아동의 발표를 기초로 하여 말하고 쓰는 능력을 도야한다. [짓기(綴方)]는 아동의 생활을 중심으로 사물을 보는 힘 생각하는 힘에 대한 적정한 지도를 하여 평이하게 표현하는 능력을 기름과 동시에 창조력을 기른다. [쓰기(書方)]는 문자를 명확 단정하게 쓰는 힘을 기른다.

그 외에도, [발음]을 정확히 [억양]에 유의하고 나아가 문장에 따라 적의 [어법]의 기초를 가르쳐, 순정한 일어사용에 습숙한다. 다른 교과 및 아동의 일상생활에서도 순정한 국어를 사용하도록 유의한다. 일어의 특질을 알게 하여 일어를 존중 애호하는 마음을 기르고 그 순화에 힘쓰는 정신을 기른다고 밝히고 있다.

　이상의 규정의 내용을 중심으로 언어 기능과 언어 재료로 나누어 분류해 보면, 언어 기능으로는 읽기(讀方), 듣기(聞方) 말하기(話方), 짓기(綴方), 쓰기(書方)를 제시하고 있는데, 처음으로 '듣기'항목이 생긴 것이다. 듣기는 학부령기, 조선교육령기를 통틀어 처음 등장하는 용어로, 말하기와 묶어서 제시하고 있으나 듣기의 중요성을 인식한 것으로 보인다. 언어재료로는 정확한 발음과 억양, 그리고 문장의 적절한 어법이 강조되고 있다.

　山口喜一郎(1933)는 조선의 보통학교에서 듣기·말하기를 특설하고 있지 않은 것에 대하여 "듣기가 언어습득의 출발점임과 동시에 모든 활동의 중핵이 되는 기능임에도 불구하고 대만에서는 듣기가 말하기와 동반해서만 가능한 활동이라고 해서 독립해서 가르칠 수는 없다는 생각으로 말하기에 넣어서 가르치고 있고, 조선에서는 듣기·말하기를 분과로 세우지 않고 읽기에서 자연스럽게 하도록 하고 있어, 언어활동에서 듣기나 말하기의 중요성을 잊고 있는 것이다. 듣기·말하기를 분과로 세우지 않아서 생기는 교재·교수법 상의 결함을 발견하게 된다. (중략) 이와 같은 것은, 독립된 듣기나 말하기의 언어 활동상 또는 교수 학습상의 특질과 가치에 대한 이해 불충분에 기인한다. 음성언어의 수련을 문자언어 수련 중에 함께 하면서, 독립 분과로 설립하고 있지 않은 조선의 보통학교는 이론상으로나 실제상으로 불합리하고 불이익함은 말할 것도 없다."71)고 특히 듣기의 중요성을 지적하고 있다.

　다음은 조선교육령기의 언어 내용을 기능을 중심으로 제시한 표

---

71) 山口喜一郎(1933) 「外國語教授の分科と其の關係」『外國語わが國語教授法』 만주일보사인쇄소, pp.194~195.

이다.

<표82> 조선교육령기 언어 '내용' 항목 비교

분류	제1차(1911)	제2차(1922)	제3차(1938)	제4차(1943)
기능 분과	독법, 해석, 회화, 암송, 서취, 작문 및 습자	말하기(話方) 읽기(讀方) 쓰기(書方) 짓기(綴方)	말하기(話方) 읽기(讀方) 쓰기(書方) 짓기(綴方)	읽기(讀方) 듣기(聞方)·말하기(話方) 짓기(綴方) 쓰기(書方)

山口의 지적대로 그의 조선 거주 기간이었던 1911년에 제시된 '내용' 항목은 기능별 분류를 하고 있지 않다. 특히, 듣기가 처음으로 분과로 세워진 것은 제4차에서 처음으로 음성언어교육의 중요성을 강조하고 있는 것이다.

김규창(1985)은 '일상생활에서의 순정한 국어 사용 및 음성언어 습득'에 대하여, "조선의 특수사정에 비추어 볼 때, 음성언어로서의 일어 습득이란 조선아동에게는 매우 불리한 환경조건에 놓였었다. 조선 내에 거주하던 일인이 사용한 일어라는 것도 정확한 표준어가 그 전부가 아니고, 일본각지의 여러 순화 안 된 언어의 혼합이었으며, 외부적으로도 통일성 없는 조선어와의 접촉과, 일어자체에서 생기는 분별 없는 언어혼란으로 말미암아 일어력의 저하가 일인아동에게 파급되었던 것이다. 조선인에게 있어서도 조선어는 조선인 자신의 민족어로서 또 생활어로서 또 문화어로서 오랜 역사와 전통에 뿌리박은 조선민족고유의 언어이며, 이의 표현수단으로서 일본문자보다 훨씬 우수한 한글이 조선민족고유의 문자로 사용되고 있는데다가, 가정이나 사회를 막론하고 언어환경의 구성이 모두 조선어로 되어 있어, 일어습득으로 이 장벽을 뚫기란 매우 힘들었다. 일어인구의 저변확보와 언어관의 변개를 가져

오려는 언어정책의 영향성에서 볼 때, 조선인의 일어사용이나 일본인 자신의 일어사용이 모두 불리한 조건 하에 있었음이 사실이다. 그러므로 조선, 일본 아동이 함께 일어습득을 해야 할 상황에 있던 조선에서는 다른 일어교육의 방법이 안출되어야 했다."[72]고 지적하고 있다.

　다음은 이 시기의 초등학교 교과과정표이다. 교과목 중심으로 구성되어 있는 제3차 조선교육령기와는 달리 교과 중심으로 5교과 15과목으로 되어 있으며, 조선어가 교과과정에서 삭제되었다. 아래 <표83>을 보면 조선어의 변화를 잘 알 수 있는데, 처음에는 조선어와 한문이 통합과목으로 가르쳐지다가 조선어가 단독과목이 되면서 시수가 줄어들고, 3차에서는 수의과목이 되어 조선인 일본인의 공학과 함께 조선어가 선택되기 어려운 상황에 놓이게 되고, 드디어는 교과과정에서 보기 어렵게 되었다.

---

72) 김규창(1985), 전게서, pp.164~165.

<표83> 조선교육령기 초등학교의 '일어'와 '조선어' 시수 비교

규칙·규정 공포 개정일	과목	학 년						합계
		1	2	3	4	5	6	
1차(1911. 10. 20)	일어	10	10	10	10			40
	조선어/한문	6	6	5	5			22
2차(1922. 2. 15)	일어	10	12	12	12	9	9	64
	조선어	4	4	3	3	3	3	20
3차(1938. 3. 15)	일어	10	12	12	12	9	9	64
	조선어(수의과)	(4)	(3)	(3)	(2)	(2)	(2)	(16)
4차(1941. 3. 31)	일어	11	12	9	8	7	7	54
	조선어(수의과)	—	—	—	—	—	—	—

반면에 일본어는 수업시수가 계속 늘어나다가, 4차에서는 줄어들고 있는데 이것은 아래 <표84>에서 확인할 수 있는 것처럼 교육과정이 5교과 중심 교과과정으로 전환되면서 조정이 있었기 때문이다. 초등교육의 일대 전환이라고 할 수 있다. 교육칙어에 나타난 교육내용이 필연적으로 아동의 자유로운 생활경험이나 자발적인 창의성을 무시해 버리게 되고, 다만 '황국의 도에 귀일'하는 충량한 황국신민의 연성에만 목적을 둔 교육방법에 결론을 두지 않을 수 없었다. 더욱이 당시 비대해가는 군부세력이 이끈 전쟁 확대책과 군국주의적 사회체제로의 진로가 국민의 지지를 얻기 위해서는 천황제의 절대권력을 후광으로 하고, 천황신앙의 권위를 존중하는 도덕적 결론을 교육의 힘에서 찾지 않으면 안 되었으니, 교육제도와 내용에 일대개혁을 단행한 시대적 동기가 여기에 있으며, 또 '황도의 길에 귀일'하는 교육이념의 실현을 위해서는 국민적 결합의 기초적 조직이 되는 국민학교 제도를 실시하지 않을 수

없었던 것이다.[73]

<표84> 제4차 조선교육령기 국민학교(초등과) 교과과정(1941)

학년	시수	국민과				이수과		체련과		예능과						직업과	계
		수신	일어	일본사	지리	산수	이과	체조	무도	음악	습자	도화	공작	가사	재봉	농,공,상,수산	
1	시수	11				5		5				2					23
2	시수	12				5		6				2					25
3	시수	2	9			5	1	5		2	1	2					27
4	시수	2	8		1	5	2	5		2	1	4(m)	2(f)	3(f)		2(m) 1(f)	32
5	시수	2	7	2	2	5	2		5	2	1	4(m)	2(f)	3(f)		2(m) 1(f)	34
6	시수	2	7	2	2	5	2		5	2	1	4(m)	2(f)	3(f)		2(m) 1(f)	34

<표85> 제4차 조선교육령기 국민학교(6년) 교과과정(1941)

학년	시수	국민과				이수과		체련과		예능과						직업과	계
		수신	일어	일본사	지리	산수	이과	체조	무도	음악	습자	도화	공작	가사	재봉	농,공,상,수산	
1	시수	11				5		5				2					23
2	시수	12				5		6				2					25
3	시수	2	9			5	1	5		2	1	2				3(m) 1(f)	27
4	시수	2	8		1	5	2	5		2	1	3(m)	2(f)	3(f)		3(m) 1(f)	32
5	시수	2	7	2	2	5	2	5(m)	4(f)	2	1	3(m)	2(f)	4(f)		3(m) 1(f)	34
6	시수	2	7	2	2	5	2	5(m)	4(f)	2	1	3(m)	2(f)	4(f)		3(m) 1(f)	34

국민학교 일본어 교육은 황도를 따른 국민연성을 기르는데 목적이 있으므로 이러한 교육목적에 따라 황국신민이 교육될 것이다. 따라서 '황국신민'의 자질이 무엇인가를 설명할 필요가 있을 것이다. 김규창 (1970)은 八束周吉의 '朝鮮國民學校敎則の實踐' 등을 인용하여 다음과 같이 설명하고 있다.

---

73) 김규창(1985), 전게서, p.144.

①국체정신을 체인하고 황국신민으로서의 신념 확립

②과학에 대한 인식을 가지고 수리적 처리와 과학의 생활화

③강건왕성한 심신의 단련

④고아한 정조와 예술적 표현능력을 기름

⑤직업에 종사하고 직업생활을 통해 국가에 봉사하는 신념을 기름

상기 5항목을 교과와 연결시키면 ①은 국민과, ②는 이수과, ③은 체련과, ④는 예능과, ⑤는 직업과라는 다섯 교과[74]가 되는 것이다. 이다섯 교과는 다시 하위에 각과목을 배치해서 국민학교 교육이 이루어지는 것이다. 1941년 조선총독부령으로 개정된 '국민학교 규정' 제1조에,

(제1조)국민학교 교과는 국민과, 이수과, 체련과, 예능과, 직업과로한다.

국민과는 수신, 일어, 일본사 및 지리 과목으로 한다.

이수과는 산수 및 이과 과목으로 한다.

체련과는 체조 및 무도 과목으로 한다.

예능과는 음악, 습자, 도화 및 공작 과목으로 한다.(여아는 가사 재봉 가)

직업과는 농업, 공업, 상업 or 수산 과목으로 한다.

고 하는 것이 바로 이러한 과정에서 이루어진 것이며, 학문상의 분류라기 보다는 교육목적상의 분류에 치중하고 있는 것이다. 다시 말하자면

---

74) 김규창(1970)「조선어과 시말과 일어교육의 역사적 배경(Ⅳ)」『김규창교수 유고 논문집』p.157.

국민학교 교육의 꼭대기에는 '황국신민(황도)'이 있고 황국신민의 자질을 양성하기 위하여 다섯 교과를 두고, 하위에 각 과목을 둔 것이다.

각 교과들은 서로 관련을 가지고 교육하도록 되어 있으므로, 국민과의 국사가 예능과의 습자와, 이수과의 산수와 국민과의 공민적 교재, 예능과의 음악과 체조가 관련을 가지고 교육되도록 한 것이 바로 조선교육령하의 국민학교 교육인 것이다.

일어의 수업 내용의 정도를 교과과정에서는 다음과 같이 각 학년에 배치하고 있다.

제1학년	읽기, 듣기, 말하기, 짓기, 쓰기
제2학년	읽기, 듣기, 말하기, 짓기, 쓰기
제3학년	읽기, 듣기, 말하기, 짓기
제4학년	상동
제5학년	상동
제6학년	상동

교육 내용을 기능으로 제시하고 있으며, 위에서 언급했듯이 듣기가 처음으로 기능으로서 첨가되었다. 쓰기는 1, 2학년에서만 과하도록 하였는데, 여기에서의 '쓰기'란 '습자'가 아니라 경필에 의해 문자를 명확단정하게 쓰는 방법을 말하는 것이며, 예술표현으로서의 습자학습은 이를 예능과에서 지도하도록 하였다. 전 교과 과목중 매주 수업 총시수에서 일어가 차지하는 비율이 1학년 48%, 2학년 48%, 3학년 33%, 4학년 25%, 5학년 21%, 6학년 21%로 되어 있어, 저학년의 일어시수 비중을 크게 두고 고학년으로 올라갈수록 그 비율이 조금씩 낮아져가고 있음을 알 수 있는데, 이는 순정한 일어를 정확하고 자유롭게 사용할 수

있도록 지도한다는 국민학교 교수방침에 따라 저학년에서부터 철저한
일어의 습득과 사용능력을 길러야 한다는 취지의 반영이다.

3.4.4. 교수·학습 방법

3.4.4.1. 학생

다음 표는 조선교육령기의 초등학교 학생의 수업연한과 입학연령이
다. 제2차 이후로 6년, 6세가 계속되고 있다.

<표86> 조선교육령기의 초등학교 학생의 수업연한 및 입학연령

조선 교육령	제1차(보통학교)	제2차(보통학교)	제3차(심상소학교)	제4차(국민학교)
법령	칙령 제229호 (1911. 9. 1)	칙령 제229호 (1922. 4. 1)	칙령 제103호 (1938. 4. 1)	칙령 제113호 (1943. 4. 1)
수업연한	4년(3년 가능)	6년(5,4년 가능)	좌동	좌동
입학연령	8세 이상	6세 이상	좌동	좌동

국민학교의 기간학제인 소학교 제도가 폐지되고 이에 대신해서 국
민학교 제도가 신설되면서 여러 법적 조치와 정리 보완이 수반되어야
했는데, 소학교에서 국민학교로 넘어오는 이행과정에서 수업연한 등의
문제가 제기되었다. 종래의 심상소학교, 고등소학교 및 고등심상소학
교는 수업연한을 6년으로 하는 국민학교, 고등과를 설치하는 국민학교
및 초등과를 설치하는 국민학교로 각각 이행 개편하도록 하였는데, 조
선에서는 그 특수한 사정과 토지의 정황으로 말미암아 이러한 초등교
육제도의 다원적 조직을 지양하고 당분간 초등과 및 고등과를 구분하
지 않는 수업연한 6년의 국민학교 만을 설치할 것을 지시하였다. 국민
학교 규정에 따르면, 국민학교의 학급편성은 전학년 총24개 학급이하

로 할 것을 원칙으로 하였으며, 분교를 설치할 경우에는 6개학급 이하로 하고 1학급 아동수는 60인 이하로, 단, 고등과는 50인 이하로 하도록 규정[75]했으나, 특별한 사정인 경우에는 정원초과도 가하다는 특례를 두고 있다.

3.4.4.2. 교사

1943년 3월 6일 칙령109호로 사범학교령이 공포되었다. 전문 19조와 부칙으로 되어 있다. 개정된 사범학교령에 따르는 사범학교 제도를 요약하면 다음과 같다. 첫째, 사범학교는 관립으로 하고, 전문학교정도로 승격시킬 것을 전제로 했으며, 본과 3년 예과 2년으로 수업연한을 정한다. 둘째, 사범학교에 남자부, 여자부를 두어 하나로 통합할 것을 원칙으로 하고, 교과용도서는 국정교과서를 사용할 것을 원칙으로 했다. 셋째, 학비는 자비부담을 폐지하고 국고부담으로 관비지급학자로 했다. 넷째, 사범학교 졸업자의 재교육시설로서 연구과를 두도록 했다. 다섯째, 고등사범학교와 여자고등사범학교는 현행대로 했다.

사범학교령이 공포되고, 그에 준하는 사범학교 규정이 1943년 3월 27일 부령제62호로 공포되었는데, 조선의 국민학교 교원의 양성을 목적으로 하는 시행령이다. 조선에서는 사범학교는 사범학교령에 의하지 않고 독자적인 제도를 집행하여 왔으나, 1943년의 전면개정부터는 일본의 학제와 동일하게 되었다. 그러나 조선의 실정을 감안하여 특례를 둘 수 있도록 하였는데, 일본의 사범학교제도에 비해 입학자격을 저하하고 수업연한 등을 연장하도록 하고 있다.

---

75) 국민학교 규정 제43조~제44조.

3.4.4.3. 교수법

[읽기(讀方)]는 바르게 읽는 힘을 기름과 동시에 언어연습에 유의하고 정확히 서사하는 것을 지도함으로써 독해력과 발표력을 도야한다. 읽기는 근이한 언어에서 시작하여 일상 언어를 기초로 하는 구어문과 평이한 문어문에 이르며, 아동생활의 표현에서 출발하여 국민생활의 제상으로 전개됨과 함께 국어의 기준이 되는 창조력을 양성함에 충실하여야 한다. [듣기(聞方)·말하기(話方)]는 바른 읽기 지도에서 시작하여 아동의 발표를 기초로 하여 말하고 쓰는 능력을 도야한다. [짓기(綴方)]는 아동의 생활을 중심으로 사물을 보는 힘 생각하는 힘에 대한 적정한 지도를 하여 평이하게 표현하는 능력을 기름과 동시에 창조력을 기른다. [쓰기(書方)]는 문자를 명확 단정하게 쓰는 힘을 기른다.

3.4.5. 교과서

이 시기의 교과서는 다른 시기에 비해 종이의 질이 떨어지고 있고, 명조체와 고딕체이외의 활자는 제조 금지였다. 교과서에는 교과서체라는 활자가 이용되었는데 우선 조선에서 먼저 사용해본 후에 일본에 도입되었다.

<표87> 제4차 조선교육령기 교과서 목록

서명	초판발행연월일	해당서발행연월일	판	사용연도부호	인쇄소 or 발행소
ヨミカタ 2ネン上	1942.3.30	1942.3.30	초판	つ	
よみかた 2年下	1942.9.20	1942.9.20	초판	ね	
초등국어 제4학년 상	1943.3.25	1943.3.25	초판	ね	
초등국어 제4학년 하	1943.9.20	1943.9.20	제2판	ら	조선서적 인쇄 주식회사
초등국어 제5학년 상	1944.2.28	1944.2.28	초판	な	
초등국어 제5학년 하	1944.10.10	1944.10.10	초판	ら	
초등국어 제6학년 상	1944.2.10	1944.2.10	초판	な	
초등국어 제6학년 하	1944.9.15	1944.9.15	초판	ら	

<표88> 제4차 조선교육령 교과서(1943) (조선 8기)『초등국어』 12권 목차
『ヨミカタ』『よみかた』『초등국어』 8권 목차

	권1	권2	권3	권4	권5 (3년상)	권6 (3년하)	권7 (4년상)	권8 (4년하)	권9 (5년상)	권10 (5년하)	권11 (6년상)	권12 (6년하)
1	アカイアカイ アサヒ	ウンドウクヮイ	日ノ出	ことり	天の炭屋		朝の海べ	船は帆船よ	大八州	明治神宮	永久王	玉のひびき
2	ヒノマルノハタ	ウサギとかメ	レンゲウガ咲イタ	こほろぎ	參宮だより		植樹記念日	燕はどこへ行く	弟橘媛	水兵の母	御旗の影	國字四書
3	コウシコウシ	山ノウエ	ツクヱ	こすもす	光は空から		日本武尊	昭南から	木曾の御料林	姿なき入城	敬語の使ひ方	孔子と顔回
4	ナカヨシコヨシ	イネカリ	國引キ	早鳥	支那の春		君が代少年	海流の話	戰地の兄から	むらの火	見わたせば	金剛山
5	ヘイタイサン ススメ	オチバ	二重橋	でんわ	八岐のをろち		靖國神社	いわしれふ	みことのり	月の世界	源氏物語	炭坑をみる
6	ハシレハシレ	オキャクアソビ	鯉ノボリ	おまゐり	太郎さんへ		光明皇后	水族館	ことばと文字	柿の色	姉	少年飛行兵學校だより
7	タカイ ヤマ	ラジオノコトバ	ラクカサン	富士山	ぶらんこ		はれの命名式	觀艦式	大地を開く	十二月八日	日本海海戰	ダバオへ
8	エッサ エッサ	西ハタヤケ	タンポポ	おばさんのうち	おたまじゃくしの日記		空中戰	くりから谷	軍艦生活の朝	足ぶみ	關孝和	特別攻撃隊
9	ガアガアアヒル	ガン	トラトキツネ	栗のきゃうだい	川をくだる		笛の名人	ひよどり越	武士のおもかげ	不沈艦の最期	晴れ間	西山莊の秋

No.												
10	フウ フウ フウ	シリトリ	トケイ	かぐやひめ	海		苗代のころ	萬壽姫	かんこ鳥	農村の秋	雲のさまざま	奈良
11	アカイカミ キッテ	シモノアサ	田ウヱ	をばさんの勉強	少彦名神		機械	林の中	いもほり	世界一の織機	山の朝	萬葉集
12	オハヤウゴザイマス	兵タイゴッコ	雨アガリ	ゐもんぶくろ	にいさんの愛馬		五作ぢいさん	グライダー「日本號」	ぼくの小馬	水師營	鴨綠江	修行者と刹羅
13	オトウサン	コモリウタ	川	石炭	ふなつり		千早城	大演習	星の話	元日や	われは海の子	末廣がり
14	ソラガ ハルタ	コブトリ	トンボ	神だな	私の工夫		錦の御旗	小さな傳令使	遠泳	源氏と平家	北千島の漁場	菊水の流れ
15	カンカンカン	モチノマト	一寸ボウシ	新年	夏の午後		朝顔の日記	日章旗	海底を行く	漢字の音と訓	ジャワ風景	マライを進む
16	タケムライサムサン	オ正月	兎	にいさんの入營	水がっせん		蟬の衣がへ	扇の的	秋のおとづれ	ばらの芽	いけ花	シンガポール陥落
17	ミンナデベンキャウ	カゲヱ	サンパツ	支那の子ども	日記		夏	弓流し	飛行機の	支那の印象	ゆかしい心	もののふの情
18	ゲンキデタイサウ	トラトホシガキ	スマワ	金しくんしゃう	映畫		とびこみ台	廣瀨中佐	戰線だより	敵前上陸	朝顔に古事記	太陽
19	センセイ サヤウナラ	日本ノシルシ	子牛	まどのこほり	マレー沖の海戰		朱安の鹽田	兵營だより	かしこみて	病院船	御民われ	梅が香
20	イサムサンガ ガクカウ	ユキダルマ	金ノヲノ	白兎	ににぎのみこと		濱田弥兵衛	大阪	兄弟の對面	命をすてて		日本魂
21	ニイサンハヒカウキヲ	ネズミノヨメイリ	軍カン	豆まき	月と雲		秋の空	大砲のできるまで		ひとさしの舞		國語の力
22	ヒカウキ	イタトビ	手紙	お池のふな	軍犬利根		東鄕元帥	早春の滿洲				太平洋
23	イサムサンガ ヲヂサン	キシャ	自動車	おひな樣	秋		空の神兵	防空監視哨				
24	ケサム ハヤク	コウチャン	長イ道	北風と南風	つりばりの行くへ			空の軍神				
25	モシ モシ	花サカジジイ	ウラシマ太郎	羽衣								
26	ペンキキシャ											
27	アリガナランデ											
28	アメガヤミマシタ											
29	トビガ空ヲ											
30	ユフダチガヤミマシタ											
31	アカイトンボガ											
32	大キナノガ											
33	ムカシムカシ											

3.5. 결론

지금까지 고찰하였던 조선교육령기의 일본어 교육을 표로 정리하여 그 추이를 보이는 것으로 결론에 이르고자 한다.

<표89> 조선교육령기 일본어 교육의 추이

	제1차	제2차	제3차	제4차
법제	1911.8.23 제1차 조선교육령 칙령 제229호 1911.10.20 보통학교 규칙 조선총독부령 제110호	1922.2.4 제2차 조선교육령 칙령 제229호 1922.2.15 보통학교 규정 조선총독부령 제8호	1938.3.3 제3차 조선교육령 칙령 제103호 1938.3.15 소학교 규정 조선총독부령 제24호	1943.2.28 제4차 조선교육령 칙령 제113호 1943.3.31 국민학교 규정 조선총독부령 제90호
목표	생활에 필요한 지식을 얻고 덕성 함양에 힘쓰기 위함.	국민으로서의 자각을 굳게 하여 지덕을 계발하는 것	좌동	국민적 사고 감동을 통하여 국민정신 함양
목표	보통 언어, 문장을 이해하여, 타인의 언어를 이해하고 자유로이 사상을 발표하는 능력	보통 언어, 일상수지의 문자 및 문장을 이해하여 정확하게 사상을 발표할 수 있는 능력	좌동	일상수의의 일어를 습득시켜 이해력과 발표력 양성
내용	讀方, 解釋, 會話, 暗誦, 書取, 作文 및 習字	말하기(話方),읽기(讀方) 쓰기(書方),짓기(綴方)		읽기(讀方),듣기(聞方)·말하기(話方),짓기(綴方),쓰기(書方)
내용		읽기, 쓰기, 짓기, 말하기		읽기, 쓰기, 짓기, 듣기·말하기
내용		타 교과에서 소재 취함		
방법	8세이상, 수업연한 4년(지방 3년가), 수업시수 40시간	6세이상, 수업연한 6년(지역에 따라 5년 4년가), 수업시수 64시간	좌동(조선인, 일본인 공학), 수업시수 64시간	좌동, 수업시수 54시간
방법	사범학교 설립 불인정, 남녀 고등보통학교에 1년 사범과·교원속성과	경성고등보통학교부설임시교원양성소(1부 조선인 교사 양성, 2부 일본인 교사 양성)	사범학교 보통과·심상과과 연습과가 있으며 연구과, 강습과를 둘수 있다. (12세이상)	본과 3년, 예과2년으로 수업연한 연장
방법	발음/해석은 어의 명료/회화는 독본과 관련지어/서취는 암사/작문은 구어체, 단구, 장편, 서간문순/습자는 해서, 행서	바르고 유창하게 말하기/일상수지 보통문 타교과 취재 읽기/읽기교재나 타교과 취재, 견문한것, 처세에 필요한 것 등 짓기/해서, 행서, 타교과 취재 쓰기	좌동	읽기는 독해력과 발표력 도야, 창조력 양성/짓기는 아동의 생활을 중심으로 사물을 보는 힘, 생각하는 힘 지도/듣기·말하기는 발표력/쓰기는 문자를 명확하게 단정하게 쓰도록 지도
평가		평소성적(학교장에게 일임)		
교과서	조선 1기(1911)『정정보통학교학도용 국어독본』 조선 2기(1912)『보통학교일어독본』 전8권 조선 3기(1918)『보통학교국어독본』 전8권	조선 4기(1923)『보통학교국어독본』 전8권 조선 5기(1930)『보통학교국어독본』 전12권 조선 6기(1937)『국어독본』 전12권	조선 7기(1939)『초등국어독본』	조선8기(1943)『초등국어』 6권 외

4. 교수요목기의 일본어 교육

4.1. 시대적 배경(1945. 8. 15～1955.7)

본 장에서는 미군정기를 포함한 교수요목기를 중심으로 기술한다. 본장의 타이틀이 교수요목기의 일본어 교육이지만, 실제로는 공교육기관에는 일본어 교육이 없었던 시기이므로 간단히 기술하되, 문교부에서 1988년에 발행한 『문교 40년사』와 문교부고등교육정책심의회에서 1973년에 발행된 『한국고등교육의 실태(1945～1972)』, 『서울 50년사』 『교육 50년사(1948-1998)』를 중심으로 기술하되 외국어 과목이 들어가 있는 중등교육을 중심으로 2차 사료를 참고하면서 시대배경 및 교육기관, 그리고 키워드에 대하여 언급하려고 한다.

이 시기는 크게 2개로 구분된다. 1기는 1945년 8월 15일 해방이 되고 연합군이 한국에 진주하면서 미군정청에 의하여 교육관계 법령이 발령되던 시기로 제1차 교수요목기(미군정기)라고 이름 붙였으며, 2기는 1946년 3월 미군정청의 군정법령으로 군정청 학무국이 문교부로 개편되면서 문교부에서 교수요목을 발표하게되는 시기로, 1946년 9월 각급 학교의 교육과정이 교수요목을 중심으로 발표된 시기를 제2차 교수요목기라고 이름 붙였다.

<표90>은 이 시기의 시대구분인데 1, 2기 모두 될 수 있으면 일본의 잔재를 없애려고 하던 시기이므로 일본어 과목은 없고, 1973년이 되어서야 중등교육에서 일본어 과목이 시작되고, 1961년에 고등교육기관에서 일본어 교육이 시작될 때까지 긴 휴지기가 계속되었다.

<표90> 시대구분[1]

기 간		미군정기 (1945. 8. 15~1946. 9)			교수요목기 (1946. 9~1954. 8)
고시년		1945년 9월 17일(일반명령 제6호) / 9월 29일(법령 제4호) 신조선의 조선인을 위한 교육			1946년 9월 1일 / 각급학교의 교육과정 제정 1946년 9월 20일 / 초급중학교와 고급중학교 교과과정표
교재명 출판년 저자	일본어	없 음			없 음
	타교과	1.한글 첫걸음	45.9.1탈고 11.15인쇄 11.20펴냄		
		2.초등국어 독본(상)(1,2학년용)	45.9.1탈고 11.15인쇄 46.1 펴냄		
		3.국사(초등학교 5~6학년용)	45.10.15탈고		
		4.초등공민(1,2학년용)			
		5.초등공민(3,4학년용)			
		6.초등공민(5,6학년용)			
		7.초등국어 독본(중)(1,2학년용)	45.12.2탈고	46.1펴냄	
		8.초등국어 독본(하)(1,2학년용)	45.12.2탈고	46.1펴냄	
		9.국사(중등학교용)	45.12.11탈고		
		10.음악(1~6학년용)	45.12.20탈고		
		11.한글 교수지침(교사용)		46.1.5펴냄	
		12.중등국어 독본(상)(1,2학년용)	46.1.28탈고		
		13.중등국어 독본(중)(3,4학년용)		46.1.10펴냄	
		14.중등국어 독본(하)		46.1.28펴냄	
		15.습자(1~2학년용)	46.2.15탈고		
		16.지리(5학년용)	46.2.15탈고		

4.2. 제1차 교수요목기(미군정기)

　1945년 8월 15일 해방이 되자, 8월 17일 각급학교는 연합군이 한국에 진주할 때까지 임시 휴교할 것을 결정하였다. 8월 20일에 소련군이 원산에 상륙하고, 25일에는 미군 일부가 인천에 상륙하였다. 9월 2일에

---

1) 교재에 관한 것은 다음 책을 중심으로 작성하였다. 이응호(1973)『미군정기 한글운동』p.266. 오천석(1964)『한국신교육사』p.392, 중앙대학교 부설 한국교육문제연구소(1974)『문교사』p.90, 유봉호(1992)『한국교육과정사 연구』p.285에서 재인용.

는 맥아더 장군이 북위 38도선을 경계로 미·소 양군이 한국을 분담 점령한다고 발표하였으며, 9월 9일에는 총독부가 항복문서에 조인하고, 같은 날 한국어 방송이 시작되었다. 서울에 진입한 주한 미군은 9월 10일부터 미군 사령관 John, R.Hodge 중장을 중심으로, 행정기구 조직 책임자 Archibald, V.Arnold 소장, 교육 부분 책임자로 Earl, N.Lockcard 대위를 임명하였다. 록카드는 군에 입대하기 전에 미국 시카고의 한 초급대학에서 강의한 경험을 갖고 있었다. 군에서 일본근무를 위한 민사장교로 훈련을 받으면서 일본의 수신교과서를 분석하는 작업을 통하여 일본교육에 관한 기본지식만을 가지고 있었을 뿐 한국 교육에 대한 지식은 거의 없었다고 볼 수 있다. 그가 한국에서 업무를 시작할 때에 학무국내의 직원들은 아직 일본인들이었으며, 군정장관의 명에 의하여 어떠한 지시가 있기까지 근무를 계속하도록 하였다는 것이다.

　록카드는 한국의 교육문제에 대하여 오천석에게 자문을 구하고 교육계 각 분야를 대표할 만한 인사를 선정하였다. 그 결과로 9월 16일 7명으로 구성된 한국교육위원회(The Korean Committee on Education)를 조직하였으며, 후에 3명을 추가하여 10인 위원회가 되었다. 한국교육위원회와의 회담결과, 가장 시급한 교육문제는 해방 후 휴교상태에 있었던 학교를 개교하는 일이라고 합의하였다. 1945년 9월 16일 발족하여 1946년 5월까지 8개월간 활동하였던 한국교육위원회는 그 공식적 역할이 미군정청 교육행정 자문역할이었다. 분야별 대표위원의 명단은 아래 <표91>과 같으며, 이들 10명중, 2명은 미국 학력, 5명이 일본 학력, 나머지는 중국이나 국내에서 공부한 사람들이었다. 따라서 이들이 모두 친미적 성향을 띄었다고 단정할 수는 없다.

<표91> 한국교육위원회(The Korean Committee on Education) 명단

분야별	대표위원명	그 외
초등교육	김성달	해방후 풍문여중 초대교장
중등교육	현상윤	해방후 경성대학 예과부장
전문교육	유억겸	미군정청 문교부장
교육전반	백낙준	해방후 연세대 초대총장, 미국 박사 학력
여성교육	김활란	해방후 이화여대 초대총장, 미국 박사 학력
고등교육	김성수	해방후 한민당 당수, 후임에 백남훈(해방후 한민당 총무)
일반교육	최규동	중동학교 교장
의학교육	윤일선	해방후 서울대 교수
농업교육	조백현	해방후 서울대 농대학장
학계대표	정인보	해방후 국학대학장

교육위원회는 실질적으로 교육의 모든 부문에 걸쳐 중요한 문제를 심의 결정하는 일과 각 도의 교육책임자 및 주요 교육기관장과 군정청 학무국에 근무할 한국인 직원을 천거하는 인사 문제가 주요업무가 되었다. 1945년 9월 17일에는 일반 명령 제6호로 '신 조선의 조선인을 위한 교육'이 발표되었는데 이것은 오천석을 한국인 책임자로 하고 미군 정청 학무국에 남아있던 한국인 직원 사공 환[2]과 이홍종[3] 등에 의해 기안되었다. 오천석과 록카드는 신교육방침의 구체적 시행을 위해 당면한 교육방침과 교육상 유의점, 초등학교 교과편제와 시간 등이 1945년 9월 22일 발표되면서, 9월 24일 서울시내 국민학교가 일제히 개교하였다. 교육방침과 교육상 유의점은

---

2) 해방 당시 총독부 학무국 학무과 근무
3) 총독부 학무국 시학과 사무관

(1) 교육방침

①교육제도와 법규는 금후 실시해 나갈 교육정신에 저촉되지 않는 한 당분간 현실대로 유지하되 일본주의적 색채에 관한 일체의 사항을 말살함.

②평화와 질서를 당면의 교육목표로 함.

③관립학교는 전부 조선인 교육기관으로 함.

④학교의 신설 확충은 인가를 필요로 하되 종래의 제한을 철폐함.

⑤외지학교에 재학중이던 학도는 본인의 희망에 의하여 동정년도학교의 상당학과학년에 학력검정후 편입할 수 있도록 함.

⑥출진학도 及 응징학도는 학교장의 재정으로 적당한 학년으로 편입할 수 있도록 함.

⑦중등학교 이상의 공학이었던 각 학교는 1학년 중 일본인 학도의 재적수 이내의인 원학도를 근월말 한으로 증모하되 특히 사범학년의 인원확보에 유의함.

(2) 교육상의 유의점

①평화와 질서의 호지뿐이 조선의 장래를 광명으로 인도하는 것이요 투쟁과 혼란에 국가백년의 대계를 그릇친다는 것을 교육의 전면을 통하여 철저케 함.

②공론에 의하여 정당한 민의를 발게하고 정치적 책임을 공담함으로써 자유를 향유할 수 있는 공민적 자질을 적극적으로 연성하여 정치적 우매가 폭력을 유발하고 폭력이 증하면 민의를 질식케 하는 것을 자각시킬 것.

③이기적 관념을 일소하여 봉공 정신에 철저케 하고 특히 공덕과 공법을 절대 준수하고 정신을 관습화하게 할 것.

④소심익익하여 체의순(遲疑巡)하는 피압박적 관념을 일소하고 명랑
　활달한 대국민적 금지를 소지하고 적극진취하여 자자각의 정신을
　함양할 것.

⑤아국과거의 역사와 문화가 혁혁한 광채를 발휘하였던 것을 회상하
　여 세계에 공헌한 신문화 창조의 의욕을 왕성케함과 동시에 근세
　의 사대사상과 당쟁의 민족자결의 기능을 상실케 하였음을 확인하
　여 전철을 밟지 않을 각오를 새롭게 할 것.

⑥교육을 실천적으로 하여 공리공론에 떨어지지 말도록 하고 생활의
　실제에 적합한 지식기능을 반복 연습케하여 응용자재케 하고 근로
　를 애호하고 흥업치산의 지조를 굳게 할 것.

⑦예능을 중시하여 순량온아(醇良溫雅)한 품성을 도야할 것.

⑧체육을 적극적으로 장려하여 강건한 기상을 함양할 것.

　1. 일제잔재의 불식, 2.평화와 질서 유지, 3. 생활의 실제에 적합한
지식 기능 연마,　3가지를 강조하고 있다. 교육과정이 체계적이지는 않
았으나 인력의 부족과 촉박한 시간 등을 감안하면 일제의 잔재를 없애
고 우리의 민족 교육을 시켜야 하는 것이 긴급과제였다.

　당시의 교과편제 및 시간배당을 보면, 우선 매일신보 9월 22일자에
는 아래 <표92>와 같이 실려 있고, 이것은 다시 수정되어 <표93>과
같이 시달되었다.

<표92> 국민학교 교과편제 및 시간배당(안)(1945.9)

교과 학년	공민	국어	지리·역사	산술	이과	음악·체육	계(시간/주당)
1~3	2	8	1	5	1	3	20
4	2	7	1	4	3	3	20
5~6	2	6	2	2	2	3	18
고등과	2	6	2	2	2	3	17

<표93> 국민학교 교과편제 및 시간배당(1945.9)

교과 학년	공민	국어	역사	지리	산수	이과	체조	음악	습자	도화· 공작	요리· 재봉	실과	계
1	2	8	—	—	6	—	4	—	—	2	—	—	22
2	2	8	—	—	6	—	4	—	—	2	—	—	22
3	2	8	—	—	7	—	5	—	1	2	—	—	25
4	2	7	—	3	5	3	3	2	1	남3, 여2	여3	남3, 여1	30
5	2	6	2	3	5	3	3	2	1	남4, 여3	여3	남3, 여1	33
6	2	6	2	3	5	3	3	2	1	남4, 여3	여3	남3, 여1	33

<표92>와 <표93>을 비교해 보면, 일단 고등과가 폐지되었고, 습자, 도화, 공작, 요리, 재봉, 실과 과목이 추가되었다. 추가된 과목중 습자를 제외하고 남녀의 시간수에 차이를 두었고, 역사, 지리, 이과, 음악, 습자, 요리, 재봉, 실과 과목은 고학년부터 배우게 되었다. 전체적으로 시간수가 늘어난 점도 달라진 점이다.

일반명령 제6호는 수정을 거쳐 9월 29일에 법령 제4호로 다시 공포되면서 30일에 중등학교 교과편제와 시간표가 발표되고 중학교도 10월 1일부터 개교하도록 하였다. 법령 제4호는 아래와 같은 내용이다.

법령 제4호

제1조 공립학교의 개학

조선의 공립소학교는 1945년 9월 24일에 개학할 것, 조선 아동으로

서 6세로부터 12세 된 자는 다 등록할 것, 기타 사립학교의 개학은
후일 지령에 지시함.

제2조 사립학교

사립학교는 사무국의 허가를 밧는데로 개학할 것.

제3조 종족과 종교

조선학교는 종족 및 종교의 차별을 無함.

제4조 교훈의 용어

조선학교에서의 교훈용어는 조선어로 함. 조선어로 상당한 교훈재료
를 활용할 때까지 외국어를 사용함도 무방함.

제5조 과정

조선의 이익에 반하는 과목은 교수하거나 실습하지 아니할 것.

제6조 교사

모든 조선소학교교사는 최근사무과에 즉시 등록하고 1945년 9월 24
일 월요일에 교훈을 시하도록 준비할 것. 출타조선인교사는 1945년
9월 24일과 29일 사이에 최근 학무과에 등록할 것.

제7조 학교건물

모든 학교건물도 미국육군이 점유한 것은 제외하고 현금교육 이외의
목적에 사용하는 것은 즉시 인도하여 학교로 전용할 수 있게 할 것.

지금까지의 내용을 종합하여 보면, 해방이 되었다고는 하나 학무국
내의 직원들이나, 한국교육위원회를 구성하는 교육위원의 경력이나,
해방후 처음으로 만들어진 교육에 대한 법령의 집필에 가담한 사람이
나, 또 법령의 내용 중에 제4조의 일본어로 된 교재를 사용할 수 있다
거나 제6조의 교사에 관한 내용 등으로 볼 때, 일제의 잔재는 청산됨이
없이 그대로 지속되고 있었다는 것을 알 수 있다. 일본인들이 물러간

상태에서 교육행정은 여러 가지가 부족한 상황이었다. 따라서 미군정청은 인력 부족과 긴급한 시간 사정으로 조선어학회와 진단학회에 교과서 편찬을 긴급 위촉하였고 다음 표와 같이 교과서가 편찬되었으나 이미 학교가 개학한지 2개월이 경과한 후였으며, 교과서가 발행된 후에도 각급학교에 충분히 보급되지 못하였다.(우리신문, 1946년 1월 28일자) 교사들은 일제시대에 쓰던 교과서를 지도서로 삼아 등사물 또는 판서에 의해 수업을 진행하였다. 또한 교수용어가 갑자기 우리말로 바뀌어 같은 지역의 다른 학교 교사들과 공동으로 임시 교수요목이나 교수술어를 통일시켜 사용하기도 하였다. (1981, 서울교육사(상)p.58) 개교 후 첫 일주일간은 교과서 없이 매일 4시간씩 '국민강좌'를 실시하여 우리문화사, 국사개요, 한글철자법, 일상회화 및 애국가와 창가를 교수하는 학교가 많았다.(진명75년사 편찬위원회(1985)진명75년사 진명여고, p.15) 해방 후는 우선 우리말을 바로 배우려는 열의에 찼던 시기로서 학교수업이 한글교육 중심으로 진행되었다는 것을 알 수 있다.

초등학교 교육지침에 이어 9월 28일 각 도에 지시하기를 10월 1일을 기해 중등학교 이상의 학교에 대해서도 개교할 것을 다음과 같이 지시하였다.

(1)중등학교 이상의 관공립학교는 10월 1일부터 개교함.

(2)중등학교 교원 희망자는 희망교, 희망담당 학과를 상세히 기록, 교원 채용희망서에 이력서와 필요한 증명서를 첨부하여 도 학무과에 제출할 것.

(3)전문학교 교수 희망자는 교장에게, 대학교수 희망자는 각 학부장에게 같은 수속을 하여 지원할 것.

(4)중등학교 이상에 재학하였던 학생가운데서 타지방의 같은 종류

의 학교에 전학을 희망하는 학생은 전학수속을 할 것.

(5)외지 유학중이던 학생은 같은 정도의 학교의 상당한 학과, 학년에 학력을 검정한 후 편입함. 각 학교는 이에 따라 학과의 학년별로 모집할 인원 수효를 신분 등을 통하여 또는 그 밖의 적당한 방법으로 곧 광고하여, 희망 학생이 지망할 수 있도록 할 것.

(6)일본인과 공학이던 각 중등학교와 전문학교, 대학의 1학년에 한하여는 이전의 일본인 학생수 이내의 인원학도를 신규로 모집한다. 사범학교에 관해서만은 국민학교 고등과 2년생을 사범학교 심상과 2년생으로 편입함.

(7)남녀 사범학교 본과는 중등교원 양성기관으로 하고, 학생을 편입, 혹은 모집함.

(8)중등학교 교과과정은 별항과 같은 내용으로 하되 사범학교 심상과의 실업학교는 중등학교 교과과정 실업과목을 넣어서 교수함.

(9)전문학교와 대학은 당분간 그 전의 과정을 참고하여 교장 혹은 학부장의 지시에 따라 교수함.

10월 1일 개학을 하루 앞둔 9월 30일에 공사립학교와 고등여학교에서 가르칠 교과 및 시간 배당이 발표되었고, 10월 15일에는 서울시내 국민학교 교원 400명에 대한 발령장을 교부하였다.

제1분과인 교육이념 분과위원회에서는 식민지 교육의 잔재를 없애고, 우리나라의 새로운 교육이념을 설정하기 위하여 교육이념을 함축할 어구를 모색했다. 이러한 논의 중에 백낙준이 처음으로 홍익인간(Maximum Service to Humanity)의 교육이념을 주장하였다. 그러나 홍익인간의 교육이념을 전체심의회에서 이 어구가 신화에서 유래된 것이고 또 비과학적이며 일제식민지 시대의 팔굉일우의 재판이라는 비판을 받았다. 이러한 반대에도 불구하고 홍익인간의 교육이념을 비롯한 교육방침이 조선교육심의회 제4차 전체희의에서 통과되었다. 조선교육심의회에서 채택된 교육이념을 정부수립 이후 교육법에 명시되어 현재까지 우리나라의 교육이념으로 이어져 오고 있다. 당시 채택된 교육이념을 구체적으로 기술하면 다음과 같다. (한국교육 10년사)

홍익인간의 건국이상에 기하여 인격이 완전하고 애국정신이 투철한 민주국가의 공민을 양성함을 교육의 근본이념으로 함.
위의 이념을 관철하기 위하여 아래의 교육방침을 수립함.
1.민족적 독립자존의 기풍과 국제우호·협조의 정신이 구전한 국민의 품성을 도야함.
2.실천궁행과 근로역작의 정신을 강조하고, 충실한 책임감과 상호애조의 공덕심을 발휘케 함.
3.고유문화를 순화앙양하고, 과학기술의 독창적 창의로써 인류문화에 공헌을 기함.
4.국민체위의 향상을 도모하여, 견인불발의 기백을 함양케 함.
5.숭고한 예술의 감상, 창작성을 고조하여 순후원만한 인격을 양성함.

미군정기의 교과서에 대하여 1982년에 한국교육개발원에서 발행된 『한국의 교과서 변천사』에는 다음과 같이 적고 있다. "1945년의 해방은 끈질긴 독립 운동의 결산이었지만 너무나 급격하게 주어졌다. 준비가 거의 없었던 상태에서 새로운 국가를 건설하는 작업이 진행되었다고 볼 수 있다. 해방 후 우리의 교육에 있어서 무엇보다도 시급한 과제는 잃어 버릴 뻔했던 우리의 말과 글을 되찾는 일이었다. 그리하여 조선어학회(현 한글학회)를 통해 국어 교과서 편찬을 시작하게 되었다.

군정이 시작되면서 1945년 9월 24일에 초등학교가, 10월 1일에 중등학교가 각 각 문을 열었는데, 교과서는 우선 조선어학회가 편찬한 것을 사용하기로 하여, 드디어 우리 손으로 만들어진 교과서를 사용하게 되었다. 일본 침략 정책의 철저함은 모든 부문에서 거의 민족문화 말살의 직전까지 몰고 갔으므로, 황무지나 다름없는 속에서 새로운 교과서를 만들어낸 이 당시의 업적은 영구히 기록되어야 할 것이다. 그러나 아무리 혼란하고 시급한 상황이었다 하더라도 민족의 참 모습을 되살리려는 의지가 얼마나 뚜렷했던가는 다시 한번 생각해 볼만한 일이라 하겠다. 물론 교과서 편찬에만 국한시켜 말하는 것이 아니며, 민족 전체가 반성할 일이라 하겠지만 우리에게는 충분한 준비 없이 맞이한 해방이었기 때문에 뚜렷한 민족적 구심력도 사태에 대응할 역량도 절실한 의욕도 부족하였으며, 결과적으로 새로운 민족혼을 되살리어 모든 일제의 잔재를 불식하기란 힘겨운 일이었다고 하겠다.”[4] 이 시기의 교과서가 일제 잔재를 불식하기에는 부족하였다고 결론 내리고 있다.

4.3. 제2차 교수요목기

1946년 3월 군정법령 제64호로 군정청 학무국이 문교부로 승격 개편되었으며, 9월 1일에는 각급학교의 교과과정이 제정되어 9월 20일에 발표되었다. 11월 10일에는 문교부 편수국에서 국민학교 교과서를 500만부 배부하였으며 1947년 1월에는 중등국어교본(중)이 편찬되고, 7월경에는 초·중등학교의 교과서가 80%정도 확보되었다. 6월 28일에는 군정청의 행정명령 제4호로 한국어를 공용어로 한다고 공포하였으며,

---

4) 한국교육개발원(1982) 『한국의 교과서 변천사』pp.29~30.

11월 30일에는 의무교육의 전면적 실시가 발표되었다. 1948년 5월 10일에는 남한만의 총선거를 실시하여 첫 국회의원 선거가 있었고, 초대 국회의장으로 이승만이 선출되었고 7월 17일에는 헌법이 제정 공포되었다. 7월 24일 이승만이 대통령으로 취임하게 되고, 정부기구가 11부 4처 66국으로 결정되었으며, 초대 문교부장관으로 안호상씨가 임명 발표되었고, 8월 15일 드디어 미군정이 폐지되고 대한민국 정부가 수립되었으며, 북한에서는 9월 9일 조선민주주의인민공화국의 성립을 선포하게 되었다. 1948년 10월부터 교육법 제정을 놓고 국회와 정부가 대립하였는데, 대립현안은 학제로써 국회의 6-4-2-4제와 정부의 6-3-3-4제가 대립하였으며 결국, 정부안으로 결정되어 드디어 1949년 12월 31일에 법령제86호로 교육법이 공포되었다.

1950년도 신학년에는 6년제 의무교육이 시작되었고 6·25전쟁으로 인하여 교육이 일시 중단되었다가 10월 16일에 다시 초·중등학교가 일제 개교에 들어가고 51년 2월에는 전시하의 교육특별조치가 있으면서 부족한 교육조건을 극복하며 교육이 진행되었다. 3월부터 6-3-3-4제가 실시되면서 중고등학교가 완전 분리되었으며 한강이남지역의 지방교육 자치제가 실시되었다.

1952년 7월 19일 문교부 장관은 외국어학교 창설을 언명하였으며 1953년 3월에 교수요목 제정 심의위원이 위촉되어 1954년 4월 교육과정 시간배정 기준령이 공포되고 12월에는 초·중·고교용 교과서 개편 작업이 완료되었으며, 1955년 8월 1일에는 제1차 교육과정이 공포되면서 교수요목기가 끝나고 교육과정기에 접어들게 되었다.

4.4. 교육 기관

미군정 초기의 교육기관은 초등학교와 중등학교로서, 초등학교는 6년제 국민학교였으며 중등학교는 4년제 중학교였다. 홍웅선((1979)에 의하면 이것은 1947년 4월에 6년제로 바뀌어 6-6-4년제가 되었다고 한다. 그러나 이러한 형식으로 개편된 고등학교의 교육과정 문서를 발견하지 못하였고, 『교육 40년사』의 연표상의 기술에도 큰 차이가 있는 것을 발견하게 된다. 편제에 관한 키워드를 중심으로 표로 만들어 보았다. <표94>를 중심으로 정리해보면, 해방후에는 6-4제로 국민학교는 1945년 9월 24일에 개교하였으며, 중학교는 4년제로 10월 1일에 개교하였다. 이 학제는 12월 5일에 교육심의회를 거쳐 6-6-4년제로 결정되고[5] 1946년 2월 22일에 군정청 학무국을 통하여 발표되었으며, 국민학

---

5) 교육제도 분과위원회에서는 새로운 교육제도에 관한 심의가 진행되었다. 제2차 전체회의에서 채택한 학제는 ①학교체제를 취학전 교육, 초등교육, 중등교육, 고등교육 및 특수교육의 5단계로 하고, ②유치원으로부터 대학원까지 전체 교육연한을 20년으로 정하고, ③남녀공학을 원칙으로 하였으며, ④재래의 3학기제를 2학기제로 하여 1학기를 9월부터 다음해 2월까지, 2학기를 3월부터 8월까지로 하였으며 신제도는 1946년 9월부터 실시하기로 하였다. 이 때 제정한 교육제도는 종래의 2원제에서 1원제를 채택함과 동시에 신민시대의 간이학교·보습학교·강습과·연습과 등을 폐지하였다. 각급학교의 교육연한은, 국민학교 6년, 중학교 3년, 고등중학교 6년(고등중학교의 전기 3년을 중등과, 후기 3년을 고등과라 함), 실업고등중학교 6년, 사범학교 3년, 대학 4년, 의과대학 6년(전기 2년은 예과) 그리고 의과대학을 제외한 일반대학에 1년 이상의 대학원 과정을 두었다. 이어서 신·구 양제도에 대한 과도 조치를 다음과 같이 정하였다.
국민학교 : 재래의 고등과를 폐지하고, 그 학생을 신제도 중학교에 편입함.
중등학교 : 1946년도 4학년 졸업예정자는 고등중학교의 고등과 2학년에 편입하도록 함.
전문학교 : 1946년에 중등학교 4년을 졸업하고 전문학교에 입학한 학생은 그 학생들이 졸업할 때까지 존속시키거나 또는 신제도에 의한 각 대학 해

교 6년(6세~12세), 중학교 6년(초급중학 3년, 고급중학 3년, 12세~18세), 대학교 4년(18세~21세) 학제였다.

<표94> 교수요목기의 학제 키워드

일시	학제
1945.10.17 1945.12.5 1945.12.17	9월1일을 신학기로 하는 연2회의 새학기 결정 교육심의회에서 학제를 새로 결정(6-6-4년제) 교육심의회에서 추기를 신학기로 하는 연2학기제 결정
1946.2.22 1946.6.12 1946.9.1	학제 개혁(초등학교 6년, 초급중학 3년, 고급중학 3년). 군정청 학무국에서 학령을 발표, 국민학교(6~12)중학교(12~18)대학교(18~21) 중학교 수업연한을 5년으로, 전문대학 수업연한 3년을 4년으로 각급학교의 교육과정 제정 6-6-4제로 학제 변경
1948.10.11 1948.10.16	문교심의회, 중·고 분리방침의 신학제 6-4-2-4제 가결 신학제 개형 성안 6-3-3-4
1949.9.20 1949.11.26 1949.12.31	문교부안 6-3-3-4학제와 국회문교사회분과 위원회안6-4-2-4학제 대립 교육법 국회 완전 통과(6-3-3-4기분학제 확립) 교육법 공포(6-4-2-4제)
1050.2.10 1950.2.13	정부 학제안(초6, 중4, 고3, 대4, 사범3) 결정 4월 1일을 학기 초로 정함
1951.3.27	문교부 6-3-3-4 신학제 실시
1952.4.8?	교육법 학교제도에 따라 중고등학교 완전 분리

이 학제에 따라 1946년 9월 1일 각급학교의 교육과정이 제정되었다. 그 후 1948년에는 교육법의 제정을 놓고 국회의 문교심의회와 정부의 문교부 두 기관이 대립하였는데, 대립의 현안은 학제였으며, 국회문교

당학년에 진학 또는 편입함.
대학 : 신제도의 대학에서는 현재의 예과나 전문부 졸업자가 입학함.
사범학교 : 현재의 학생이 전부 졸업할 때까지 존속시킴. 현 제도의 4학년 졸업자는 신제도의 사범학교 2학년에, 또 5년제 졸업자는 3학년에 입학케 한다. 현재 본과 재학자는 사범대학의 각 상당 학년에 편입함. 신제도의 사범학교 입학은 남녀 중고등학교 3학년 수료자나 그 이상의 학력을 가진 자로 함. 유봉호(1992), 전게서, pp.291~292.

심의회는 6-4-2-4제를, 정부문교부는 6-3-3-4제를 주장하였다. 결국, 1949년 11월 26일 교육법은 국회를 완전 통과하였고 학제는 6-3-3-4제로 결정되었다. 그 후 6·25전쟁을 거치면서 1951년 3월 27일 문교부는 신학제인 6-3-3-4제를 실시하고, 1952년 4월에는 교육법 학교제도에 따라 중학교와 고등학교를 완전 분리시켰다.

다음은 각급 학교의 교과목 편제와 시간배당에 대하여 살펴보기로 한다. 중학교에 고등학교가 포함된 학제로 1945년 9월 30일에 발표된 중등학교 교과목 편제와 시간배당은 아래 <표95>와 같으며, 이것은 공사립학교와 고등여학교의 과정표로서 일주일에 32시간부터 35시간까지이며 하루 평균 5~6시간 정도인데 과목의 중점은 남녀학교를 통하여 국어과 최고 7시간으로 가장 많고 외국어로 영어가 들어 있다.

<표95> 중등학교 교과편제 및 시간배당(1945.9)

교과 학년	공민	국어	지리 역사	수학	물리 화학	가사	재봉	영어	체육	음악	습자	도화	수예	실업	계
1 중학	2	7	3	4	4	—	—	5	3	1	1	1	—	1	32
고녀	2	7	3	3	3	2	2	4	2	2	1	1	1	—	33
2 중학	2	7	3	4	4	—	—	5	3	1	1	1	—	1	32
고녀	2	7	3	3	3	2	3	4	2	2	—	—	1	—	32
3 중학	2	6	4	4	5	—	—	5	3	2	—	1	—	2	34
고녀	2	6	3	2	4	4	3	4	2	2	—	1	1	1	35
4 중학	2	5	4	4	5	—	—	5	3	2	—	—	—	3	33
고녀	2	5	3	3	4	4	4	4	2	2	—	1	1	1	36

1년 후인 1946년 9월 20일 발표된 초급중학교(1, 2, 3학년) 교과과정표에는 외국어로 영어가 들어가 있고 영어는 초급중학교 3년 수료후 상급학교에 진학하려는 학생은 필수 과목이었다. 처음으로 제2외국어 과목이 들어가 있는 것은 같은 날 발표된 고급 중학교(4, 5, 6학년)의 교과과정표로, 고급중학교는 현재의 고등학교에 해당한다.

<표96> 고급중학교 4, 5, 6학년 교과과정표(1946. 9. 20)

	과목/학년	4학년	5학년	6학년
필수 과목	국어	3	3	3
	사회생활	5	6	5
	수학	5	0	0
	과학	5	5	0
	체육·보건	3~5	3~5	3~5
	외국어	0~3	0~3	0~3
선택 과목	국어	2	2	2
	사회생활	(5)	(5)	(5)
	수학	0	5	5
	과학	0	0	5
	외국어	5	5	5
	음악	1~3	1~3	1~3
	미술	1~3	1~3	1~3
	심리	0	0	5
	실업	5~18	5~20	5~25
	합계	39	39	39

함종규((1984)pp.29~30) 박상만(4270) 한국교육사(하)pp.56~57.

위의 <표96>을 보면 필수과목과 선택과목에 각각 외국어 과목이 있는데 필수과목의 외국어는 영어이며, 선택과목 중 외국어는 중어, 불어, 노어, 독어였다. 특이한 것은 필수과목인 영어가 0~3단위였던 것에 비해, 선택과목인 외국어가 5단위였다는 점이다. 당시의 상황은 미국의 원조에 의해 국가체재가 이루어졌고 따라서 미국 문화의 도입 등에 의한 사회적 분위기를 반영한다면 가장 높은 비중으로 다루어졌을 영어가 시간수로 보아 다른 외국어보다 낮은 비중으로 교육과정에 편제되었다는 것이다. 구체적인 교과목표, 내용 등 수업활동의 지침이 될 내용 등은 해방 직후 관계자료가 6·25전쟁으로 인해 분실 또는 소실된 것이 많아 현재로서는 자세히는 알 수 없고 차후 이 시대의 자료의 발굴과 분석을 통하여 파악하여야 할 것이다.

다음은 각급 학교의 학생수에 대하여 살펴본다. 1945년에서 1954년까지의 각급학교 수와 학생수 증가추세를 <표97>로 보이면 다음과 같다.[6] 유봉호(1992)는 아래 표에 대하여 설명하면서, 1953년 7월 27일 휴전 협정이 조인되고, 8월 10일 문교부가 서울로 복귀한 후 교육의 과제는 교육제도의 정비, 교육시설의 정비, 그리고 교육과정의 개편등 산적하여 있었으며, 그 중에도 교육인구의 급격한 증가로 이에 적합한 학교의 증설, 교원양성, 전후의 학생 생활지도의 문제 등이 두드러진 과제로 부각되었는데, 즉, 1945년에 비해 1954년의 교육인구는 중학교의 경우 학교수는 3배 이상 증가하였고 학생수는 약5배 증가해서 이러한 교육인구의 급증은 해방 후 교육의 기회가 확대되고 국민들의 교육열이 고조되어 나타난 현상이라고 하였다.

<표97> 한국의 초·중등·고등학교의 학교수와 학생수

	국민학교		중등학교		대학교(전문포함)	
	학교수	학생수	학교수	학생수	학교수	학생수
1945년	3,037	1,372,883	297	79,846	21	7,110
1948년	3,507	2,343,419	334	215,527	29	21,250
1950년	4,031	2,646,960	505	348,540	47	20,000
1952년	3,923	2,379,506	886	410,758	52	34,000
1954년	4,082	2,703,531	929	373,567	66	66,400

---

6) 유봉호(1992), 전게서, p.309.

요수요목기에는 일본어 교육이 없었던 시기라고 위에서 언급하였다. 이 시기에는 일본어 교육 관계 키워드보다는 일본과의 관계에 관한 몇 개의 키워드가 존재한다. [주일 대표부], [일본 유학생], [한일 통상], [한일 회담], [대통령 도일], [반일 교육] 등의 키워드인데, 주로 한일 관계에 대한 것이다.

[주일 대표부]는 해방 후 4년이 흐른 1949년 1월 4일(14일설 있음) 동경에 설치되었다. 1948년 8월 15일에 새 정부를 수립한 대한민국은 일본과의 국교는 없었으나 외교문제가 산적해 있었다. 일본에 거주하는 70만 교민의 보호와 영사문제, 전신·전화·어업권 분쟁, 연합군 최고사령부와의 교섭 등의 외교문제 처리 등을 위한 기구로 대한민국을 대표하는 외교 기구였다. 위치는 도쿄(東京) 중심부 銀座 4丁目에 소재한 服部빌딩이었다. 그리고 대한해운공사 사장이었던 김용주(金龍周)가 주일대표부 전권공사로 임명된 것은 한국전쟁이 일어나기 20일 전인 1950년 6월 6일이었다. 당시의 우리나라는 주미대사, 주영공사 등을 파견하고 있을 뿐이었으니 '주일대표부 전권공사'라는 직책은 대단히 큰 비중을 지닌 자리였다. 김용주 공사와 맥아더 장군과의 면담은 유명한 일화를 남기고 있다.[7]

[일본 유학생]에 관한 것은 1949년 4월 17일 일본 유학생 선발위원회가 구성되었고, 문교부 특수교육과는 일본유학생 파견을 이공과계

---

7) 1950년 9월 10일경 김영주는 서울 폭격을 계획하고 있던 맥아더 장군을 만나 면담하고 문화재가 위치한 곳은 폭격에서 제외해 주도록 요청한 일화는 유명하며, 이 요청으로 인하여 덕수궁, 경복궁, 비원, 종묘 등이 보존될 수 있었으며, 서울시는 그가 작고한지 9년이 지난 1994년 9월 28일에 '서울 탈환 제44주년 기념식 행사'를 가졌고 그 기념식장에서 '고 김용주 주일공사'의 유족에게 감사패를 드렸다. 서울 문화유적 보존에 대한 공적을 높이 평가한 때문이었다.

학생에 국한할 것을 5월 28일에 발표하였고, 9월 6일에는 일본유학 문제가 SCAP[8)]에서 승인되었으며, 9월 13일에 문교부 각 국장으로 구성된 일본 파견 유학생 선정위원회가 설치되었다.

1949년 12월 17일에 [한·일 통상]이 비준되었으며, 21일에 발효되어, 1950년 3월 5일에 한일 통상회의가 개최되었다.

이 시기의 [한·일 회담]은 1951년 10월에 시작되어, 1회의 예비회담과 3회의 본 회담이 개최되었다.

<그림9> 한·일 회담 경과

예비회담(동경) 1951.10.6	제1차 회담 1951.10.20	제2차 회담 1953.4.15~ 7.23	제3차 회담 1953.10.6~21 久保田망언(15일)	결렬 ⇒	제4차 회담 1958.4.15

우리측은 먼저 '한일 간 재산 및 청구권협정 요강 8개항'을 제시했다. 이에 대해 일본측은 일본인의 한국 내 사유재산에 대해 청구권이 남아 있다는 이른바 '적반하장'식 '역(逆)청구권'을 주장하여 회담은 결국 결렬되었으며, 1953년 1월 5일에는 이승만 [대통령의 일본 방문]이 있었다. 53년 제2차, 제3차 회담에서 일본의 '역청구권'은 불가하다는 미 국무부의 유권해석에도 불구하고 일본은 같은 주장을 되풀이했다. 특히 3차 회담에서는 "일본의 36년 간의 한국통치는 한국인에게 유익했다"라는 구보타(久保田)의 망언으로 한일회담은 결렬되어 58년 기시 내각이 들어설 때까지 무려 4년 간이나 표류하게 된다. 이승만 정부는 일본측 태도에 격분하여 반일을 국시로 내세우고 [반일 교육]을 강화하였으며, 평화선을 침범하는 일본어선을 가차없이 나포함은 물론 어업자

---

8) SCAP[Supreme Commander (for the) Allied Powers]연합국 군총사령관 최고사령부

원보호법을 적용, 일본어부에 체형을 내리고 선박을 몰수하였다. 그리고 55년 11월에는 평화선을 침범하는 일본어선을 격침한다고 경고하고, 일본정부는 평화선 수역에 출어 중이던 일본어선에 대피령을 내린 일도 있었는데, 54년부터 57년까지 나포된 어선은 90여척, 나포된 어부는 1,200여명을 헤아리게 되었다. 구보다 망언과 평화선 문제로 한일관계가 악화 일로를 거듭하자, 1955년 11월 미국무성은 한일양국의 요청이 있으면 분쟁을 조정할 용의가 있음을 밝히는 성명을 내기까지 하였다. 미국의 중개도 있고 하여 57년에 들어서 주일대표부와 일본외무성 사이에 절충이 오고간 끝에, 동년 8월 20일 제4차 회담을 마련하기 위한 예비회담이 열리게 된다.[9]

---

9) 김성준(1997) 『역사와 회고』국학자료원, p.712.

〈일본어 교육사 관계 법령(상)〉

홈→함이라, 此→이, 及→및, ᄒᆞ는→하는, 者는→자는, 其→그, 又는 →또는, ~에 至홈→까지로 바꾸어 번역하였음.

1. 경국대전기

≪태조실록(1393) 004 02/09/19(신유) /[원전]1집 50면≫ 사역원(司譯院)을 설치하고 중국말을 익히게 하였다.

≪세종실록(1430) 049 12/08/29(정유) /[원전]3집 257면≫ 예조에서 아뢰기를, "지난 을미년 수교(受敎)에, '왜학(倭學)을 설치하고 외방 향교(鄕校)의 생도와 양가(良家)의 자제들로 하여금 입속(入屬)하게 하여, ..."

≪태종실록(1414) 028 14/10/26(병신) /[원전]2집 43면≫ 사역원(司譯院)에 명하여 일본어(日本語)를 익히게 하였다. 왜객 통사(倭客通事) 윤인보(尹仁甫)가 상언(上言)하기를, "일본인(日本人)의 내조(來朝)는 끊이지 않으나 일본어를 통변하는 자는 적으니, 원컨대, 자제(子弟)들로 하여금 전습(傳習)하게 하소서." 하니, 그대로 따랐다.

통문관지-권2-권장-과거 p.76.
○왜학 8책은 첩해신어, 번역 경국대전등이었다. 첩해신어 10권 중에서 7곳을 추첨하여 글자를 베껴 쓰게 하고, 경국대전의 번역은 한학과 똑같이 한다.
○처음에는 이로파, 소식서격, 노걸대, 동자교, 잡어, 본초의론, 통신, 구양물어, 정훈왕래, 응영기, 잡필부사 등 모두 14책을 썼는데, 언어가 소루한 것이 많아

서 당시에 사용하기에 적합하지 아니하였다. 때문에 강희 무오년(1678)에 오로지 이 책들만을 사용하였고, 앞의 책들을 모조리 없애버렸다(계사등록에 나와 있다.)

2. 학부령기

2-1. 소학교령(칙령 제145호, 1895. 7. 19)

제1장 소학교의 본지와 종류 및 경비

제1조 소학교는 아동신체의 발달함에 鑒하야 국민교육의 기초와 그 생활상 필
　　　요한 보통지식과 기예를 수함으로써 본지로 한다.

제2조 소학교를 분하야 관립소학교 공립소학교 사립소학교의 3종으로 함이라.
　　　관립소학교는 정부의 설립이오, 공립소학교는 부 혹은 군의 설립이오
　　　사립소학교는 사인의 설립에 係하는 자를 云함이라.

제3조 관립소학교에 요하는 경비는 국고에서 비변하고 공립학교에 요하는 경
　　　비는 부 혹은 군에서 부담함이라.

제4조 사립소학교는 각해 관찰사의 인가를 경하야 설치함이라.

제5조 사립학교경비는 지방이재 혹은 국고에서 幾計를 보조함을 득함이라.

제2장 소학교의 편제 및 남녀아동의 취학

제6조 소학교를 분하야 심상 고등 2과로 함이라.

제7조 소학교 수업연한은 심상과는 3년 고등과는 2년 3년으로 한다.

제8조 소학교의 심상과교과목은 수신 독서 작문 습자 산술 체조로 함이라. 시
　　　의에 의하야 체조를 제하며 또 본국지리 본국역사 도화 외국어의 1과
　　　혹은 수과를 가하고여아를 위하야 재봉을 가함을 득함이라.

제9조 소학교 고등과의 교과목은 수신 독서 작문 습자 산술 본국지리 본국역
　　　사 외국지리 외국역사 이과 도화 체조로 하고 여아를 위하야 재봉을 가
　　　함이라.
　　　시의에 의하야 외국어 1과를 가하며 또 외국지리 외국역사 도화 1과 혹
　　　은 수과를 제함을 득함이라.

제10조 제8, 9조에 의하야 소학교의 교과목을 가제하기는 그 관찰사가 학부대
　　　신의 허가를 수함이라.

제11조 각부 관찰사는 소학교교칙 대강에 의하야 그 관내 소학교교칙을 정하되

학부대신의 허가를 수함이라. 소학교 교칙대강은 학부대신이 정함이라.

제12조 소학교 단급다급의 제와 남녀를 구별하거나 혹은 混淆하야 교수할 경우와 1교관의 교수할 아동수효에 관함은 학부대신이 정함이라.

제13조 소학교의 휴업은 일요일 외에 동기하기를 병하야 매년 90일을 越치 못함이라. 시의에 의하야 학부대신의 허가를 수하고 전 항의 기한을 원함을 득함이라.

제14조 소학교의 매주교수시한 및 경절일의식 등에 관함은 학부대신이 정함이라.

제15조 소학교 교과용서는 학부편찬 외에도 혹은 학부대신의 검정을 경한 자를 용함이라.

제16조 아동의 만7세로 만15세까지 8개년으로 학령을 정함이라.

제3장 소학교의 설치 및 감독

제17조 각부군에는 그 관내에 학령아동의 취학할 공립소학교를 설치함이라.

제18조 각부관찰사는 그관내에 공립소학교를 설치하기 전은 사립소학교로 대용함을 득함이라.

제19조 각부군에 설치랄 공립소학교의 교수 및 위치는 학부대신이 정함이라.

제20조 관립소학교은 학부에 직할공립소학교는 각해부의 관할에 속하며 사립소학교는 각해 관찰사의 감독을 수함이라.

제4장 소학교장 및 교원

제21조 소학교교원은 소학교교원의 허장이 유한 자로써 함이라.

제22조 소학교교원의 허장을 혁할 시에는 검정에 합격함을 요함이라.

제23조 관립소학교교원은 학부대신 공립소학교교원은 각해 관찰사가 임용함이라.

제24조 관립 공립소학교교원은 판임으로 하고 그 관등 봉급은 별로 정함이라.

제25조 관립소학교장은 학부대신이 공립소학교장은 당해 관찰사가 그 학교의 교원중으로 겸임케 하되 단 관찰사는 학부대신의 인가를 수한 후에 행함이라.

시의에 의하야 학부주사 혹은 지방청주사로 겸임케 함이라.

제26조 소학교 교원이 부정한 소이있어 그 직을 실하거든 허장을 환수함이다.

부칙

제27조 본령은 개국 504년 8월 1일로부터 각 지방의 상황에 의하야 점차로 시
행함이라.

제28조 공립소학교 경비는 현금간 국고에서 지변함이라.

제29조 현금간은 관립소학교 및 공립소학교의 경비예산내에서 외국교사를 傭
入함을 득함이라.

2-2. 소학교교칙대강(학부령 제3호, 1895. 8. 12)

제1조 소학교는 소학교령 제1조의 취지를 존봉하야 아동을 교육함이라. 덕성을 함양하고 인도를 실천함을 면하는 거시 교육상에 제1주안이 되는 고로 아무 교과목이라도 차에 관련하는 사항은 별로 유의하야 교수함을 요함이라. 지식과 기능을 확실하야 실용에 적함을 요하는 고로 일상생활에 필요한 사항을 택하야 교수하고 반복연습하야 응용이 자존케 함을 무함이 가함이라. 각 교과목의 교수는 기 경영과 방법을 호상연락하야 보익함을 요함이라.

제2조 수신은 교육에 관한 소칙의 취지에 기하고 아동의 양심을 계도하야 그 덕성을 함양하며 인도를 실천하는 방법을 가르침을 요지로 함이라.

　　　심상과에는 효제 우애 예경 인자 신실 義勇 恭儉 등 실천하는 방법을 수하고 별로히 존왕애국하는 사기를 양함을 무하고 또 신민으로써 국가에 대하는 책무의 대요를 지시하고 겸하야 염치의 중함을 지케 하고 아동을 誘掖하야 풍속과 품위의 순정에 추함을 주의함이 가함이라. 여성은 별로히 정숙한 미덕을 기르게 함이 가함이라. 수신을 수하는 시에는 근이한 이언 가언 선행등을 예증하야 권계를 시하고 교원이 몸소 아동의 모범이 되어야 아동으로 하여금 浸潤薰染케 함을 요함이라.

제3조 독서와 작문은 근으로 유하야 원에 급하며 간으로 유하야 繁에 就하는 방법에 의하고 먼져 보통의 언어와 일상수지의 문자, 자구, 문법의 독법과 의의를 지케하고 적당한 언어와 자구를 용하야 정확히 사상을 표창하는 능을 養하고 겸하야 지덕을 계발함을 요지로 함이라.

　　　심상과에는 근이적절한 사물에 취하며 평이하게 담화하고 그 언어를 연습하야 국문의 讀法 書法 綴法을 知케 하고 차제로 국문의 단문과 근이한 한문의 교문을 授하고 점짐하기를 종하야 독서, 작문의 교수시간을 분하는되 독서는 국문과 근이한 한문의 교문과 일용서류 등을 함이 가함이라.

　　　고등과에는 도서는 한자의 교문과 일용서류를 가를침이 가함이라.

　　　독서와 작문을 수하는 시에는 단어, 단구, 단문 등을 書取케 하고 혹 개작하야 국문 사용법과 어구의 용법에 熟하게 함이 가함이라. 독본의 문법은 평이케 하야 보통 국문의 모범됨을 요하는 고로 아동의 이해하기 易하야 그 심정을 쾌활 순정케함을 採함이 가하고 또 그 사항은 수신, 지리, 역사, 이과, 기타 일용생활에 필요하고 교수에 취미를 添함이 가함이라. 작문, 독서와 기타 교과목에 授한 사항과 아동의 일상견문한 사항 및 처세에 필요한 사항을 기술하되 행문이 평이하고 旨趣가 명료케 함을 요함이라. 언어는 타 교과목의 교수에도 항상 주의하야 연습케 함을 요함이라.

제4조 습자는 통상문자의 서법을 알게 하고 운필에 습숙케 함을 요지로 함이라. 심상과에는 국문과 근이한 한문을 交하는 단구와 통상의 인명 물명 지명 등의 일용문자 및 일용서류를 습케함이 가함이라. 고등과에는 전항의 사항을 擴하며 일상적절한 문자를 증가하고 또 일용 서류를 습케함이 가함이라. 한자의 자체는 심상과에는 해서 혹 행서로 하고 고등과에는 해서, 행서, 초서로 함이라. 습자를 수하는 시에는 별로히 자세를 정하고 執筆과 운필을 정케 하야 字行은 整行히 하며 運行은 힘써 速케 함을 요함이라. 타교과목의 교수에 문자를 書하는 時에도 또한 그 자형과 字行을 正하게 함을 요함이라.

제5조 산술은 일용계산에 습숙하게 하고 겸하야 사상을 정밀케 하고 또한 생업상에 유익한 지식을 여함을 요함이라.

심상과에는 최초에는 십위 이하수의 범위내에 置하는 계산법과 가감승제를 授하고 점차로 수범위를 擴하야 만이하수의 범위내에 置하는 가감승제와 통상소수의 계산법을 가르침이 가함이라. 초년으로부터 점차로 도량형화폐와 시각의 制를 수하고 이를 일용사물에 적용하야 그 계산에 습숙케 함이 가함이라. 심상과에는 필산과 주산을 용하고 또 필산 주산을 병용함은 토지의 정황에 의함이 가함이라.

고등과에는 필산 주산을 병용하되 주산은 가감승제를 연습하고 필산은 초에는 도량형화폐와 시각의 계산을 연습하게 하고 점진하는 대로 간이한 비례문제와 통상분수 소수를 병하야 수하며 또 학교의 수업연한에 응하고 다시 복잡한 비례문제등을 가르침이 가함이라.

산술을 수함이 理會力을 정밀케 하고 운팰에 습수가하야 응용에 자존하기를 무하고 또 항상 정확한 언어를 용하야 운필의 방법과 이유를 설명케 하고 또 암산에 숙달케 함을 요함이라. 산술의 문제는 타교과목에서 수한 사항을 적용하고 또는 토지의 정황을 斟酌하야 일상 적절한 자를 택함이 가함이라.

제6조 본국지리 및 외국지리는 본국지리 및 외국지리의 대요를 수하야 그 생활에 관하는 중요한 사항을 이해케 하고 겸하야 애0국하는 정신을 요지로 함이라.

교과에 본국지리를 가하는 시에는 향토의 지형방위 등과 아동이 일상 목격하는 사물에 취하야 단서를 개하고 점진하는 대로 본방의 지형, 기후와 저명한 도ㅛ회와 인민의 생업 등의 개략을 수하고 지구의 형상과 수륙의 분별과 기타 아동의 이해하기 易하고 중요한 사항을 알게 함이 가함이라.

고등과에는 본국지리는 전항에 준하야 소상히 가르치고 다시 지구의 운동과 주야4시의 원유를 해케 하고 지리는 대양대주 5대의 분별과 각 대주의 지형, 기후와 산물 인종 및 일본 지나와 본방의 관계에 중요한 제국지리의 개략을 가르침.

지리를 수하매 실지의 관찰에 기하고 또 지구의와 지도 사진 등을 示하고 아동의 숙지하는 事로 비교하야 확실한 지식을 득케 하고 또 항상역사의 사실에 연락케함을 요함이라.

제7조 본국역사는 국체의 대요를 일게 하야 국민지조를 기름을 요지로 함이라.

교과에 본국역사를 더할 때에는 향토에 관한 사담으로부터 시작하야 점진 건국의 체제와 현국늬 성업과 충량현철의 사적과 개국유래의 경개를 수하야 국초로부터 현시에 이르기까지 사경의 대요를 알게 함이 가함이라.

고등과에는 전항에 준하야 소상히 국초로부터 현시에 이르기까지 사력을 수함이 가함이라.

본국역사를 수함이 아동으로 하여금 당시 실상을 상상하기 쉬운 방법을 採하고 인물의 언행들에 취하야는 이를 수신에 가르친 격언 등에 조하야 정사 시비를 분별케 함을 요함이라.

제8조 이과는 통상의 천연물과 현상의 관찰을 정밀케 하고 인생에 대하는 관계의 대요를 이해케 함을 요지로 함이라.

최초는 주하기를 학교 소재 지방에 식물 동물 및 자연현상에 취하야 아동의 목격으로 얻은 사실을 가르치고 그중 중요한 동식물의 형상 및 생활발육하는 상태를 관찰케 하야 그 대요를 이해케 하고 나아가서는 동식물과 인생에 대하는 관계되는 것과 물리 화학의 현상과 아동의 목하는 기계의 구조 작용 등을 히해케 하고 겸하야 인신의 생리와 위생의 대요를 가르침이 가함이라.

이과를 가르치매 실지의 관찰에 기하고 혹 표본, 모형, 도화 등을 시하고 또 간단한 시험을 시하되 명료히 이해케 함을 요함이라.

제9조 도화는 안과 수를 연습하야 통상의 형체를 看取하고 正畫하는 능력을 기루고 겸하야 의장을 練하고 형체의 미를 辨知케 함을 요지로 함이라.

심상과에 도화를 가하는 시에는 직선 곡선 및 그 단형으로로부터 시작하야 시시로 직선, 곡선에 기한 제형을 습하야 그리게하고 점진하는 대로 간단한 형체를 그리게 함이 가함이라.

고등과에는 처음에는 전항에 준하고 점진하는대로 제반의 형체에 옮기고 실물과 혹 화본에 취하야 그리게 하고 또 시시로 자기의 의사로써 立題케 하고 겸하야 간단한 용기물의 그림을 가르침이 가함이라.

도화를 가르침에 타교과목에 가르친 물체와 아동의 일상 목격하는 물체 중에 취하야 그리게 하고 겸하야 청결을 좋아하고 정밀을 상하는 습관을 기룸을 요함이라.

제10조 체조는 신체의 성장을 균제건강케 하며 정신을 쾌활 剛毅케 하고 겸하야 규율을 지키는 습관을 기룸을 요지로 함이라.

최초에는 적의한 유희를 하게 하고 점차로 보통체조를 가하되 편의한 병식체조의 일부를 가르침이 가함이라. 여학생에 가르치는 체조는 적의케 절충함이라.

상지의 상황에 의하야 체조교수시간외에도 적의한 호외운동을 하게 함이 가함이라. 체조교수에 의하야 습성한 자세는 항상 이를 보케 함을 요함이라.

제11조 재봉은 안과 수를 연습하야 통상의복의 봉법과 재법을 숙습케 함을 요
　　　 지로 함이라.

　　　 심상과의 교과에 재봉을 가하는 시는 위선 운침법을 가르치고 점차로
　　　 간이의복의 봉법과 통상의복의 보철을 가르침이 가함이라.

　　　 고등과에는 최초는 전항에 준하야 점진통상의복의 봉법과 재법을 가르
　　　 침이 가함이라.

　　　 재봉의 품류는 일상소용의 물품을 선발하야 가르칠 것에 용구종류와 의
　　　 류보존과 세탁방등을 교시하고 항상 절약이용의 습관을 함양함을 요함
　　　 이라.

제12조 교과에 외국어를 가함은 장래 생활상에 그 지식의 긴요를 인함이라. 근
　　　 이한 單語, 短句, 談話, 文法, 作文을 가르치고 외국어로써 簡易한 會話
　　　 및 通信 등을 解케 함이 가함이라. 외국어를 가르침에 항상 그 발음과
　　　 문법에 주의하고 정확한 국어를 用하야 意解케 함을 요함이라.

제13조 각부관찰사는 제2조로부터 제11조까지 揭한 범위내에 학급의 편제 및
　　　 수업연한에 응하고 편의한 교과목 교수의 정도를 규정함을 요함이라.

제14조 소학교장 혹 수석교원은 소학교칙을 종하고 그 소학교에 교수할 각교과
　　　 의 세목을 정함이 가함이라.

제15조 소학교장 및 수석교원은 수업연한의 끝에 이르러 아동의 학업성적을 考
　　　 하고 소학교교칙에 정한 과정을 졸업함으로 인정한 시에는 졸업증서를
　　　 수여함이 가함이라.

2-3. 외국어학교관제(칙령 제88호, 1895년 5월 10일)

제1조　외국어학교는 생도를 광모하야 제외국의 어학을 교수하는 處로 함이라.
제2조　외국어학교에서 교수함이 가하는 외국어의 종류는 시의에 의하야 학부
　　　 대신이 정함이라.
제3조　학부대신은 필수에 응하야 외국어학교의 지교를 지방에 치함을 득함이라.
제4조　외국어학교에 左開하는 직원을 置함이라.

　　　　학교장　1인　奏任　　　　　　　　　　　　　부교관　5인이하　判任

교관　4인이하 奏任 및 判任	서기 3인이하 判任

제5조　학교장은 학부대신의 명을 승하야 교무를 掌理하야 소속직원을 감독함
　　　이라.

제6조　교관은 생도의 교수를 장하고 부교관은 교관의 직무를 보좌함이라.

제7조　서기는 상관의 명을 승하야 서무 회계에 종사함이라.

제8조　지교를 置하는 시는 매지교에 左開하는 직원을 置함이라.

지교장 1인　奏任 혹 判任	부교관 3인이하 判任
교관 2인이하 奏任 혹 判任	서기　2인이하 判任

제9조　지교직원의 직무는 제5조 제6조 제7조와 同함이라.

제10조 학교장 및 서기는 학부 주판임관으로 지교장 및 서기는 지방관원 중으
　　　로 겸임케 함을 득함이라.

제11조 교관 침 부교관은 혹 외국인을 고용하야 충함을 득하니 그 원수는 학부
　　　대신이 필수에 응하야 종의하야 정함이라.

　　　단, 雇外國人의 대우는 교관은 주임 부교관은 판임으로 정함이라.

2-4. 외국어학교규칙(학부령 제11호, 1900. 6. 27)

第1款 총칙

제1조　외국어학교는 개국504년 5월 10일 칙령 제88호 외국어학교 관제 제1조
　　　에 의하야 외국어를 교수함이라.

　　　외국어에 인하야 보통학도 교수함이 한문으로 독서 작문과 본국역사 지
　　　지도 교수함이라.

제2조　일어학, 영어학, 법어학, 아어학, 한어학, 덕어학을 분교하야 置함이라.

제3조　수학연한은 일어학, 한어학은 3년으로 영어학, 법어학, 아어학, 독어학은
　　　5년으로 정함이라.

제4조　생도에게 재학중은 교과서를 차급하고 필요한 지필묵을 지급함이라.

제5조　교관과 부교관이 생도의 교수도 장하고 교장의 명을 승하야 학교서무에
　　　종사하며 생도감독함을 득함이라.

제6조 외국어학교 관제 제11조에 의하야 외국교사를 고용할 시에는 생도감독함을 교사와 교관 부교관이 상의하야 교관이나 부교관이 교장에게 보명 승인한 후에 시행함이라.

第2款 학급 학기

제1조 학급은 생도의 원수와 학력에 응하야 편제하나니 교장이 교사 교관, 부교관과 商議 결정함이라.

제2조 학기는 1학년을 분하야 춘학기와 추학기로 정하되 좌표에 의함이라.

  1. 춘학기 1월 4일로 하기 휴학일까지

  1. 추학기 추기 上學日로 12월 30일까지

제3조 하기 휴학과 추기 상학은 節序早晩을 隨하야 교장이 임시결정하되 학부 대신의 인가를 승함이라.

第3款 수학 퇴학

제1조 수학시간은 장단구를 수하야 추이개정하되 1일에 5시간으로 함이라.

제2조 휴학일은 좌표에 의함이라.

  1. 萬壽聖節   1. 千秋慶節   1. 開國紀元節

  1. 興慶節   1. 繼天紀元節   1. 每日曜日

  1. 하기 휴학 하기 유학일로 추기 상학일까지 60일에 越치 못함이라.

  1. 동기 휴학 12월 30일로 1월 3일까지

  1. 음력명절 음력 12월 25일로 정월 15일까지와 한식전일로 한식일까지 추석전일로 추석일까지

  1.외국명절은 임시하야 量宜休學함을 허함이라.

  단, 喪婚(조부모, 부모, 형제, 자매, 同異姓 4촌이내)을 인하거나 부득이한 사고가 유하야 교내에서 確知하는 잠시휴학은 교사, 교관, 부교관이 상의 허유하고 1주일이 과하는 請由는 교장에게 보명한 후 許施함이라.

第4款 입학, 재학, 퇴학, 출학, 처벌, 시상

제1조 입학은 매년에 2차로 정하야 춘기초와 추기초에 허입함이라.

단, 학교정황에 隨하야 부득이한 경우에는 특별히 임시모집함을 득함이라.

제2조 입학을 원하는 자는 좌기한 자격이 구한 자로 함이라.

　　　1. 연령 만15세 이상 23세이하

　　　1. 신체강건자

제3조 입학을 원하는 자는 제1호 서식을 照하야 稟請狀을 교장에게 呈出하면 교장이 該校교관과 부교관을 회동하야 입학시험을 경한 후에 허입함이라.

　　　입학시험과목

　　　1. 국문, 독서, 작문

　　　1. 한문, 독서, 작문

제4조 입학시험을 경한 자라도 타학교에서 전학하는 자는 불허함이라.

제5조 입학허가를 득한 자는 제2호 서식을 조하야 保證狀을 정출함이라.

제6조 보증인은 경성 내에 거주하는 신분적확자를 요하고 생도가 전거하는 시는 斯速히 告明 改訂함이라.

제7조 입학한 자는 반도에 퇴학함을 득치 못하고 단 질병이 유하거나 부득이한 사고가 유하야 해생도와 보증인이 연서하야 해교로 청원하면 질병과 사고를 검사하야 적확한 연후에 교사 교관 부교관이 상의하야 교장에게 해청원서를 粘附보고한 후 허시함이라.

제8조 좌기한 각 항에 犯觸한 자가 유하면 교사 교관 부교관이 상의하고 교장에게 보고하면 黜學함을 명하고 관보에 광고함이라.

　　　1. 졸업전에 타학교로 전학하는 자

　　　1. 操行을 不修하야 屢度戒飭하되 悔悟치 아니한 자

　　　1. 규칙을 위배하는 자

　　　1. 학업부진하야 연속 3학기에 진급지 못한 자

　　　1. 학업은 불근하고 부당한 사항에 參議妄論한 자

　　　1. 不告缺席이 1주일 이상에 미친 자

제9조 출학을 명한 자는 관립, 공립, 각종학교에 赴學함을 허치 아니하고 各府部院에 수용함을 득지 못함이라.

第5款 시험 도강 졸업

제1조 시험은 매월종으로 정하야 1월학력을 검정하고 도강은 하기 동기 1차로
 정하야 동기도강에 1기학력과 하기 도강에 1년학력을 검정함이라.

제2조 월종시험을 경하야 우등생을 해급내에 座次를 陞하고 연3차 우등생은
 제3호 서식을 照하야 褒狀을 부여하고 동기 도강을 경하야 우등생은 제
 4호 서식을 조하야 진급장과 포장을 부여하고 하기 도강을 경하야 우등
 생은 진급장을 부여하며 특별한 상을 시하고 관보에 광고함이라.

 단, 수학연한 이전에는 雖進제1급이라도 졸업시험함을 득지 못함이라.

제3조 종하기 도강을 경하야 평점이 최소한 자는 교사 교관 부교관이 상의하고
 落級함을 행하되 前次에 진급장 부여한 자여던 해진급장을 환수함이라.

제4조 월종 시험기와 동하기도강기를 수선하야 교관이나 부교관이 교장에게
 報名함이라.

제5조 시험 도강시에 평점은 교사, 교관, 부교관이 상의결정함이라.

제6조 도강에 진급지 못한 자와 질병 혹 부득기한 사고로 도강에 불참한 자는
 원급에 仍置함이라.

제7조 졸업시험은 최종 학년종에 행하되 소수전과를 통하야 학력을 검정함이라.

제8조 졸업시험을 경하야 급제한 자는 제5호 서식을 조하야 졸업장을 부여하
 고 학력이 불급한 자는 원급에 仍留 교수함이라.

 서식(양식생략)

 제1호서식 ; 稟請證

 제2호서식 ; 보증

 제3호서식 ; 褒證

 제4호서식 ; 진급증

 제5호서식 ; 졸업증

 제6호서식 ; 賞證

2-5. 보통학교령(칙령 제44호, 1906. 8. 27)

제1장 총칙

제1조 보통학교는 학도의 신체발달에 유의하야 도덕교육 및 국민교육을 시하고 일상생활에 필요한 보통지식과 기예를 수함으로써 본지를 함이라.

제2조 보통학교는 관립, 공립, 사립의 3종으로 함이라. 국고의 지폐로 설치는 것을 관립이라 칭하고 도 혹 부 및 군의 비용으로 설치하는 것을 공립이라 칭하고 사인의 비용으로 설치하는 것을 사립이라 칭한다.

제3조 공립 및 사립보통학교의 설치와 폐지는 학부대신의 인가를 수함이라.

제2장 교과 및 편제

제4조 보통학교의 수업연한은 4개년으로 함이라.

제5조 보통학교에 보습과를 치함을 득함이라.

제6조 보통학교에 교과목은 수신, 국어, 한문, 일어, 미술, 지리, 역사, 이과, 도화, 체조로 하고 여자에게는 수예를 가함이라. 시의에 의하야 창가, 수공, 농업, 상업 중에 1과목 홀 기과목을 가함을 득함이라.

제7조 전조 제2항의 교과목을 가감코자 할 시에는 학교장이 기초하야 학부대신의 인가를 수함이라.

제8조 보통학교의 교과서는 학부에서 편집 및 학부대신의 인가를 경한 것으로 함이라.

제9조 보통학교의 수업일수는 1년간에 200일 이하로 함을 부득하되 강습과는 차한에 부재함이라.

제3장 입학 및 퇴학

제10조 보통학교에 입학할 학도는 만8세로부터 12세까지로 하되 현금간은 14세까지 입학함도 득함이라.

제11조 보통학교에 입학한 자는 임의로 퇴학함을 부득함이라.

제4장 직원 및 감독

제12조 보통학교직원은 학교장과 교원 및 부교원으로 함이라. 학교장은 교원으로 겸임케 하되 특별한 사정이 유할 시에는 전임교장을 치함도 득함이라.

제13조 학교장은 직무를 장리하고 소속직원을 감독함이라. 교원 및 부교원은 학도의 교육을 장함이라.

제14조 관립보통학교 및 공립보통학교의 직원은 판임관으로 함이라.

제15조 허장을 유한 자가 아니면 보통학교교원과부교원됨을 부득함이라.

제16조 허장은 좌개한 자에 대하야 학부대신이 교수함이라.

      1. 관립사범학교 및 공립사범학교를 졸업한 자

      2. 보통학교교원 및 부교원의 검정에 합격한 자

제17조 허장은 갑,을 2종으로 함이라. 갑종허장을 수한 자는 종신간이며 을종허장을 수한 자는 일로부터 만6년간 효력이 유함이라.

제18조 특별한 사정이 유할 시에는 허장을 불유한 자도 부교원의 대변교원으로 용함을 득함이라.

제19조 보통학교장이 교육상에 필요함으로 인한 시에는 학도에 대하야 징계를 시하며 혹 출석을 정지함을 득함이라.

제20조 보통학교교원이 직무상의 의무를 위배하거나 직무를 태하며 혹 직무의 내외를 불문하고 체면을 오욕한 소위가 유하면 학부대신은 이에 대하야 징계함이라.

제21조 보통학교직원으로 허장을 유한 자가 부정한 행위와 기타 체면오욕한 소이가 유하야 그 정상이 중한 줄로 인한 시에는 학부대신이 그 허장을 환수함이라.

제22조 관찰사와 부윤 군수는 학부대신의 명을 수하야 관내의 보통학교를 감독함이라.

부칙

제23조 본령은 1906년 9월 1일로부터 시행함이라.

제24조 본령 시행에 관한 규정은 학부대신이 정함이라.

제25조 개국 504년 칙령 제145호 소학교령 및 시에 관한 종래의 제규정은 본령 시행일로부터 폐지함이라.

2-6. 보통학교시행규칙(학부령 제23호, 1906. 8. 27)

제1장 설치 및 폐지

제1조 공립보통학교를 설치코자 하는 관찰사 부윤 혹 군수가 좌의 사항을 구하야 학부대신의 수함이라.

    1. 학교의 명칭

    2. 개교의 예정기일

    3. 설립지와 학교위치의 관계

    4. 학교기지의 도형 단 지명, 평수, 방위, 교사의 위치를 명기함이라.

    5. 교사의 평면도 단 각교실의 면적 및 측사(厠舍)의 위치등을 명기함이라.

    6. 학도의 예정인수

    7. 학교구역내의 호수 및 인구

    8. 수업료를 징수한 시는 학도 1일에 대한 월액

    9. 일개년간 경비의 수지예산

    10. 유지의 방법(기부금 및 기본금이 유한 시는 그 금액)

제2조 사립보통학교를 설치코져 하는 자는 좌의 사항을 구하야 학부대신의 인가를 수함이라.

    1. 학교의 명칭

    2. 개교의 예정기일

    3. 설립자의 이력서

    4. 학교기지의 도형 단 지명, 평수, 방위, 교사의 위치를 명기함이라.

    5. 교사의 평면도 단 각 교실의 면적 및 측사의 방위 등을 명기함이라.

    6. 수업료를 징수할 시는 학도 1인에 대한 월액

    7. 1개년간 경비의 수지예산

    8. 학교유지의 방법기부금 및 기본금이 유할 시는 그 금액)

제3조 보통학교의 보습료를 설치코져 하는 시는 관립에는 학부대신이 정하고 공립에는 관찰사 부윤 혹 군수며 사립에는 설립자가 좌의 사항을 구하야 학부대신의 인가를 수함이라.

    1. 교실의 도형 및 면적

    2. 수업연한

    3. 학도의 예정원수

    4. 교과목

    5. 1개년간의 교수일수와 매주 교수시수 매일 교수의 시종시간

제4조 교사를 신축, 증축, 개축하거나 혹 교명, 교지를 변경코져 하는 시는 공립에는 관찰사 부윤 혹 군수며 사립에는 설립자가 제2조 및 제3조의 예를 준하야 학부대신의 인가를 수함이라.

제5조 학교설치의 인가를 수하야 수업을 개시한 시와 혹 교사의 신축, 증축, 개축 등을 준공하고 이전한 시는 공립에는 관찰사 부윤 혹 군수며 사립에는 설립자가 기연월일을 신속히 학부대신에게 보고함이라.

제6조 보통학교는 용이히 폐지함을 득하지 못하나니 단 특별한 사정이 유하야 폐지코져 하난 시는 공립에는 관찰사 부윤 혹 군수며 사립에는 설립자가 그 사요 및 기일을 구하야 학부대신의 인가를 수함이라.

제7조 보습과를 폐지한 시에 공립에는 관찰사 부윤 혹 군수며 사립에는 설립자가 그 사유를 구하야 학부대신에게 보고함이라.

제2장 교과 및 편제

제1절 교훈

제8조 보통학교에서 보통학교령 제1조의 취지를 존수하야 학도를 교육함이라. 도덕교육에 관한 사항은 모교과목이던지 거상유의하야 교수하며 지식과 기예는 일상생활사에 필요한 사항을 택하야 교수하되 반복연습하야 응용자재케 함을 요함이라. 학도의 신체를 건전히 발육케 함을 기하거나 모교과이던지 기교수함은 학도심신 발달의 정도에 적의케 함을 요함이라. 학도의 특성 및 그 장래생활에 주의하야 각기 적당한 교육을 시함을 무함이라. 각 교과목의 교수는 그 목적 및 방법을 위오치 말고 상호관련하야 보익케 함이라.

제9조 보통학교 각교과목 교수의 요지는 좌와 여함이라.

    1. 수신; 학도의 덕성을 함양하고 도덕의 실천을 지도함으로 요지를

함이라. 실천에 합당한 근이사항에 의하야 품격을 높이며 지조를 굳게하며 도의를 중히 하는 습관을 양함을 무함이라.

2. 국어; 일상수지의 문자와 문체를 알게 하며 정확히 사상을 표창하는 능력을 양하며 겸하야 독성을 함양하고 보통지식의 교수를 요지로 함이라. 발음을 정케 하고 일상 필수한 문자의 독법과 서법을 지케 하며 또 정당한 언어를 연습케 함이라. 작문 및 습자는 각기 교수시간을 구별하되 특히 주의하야 호상관연락케 함을 요함이라. 작문은 국어, 한문과 기타 교과목에서 교수한 사항과 학도의 일상 견문한 사항 및 처세에 필요한 사항을 기술케 하되 기행문은 평이케 하고 취지를 명료케 함을 요함이라. 습자에 용하는 한자의 서체는 해서와 반초서의 1종이나 혹 2종으로 함이라. 타 교과목을 교수하는 시에도 매상 연어연습에 주의하며 문자를 서하는 시는 기자형 및 자행을 정케 함을 요함이라.

3. 한문; 보통의 한문 및 한문을 이해하며 겸하야 품성을 도야함에 자함으로써 요지를 함이라. 현철의 嘉言 선행의 시술 및 인세에 회자한 문사도 학도가 이해할 만한 것을 교수함이라. 국어와 통락함을 무하야 시시 국문번역케 함이라.

4. 일어; 근이한 회화와 간이한 문법을 이해하며 작문케 하야 실용의 자를 요함이라. 근이한 회화로 시작하야 간이한 국어문의 독법, 서법, 작법을 병수함이라. 실용을 위주로 하야 학도의 지식정도를 수하야 일상수지의 사항을 撰敎하며 또 발음에 주의하야 정당한 일어를 숙습케 함을 무함이라. 국어와 연락함을 무하야 시시국문으로 번역함이라.

제10조 보통학교 각학년의 교과과정 및 매주교수시수는 제1호표에 의하라. 창가, 수공, 농업, 상업의 1과목 혹 수과목을 가할 시에는 학교장은 매주교수시수를 32시간까지 증가함을 득하되 상 차 부족할 경우에는 타 과목의 매주시수 중에서 4시간 이내를 감하야 시간표를 추정하야 학부대신에게 보고함이라.

제11조 학교장이 기한성서의 시기에 양기를 통하야 50일 이내 매주교수시수를 18시까지 감함을 득함이라. 정항에 의하야 매주교수시수를 감할 시는 학부대신에게 예선보고함이라.

제12조 학교장은 기교에서 교수할 각 교과목의 교수세목을 정함이라.

제13조 보통학교에서는 매학기 학도의 일반성적을 고사하야 학도성적고사표를 조제함이라.

제14조 보통학교에서 학도의 성적을 고사함에는 시간을 예정치 아니하고 평소 수업시간 중에서 편의한 방법으로 함이라.

제15조 보통학교에서 학도의 성적고사함에는 10점을 만점으로 하야 각 교과목에 4점 이상 총평균 6점 이상으로 합격의 표준을 함이라.

제16조 학교장은 1학년간에 학도의 학업성적 및 평소 근면의 정황을 거하야 수료 혹 졸업을 판정함이라.

제17조 학교장은 학년말에 수료자에게는 제2호 서식의 수료증서를 수여하고 전 교과졸업자에게는 제3호 서식의 졸업증서를 수여함이라.

제2절 학년 및 휴업

제18조 보통학교의 학년은 4월 1일로부터 익년 3월 31일까지 함이라.

제19조 1학년을 좌개 3학기로 함이라.

   제1학기 4월 1일로부터 8월 31일까지

   제2학기 9월 1일로부터 12월 31일까지

   제3학기 1월 1일로부터 3월 31일까지

제20조 보통학교 매일 교수시종의 시각은 좌개범위 내에서 학교장이 정함이라.

월 일	시업시각	종업시각
4월 1일로부터 9월 31일까지	오전 8시	오후 3시
10월 1일로부터 익년 3월 31일까지	오전 9시	오후4시

제21조 보통학교의 휴업일은 좌와 여함이라.

1. 만수성절	1. 천추경절	1. 개국기원절
1. 홍경절	1. 계천기원절	1. 일요일
1. 춘계휴업	4월 1일로부터 동월 10일까지	

1. 하계휴업	7월 11일로부터 8월 31일까지
1. 동계휴업	12월 29일로부터 익년 1월 7일까지
1. 명절	한식전일로 한식일까지 추석전일로 추석일까지
	음력 12월 28일로 익년 정월 초7일까지

제22조 제21조 외에 매년 일정한 일에 휴업코져 하는 시는 학교장이 학부대신의 인가를 수함이라.

제23조 전염병예방과 비상한 災變 및 기타 특별한 사정을 인하야 휴업할 필요가 유할 시는 학교장이 학부대신의 인가를 수하야 임시휴업함을 득함이라. 전항의 사실이 절박한 시에는 임시휴업한 후에 그 사유를 具하야 신속히 학부대신에게 보고함이라.

제24조 학교장은 토지 기후를 隨하야 동계 및 하계휴업은 제21조 기일을 불구하고 양기를 통하야 60일이내에서 학부대신의 인가를 수하여 적당한 휴업일을 정함을 득함이라.

제3절 학급편제 및 敎員排置

제25조 학교장은 학년초에 학도 50인이하로 학급을 편제하고 각학급의 학년구별과 학도수를 학부대신에게 보고함이라.

특별한 사정이 유하여 전항에 依키 難한 時는 그 이유를 具하여 학부대신의 인가를 受함이라.

제26조 보통학교에서는 각 학급에 교원 1인을 置하되 교원이 無한 時에는 부교원 혹 대변교원으로 보충함을 득함이라.

제4절 보습과

제27조 보습과는 보통학교를 졸업한 자로 보통학교에서 보습케 함으로 목적을 함이라.

제28조 보습과의 교과서는 학교장이 그 토지정황에 의하여 정하고 학부대신에게 보고함이라.

제29조 보습과의 수업연한은 3개년이하로 함이라.

제30조 보습과의 매주교수시수는 6시이상 32시이하로 함이라.

제5절 교과용도서

제31조 보통학교 교과용도서는 학부에서 편찬한 것을 용하되 특별한 경우에는
학교장이 학부대신의 인가를 수하여 학부 편찬 이외의 도서를 용함을
득함이라.

제3장 입학 및 퇴학

제32조 보통학교에 입학할 기일은 학년초로부터 30일이내로하되 특별한 사정
이 유한 자는 기일이후라도 입학함을 허함이라.

제33조 학교장은 신입학도의 학적부를 조제함이라.

제34조 학교장은 본적학도의 출석부를 조제하여 그 출석 결석을 명료케 함이라.

제35조 학교장은 학도의 퇴학청원이 유한 경우에는 그 사유를 조사하여 정당함
으로 인할 시는 허가함이라.

제4장 직원 및 감독

제1절 교원검정 및 허장

제36조 교원은 검정하기 위하여 左開직원으로 검정위원회를 조직함이라.

     1. 회장

     1. 상임위원

     1. 임시위원

제37조 회장은 학부협변이 例兼함이라.

     상임위원 및 임시위원은 학부대신이 명함이라.

제38조 회장은 회무를 정리하며 검정의 성적을 학부대신에게 보고함이라.

     회장이 사고가 유3할 시는 학부대신의 지정한 위원으로 그 직무를 대변
케 함이라.

제39조 상임위원은 회장의 지휘를 受하여 교원검정에 관한 事를 掌함이라.

     임시위원은 회장의 지휘를 受하여 시험검정에 관한 事를 掌함이라.

제40조 교원검정위원회에 서기를 置하되 학부주사로 例充함이라.

     서기는 회장의 지휘를 受하여 검정에 관한 서무에 종사함이라.

제41조 左開 각 항 중 1항에 범한 자는 교원검정을 수함을 득치 못함이라.

    1. 금고이상의 형에 처하였던 자

    2. 신용 혹 풍속을 해하는 죄에 犯하였던 자

    3. 교육자에 부적당함으로 인한 자

    4. 허장환수의 처분을 受한 후 3개년을 경과치 못한 자

제42조 교원의 검정을 분하야 무시험검정 시험검정 2종으로 함이라.

제43조 무시험검정은 수시 시행하고 시험검정은 매년 3월에 시행하되 단 필요한 경유에는 임시하여 시험검정을 시행함도 유함이라.

제44조 무시험검정의 청원자는 정기를 불구하고 시험검정의 청원자는 매년 2월 28일내에 제4호 및 제5호의 서장을 학부대신에게 呈出함이라.

제45조 무시험검정은 左開 각항중 1항에 상당한 자에게 시행함이라.

    1. 사범학교에서 졸업한 자

    2. 사범학교 고등학교 및 차와 동등한 학교의 교관된 자와 교관되었던 자

    3. 고등학교 및 차와 동등이상정도의 학교에서 졸업한 자

    4. 우 각항외에 검정위원회에서 특히 적당함으로 인한 자

제46조 교원 및 부교원의 시험과목 및 그 정도는 사범학교의 학과정도에 준함이라.

제47조 학부대신은 初次검정에 합격한 자에게는 제6호 서식의 을종허장 再次검정에 합격한 자에게는 제7호 서식의 갑종허장을 수여함이라.

    제2절 대변교원 및 사립학교 직원 진퇴

제48조 관립 공립보통학교에서 대변교원을 진퇴함은 학교장이 행하고 매차 학부대신에게 보고함이라.

제49조 사립보통학교에서 교원을 채용코저 하는 시에는 본인의 이력서와 봉급액을 具하여 학부대신의 인가를 수하고 해임한 시에는 매차 학부대신에게 보고함이라.

제3절 직원복무

제50조 학교장은 소속직원의 교수담임을 정하며 교무를 분장케 함이라.

제51조 학교장이 질병이나 기타 사고를 인하여 출근치 못하는 시에는 수석교원

이 그 직무를 대변함이라.

제52조 직원이 질병이나 기타 사고를 인하여 출근치 못한 시에는 시업시간전에 그 사유를 학교에 통지함이라.

제53조 직원이 私事를 인하여 임지를 離코저 하는 시는 공립학교는 관찰사 부윤군수며 관립학교는 학부대신의 인가를 수함이라.

제54조 직원은 그 출근함을 표기하기 위하여 매일 추기에 날인함이라.

제55조 학교장은 매월말에 직원의 진부 및 학도의 출결석에 관한 월종조사표를 제하고 공립 및 사립학교는 관찰사 부윤 군수며 관립학교는 학부대신에게 보고함이라.

제4절 징계

제56조 관립 및 공립보통학교직원의 징계는 관원징계령에 의함이라.

제57조 사립보통학교직원의 업무를 정지케 할 시에는 1개월이상 2개년이하로 함이라.

부칙

제58조 본령은 1906년 9월 1일로부터 시행함이라.

제59조 학교장은 본령 규정범위내에서 학교세칙을 정함을 득함이라.

제60조 본령에 저촉되는 종래 제규정은 본령 시행일로부터 폐지함이라.

2-7. 보통학교령 개정(칙령 제83호, 1907. 12. 30)

1906년 칙령 제44호 보통학교령 중 左같이 개정함.

제12조 보통학교의 직원은 학교장 교감 본과훈도 전과훈도 본과부훈도 전과부훈도로 함.

학교장 및 교감은 본과훈도로 겸임하되 단 특별한 사정이 유한 시는 전임교장을 치함을 득함.

제13조 제2항 교감은 학교장을 보좌하며 학교장이 사고가 유한 시는 그 직무를 대변하고 且 학도의 교육을 掌함.

제13조 제2항 차에 좌의 1항을 가함.

훈도 부훈도는 학도의 교육을 掌함.

제15조 中「교원 및 부교원」을 훈도 부훈도로 함.

제16조 제2항2 외국에서 보통학교와 比準할 학교교원허장을 유한 자.

제17조 제2항 차에 좌의 1항을 가함.

3. 보통학교교원검정에 합격한 자

제18조 중「부교원」을 부훈도로 함

부칙

본령은 1908년 1월 1일로부터 시행함.

2-8. 보통학교령(칙령 제55호, 1909. 4. 19)

제2조 2의 보통학교에서는 수업료를 징수함을 득함이라.

제6조 제1항 중 국어와 한문을 국어 및 한문으로 개함이라.

제8조 보통학교의 교과용도서는 학부에서 편찬한 자를 용함이 가함이라.

단 학부에서 편찬한 자가 無한 時는 학부대신의 검정을 受한 교과용도서 또는 학부대신의 인가를 受하야 기타의 도서를 용함을 득함이라.

부칙

본령은 頒布日로부터 시행함이라.

2-9. 보통학교령시행규칙(학부령 제6호, 1909. 7. 5)

제1장 총칙

제1조 보통학교의 명칭은 관(공) (사)립 모 보통학교라 칭함이 가함이라.

제2조 공립 또는 사립보통학교를 설치코저 할 시는 공립에 재하여는 관찰사 부윤 또는 군수가 左記제1호 내지 제호의 사항을 구하고 사립에 재하여는 설립자가 左記 각호의 사항을 구하야 학부대신에게 신청함이 가함이라.

1. 명칭 위치

    2. 학도의 정수

    3. 교지 교사의 평면도

    4. 1개년의 수지예산

    5. 유지방법

    6. 설집자의 이력서

전항 제4호이외 각호의 사항에 변경이 유한 시는 학부대신에게 보고함이 가함이라. 단 제6호 설립변경의 경우에 재하야는 등계자의 이력서를 첨부함이 가함이라.

제3조 학교의 수업을 창시한 시는 학교장이 그 연월일을 구하여 학부대신에게 보고함이 가함이라.

제4조 보통학교에는 左의 表簿를 비치함이 가함이라.

    1. 일과표 교수세목

    2. 직원의 명부 이력서 출근부

    3. 학도의 학적부 출석부 출석독촉부 성적고사부

    4. 회계에 관한 장부 교구의 목록

    5. 기타 학교에서 교수 관리 순련상 필요로 인하는 표부

제5조 공립 또는 사립보통학교를 폐지코저 할 시는 공립에 재하여는 관창사 부윤 또는 군수며 사립에 재하여는 설립자가 그 사유 및 학도처치방법을 구하여 학부대신에게 신청함이 가함이라.

제6조 공립 또는 사립보통학교에서 수업료를 징수코저 할 시는 공립에 재하여는 관찰사 부윤 또는 군수며 사립에 재하여는 설립자가 학도 1인에게 대한 월액 및 징수 기일을 정하여 학부대신의 인가를 수함이 가함이라. 이를 변경코저 할 시도 亦同함이라.

제2장 교과 및 편제

제1절 교칙

제7조 보통학교에서는 보통학교령 제1조의 취지를 존수하여 학도를 교육함이라. 도덕교육에 관련한 사항은 모교과목을 물론하고 항상유의하여 교수하며 지식과 기예는 항상생활사에 필요한 사항을 선하야 교수하고 반복

연습하야 응용자재케 함을 무함이 가함이라.

학도의 신체를 건전히 발달케 함을 기하여 모교과목을 물론하고 그 교수는 학도심신 발달의 정도에 적합케 함을 요함이라.

남녀의 특성 및 그 장래생활에 주의하야 각기 적당한 교육을 시함을 무함이라. 각 교과목의 교수는 그 목적 및 방법을 勿誤하고 호상관련하야 보익함을 가함이라.

제8조 보통학교 각 교과목 교수의 요지는 좌와 여함이라.

1. 수신은 학도의 덕성을 함양하며 도덕의 실천을 지도함으로 요지를 함이라. 수신은 嘉言善行 및 諺辭 등에 依模하여 권계를 종지로 하며 실천에 적절한 일상근이의 사항을 교수하며 진하여는 국가 및 사회에 대하는 책무의 一斑을 知케 하고 여자에 재하여는 특히 정숙의 덕을 養함에 주의함이 가함이라.

2. 국어 및 한문은 일상수지의 언어문장을 知케 하며 정확히 사상을 표출하는 능력을 양하고 겸하야 지덕을 계발함으로써 요지로 함이라.

   국어는 발음을 정히 하며 일상수지의 諺文 및 한자의 독법 서법 철법을 교수하고 또 정한 언어를 연습케 함이 가함이라.

   한문은 평이한 문장을 교수하되 그 장구의 의의를 명석히 하고 겸하여 문리결구에 주의케 함이 가함이라.

   독법 서법 철법은 각기 위주하는 바에 의하여 교수시간을 구별함을 득하되 특히 주의하여 오상연락케 함을 요함이라.

   서법에 용하는 한자의 서체는 해서 행서의 1종 또는 2종으로 함이라.

   철법은 독법 또는 타교과목에서 교수한 사항과 학도의 일상견문한 사항 및 처세에 필요한 사항을 기술케 하고 그 행문은 평이하여 旨趣 明瞭케함을 요함이라.

   타교과목을 교수하는 시에도 항상언어연습에 주의하고 또 문자를 書케 할 시는 그 자영 및 자행을 정케 함을 요함이라.

3. 일어는 평이한 일어를 了解하며 또 사용하는 능력을 득케아여 처세에 자함으로써 요지로 함이라.

   일어는 발음 및 간이한 회화로 위시하되 진하여는 근이한 구어문의 독법 서법 철법을 교수함이 가함이라.

일어는 학도의 지식정도에 반아여 일상수지의 사항을 선아여 교수하되 항상 실용을 위주함이 가하고 또 발음에 주의하며 국어과 연락을 취하여 정한 회화를 습숙케 함을 무함이 가함이라.

(이하 산술, 지리 역사, 이과, 도화, 체조, 수예, 창가, 수공, 농업, 상업 생략)

제9조 학교장은 보통학교령 제7조에 의하여 교과목 가제의 인가를 수코저 할 시는 그 교과목명 및 사유를 구하여 신청함이 가함이라.

제10조 보통학교의 교과과정 및 매주교수시수는 제1호표에 의함이 가함이라. 창가, 수공, 농업, 상업의 1과목 또는 수과목을 가하는 시는 학교장은 매주 교수시수를 증가하며 또는 타 교과목의 교수시수에서 4시 이내를 감하야 그 교수시수에 충함을 득함이라. 이 경우의 매주교수시수는 32시를 과하며 또는 28시를 下간함을 부득함이라. 전항 교수시수를 증감한 시는 학부대신에게 보고함이 가함이라.

제11조 학교장은 嚴寒酷暑의 시길에는 양계를 통하여 50일이내 매주교수시수를 18시까지 감함을 득함이라.

제12조 학교장은 그 학교에서 교수할 각 교과목의 교수세목을 정함이 가함이라.

제13조 각학년의 과정의 수료 또는 전교과의 졸업을 인정함에는 평소의 성적을 고사하여 이를 정함이 가함이라.

제14조 평소의 성적을 고사함에는 10점을 만점으로 하여 각과목 4점이상 총평균 6점이상을 합격의 표준으로 함이라.

제15조 학교장은 전교과를 졸업한 자에게는 제2호서식의 졸업증서를 수여함이 가함이라.

학교장은 각학년의 과정을 수료한 자에게는 제3호서식의 수업증서를 수여함을 득함이라.

제2절 학년 휴업일

제16조 학년은 4월 1일에 시하여 익년 3월 31일에 종함이라.

제17조 학년을 분하여 좌의 3학기로 함이라.

제1학기　4월 1일로부터 8월 31일까지

제2학기　9월 1일로부터 12월 31일까지

제3학기　1월 1일로부터 3월 31일까지

제18조 휴업일은 좌와 같음이라. 단 특별한 사유가 유한 시는 학교장은 휴업일을 증감 변경함을 득함이라.

　　　1. 건원절　　　　　　1. 개국기원절　　　　　1. 즉위예식일

　　　1. 계천기원절　　　　1. 廟社誓告日　　　　　1. 일요일

　　　1. 춘계휴업　　　　　4월 1일로부터 동월 5일까지

　　　1. 하계휴업　　　　　7월 21일로부터 8월 31일까지

　　　1. 동계휴업　　　　　12월 29일로부터 익년 1월 7일까지

　　　전항 단서에 의하여 휴업일을 증감변경한 시는 그 사유를 구하여 학부대신에게 보고함이 가함이라.

제19조 전염병예방 비상災變 기타 특별한 사정에 의하여 휴업할 필요가 유한 시는 학교장은 임시휴업함을 득함이라.

　　　전항에 의하여 임시휴업한 시는 그 사유를 具하여 학부대신에게 보고함이 가함이라.

제3절 학급편제 교원배치

제20조 보통학교의 1학급의 학도수는 약 60인으로 함이라.

제21조 보통학교에는 각학급에 본과 훈도 1인을 치함을 상례로 함이라.

제4절 교과용도서

제22조 보통학교령 제8조 단서에 의하여 학부대신의 검정을 수한 교과용도서를 용코져 할 시는 학교장은 그 도서의 명칭 저역자명 및 발행연월일을 구하여 학부대신에게 보고하며 기타의 도서를 용코져 할 시는 그 도서의 명칭 책수 사용코져 하는 학년 저역자명 및 발행연월일을 구하여 신청함이 가함이라.

제5절 보습과

제23조 보통학교에 보습과를 설치코져 할 시는 공립에 재하여는 관찰사 부윤

또는 군수며 사립에 재하여는 설립자가 좌의 사항을 구하여 학부대신의 인가를 수함이 가함이라.

    1. 학도의 정수

    2. 수업연한

    3. 교과목

보습과를 폐지한 시는 그 사유를 구하여 학부대신에게 보고함이 가함이라.

제24조 보습과에 입학함을 득할 자는 전교과를 졸업한 자 또는 학교장이 이와 동등이상의 학력이 유함으로 인한 자를 요함이라.

제25조 보습과의 교과목은 본과에 준하여 정하되 수공 농업 상업의 1과목 또는 수과목을 가함이 가함이라.

제26조 보습과의 수업연한은 2개년 이내로 함이라.

제27조 보습과의 교수는 일정한 계절을 선하여 교수함을 득함이라.

제28조 보습과의 교수기간 교과과정 및 매주교수시수 휴업일은 학교장이 이를 정하여 학부대신에게 보고함이 가함이라.

제29조 학교장은 보습과를 수료한 자에게는 제4호서식의 수업증서를 수여함을 득함이라.

제3장 입학 및 퇴학

제30조 학도를 입학케 할 시기는 학년초로부터 30일 이내로 함이라. 단 특별한 사정이 유한 시는 이 限에 不在함이라.

제31조 학도의 퇴학을 청원하는 자가 유한 시는 학교장은 그 사유를 조사하여 정당함으로 인한 자에게 한하여 허가함이 가함이라.

제4장 직원 및 감독

제1절 교원검정 허장

제32조 교원의 검정을 행키 위하여 교원검정위원회를 치함이라.

교원검정위원회는 좌의 직원으로써 조직함이라.

    1. 회장

    1. 상임위원

　　　　1. 임시위원

제33조 회장은 학부차관으로써 이에 충함이라.

　　　　상임위원 및 임시위원은 학부대신이 명함이라.

제34조 회장은 회무를 정리하고 검정의 성적을 학부대신에게 보고함이라.

　　　　회장이 사고가 유한시는 학부대신의 지정한 위원으로 그 직무를 대리함
　　　　이라.

제35조 상임위원은 회장의 지휘를 수하여 교원검정에 관한 사를 장함이라. 임
　　　　시위원은 회장의 지휘를 수하여 시험검정에 관한 사를 장함이라.

제36조 교원검정위원회에 서기를 치하되 학부주사로써 이를 충함이라.

　　　　서기는 회장의 지휘를 수하여 서무에 종사함이라.

제37조 좌의 각호의 1에 해당한 자에게 대하여는 교원의 검정을 행함을 부득함
　　　　이라.

　　　　　　1. 금옥이상의 형에 처하였던 자

　　　　　　2. 신용 또는 풍속을 해하는 죄를 범한 자

　　　　　　3. 허장환수의 처분을 수하고 3개년을 경과치 아니한 자

　　　　　　4. 징계처분에 의하여 免官에 처함이 되어 2개년을 경과치 아니한 자
　　　　　　단, 징계를 면한 자는 이 限에 부재함이라.

　　　　　　5. 교육자로 부적당함으로 인한 자

제38조 교원의 검정을 분하여 무시험검정 및 시험검정으로 함이라.

제39조 무시험검정은 수시하여 행하며 시험검정은 매년 3월에 행함이라. 단 필
　　　　요에 의하여 임시로 시험검정을 행하는 사가 유함이 가함이라.

제40조 무시험검정 청원자는 수시로 하며 시험검정의 청원자는 매년 2월말일
　　　　까지에 제5호서식의 검정청원서에 제6호서식의 이력서를 첨부하여 학
　　　　부대신에게 제출함이 가함이라.

제41조 본과교원의 검정과목 및 그 정도는 훈도에 재하여는 사범학교본과 부훈
　　　　도에 재하여는 사범학교속성과에 준함이라.

　　　　전과교원의 검정과목은 한문 도화 체조 수예 창가 수공 농업 상업의 1
　　　　과목 또는 수과목으로 하고 그 정도는 훈도에 재하여는 수예는 고등여
　　　　학교 기예전수과 그타는 사범학교본과 부훈도에 재하여는 수예는 고등

여학교본과 기타는 사범학교속성과와 동등이상으로 함이라.

제42조 무시험검정은 좌의 각호의 1에 해당한 자에 취하여 전조의 규정에 照하여 이를 행함이라.

> 1. 사범학교 고등학교 고등여학교 또는 학부대신이 이와 동등이상으로 인한 학교의 교수 또는 부교수된 자 혹 교수 또는 부교수되었던 자
>
> 2. 고등학교 고등여학교 또는 학부대신이 이와 동등이상으로 인한 학교를 졸업한 자.
>
> 3. 학부대신이 특히 적당함으로 인한 자

제43조 시험검정청원자로 전조 제1호 또는 제2호에 해당한 자 또는 학부대신이 이와 동등이상의 학력이 유함으로 인한 자가 유한 시는 교원검정위원회는 제41조의 규정에 조하여 모 과목의 시험을 궐함을 득함이라.

제44조 학부대신은 初次검정에 합격한 자에게는 을종허장 제2회의 검정에 합격한 자 또는 보통학교령 제16조 제1호 또는 제2호 해당한 자에게는 갑종허장을 수여함이라.

> 갑종허장은 제7호서식 을종허장은 제8호서식에 의함이 가함이라.

제2절 대용교원 사립학교 직원의 채용해직

제45조 공립보통학교에서 대용교원의 채용 또는 해직은 지방장관이 행하고 그 연월일 및 성명을 구하여 학부대신에게 보고함이 가함이라. 단 채용한 경우에 재하여는 이력서를 첨부함이 가함이라.

제46조 사립보통학교에서 직원을 채용하며 또는 해직한 시는 설립자가 그 연월일 및 성명을 구하여 학부대신에게 보고함이 가함이라. 단 채용의 경우에 재하여는 이력서를 첨부함이 가함이라.

제3절 직원의 복무

제47조 학교장은 소속직원의 교수담임을 정하고 또 교무를 분장케 함이 가함이라.

제48조 학교장 및 교감이 사고가 유한 시는 수석직원이 학교장의 직무를 대리함이 가함이라.

제49조 학교장은 제9호서식에 의하여 매월월종 조사보고서를 조제하여 관립에
　　　 재하여는 학부대신 공립 또는 사립에 재하여는 학부대신 및 지방장관에
　　　 게 익월 5일 이내로 제출함이 가함이라.

제4절 징계

제50조 사립보통학교직원의 징계는 직무정지로 하고 그 기간은 1개월이상 2개
　　　 년이하로 함이라.

부칙

제51조 학교장은 본 규칙범위내에서 세칙을 설함을 득함이라.
　　　 전항에 의하여 세칙을 설한 시는 학부대신에게 보고함이 가함이라.
제52조 본규칙에 의하여 공립 또는 보통학교에 관하여 학부대신에게 제출하는
　　　 문서는 所轄지방장관을 경유함이 가함이라. 단 급함을 요하는 자는 이
　　　 限학에 부재함이라.
제53조 본규칙은 반포일로부터 시행함이라.

2-10. 외국어학교령(칙령 제43호, 1906. 8. 27)

제1조　외국어학교는 외국어에 鍊熟하여 실무에 적합한 인재를 양성함으로 목
　　　 적을 함이라.
제2조　외국어학교는 관립과 공립과 사립의 3종으로 함이라.
　　　 국고의 支撥로 설치하는 것을 관립이라 칭하고 도 혹 부 및 군의 비용
　　　 으로 설치하는 것을 공립이라 칭하고 사인의 비용으로 설치하는 것을
　　　 사립이라 칭함이라.
제3조　공립 및 사립외국어학교의 설치 및 폐지는 학부대신의 인가를 수함이라.
제4조　외국어학교에 연구과를 치함을 득함이라.
제5조　외국어학교에 수업연한은 본과는 3개년이요 연구과는 2개년 이내로 함
　　　 이라.
제6조　외국어학교에 입학함을 득할 자는 연령 12세이상된 남자가 상당한 학력
　　　 이 유한 자로 함이라.

제7조   외국어학교에는 수업료를 징수함을 득함이라.

제8조   본령시행에 관한 규정은 학부대신이 정함이라.

부칙

제9조   본령은 1906년 9월 1일로부터 시행함이라.

제10조 본령에 저촉되는 종래의 제규정은 본령시행일로부터 폐지함이라.

2-11. 외국어학교령시행규칙(학부령 제22호, 1906. 8. 27)

제1장 총칙

제1조   외국어학교의 명칭은 지명을 부하여 관(공)(사)립(지명)외국어학교라 함
       이라.

제2조   1외국어만 교수하는 학교는 그 외국어명을 부하여 학교의 명칭을 정함
       이라.

제3조   외국어학교 1학급의 학원수는 50인 이내로 정함이라.

제4조   외국어학교에 연구과를 치할 경우에는 관립에는 학부대신이 정하고 공
       립에는 관찰사 부윤 혹 군수며 사립에는 설립자가 정하여 학부대신의
       인가를 수함이라.

제5조   외국어학교에서는 적의를 종하여 수신 국어 한문 미술 역사 지리 이과
       법제 경제 부기 체조를 교수함이라.

       학과과정표 및 매주 교수시간수는 학교장이 정하여 학부대신의 인가를
       수함이라.

제2장 학년과 교수일수와 휴업일

제6조   학년은 4월 1일에 시하여 익년 3월 31일에 종함이라.

제7조   학년을 분하여 左開 3학기로 함이라.

           제1학기는 4월 1일로부터 8월 31일까지

           제2학기는 9월 1일로부터 12월 31일까지

           제3학기는 1월 1일로부터 3월 31일까지

제8조   교수일수는 매학년 200일 이상으로 함이라.

시험과 수학여행하는 일수는 전항일수에 산입치 안이함이라.

제9조 휴업일은 좌와 여함이라.

단, 특별한 이유가 유한 시에는 학교장이 학부대신의 인가를 수하여 휴업일을 증감함도 득함이라.

1. 만수성절
1. 천추경절
1. 개국기원절
1. 홍경절
1. 계천기원절
1. 일요일
1. 춘계휴업 4월 1일로부터 동월 10일까지
1. 하계휴업 7월 11일로부터 8월 31일까지
1. 동계휴업 12월 29일로부터 익년 정월 초3일까지
1. 명절 한식전일로 한식일까지
   추석전일로 추석일까지
   음력 12월 28일로 익년 정월 초3일까지

제10조 전염병의 예방과 비상한 재변과 기타 특별한 사정을 인하여 휴업의 필요가 유한 시에는 학교장이 학부대신의 인가를 수하여 임시휴업함을 득함이라.

전항의 사실이 절박한 시에는 임시휴업한 후에 그 사유를 구하여 신속히 학부대신에게 보고함이라.

제3장 설치 폐지 및 수업료

제11조 공립 및 사립3외국어학교를 치코져 할 시는 공립에는 관찰사 부윤 혹 군수며 사립에는 설립자가 좌개의 사항을 구하여 학부대신의 인가를 수함이라.

1. 명칭 위치 면적
2. 학원정수
3. 개학예정기일

　　　　4. 學校基址 교사의 도형 유숙사를 설치할 시에는 유숙사의 도형

　　　　5. 유지의 방법(기부금 및 기본금이 유한 시는 그 금액)

　　　　6. 1개년간 경비 수지 예산

제12조 공립 및 사립외국어학교를 폐지 혹 변경코저 할 시에는 공립에는 관찰사 부윤 혹 군수며 사립에는 설립자가 그 사유 및 관계서류를 첨부하여 학부대신의 인가를 수함이라.

　　　　공립 및 사립외국어학교를 폐지하거나 혹 관청의 명령을 인하여 閉鎖할 시에는 학원의 학적부를 학부대신에게 정출함이라.

제13조 공립 및 사립외국어학교에서 수업료를 징수코져 할 시에는 학원 1인에 대한 월액 및 징수기일을 정하여 학부대신의 인가를 수함이라.

제4장 입학 퇴학 출학 및 징계

제14조 학원의 입학을 허한 시기는 학년초로부터 30일 이내로 하되 결원이 유한 시는 임시입학케 함을 득함이라.

　　　　학원모집원수 및 기일은 학교장이 정하여 預先광고함이라.

제15조 입학지원자는 좌개 자격이 유한 자

　　　　1. 신체강건한 자

　　　　　　1. 품행방정한 자

제16조 제1학년의 입학시험은 국어 한문 산술로 시행하고 제2학년 이상의 보결시험은 해학년의 정도에 의하여 시행하되 제1학년 입학시험은 현금간에만 산술을 궐함을 득함이라.

제17조 연구과에 입학함을 득한 자는 본과를 졸업한 자로 함이라.

제18조 입학청원자는 제1호 서식의 입학원서에 이력서를 첨부하여 학교장에게 정출함이라.

제19조 입학허가를 득한 시는 보증인이 제2호 서식의 서약서를 학교장에게 정출함이라.

제20조 보증인은 입학자 존친속이나 혹 이를 대하여 감독할 책임을 담당할 만한 자 2인으로 하되 그중 1인은 학교소재부근지에 거주하는 자로 함이라.

제21조 퇴학코져 하는 자는 그 이유를 상구하여 보증인이 연서한 후 학교장에

게 청원하여 허가를 수함이라.

제22조 학교장은 좌개 각 항목의 1항에 범한 자에게는 출학을 명함이라.

    1. 성행이 불량하여 개선의 소망이 무함으로 인한 자

    2. 학력이 열등하여 성업의 소망이 무함으로 인한 자

    3. 연속 1개년 이상 결석한 자

제23조 학교장은 교육사에 필요한 줄로 인할 시에는 학원에게 징계를 시행함을 득하되 그 징계는 戒飭 근신 정학으로 함이라.

제24조 학교장이 학원에게 정학 출학을 명하거나 혹 퇴학을 허가한 시는 그 사유를 구하여 학부대신에게 보고함이라.

제5장 수료 및 졸업

제25조 각학년의 수료와 전학과의 졸업을 인할 시에는 평상의 성적 및 시험의 성적을 고사하여 이를 정하되 단 부득이한 사유를 인하여 시험에 결석한 자에 대하여 추후 시험을 행함도 득함이라.

제26조 시험을 학기시험 및 학년시험으로 분하야 학기시험은 제1학기 및 제2학기내에 행하고 학년시험은 학년종에 행함이라.

제27조 평상의 성적과 시험의 성적을 고사할 시에는 10점을 만점으로 정하여 각 학과목에 4점이상 총평균 6점이상을 합격의 표준으로 함이라.

제28조 학교장은 전과정을 졸업함으로 인정한 자에게는 제3호 서식의 졸업증서를 수여함이라.

제29조 학교장은 연구과를 수료함으로 인정한 자에게는 제4호 서식의 수료증서를 수여함이라.

부칙

제30조 본령은 1906년 9월 1일로부터 시행함이라.

제31조 학교장은 본령 범위내에서 학부대신의 인가를 수하여 학교세칙을 정함을 득함이라.

제32조 본령에 저촉되는 종래의 제규정은 본령시행일로부터 폐지함이라.

2-12. 관립한성외국어학교속성과규칙(학부령 제12호, 1908. 5. 11)

제1조 관립한성외국어학교에 속성과를 치함이라.

제2조 속성과의 정원은 50인으로 함이라.

제3조 속성과의 수업연한은 1개년으로 함이라.

제4조 속성과의 학과목은 일어로 함이라.

제5조 속성과의 학과과정 및 매주교수시간수는 학교장이 이를 정하여 학부대
신의 인가를 수함이 가함이라.

제6조 속성과에 입학함을 득할 자는 좌의 자격을 유한 자됨이 가함이라.

   1. 보통의 국어 및 한문을 해득하는 자
   2. 여령 15세 이상의 자
   3. 신체강건하고 품행방정한 자

제7조 속성과에 재학하는 자는 매월 5일 이내에 수업요금 50전을 납함이 가함
이라.

제8조 학년교수일수 휴업일 입학 퇴학 기타 본령에 규정이 무한 자는 총히 본
교의 규정을 준용함이라.

부칙

본령은 반포일로부터 시행함이라.

2-13. 외국어학교령시행규칙(학부령 제5호, 1909. 7. 5)

제1장 총칙

제1조 외국어학교의 명칭은 관(공)(사)립 모 외국어학교라 칭함이 가함이라.
단 1개국어를 교수하는 학교에 재하여는 그 외국어명을 표함이 가함이라.

제2조 외국어학교의 1학급의 학원수는 약 50인으로 함이라.

제3조 외국어학교의 속성과 또는 연구과를 설치코져 할 시는 공립에 재하여는
관찰사 부윤 또는 군수며 사립에 재하여는 설립자가 학부대신의 인가를
수함이 가함이라. 이를 폐지코져 할 시도 亦同함이라.

제2장 학과목 및 그 정도

제4조　외국어학교 본과의 학과목은 수신 국어 및 한문으로 하되 수학 이과 역사 지리 법제 및 경제 부기 체조 및 기타 학과목을 가함을 득함이라.

　　　　외국어는 2개 국어이상을 과하는 경우에 재하여는 학원으로 하여금 그 1개 국어를 수케 함이라.

　　　　속성과 또는 연구과의 학과목은 본과 학과목 중에 취하여 선정함이 가함이라.

제5조　외국어학교의 학과과정 및 매주 교수시수는 관립에 재하여는 학부대신이 정하고 공립 또는 사립에 재하여는 학교장이 정함이 가함이라.

제6조　학교장은 嚴寒酷暑의 시계에는 양계를 통하여 40일 이내 매주 교수이수를 18시까지 멸함을 득함이라.

제3장 교과용도서

제7조 교과용도서를 정코져 할 시는 학교장은 그 도서의 명칭 저역자명 및 발행연월일을 구하여 학부대신에게 보고함이 가함이라. 단 외국어학교령 제6조의 2제2항의 경우에 재하여는 그 도서의 명칭 책수 사용코져 하는 학년저역자명 및 발행연월일을 구하여 신청함이 가함이라.

제4장 학년 교수일수 휴업일

제8조 학년은 4월 1일에 시하여 익년 3월 31일에 종함이라.

제9조 학년을 분하여 좌의 3학기로 함이라.

　　　　제1학기 4월 1일로부터 8월 31일까지
　　　　제2학기 9월 1일로부터 12월 31일까지
　　　　제3학기 1월 1일로부터 3월 31일까지

제10조 교수일수는 매학년 200일 이상으로 함이라.

　　　　시험 및 수학여행에 충하는 이수는 전항의 이수에 산입치 아니함이라.

제11조 휴업일은 좌와 여함이라. 단 특별한 사유가 유한 시는 휴업일을 증감변경함을 득함이라.

　　　　1.　乾元節

> 1. 개국기원절
> 1. 즉위예식절
> 1. 계천기원절
> 1. 廟社誓告日
> 1. 일요일
> 1. 춘계휴업 4월 1일로부터 동월 10일까지
> 1. 하계휴업 7월 21일로부터 8월 31일까지
> 1. 동계휴업 12월 29일로부터 익년 1월 7일까지

제12조 전염병예방 비상변재 기타 특별한 사정에 으하여 필요가 유한 시는 학교장은 임시휴업함을 득함이라.

전항에 의하여 임시휴업한 시는 그 사유를 구하여 학부대신에게 보고함이 가함이라.

제5장 설치 폐지 수업료

제13조 공립 또는 사립외국어학교를 설치코저 할 시는 공립에 재하여는 관찰사 부윤 또는 군수가 좌기 제1호 내지 제6호의 사항을 구하고 사립에 재하여는 설립자가 좌기 각호의 사항을 구하여 학부대신에게 신청함이 가함이라.

> 1. 명칭 위치
> 2. 학원의 정수
> 3. 수업연한
> 4. 학과목
> 5. 교지 교사의 평면도
> 6. 1개년의 수지예산
> 7. 유지방법
> 8. 설립자의 이력서

전항 제6호 이외 각호의 사항에 변경이 유한 시는 학부대신에게 보고함이 가함이라. 단 제8호 설립자변경의 경우에 재하여는 승계자의 이력서를 첨부함이 가함이라.

제14조 사립외국어학교에서 학교장 또는 교원을 채용하거나 또는 해직한 시는
　　　설립자가 그 연월일 및 성명을 구하여 학부대신에게 보고함이 가함이
　　　라.
　　　단, 채용한 경우에 재하여는 이력서를 첨부함이 가함이라.
제15조 학교의 수업을 창시한 시는 학교장이 그 연월일을 구하여 학부대신에게
　　　보고함이 가함이라.
제16조 외국어학교에는 좌의 표부를 비치함이 가함이라.
　　　　　1. 학칙
　　　　　2. 일과표 교과용도서 배당표
　　　　　3. 직원의 명부 이력서 출근부 담임학과목 및 시간표
　　　　　4. 학원의 학적부 출석부
　　　　　5. 성적고사표 학년시험의 문제 및 답안
　　　　　6. 회계에 관한 장부 교구의 목록
　　　　　7. 기타 학교에서 교수 관리 훈련상 필요로 인하는 표부
제17조 학칙은 관립학교에 재하여는 학부대신이 정하고 공립 또는 사립학교에
　　　재하여는 학교장이 정하여 학부대신에게 보고함이 가함이라. 이를 변경
　　　한 시도 亦同함이라.
　　　학칙중에 규정할 사항은 좌와 여함이라.
　　　　　1. 수업연한 및 휴업일에 관한 사항
　　　　　2. 학과과정 및 매주 교수시수에 관한 사항
　　　　　3. 학원의 정수
　　　　　4. 학원의 입학 퇴학의 절차 및 상벌에 관한 사항
　　　　　5. 수업료에 관한 사항
　　　　　6. 속성과 또는 연구과를 설치하는 학교에 재하여는 이에 관한 전 각
　　　　　　 호의 사항
　　　　　7. 기타 학교에서 필요로 인하는 사항
제18조 공립 또는 사립외국어학교를 폐지코져 할 시는 공립에 재하여는 관찰사
　　　부윤 또는 군수며 사립에 재하여는 설립자의 그 사유 및 학원 처벌방법
　　　을 구하여 학부대시너에게 신청함이 가함이라.

제19조 공립 또는 사립외국어학교를 폐지하거나 또는 학부대신의 명령에 의하여 폐쇄한 시는 학원의 학적부를 학부대신에게 제출함이 가함이라.

제20조 공립 또는 사립외국어학교에서 수업료를 징수코져 할 후는 공립에 재하여는 관찰사 부윤 또는 군수며 사립에 재하여는 설립자가 학원 1인에게 대한 월액 및 징수기일을 정하여 학부대신에게 보고함이 가함이라. 이를 변경코져 할 시도 亦同함이라.

제6장 입학 퇴학 출학 징계

제21조 학원을 입학케 할 시기는 학년초로부터 30일 이내로 함이라. 단 속성과는 이 限에 부재함이라.

학원에 결원이 유한 시는 임시 입학케 함을 득함이라.

제22조 입학을 허가할 자는 신체건전하며 품행방정하고 학력시험에 합격한 자를 요함이라.

학력시험의 학과목은 국어 및 한문 일어 산술 역사 지리 이과 중에 취하여 학교장이 정함이라.

제23조 제1학년 입학 지원자 중 보통학교를 졸업한 자는 학력시험을 행치 아니하고 타의 지원자보다 선하여 입학을 허가함을 득함이라.

보통학교를 졸업한 자의 수가 입학을 허가할 인원에 초과하는 시는 시험에 의하여 입학자를 선발함이 가함이라.

3. 조선교육령기

3-1. 제1차 조선교육령(칙령 제229호, 1911. 8. 23)

제1장 강령

제1조 조선에 있어서의 조선인의 교육은 본령에 따른다.

제2조 교육은 교육에 관한 칙어의 취지에 터하여, 충량한 국민을 육성하는 것을 본의로 한다.

제3조 교육은 시세와 민도에 적합하게 함을 기한다.

제4조 교육은 이를 대별하여 보통교육, 실업교육 및 전문교육으로 한다.

제5조 보통교육은 보통의 지식 기능을 교수하고, 특히 국민된 성격을 함양하며, 국어(일어)를 보급함을 목적으로 한다.

제6조 실업교육은 농업, 상업, 공업 등에 관한 지식과 기능을 교수함을 목적으로 한다.

제7조 전문교육은 고등한 학술 기예를 교수함을 목적으로 한다.

제2장 학교

제8조 보통학교는 아동에게 국민교육의 기초가 되는 보통교육을 하는 곳으로서, 신체의 발달에 유의하고, 국어(일어)를 가르치며, 덕육을 베풀어 국민된 성격을 양성하고, 그 생활에 필요한 보통지식과 기능을 가르친다.

제9조 보통학교의 수업연한은 4년으로 한다. 단, 지방 정황에 따라 1년을 단축할 수 있다.

제10조 보통학교에 입학할 수 있는 자는 나이 8세 이상의 자로 한다.

제11조 고등보통학교는 남자에게 고등한 보통교육을 하는 곳으로서, 상식을 기르고, 국민된 성격을 도야하며, 그 생활에 유용한 지식과 기능을 가르친다.

제12조 고등보통학교의 수업연한은 4년으로 한다.

제13조 고등보통학교에 입학할 수 있는 자는 나이 12세 이상으로서, 수업연한 4년의 보통학교를 졸업한 자, 또는 이와 동등 이상의 학력을 가진 자로 한다.

제14조 관립 고등보통학교에는 사범과, 또는 교원속성과를 두어, 보통학교의 교원이 되려는 자에게 필요한 교육을 할 수 있다. 사범과의 수업연한은 1년, 교원속성과의 수업연한은 1년 이내로 한다. 사범과에 입학할 수 있는 자는 고등보통학교를 졸업한 자로 하고, 교원 속성과에 입학할 수 있는 자는 나이 16세 이상으로 고등보통학교 제2학년의 과정을 수료한 자 또는 이와 동등 이상의 학력을 가진 자로 한다.

제15조 여자고등보통학교는 여자에게 고등한 보통교육을 하는 곳으로서, 부덕을 기르고, 국민된 성격을 도야하며, 그 생활에 유용한 지식과 기능을 가르친다.

제16조 여자고등보통학교의 수업연한은 3년으로 한다.

제17조 여자고등보통학교에 입학할 수 있는 자는 나이 12세 이상으로서 수업연한 4년의 보통학교를 졸업한 자 또는 이와 동등 이상의 학력을 가진자로 한다.

제18조 여자고등보통학교에는 기예과를 두어 나이 12세 이상의 여자에게 재봉 및 수예를 전수케 할 수 있다. 기예과의 수업연한은 3년 이내로 한다.

제19조 관립 여자고등보통학교에는 사범과를 두어 보통학교의 교원이 되려는 자에게 필요한 교육을 할 수 있다.

제20조 실업학교는 농업, 상업, 공업등 실업에 종사하려는 자에게 필요한 교육을 하는 곳으로 한다.

제21조 실업학교를 나누어 농업학교, 상업학교, 공업학교 및 간이 실업학교로 한다.

제22조 실업학교의 수업연한은 2년 내지 3년으로 한다.

제23조 실업학교에 입학할 수 있는 자는 나이 12세 이상으로서, 수업연한 4년의 보통학교를 졸업한 자 또는 이와 동등 이상의 학력을 가진 자로 한다.

제24조 간이 실업학교의 수업연한 및 입학자격에 관하여는 전 2조의 규정에 따르지 않고, 조선총독이 정한다.

제25조 전문학교는 고등한 학술과 기예를 교수하는 곳으로 한다.

제26조 전문학교의 수업연한은 3년 내지 4년으로 한다.

제27조 전문학교에 입학할 수 있는 자는 나이 16세 이상으로서, 고등보통학교

를 졸업한 자, 또는 이와 동등 이상의 학력을 가진 자로 한다.

제28조 공립 또는 사립의 보통학교, 고등보통학교, 여자고등보통학교, 실업학교 및 전문학교의 설치 및 폐지는 조선총독의 허가를 받아야 한다.

제29조 보통학교, 고등보통학교, 여자고등보통학교, 실업학교 및 전문학교의 교과목 및 그 과정, 직원, 교과서, 수업과에 관한 규정은 조선총독이 정한다.

제30조 본장에 열거한 이외의 학교에 관하여는 조선총독이 정하는 바에 따른다.

부칙

본령시행의 기일은 조선총독이 정한다.

종래의 보통학교, 고등학교 및 고등여학교는 본령에 의하여 설치된 보통학교, 고등보통학교 및 여자고등보통학교로 간주하고, 종래의 농업학교, 상업학교 및 실업보습학교는 본령에 의하여 설치한 농업학교, 상업학교 및 간이실업학교로 간주한다.

본령 시행시 조선총독은 현재 있는 학교에 관해서 본령에 구애됨이 없이 필요한 사항을 정하거나 또는 필요한 처분을 할 수 있다.

조선교육령은 1911년 11월 1일부터 시행한다.

3-2. 제2차 조선교육령(칙령 제19호, 1922. 2. 4)

제1조   조선에서 교육은 본령에 의한다.

제2조   국어(일어)를 상용하는 자의 보통교육은 소학교령, 중학교령, 고등여학
교령에 의한다. 단 이들 제령 중 문부대신의 직무는 조선총독이 이를 행
한다.

전항의 경우 조선특수의 사정에 따라 특례를 설치할 필요가 있을 때는
조선총독이 별도의 규정을 정할 수 있다.

제3조   국어(일어)를 사용하지 않는 자에게 보통교육을 실시하는 학교는 보통
학교, 고등보통학교 및 여자고등보통학교로 한다.

제4조   보통학교는 아동의 신체발달에 유의하여 덕육을 실시하고 생활에 필수
적인 보통의 지식 기능을 교수하고 국민으로서의 성격을 함양시키며 국
어(일어)를 습득시키는 것을 목적으로 한다.

제5조 보통학교의 수업연한은 6년으로 한다. 단 지역의 정황에 따라 5
년 또는 4년으로 할 수 있다.

보통학교에 입학할 수 있는 자는 연령 6세 이상의 자로 한다. 수업연한
6년의 보통학교에는 수업연한 2년의 고등과를 둘 수 있다. 고등과에 입
학할 수 있는 자는 수업연한 6년의 보통학교를 졸업한 자 또는 조선총
독이 정하는 바에 따라 이와 동등 이상의 학력이 있다고 인정된 자로
한다.

보통학교에 보습과를 둘 수 있다. 보습과의 수업연한 및 입학자격에 관
해서는 조선총독이 정하는 바에 따른다.

제6조   고등보통학교는 남학생의 신체발달에 유의하여 그들에게 덕육을 실시하
고 생활에 유용한 보통의 지식기능을 교수하며 국민으로서의 성격을 양
성하고 국어(일어)를 숙달시키는 것을 목적으로 한다.

제7조   고등보통학교의 수업연한은 5년으로 한다. 고등보통학교에 입학할 수
있는 자는 수업연한 6년의 보통학교를 졸업한 자 또는 조선총독이 정하
는 바에 따라 이와 동등 이상의 학력이 있다고 인정된 자로 한다.

고등보통학교에 보습과를 둘 수 있다. 보습과의 수업연한 및 입학자격

에 관해서는 조선총독이 정하는 바에 따른다.

제8조　여자고등보통학교는 여생도의 신체발달 및 부덕의 함양에 유의하여 그들에게 덕육을 실시하고 생활에 적합한 유용한 보통의 지식 기능을 교수하며 국민으로서의 성격을 양성하고 국어를 숙달시키는 것을 목적으로 한다.

제9조　여자고등보통학교의 수업연한은 5년 또는 4년으로 한다. 단 지역정황에 따라 3년으로 할 수도 있다.

여자고등보통학교에 입학할 수 있는 자는 수업연한 6년의 보통학교를 졸업한 자 또는 조선총독이 정하는 바에 따라 이와 동등 이상의 학력이 있다고 인정된 자로 한다.

수업연한 3년의 여자고등보통학교에 입학할 수 있는 자는 보통학교 고등과를 졸업한 자 또는 조선총독이 정하는 바에 따라 이와 동등 이상의 학력이 있다고 인정된 자로 한다. 여자고등보통학교에 보습과를 둘 수 있다. 보습과의 수업연한 및 입학자격에 관해서는 조선총독의 정하는 바에 따른다.

제10조　입학자격에 관해서는 수업연한 6년의 보통학교의 졸업자는 심상소학교 졸업자로 보통학교 고등과의 제1학년 수료자 및 졸업자는 각 고등소학교 제1학년 수료자 및 수업연한 2년의 고등소학교 졸업자로 고등보통학교 졸업자는 중학교 졸업자로, 여자고등보통학교 졸업자는 상당 수업연한의 고등여학교의 졸업자로 간주한다.

제11조　실업교육은 실업학교령에 의한다. 단 동령중 문부대신의 직무는 조선총독이 이를 행한다. 실업학교의 설립 및 교과서에 관해서는 조선총독이 정하는 바에 따른다.

제12조　전문교육은 전문학교령에 대학교육 및 예비교육은 대학령에 의한다. 이에 관한 문부대신의 직무는 조선총독이 이를 행한다. 전문학교의 설립 및 대학예과의 교원자격에 관해서는 조선총독이 정하는 바에 따른다.

제13조　사범교육을 하는 학교는 사범학교라 한다. 사범학교는 특히 덕성함양에 힘써 소학교교원이 될 자 및 보통학교 교원이 될 자를 야성하는 것을 목적으로 한다.

제14조 사범학교에 저1부와 제2부를 설치한다. 단 특별한 사정이 있을 때는 제
　　　1부 또는 제2부만을 설치할 수 있다. 제1부에서는 소학교 교원이 될 자
　　　를 제2부에서는 보통학교 교원이 될 자를 교육한다.

제15조 사범학교의 수업연한은 6년으로 하고 보통과 5년 연습과 1년으로 한다.
　　　단 여자의 경우는 수업연한 5년으로 하고 보통과에서 1년을 단축한다.

제16조 사범학교 보통과에 입학할 수 있는 자는 심상소학교를 졸업한 자 또는
　　　조선총독이 정하는 바에 따라 이와 동등 이상의 학력이 있다고 인종된
　　　자로 하고 연습과에 입학할 수 있는 자는 보통과를 수료한 자, 중학교
　　　또는 수업연한 4년의 고등여학교를 졸업한 자 또는 조선총독이 정하는
　　　바에 따라 이와 동등 이상의 학력이 있다고 인정된 자로 한다.

제17조 사범학교에는 특별한 사정이 있을 경우 특과를 설치하고 또한 특과만을
　　　설치할 수 있다. 제14조의 규정은 전항의 특과의 경우 이를 준용한다.

제18조 특과의 수업연한은 3년 또는 2년으로 한다. 특과에 입학할 수 있는 자
　　　는 수업연한 2년의 고등소학교를 졸업한 자 또는 조선총독이 정하는 바
　　　에 따라 동등 이상의 학력이 있다고 인정된 자로 한다.

제19조 사범학교에 연구과 또는 강습과를 둘 수 있다. 단 연구과는 특과 만을
　　　설치하는 사범학교에 이를 설치할 수 있다. 연구과 및 강습과의 수업연
　　　한 및 입학자격에 관해서는 조선총독이 정한다. (1928년 제19조 1항 중
　　　특과를 심상과로 개정)

제20조 사범학교에 부속의 소학교 및 보통학교를 설치한다. 단 제1부 만을 설
　　　치하는 사범학교에는 부속소학교, 제2부만을 설치하는 사범학교에는 부
　　　속보통학교를 설치할 수 있다. 특별한 경우에는 공립소학교를 부속소학
　　　교로, 공립보통학교를 부속보통학교로 대용할 수 있다.

제21조 사범학교를 관립 또는 공립으로 한다. 공립사범학교는 道地方員 만으로
　　　이를 설립할 수 있다.

제22조 특별한 사정일 있을 때는 관립의 고등보통학교 또는 여자고등보통학교
　　　에 사범학교 제2부 연습과 또는 강습과를 설치할 수 있다. 제20조의 규
　　　정은 전항의 고등보통학교 및 여자고등보통학교의 경우 이를 준용한다.

제23조 보통학교 고등보통학교 여자고등보통학교 및 사범학교의 교과 편제 설

비 및 수업료 등에 관해서는 조선총독이 정하는 바에 따른다.

제24조 공립 또는 사립의 보통학교 고등보통학교 여자고등보통학교 공립사범학교의 설립 및 폐지는 조선총독의 인가를 받아야 한다.

제25조 특별한 사정이 있을 경우에는 조선총독이 정하는 바에 따라 국어(일어)를 상용하는 자는 보통학교 고등보통학교 또는 여자고등보통학교에, 국어를 상용하지 아니하는 자는 소학교 중학교 또는 고등여학교에 입학할 수 있다.

제26조 본령에 규정하는 것 외의 사립학교 특수한 교육을 하는 학교 기타 교육시설에 관해서는 조선총독이 정하는 바에 따른다.

부칙

제27조 본령시행의 기일은 조선총독이 정한다.

제28조 1911년(중략)의 조선교육령은 폐지한다.

제29조 본령 시행시에 조선에 현존하는 소학교, 중학교, 고등여학교, 보통학교, 고등보통학교, 여자고등보통학교, 실업전수학교, 간이실업전수학교, 실업학교, 관립전문학교, 사범학교는 각각 본령에 따라 설립된 소학교, 중학교, 고등여학교, 보통학교, 고등보통학교, 여자고등보통학교, 실업학교, 전문학교 및 사범학교로 간주한다. 전항의 고등보통학교, 여자고등보통학교, 실업학교 및 전문학교에 재학하는 자에 대하여서는 재학중 舊令의 적용을 받는다.

제30조 본령 시행시에 조선에 현존하는 고등보통학교는 본령 시행후 2년에 한하여 구령에 따라 보습과를 존치시킬 수 있다.

제31조 본령 시행시 조선에 현존하는 관립의 고등보통학교 및 여자고등보통학교는 본령 시행후 고등보통학교에서는 4년, 여자고등보통학교에서는 3년에 한하여 구령에 의한 사범과를 존치시킬 수 있다.

제32조 본령 시행시에 조선에 현존하는 사립의 전문학교는 당분간 구령에 의하여 존속할 수 있다.

3-3. 제3차 조선교육령(칙령 제103호, 1938. 3. 3)

제1조 조선에서의 교육은 본령에 의한다.

제2조 보통교육은 소학교령, 중학교령 및 고등여학교령에 의한다. 단 이들의 칙령중 문부대신의 직무는 조선총독이 이를 행한다. 전항의 경우에 있어서 조선의 특수사정에 따라 특례를 둘 필요가 있는 것에 대해서는 조선총독이 별도의 규정을 할 수 있다.

제3조 실업학교는 실업학교령에 의한다. 단 실업보습교육에 관해서는 조선총독이 정하는 바에 의한다. 실업학교령중 문부대신의 직무는 조선총독이 이를 행한다. 실업학교의 설립 및 교과서에 관해서는 조선총독이 정하는 바에 의한다.

제4조 전문교육은 전문학교령에 대학교육 및 그 예비교육은 대학령에 의한다. 단 이들의 칙령중 문부대신의 직무는 조선총독이 이를 행한다. 전문학교의 설립 및 대학예과의 교원자격에 관해서 조선총독이 정하는 바에 의한다.

제5조 사범교육을 하는 학교는 사범학교로 한다. 사범학교는 특히 덕성의 함양에 힘써 소학교 교원다운 자를 양성함을 목적으로 한다.

제6조 사범학교의 수업연한은 7년으로 하고 보통과 5년 연습과 2년으로 한다. 단 여자의 경우는 수업연한을 6년으로 하고 보통과에 있어서는 1년을 단축한다.

제7조 사범학교 보통과에 입학할 수 있는 자는 심상소학교를 졸업한 자 또는 조선총독이 정하는 바에 의하여 이와 동등 이상의 학력이 있다고 인정된 자로 하고 연습과에 입학할 수 있는 자는 보통과를 수료한 자, 중학교 또는 수업연한 4년 이상의 고등여학교를 졸업한 자 또는 조선총독이 정하는 바에 따라 이와 동등 이상의 학력이 있다고 인정된 자로 한다.

제8조 사범학교에는 특별한 사정이 있는 경우에는 심상과만 둘 수 있다.

제9조 심상과의 수업연한은 5년으로 한다. 다만 여자의 경우에는 이를 4년으로 한다. 심상과에 입학할 수 있는 자는 심상소학교를 졸업한 자 또는 조선총독이 정하는 바에 따라 이와 동등 이상의 학력이 있다고 인정된

자로 한다.

제10조 특별한 사정이 있는 경우에는 연습과는 심상과 만을 두는 사범학교에 이를 둘 수 있다.

제11조 사범학교에 연구과 또는 강습과를 둘 수 있다. 다만 연구과는 심상과만을 두는 사범학교에는 이를 둘 수 없다. 연구과 및 강습과의 수업연한 및 입학자격에 관해서는 조선총독이 정하는 바에 의한다.

제12조 사범학교에 부속소학교를 둔다. 특별한 사정이 있는 경우는 공립소학교를 부속소학교로 대용할 수 있다.

제13조 사범학교는 관립 또는 공립으로 한다. 공립사범학교는 도에 한하여 이를 설립할 수 있다.

제14조 사범학교의 교과, 편제, 설비, 수업료 등에 관해서는 조선총독이 정하는 바에 따른다.

제15조 공립사범학교의 설립 및 폐지는 조선총독의 인가를 얻어야 한다.

제16조 본령에 규정하는 것을 제외한 사립학교, 특수 교육을 위한 학교 기타 교육시설에 관해서는 조선총독이 정하는 바에 따른다.

부칙

본령은 소화13년 4월 1일부터 이를 시행한다. 본령 시행시 현재 조선에 존재하는 보통학교, 고등보통학교 및 여자고등보통학교는 각 각 이것을 본령으로 설립된 소학교, 중학교 및 고등여학교로 한다. 심상소학교의 수업연한은 당분간 지역 정황에 따라 이를 4년으로 할 수 있다. 전항 심상소학교의 각 학년 재학자 또는 졸업자의 그 전학 또는 입학 자격에 관련해서는 수업연한 6년의 심상소학교 상당학년 재학자 또는 제4학년 수료자로 간주한다.

종전 규정에 의한 보통학교, 고등보통학교 또는 여자고등보통학교 졸업자의 입학자격에 관해서는 수업연한 6년의 보통학교 졸업자는 심상소학교 졸업자, 수업연한 4년의 보통학교 졸업자는 수업연한 6년의 심상소학교 제4학년 수료자, 수업연한 6년의 보통학교 졸업자로 해서 보통학교고등과 제1학년을 수료한자는 고등소학교 제1학년 수료자, 보통학교고등과 졸업자는 수업연한 2년의 고등소학교 졸업자, 고등보통학교 졸업자는 중학교졸업자, 여자고등보통학교 졸업자는 상당 수업연한의 고등여학교 졸업자로 간주한다.

3-4. 제4차 조선교육령(칙령 제113호, 1943. 2. 28)

제1조 조선에서의 교육은 본령에 의한다.

제2조 보통교육은 국민학교령 및 중등학교령 가운데 중학교 및 고등여학교에 관한 부분에 의한다. 단 국민학교령 가운데 문부대신의 직무 및 중등학교령 가운데 중학교 및 고등여학교에 관한 부분의 문부대신의 직책은 조선총독이 이를 행한다. 전항 의 경우에 있어 조선의 특수사정에 따라 특례를 둘 필요가 있을 경우에는 조선총독이 별도로 규정할 수 있다.

제3조 실업교육은 중등학교령 가운데 실업학교에 관한 부분에 의한다. 단 실업보통교육에 관해서는 조선총독이 정하는 바에 따른다. 중등학교령 가운데 실업학교에 관한 부분의 문부대신의 직무는 조선총독이 이를 정한다. 전항 제2항의 규정은 제1항의 경우에 이를 준용한다.

제4조 전문대학은 전문학교령에 따라, 대학교육 및 그 예비교육은 대학령에 따르고 이들 칙령 가운데 문부대신의 직무는 조선총독이 이를 정한다. 전문학교의 설립 및 대학예과의 교원의 자격에 관해서는 조선총독이 정하는 바에 따른다.

제5조 사범교육은 사범교육령 가운데의 사범학교에 관한 부분에 의한다. 단 동령 가운데 사범학교에 관한 부분의 문부대신의 직무는 조선총독이 이를 행한다. 제2조 제2항의 규정은 전항의 경우에 이를 준용한다.

제6조 본령에 규정하는 것을 제외한 사립학교, 특수한 교육을 실시하는 학교 기타의 교육시설에 관해서는 조선총독이 정하는 바에 의한다.

부칙

제1조 본령은 1943년 4월 1일부터 실시한다.

제2조 실업학교에는 당분간 지역의 정황에 따라 조선교육령에 의거하여 정해진 중든학교령 제7조 내지 제9조의 규정에도 불구하고 국민학교 초등과 수료정도로서 입학자격으로 하는 수업연한 3년의 과정을 둘 수 있다.

제3조 사범학교에는 당분간 조선교육령에 의하여 정해진 사범학교령 제4조의 규정의 정도에서 불구하고 수업연한 4년의 예과를 둘 수 있다. 전항의

예과에 입학할 수 있는 자는 국민학교 초등과를 수료한 자 또는 조선총독이 정하는 바에 따라 이 동등 이상의 학력이 있다고 인정된 자로 한다.

제4조 사범학교에는 당분간 특별한 사정이 있는 경우에 조선교육령 제3조 제2령의 규정에도 불구하고 심상과를 둘 수 있다. 심상과의 수업연한은 5년으로 한다. 단 여자에 있어서는 이를 4년으로 한다. 전조 제2항의 규정은 심상과의 입학자격에 이를 준용한다.

제5조 사범학교에는 당분간 특별한 사정이 있는 경우에 강습과를 둘 수 있다. 강습과의 수업연한 및 입학자격에 관해서 조선총독이 정하는 바에 의한다.

제6조 생략

제7조 사범학교 남자부 본과의 수업연한은 소와 21년도까지에 졸업할 생도는 6개월간 이를 단축한다. (후략)

(ㄱ)

저자소개

조 문 희

동덕여자대학교 대학원 문학박사
서강대학교 외국어교육원 일본어 코디네이터
ACTFL 공인 OPI 시험관(일본어, 한국어)
저서 현대 일본어 교육의 이해(공저), 2008, 제이앤씨
  초스피드 일본어1,2(공저), 2008, YBM일본어
  인트로 일본어1,2(공저), 2008, 사람in
  고등학교 일본어(공저), 2005, 진명출판사

일본어 교육사(상)

초판인쇄 2011년 1월 12일
초판발행 2011년 1월 26일

저　　자 조문희
발 행 인 윤석현
발 행 처 제이앤씨
책임편집 김진화
등록번호 제7-220호

우편주소 서울시 도봉구 창동 624-1 현대홈시티 102-1206
대표전화 (02) 992 / 3253
전　　송 (02) 991 / 1285
홈페이지 http://www.jncbms.co.kr
전자우편 jncbook@hanmail.net

ISBN 978-89-5668-823-7 93730　　**정가** 28,000원